엄지 척! 초등 수학사전

초판 1쇄 발행 2017년 4월 10일

글   서지원·이경희·남인혜·한지민·서민·이정혜
그림 우지현·백철호

펴낸곳 도서출판 개암나무(주)
펴낸이 김보경
경영지원 총괄 김수현
편집주간 박진영   **편집** 조원선 최유진   **디자인** 김재미   **마케팅** 이기은
출판등록 2006년 6월 16일 제22-2944호

주소 서울특별시 마포구 만리재로 83, 12층(공덕동, 나경빌딩) (우)04208
전화 (02)6254-0601, 6207-0603   팩스 (02)6254-0602   E-mail gaeam@gaeamnamu.co.kr
개암나무 블로그 http://blog.naver.com/gaeamnamu   개암나무 카페 http://cafe.naver.com/gaeam

ⓒ 서지원, 이경희, 남인혜, 한지민, 서민, 이정혜, 2017
이 책의 저작권은 저자에게 있습니다. 저자와 출판사의 허락 없이 내용의 일부를 인용하거나 발췌하는 것을 금합니다.

ISBN 978-89-6830-377-7 73410

이 도서의 국립중앙도서관 출판시도서목록(CIP)은 서지정보유통지원시스템 홈페이지(http://seoji.nl.go.kr)와
국가자료공동목록시스템(http://www.nl.go.kr/kolisnet)에서 이용하실 수 있습니다.
(CIP제어번호: CIP2017005061)

글 서지원·이경희·남인혜·한지민·서민·이정혜   그림 우지현·백철호

개암나무

여는 글

"선생님, 수학은 너무 어려워요!"

수학 시간이면 친구들이 자주 하는 말입니다. 그래서 선생님은 어떻게 하면 여러분이 수학을 쉽게 공부할 수 있을까 늘 고민합니다. 수학을 쉽게 공부하려면 무엇보다 개념을 완벽하게 이해하는 것이 중요합니다. 공식을 외워 기계적으로 문제만 풀기에는 한계가 있지요.

2017년에는 2015 개정 교육과정이 도입되어 1·2학년부터 새로운 수학 교과서로 공부를 합니다. 새롭게 도입되는 2015 개정 교육과정은 6가지 수학 교과 역량을 강조하고 있어요.

1. **문제 해결**   수학의 지식과 기능을 활용하여 문제를 해결하는 능력
2. **추론**   수학적 사실을 추측하고, 논리적으로 분석하는 능력
3. **창의·융합**   다른 교과 지식이나 실생활의 경험을 수학과 연결·융합하여 문제를 해결하는 능력
4. **의사소통**   수학 지식이나 아이디어를 말, 글, 그림, 기호로 표현하고 이해하는 능력
5. **정보처리**   다양한 자료와 정보를 수집·정리·분석하여 처리하는 능력
6. **태도 및 실천**   자주적인 학습 태도를 갖추고 실천하는 능력

이 6가지 역량을 제대로 평가하기 위해 시험에는 서술형 문제가 더욱 많이 출제될 것입니다. 서술형 문제는 정답을 맞히는 것보다 정답이 어떻게 나오게 되었는지 과정을 맞히는 게 더욱 중요합니다. 주어진 문제에 알맞은 개념과 원리를 적용하여 정답을 구하는 과정을 설명할 수 있어야 하지요. 그러나 많은 친구들이 개념을 어렴풋하게 알고 있거나, 문제에 적용하여 논리적으로 설명하는 데에 약합니다.

《엄지 척! 초등 수학사전》은 이러한 친구들을 위한 사전이자 참고서입니다. 선생님이 학교에서 수업할 때처럼 생생하고 친절한 문제로 개념을 설명하여, 차근차근 읽기만 해도 개념이 잡히고 어려운 용어들이 머리에 쏙쏙 들어오지요. 또한 선생

님이 시험에 자주 출제하는 문제와 만점을 받을 수 있는 도움말까지 수록하여 학교 시험을 준비하는 데에도 도움이 됩니다.

여러분에게 가장 친숙한 수학 교재는 무엇인가요? 맞아요, 교과서이지요. 이 책은 영역별로 나누어진 기존의 수학사전들과 달리 학년별·단원별로 구성되어 있어서 학교에서 배운 내용을 복습하거나 예습할 때 교과서 옆에 두고 활용하기에 알맞습니다. 또한 초등 전학년의 수학 교과 내용이 모두 담겨 있으니 학년을 넘나들며 복습과 예습을 하기에도 안성맞춤이지요.

2017년 1·2학년을 시작으로, 2018년에는 3·4학년, 2019년에는 5·6학년의 수학 교과서가 2015 개정 교육과정의 내용으로 바뀝니다. 그래서 3~6학년의 경우 지금의 교과서와 단원명이나 순서가 조금 다르긴 하지만 미리 개정 교과 내용을 만나볼 수 있어요.

초등학교 수학은 중·고등학교 수학과 연결되어 있습니다. 이 시기에 탄탄하게 기초를 쌓지 않으면 중·고등학교에서 수학에 대한 흥미를 잃을 뿐더러 성적을 회복하기도 어려울 수 있어요. 선생님과 함께 《엄지 척! 초등 수학사전》을 펼쳐 놓고 깊이 있게 공부하다 보면 수학에 자신감이 생기고 점점 더 재미있어질 거예요!

《엄지 척! 초등 수학사전》 집필진
서지원·이경희·남인혜·한지민·서민·이정혜

1학년

1학기

9까지의 수_수와 연산 •16
모양_도형 •22
가르기와 모으기, 덧셈과 뺄셈의 의미_수와 연산 •28
길이, 높이, 키, 무게, 넓이, 들이_측정 •34
50까지의 수_수와 연산 •40

2학기

100까지의 수_수와 연산 •48
받아올림과 받아내림이 없는 덧셈과 뺄셈,
한 자리 수인 세 수의 덧셈과 뺄셈_수와 연산 •54
여러 가지 모양_도형 •62
10 가르기와 모으기를 이용한 덧셈과 뺄셈_수와 연산 •66
몇 시, 몇 시 30분_측정 •76
규칙 찾기_규칙성 •84

2학년

1학기

세 자리 수_수와 연산 •92
여러 가지 도형_도형 •98
받아올림과 받아내림이 있는 두 자리 수의 덧셈과 뺄셈_수와 연산 •104
cm, 단위길이_측정 •110
분류하기_자료와 가능성 •114
곱셈_수와 연산 •120

2학기

네 자리 수_수와 연산 •124
곱셈구구_수와 연산 •130
m, 길이의 합과 차_측정 •136
시각과 시간_측정 •142
표와 그래프_자료와 가능성 •148
수 배열표에서 규칙 찾기_규칙성 •152

3학년

1학기

세 자리 수의 덧셈과 뺄셈_수와 연산 •160
선분, 반직선, 직선_도형 •166
각, 직각_도형 •170
직각삼각형, 직사각형, 정사각형_도형 •176
밀기, 뒤집기, 돌리기, 뒤집고 돌리기_도형 •180
나눗셈의 의미_수와 연산 •188
(두 자리 수)(한 자리 수)_수와 연산 •194
초, 시간의 합과 차_측정 •200
mm, km, 길이의 합과 차_측정 •206
분수의 개념과 크기 비교_수와 연산 •212
소수의 개념과 크기 비교_수와 연산 •218

2학기

(세 자리 수)x(한 자리 수), (두 자리 수)x(두 자리 수)_수와 연산 •224
(두 자리 수)÷(한 자리 수)_수와 연산 •230
원 만들기, 원의 중심과 반지름, 지름_도형 •236
분수의 종류_수와 연산 •242
mL, L, 들이의 합과 차_측정 •250
g, kg, t, 무게의 합과 차_측정 •254
그림그래프_자료와 가능성 •260

4학년

1학기

만_수와 연산 •266
억, 조_수와 연산 •272
(세 자리 수)×(두 자리 수)_수와 연산 •278
(세 자리 수)÷(두 자리 수)_수와 연산 •282
각도, 1°_측정 •288
직각, 예각, 둔각_도형 •294
각 그리기, 각도의 합과 차_측정 •298
다각형의 내각의 합_측정 •304
직각삼각형, 예각삼각형, 둔각삼각형_도형 •310
이등변삼각형, 정삼각형_도형 •314
분모가 같은 두 분수의 덧셈과 뺄셈_수와 연산 •320
막대그래프_자료와 가능성 •326

2학기

소수 두 자리 수, 소수 세 자리 수, 소수의 덧셈과 뺄셈_수와 연산 •330
수직, 수선, 평행, 평행선_도형 •336
여러 가지 사각형_도형 •342
다각형, 정다각형, 대각선_도형 •348
꺾은선그래프_자료와 가능성 •352

5학년

1학기

약수와 배수_수와 연산 •358
직육면체와 정육면체_도형 •366
크기가 같은 분수 만들기_수와 연산 •372
분모가 다른 두 분수의 덧셈과 뺄셈_수와 연산 •378
직사각형의 둘레와 넓이_측정 •384
다각형의 넓이_측정 •390
분수의 곱셈_수와 연산 •400
자연수의 혼합 계산_수와 연산 •406

2학기

소수의 곱셈_수와 연산 •412
도형의 합동_도형 •418
선대칭도형과 점대칭도형_도형 •424
분수의 나눗셈_수와 연산 •430
소수의 나눗셈_수와 연산 •436
평균_자료와 가능성 •442
이상, 이하, 미만, 초과_측정 •448
올림, 버림, 반올림_측정 •454
대응 관계_규칙성 •460

6학년

1학기

각기둥과 각기둥의 전개도_도형 •468
각뿔_도형 •474
분수로 나누는 분수의 나눗셈_수와 연산 •480
자릿수가 달라지는 소수의 나눗셈_수와 연산 •486
나머지가 있는 소수의 나눗셈_수와 연산 •492
비와 비율, 백분율_규칙성 •496
비율이 사용되는 경우_규칙성 •502
원주, 원주율_측정 •508
원의 넓이_측정 •514
직육면체의 겉넓이_측정 •520
직육면체의 부피_측정 •526

2학기

쌓기나무_도형 •532
비의 성질_규칙성 •538
비례식과 비례배분_규칙성 •544
원기둥_도형 •548
원뿔, 구_도형 •554
띠그래프, 원그래프_자료와 가능성 •558

○— 수학 개념 찾아보기 •564

이렇게 활용하세요!

교과서에서 찾아보기!

본 내용을 다루고 있는 교과서의 해당 학기와 단원명을 표기하여, 교과 과정을 쉽게 찾아볼 수 있도록 구성했어요. 이 사전으로 개념을 정리하고 교과서로 다시 한번 짚으면 개념을 확실히 익힐 수 있어요.
2018년, 2019년에 걸쳐 순차적으로 교과서가 개정되는 3~6학년의 경우 각 단원이 수록된 학기와 단원 명이 현재의 교과서와 조금 다를 수 있어요. 단원이 확정되지는 않았지만 수록 학년군이 확정된 경우에는 단원명을 '2015 개정 교과과정'으로 표기했습니다.

이것만은 꼭!

해당 단원에서 꼭 알아야 할 핵심 개념을 정리했어요. 해당 단원을 공부하기 전에 한번 살펴보고, 학습을 마친 뒤 복습하며 다시 익히면 효과 만점!

도입 삽화

해당 단원을 학습할 때 자주 헷갈리는 개념과 문제를 다양한 상황의 삽화로 구성하여 본 내용을 공부하기 전에 충분히 호기심을 갖도록 이끌어요.

2학기 1단원 | 네 자리 수 전 세 자리 수 후 만

2학년 수와 연산

네 자리 수

이것만은 꼭!

- 네 자리 수: 천의 자리, 백의 자리, 십의 자리, 일의 자리, 즉 네 자리로 이루어진 수
- 1000부터 9999까지의 자연수

선수·후속 학습

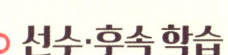은 선수 학습을 후는 후속 학습을 의미해요. 해당 단원을 학습하기에 앞서 알고 있어야 하는 선수 학습 단원과 해당 단원을 익히고 나서 학습하면 좋은 후속 학습 단원 중 선생님이 꼽은 가장 핵심적인 1가지 단원을 표기했어요. 해당 단원이 어떤 단원과 연계되는지 한눈에 파악할 수 있고, 1~6학년까지 유기적으로 연결되는 수학 교과의 흐름을 확인할 수 있어요. 더불어 예습과 복습을 하기에도 아주 좋아요.

본학습

수학 교과서 집필 경험이 풍부한 선생님들이 실제 교실에서 수업을 하듯 생생하고 친절하게 설명합니다. 각 학년의 발달 단계에 맞춰 이해를 도울 수 있는 삽화를 효과적으로 배치하고, 중요한 수식과 용어 등을 일목요연하게 정리하여 차근차근 읽기만 해도 개념이 쏙쏙 들어와요.

네 자리 수는 천의 자리, 백의 자리, 십의 자리, 일의 자리로 이루어져 있어요. 자릿수가 4개인 수이지요.

1000은 900보다 100 큰 수, 999보다 1 큰 수예요. 1000부터 네 자리 수가 시작되니까, 네 자리 수 중에서는 1000이 가장 작은 수이지요. 1000은 100씩 10묶음이기도 해요.

1000
- 네 자리 수
- 999보다 1 큰 수
- 100씩 10묶음
- '천'이라고 읽음

5327은 천의 자리 수가 5, 백의 자리 수가 3, 십의 자리 수가 2, 일의 자리 수가 7이에요. 5327이라고 쓰고 **오천삼백이십칠**이라고 읽어요. 5327에서 5는 천의 자리 숫자니까 5000, 3은 백의 자리 숫자니까 300, 2는 십의 자리 숫자니까 20, 7은 일의 자리 숫자니까 7을 나타내요.

천의 자리	백의 자리	십의 자리	일의 자리
5	3	2	7
5	0	0	0
	3	0	0
		2	0
			7

5327=5000+300+20+7

이렇게 활용하세요!

도전! 서술형 문제

앞에서 배운 내용과 연관된 서술형 문제예요. 선생님이 시험에 자주 나오는 문제 유형을 엄선하고, 만점을 받을 수 있는 도움말까지 제시하여 문제를 쉽게 해결할 수 있도록 도와줘요. '만점 팁' 코너에는 문제를 푸는 방법, 유의해야 할 점 등을 정리해 두었어요. '모범 답안'과 '채점 기준'을 참고하여 선생님들이 실제 시험에서 채점을 할 때 중요하게 보는 부분들을 미리 확인해 보세요.

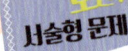

23×4를 계산했더니 처음 수 23보다 큰 수인 92가 나왔습니다. 23×0.4의 결과는 처음 수 23보다 더 클지, 작을지 예측하고, 23×0.4의 결과 값을 이용하여 그 이유를 설명해 보시오. (6점)

 만점 팁!

이 문제는 자연수에 1보다 작은 소수를 곱하면 처음 수보다 결과가 작아진다는 것을 알고 있는지 확인하는 문제예요. '23×0.4의 결과는 처음 수 23보다 더 클지, 작을지 예측하고,'라는 문구가 있지요? 따라서 처음 수와 결과 값을 비교해서 설명하는 것이 중요해요. 이런 문제는 세 단계로 나눠 답을 쓰면 더욱 좋아요.
첫 번째 단계에서는 23×0.4의 결과를 예측해요. 23×0.4는 23×4를 한 뒤 소수점을 붙여야 하므로 어림해도 23보다 작아요.
두 번째 단계에서는 23×0.4의 결과값을 구해요.
세 번째 단계에서는 23×0.4의 값을 이용하여 이유를 설명해요. 0.4와 같이 1보다 작은 소수나 분수를 곱하면 처음 수보다 작아진다는 것이 핵심이에요.
그런데 이때 '소수점 한 자리를 곱해서 답도 소수점 한 자리로 나온다. 또는 소수점 한 칸을 이동하므로 처음 수 23보다 작다.'라고 설명하면 문제에서 원하는 답으로는 조금 부족해요. 23×0.4도 9.2가 되고, 2.3×4도 9.2가 되거든요. 둘 다 소수점 한 자리와 자연수를 곱한 것으로 소수점 한 자리인 수가 나와요. 따라서 소수점의 이동만을 이유로 쓰는 것은 옳지 않으니 주의해요.

모범 답안	채점 기준	점수
〈정답〉 23×0.4는 23보다 더 작다. 〈이유〉 ① 23×0.4=9.2이다. ② 23×0.4는 23의 $\frac{4}{10}$배로 1보다 작은 수를 곱하기 때문에 처음 수인 23보다 작다. 1보다 작은 소수나 분수를 곱하면 처음 수보다 작아진다.	23보다 더 작다고 예측하고, 23×0.4=9.2를 구하여, 이유를 바르게 설명한 경우	6점
	23보다 더 작다고 예측하고, 23×0.4=9.2를 구했으나, '소수점 한 자리를 곱해서 답도 소수점 한 자리로 나온다. 또는 소수점 한 칸을 이동하므로 처음 수보다 더 작다.'라고 이유를 쓴 경우	4점
	23보다 더 작다고 예측하고, 23×0.4=9.2는 구했으나, 이유를 논리적으로 제시하지 못한 경우	3점
	23보다 더 작다고 예측했거나 23×0.4=9.2 중 1가지만 쓴 경우	1점
	무응답 또는 오답	0점

선생님! 도와주세요!

해당 단원을 공부할 때 아이들이 실제로 어려워하거나 헷갈려 하는 문제를 질문으로 제시하고 그에 대해 명쾌한 답을 줍니다. 현직 선생님이 오랜 경험에서 얻은 노하우를 알기 쉽게 전해 주는 코너예요.

0.7×0.8=0.56에서 7×8=56이므로 소수점 두 자리를 옮겨 0.56이 된다는 것은 알겠어요. 그런데 그림으로 나타내면 5.6인 것 같아요.

(소수)×(소수)를 간편하게 소수점의 자릿값을 이동하여 구하기도 하지만, 정확한 원리는 몇 배가 되는지를 알아보는 거예요. 7×8=56이고 0.7×0.8은 56의 0.01배이므로 0.56이 된다는 걸 이해해야 하지요. 만약 7×0.8이라면 0.8은 8의 0.1배이므로 5.6이 돼요. 이것을 그림으로 나타내면 더욱 이해하기가 쉬워요.

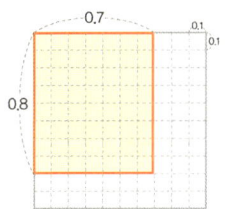

전체 큰 정사각형은 1이고 한 칸의 가로세로 크기는 각각 0.1이에요. 따라서 한 칸의 넓이는 0.1×0.1=0.01입니다. 그럼 0.01이 몇 칸 칠해져 있는지 볼까요? 가로 7칸, 세로 8칸이니까 모두 56칸(7×8=56)이에요. 0.01이 56칸 있으므로 0.01×56=0.56입니다. 다시 말해서 0.7×0.8=0.56이지요.
소수의 곱셈을 할 때 단순히 소수점의 위치를 이동하는 것이 아니라 <u>0.7×0.8은 7×8의 0.01배가 된다</u>는 곱셈의 원리를 기억하면 헷갈리지 않을 거예요.

소수의 곱셈을 하기 위해서는 분수를 소수로, 소수를 분수로 바꾸는 것에 능숙해야 합니다. 특히 1.05를 분수로 고치는 과정에서 $1\frac{5}{100}$가 아닌 $1\frac{5}{10}$로 잘못 쓰는 친구들이 많습니다. 1.05는 자연수 1과 소수 0.05를 더한 수입니다. 따라서 0.05를 분수로 바꾸어야 하므로 $\frac{5}{100}$가 됨을 알려 주세요.

부모님 톡!

부모님을 위한 학습 지도 가이드예요. 수학을 지도할 때 중점을 두어야 하는 부분과 가정에서 활용할 수 있는 수학 관련 체험 활동들을 소개하여 부모님이 자녀를 지도하는 데 실질적인 도움이 되도록 구성했습니다.

1학년 수학

초등학교에 들어오기 전에 수 세기와 간단한 덧셈·뺄셈을 미리 익힌 아이들은 1학년 때 배우는 내용을 만만하게 생각합니다. 하지만 이런 아이들은 받아올림과 받아내림이 있는 계산을 할 때 의외로 실수를 많이 합니다. 선행 학습에서 수학의 원리보다 계산 결과만 중요시했기 때문이지요. 따라서 1학년에서는 '돌다리도 두들겨 보고 건너라.', '아는 길도 물어서 가라.'라는 속담처럼 수학의 기초를 튼튼히 하는 것에 중점을 두고, 왜 그 답이 나왔는지, 그 답을 구하는 다른 방법은 없는지 다각도로 탐구하는 습관을 들여야 합니다.

9까지의 수 |수와 연산| ···16

모양 |도형| ···22

가르기와 모으기, 덧셈과 뺄셈의 의미 |수와 연산| ···28

길이, 높이, 키, 무게, 넓이, 들이 |측정| ···34

50까지의 수 |수와 연산| ···40

100까지의 수 |수와 연산| ···48

받아올림과 받아내림이 없는 덧셈과 뺄셈,
한 자리 수인 세 수의 덧셈과 뺄셈 |수와 연산| ···54

여러 가지 모양 |도형| ···62

10 가르기와 모으기를 이용한 덧셈과 뺄셈 |수와 연산| ···66

몇 시, 몇 시 30분 |측정| ···76

규칙 찾기 |규칙성| ···84

반가워요! 1학년 수학을 맡은 서쌤입니다.
1학년은 아직 혼자 수학사전을 활용하기가 어려우므로 부모님이 읽고 지도하실 수 있도록 지침서 형태로 구성하였습니다. 1학년 수학의 특징과 중점 사항을 잘 살펴서 아이가 흥미를 갖고 수학을 공부할 수 있도록 이끌어 주세요.

1학기 1단원 | 9까지의 수 후 50까지의 수

1학년 수와 연산

9까지의 수

이것만은 꼭!

- 수를 읽을 때: 일, 이, 삼, 사, 오, 육, 칠, 팔, 구
- 개수를 셀 때: 하나, 둘, 셋, 넷, 다섯, 여섯, 일곱, 여덟, 아홉
- 순서를 셀 때: 첫째, 둘째, 셋째, 넷째, 다섯째, 여섯째, 일곱째, 여덟째, 아홉째
- 0: 하나도 없을 때, 아무것도 없을 때

수는 외우는 것이 아니라 이해하는 것

수 세기를 가볍게 여기는 부모님이 많습니다. 그도 그럴 것이 대부분의 아이들이 취학 전에 1부터 100까지 척척 세곤 하니까요. 이런 경우 부모님은 아이가 수를 다 안다고 착각합니다. 그런데 정말 아이가 수를 알고 세는 것일까요? 수 세기가 그렇게 쉽다면 초등학교 4학년까지 여러 단원에 걸쳐 배울 이유가 없겠지요. 아이들이 수 세기를 제대로 배우지 않았는데도 수를 잘 세는 이유는 수를 외워서 세기 때문입니다.

100까지 셀 줄 아는 아이 앞에 과자 6개씩을 위의 그림과 같이 늘어놓았습니다. "위쪽과 아래쪽 중에서 어느 쪽이 개수가 더 많을까?" 하고 물으면 아이는 아래쪽이 더 많다고 대답합니다. 보다시피 개수는 같고 크기와 배열이 다를 뿐인데, 개수도 다르다고 생각하는 것이지요. 이는 수를 이해하지 않고 외웠기 때문에 생기는 현상입니다.

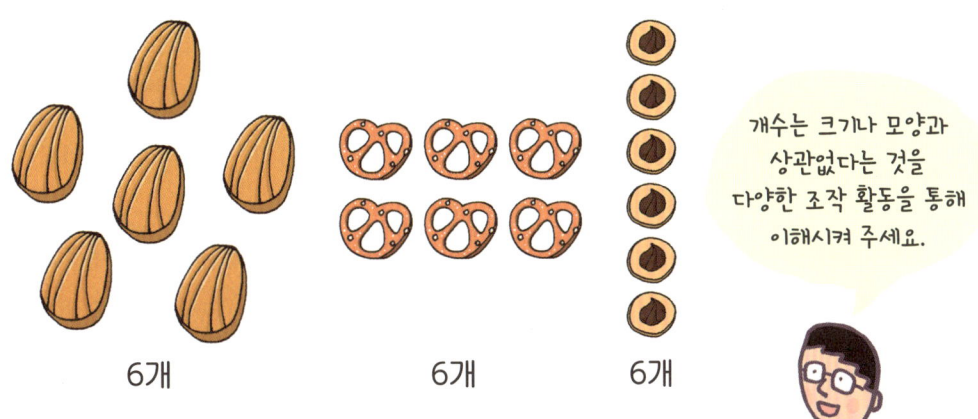

개수는 크기나 모양과 상관없다는 것을 다양한 조작 활동을 통해 이해시켜 주세요.

이 경우에는 수 세기를 다시 가르쳐야 합니다. 1학년 1학기 때는 두 자리 수, 1학년 2학기 때는 세 자리 수까지 배웁니다. 그러면서 수 세기의 핵심 개념 중 하나인 **십진법**을 익히지요. 1은 일의 자리에 있을 때는 1이지만, 십의 자리에 있을 때는 10개가 1묶음이라는 것, 백의 자리에 있을 때는 100개가 1묶음이라는 것을 아이에게 이해시켜야 합니다. 1학년에게 십진법은 매우 어려운 내용입니다. 그래서 2학년, 3학년에서도 계속 배우는 것이니 지금은 십진법보다 수 세기의 개념을 확실히 이해하는 데 집중하도록 해 주세요.

수 세기를 이해시키려면?

수는 눈으로 보거나 만질 수 없는 추상적인 개념입니다. 이것을 이해시키려면 수를 실제로 보고, 조작하는 상황을 자주 만들어 현실감을 주어야 합니다.

주변을 살펴보면, 우리의 삶은 수로 둘러싸여 있다고 해도 과언이 아닙니다. 연필, 지우개, 딱풀, 가위, 책, 화분 등 거의 대부분이 셀 수 있는 것들이지요. 아이들에게 가장 익숙한 환경에서 물건을 세어 보게 하세요. 그러면 수와 물건을 연결하면서 추상적인 수를 머릿속에 형상화할 수 있습니다.

집합 수와 순서수

아이들이 유독 헷갈려 하는 것이 **집합 수**와 **순서수**입니다. 집합 수는 묶음에 대한 **크기**를 나타내는 수로, **기수**라고도 합니다. 순서수는 **차례**를 나타내는 수로 **서수**라고도 하지요. 물론 아이들에게 집합 수, 순서수라는 어려운 용어를 가르칠 필요는 없습니다.

손가락을 펼쳐서 "손가락이 몇 개지?"라고 물었을 때 "5개요."라고 대답하는 것은 집합 수예요. 손가락을 펼쳐서 "새끼손가락은 몇 번째지?"라고 물었을 때 "다섯째요."라고 대답하는 것은 순서수이지요. 이런 식으로 사물에 대입하여 두 개념을 잡아 주면 됩니다.

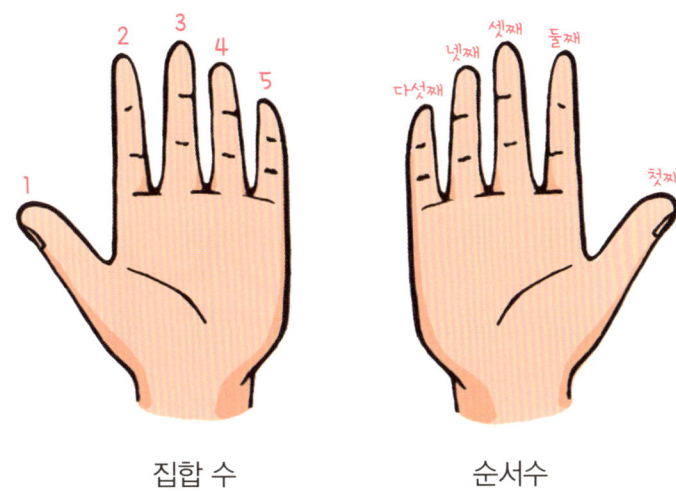

집합 수　　　　　순서수

'O'에 대한 개념 잡기

학교에서 수 세기를 배울 때 0을 제일 먼저 배울 것 같지만, 그렇지 않습니다. 수의 크기와 수의 순서를 배우고 나서야 0에 대해 배워요. 0을 제대로 이해하기가 쉽지 않기 때문이지요.

"0은 아무것도 없는 거야."라고 설명하면, 어떤 아이는 이렇게 대답합니다. "아무것도 없다면서 왜 0이 있어요?" 아이의 말에 어른들은 할 말을 잃습니다. 사실 0은 만질 수도, 볼 수도 없는 개념이라서 어른도 어려운데 아이는 오죽할까요.

인도에서 발명된 0이 서양에 전해진 이후 이것을 완전히 이해하기까지 약 400년이 걸렸다고 합니다. 그만큼 어려운 개념이지요. 그러면 0의 개념을 어떻게 가르치면 좋을까요?

접시 위에 과자 2개를 올려놓고, 아이에게 1개를 먹으라고 하면 접시에는 1개가 남습니다. 이것을 1이라고 가르쳐요. 그리고 엄마가 나머지 1개를 먹습니다. 그러면 남은 과자가 없어요. 이것이 0입니다. 다시 말해서 0은 **앞에 한정하는 구체물이 있을 때** 성립하는 개념이라고 할 수 있습니다.

0은 일상생활에서 가르치는 것이 가장 좋습니다. 그러나 사실 일상생활에서 0을 쓸 일은 그리 많지 않아요. 대부분 "하나도 없어요.", "아무것도 없어요."라고 하지 "0개요."라고 하지는 않으니까요. 그렇지만 0의 개념을 알려주기 위해 일부러 0을 넣어서 대화해 보는 것은 좋습니다.

초가 모두 꺼졌어요. 불 켜진 초가 없다는 뜻이고, 이를 수로 나타내면 '0'이지요.

 아이와 함께!

아이가 집합 수와 순서수를 헷갈려 한다면 계단 오르기 놀이를 해 보세요. 가위바위보를 해서 이긴 사람이 한 칸씩 올라가는 놀이입니다. 계단을 오르내리며 순서대로 수를 읽어 보세요. 일, 이, 삼, 사, 오, 육, 칠, 팔, 구. 구, 팔, 칠, 육, 오, 사, 삼, 이, 일.
"엄마는 계단을 몇 개 올라갔을까?"는 집합 수를 묻는 질문이에요. "우아, 다연이가 이겼으니까 다섯째 계단에 올라갈래?"는 순서수를 묻는 질문이지요.
아이가 집합 수와 순서수를 완전히 이해할 때까지 놀이를 반복합니다. 이때 집합 수, 순서수 같은 어려운 말은 사용하지 않는 것이 좋습니다. 수학에 대한 부담감이 커질 테니까요.

 엄마가 맛있는 과자를 구웠습니다. 주어진 수에 알맞게 과자에 ○표 하시오.

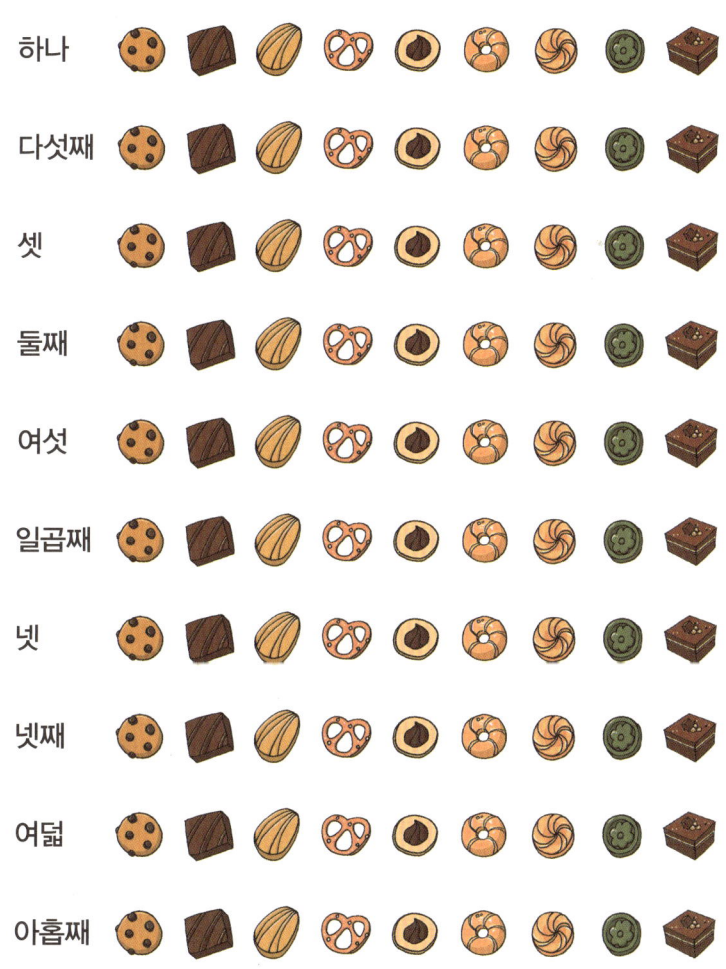

1학기 2단원 | 여러 가지 모양　　　　후 여러 가지 모양

1학년 도형

모양

이것만은 꼭!

- ⬛: 모든 부분이 평평하고 뾰족한 부분이 많다.
- 🟡: 둥근 부분이 있고 평평한 부분도 있다.
- 🟢: 모든 부분이 둥글다.

공부가 아니라, 놀이로 시작해요

초등학교 1학년 때 처음 배우는 도형은 평면도형이 아니라 **입체도형**입니다. 아이가 손쉽게 접하고 자주 가지고 노는 공, 학용품, 생활용품, 장난감 등이 모두 입체도형이기 때문이지요.

1학년 때 배우는 입체도형은 직육면체, 원기둥, 구 3가지입니다. 하지만 아이에게 이런 용어를 사용할 필요는 없어요. 무슨 뜻인지 알 수 없는 어려운 말을 쓰는 것은 수학을 이해시키는 방법이 아니라, 암기하도록 만드는 방법일 뿐이니까요.

직육면체, 원기둥, 구는 각각 수학적 정의를 함의하고 있습니다. 그러나 그것도 외우게 하지 마세요. 1학년 때는 수학을 공부가 아닌 놀이로 접근하도록 하는 것이 가장 효과적입니다.

상자 모양, 둥근기둥 모양, 공 모양의 사물을 부수고, 만져 보고, 관찰하다 보면, 아이들은 도형의 특징을 스스로 경험하고 깨우칩니다.

아이와 함께 빨대로 상자 모양과 둥근기둥 모양을 만들어 보세요. 밀가루로 공 모양을 빚어 보세요. 다양한 크기로 여러 모양을 만들다 보면 아이는 수학 공부를 즐기게 될 것입니다.

그런데 이때 주의할 점이 있어요. 도형, 상자 모양, 둥근기둥 모양, 공 모양이란 용어를 사용하지 말아야 한다는 것입니다. 이런 용어를 쓰며 암기하도록 하는 순간 아이는 창의성을 발휘할 기회를 잃고 맙니다. 용어를 외우는 대신 다양한 형태의 도형을 많이 경험하고, 직접 이름을 지어 보는 활동을 하도록 지도해 주세요.

> 다양한 놀이를 통해 도형을 직접 경험하는 게 중요해요.

입체도형의 특징 ❶

직접 이름을 지으려면 도형의 특징을 알아야겠지요? 아이와 함께 만든 상자 모양, 둥근기둥 모양, 공 모양들을 늘어놓고 다음과 같이 이야기를 나눠 보세요.

 이걸 어떻게 정리하면 좋을까? 엄마는 같은 모양끼리 모으면 좋을 것 같은데.

 어떤 게 같은 모양이에요?

처음에 엄마의 질문을 이해하지 못해 갸우뚱하던 아이는 도형들을 유심히 관찰하기 시작합니다. 아이에게 충분히 생각할 시간을 주었다면 힌트를 하나 주세요.

 굴렸을 때 잘 굴러가지 않는 것은 뭘까?

 🟥 모양은 잘 굴러가지 않을 것 같아요.

 아, 그렇구나. 우리 집에 이 모양이랑 비슷한 물건이 있을까?

 엄마는 그것도 몰라요? 우유갑이랑 휴지 상자가 이런 모양이잖아요.

 우아, 우리 준우 정말 잘 찾네. 그러면 한쪽 방향으로만 잘 굴러가는 것은 뭘까?

 🟡 모양이에요. 우리 집에 이 모양이랑 비슷한 게 많아요. 음료수 캔, 참치 캔, 딱풀 같은 거요.

 그러면 어디로든 잘 굴러가는 것은 뭐지?

 🟢 모양이요. 탁구공, 야구공, 구슬도 같은 모양이에요.

대화가 끊기더라도 아이를 채근하지 말고, 충분히 생각할 수 있도록 시간을 주세요.

이런 대화를 통해 아이는 입체도형의 특징을 스스로 알아냅니다.

입체도형의 특징 ❷

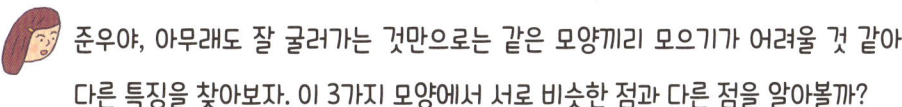, 모양의 또 다른 특징은 무엇이 있을까요? 다음의 대화를 통해 알아봅시다.

> 🧑‍🦰 준우야, 아무래도 잘 굴러가는 것만으로는 같은 모양끼리 모으기가 어려울 것 같아. 다른 특징을 찾아보자. 이 3가지 모양에서 서로 비슷한 점과 다른 점을 알아볼까?
>
> 👦 엄마, 평평한 부분이 달라요.
>
> 🧑‍🦰 오, 맞다! 평평한 부분이 어떻게 다르니?
>
> 👦 🟥 모양은 평평한 부분이 6개예요.
>
> 🟨 모양은 평평한 부분이 2개이고요.
>
> 🟢 모양은 평평한 부분이 없어요. 그래서 잘 굴러가나 봐요.

이렇게 문답을 주고받다 보면 아이는 자연스럽게 관찰을 하게 되고 입체도형의 또 다른 특징도 스스로 찾아냅니다.

도형의 이름을 지어요

아이와 함께 🟥 모양의 이름을 정해 보세요. 예를 들어 🟥은 상자와 비슷하니까 상자 모양으로 부르자고 하는 거예요. 그런데 아이는 상자가 모두 네모나지 않고 둥근 것도 있으니까 상자 모양으로 부르면 안 된다고 할 수 있어요. 그럴 때에는 "네모 상자 모양이라고 하면 어떨까?" 하고 제안해 보세요.

동일한 방법으로 🟨은 둥근기둥 모양으로, 🟢은 공처럼 생겼으니 공 모양으로 이름을 지어 보세요. 아이가 창의성을 발휘하도록 전혀 다른 이름으로 정해도 됩니다. 중요한 것은 아이에게 왜 그런 이름을 지었는지 묻고 답하는 과정 속에서 도형의 특징을 직관적으로 파악하게 하는 것입니다.

같은 도형끼리 모아요

이제 도형의 특징을 알았으니 집 안에 있는 물건이나 서랍 속 물건, 주방에 있는 물건 등 다양한 사물들을 도형의 특징에 따라 분류해 보세요. 예를 들어 평평한 부분이 몇 개냐에 따라 물건을 모을 수 있어요.

- 평평한 부분이 2개인 모양 – 딱풀, 보온병, 캔

- 평평한 부분이 6개인 모양 – 상자, 나무토막, 주사위, 휴지 상자, 지우개

- 평평한 부분이 없는 모양 – 골프공, 축구공, 구슬

 공주님이 괴물에게 쫓기고 있습니다. 붙잡히지 않으려면 3개의 자물쇠로 잠겨 있는 문을 열어야 합니다. 자물쇠에 맞는 모양의 입체도형을 찾아 선으로 이으시오.

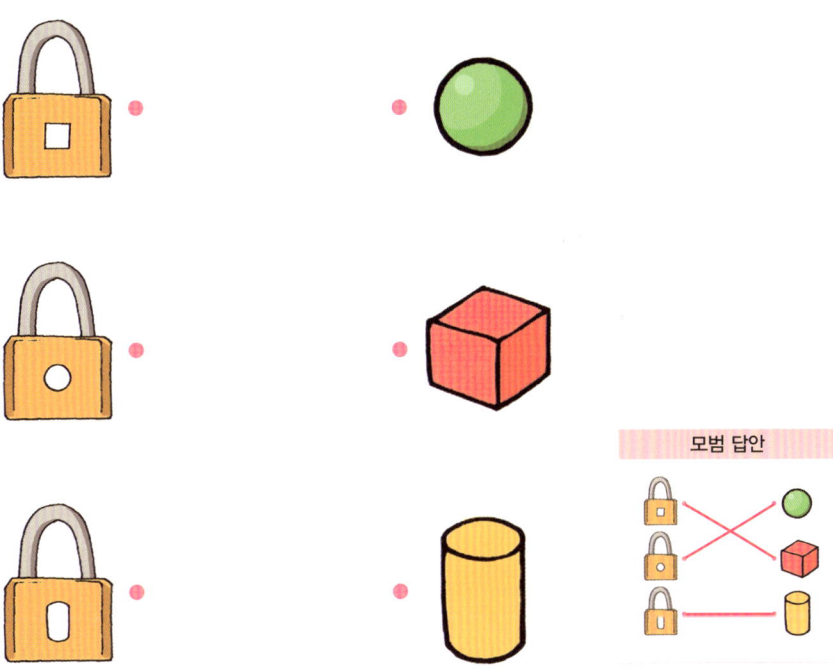

아이들은 놀면서 세상을 배웁니다. 그러므로 처음 수학을 배울 때는 놀이로 익혀야 하지요. 아이와 함께 집 안에서 똑같은 모양의 물건을 찾는 놀이를 해 보세요.
"무엇이 무엇이 똑같을까? 냉장고와 상자가 똑같아요. 무엇이 무엇이 똑같을까? 딱풀과 보온병이 똑같아요. 무엇이 무엇이 똑같을까? 축구공과 구슬이 똑같아요."라고 노래를 부르면 더욱 신나겠지요?
좀 더 다양한 물건을 보여 주고 싶을 때는 마트에서 나눠 주는 전단지를 활용해 보세요. 전단지 속 다양한 물건들을 가위로 오려서 같은 모양끼리 모아 벽에 붙이는 놀이입니다. 도형의 특징을 이해하는 데 더할 나위 없이 좋은 놀이이지요. 또한 입체도형을 직관적으로 인식하는 눈을 기르는 데에도 효과적입니다.

1학기 3단원 | 덧셈과 뺄셈 *후* 받아올림과 받아내림이 없는 덧셈과 뺄셈, 한 자리 수인 세 수의 덧셈과 뺄셈

1학년 수와 연산

가르기와 모으기, 덧셈과 뺄셈의 의미

이것만은 꼭!

- 가르기: 하나의 수를 둘 이상으로 나누는 것
- 모으기: 둘 이상의 수를 하나로 합치는 것
- 덧셈: 둘 이상의 수를 더하는 계산법으로, '+' 기호로 나타내고, '더하기'라고 읽는다.
- 뺄셈: 둘 이상의 수가 있을 때 앞의 수에서 뒤의 수를 빼는 계산법으로, '−' 기호로 나타내고, '빼기'라고 읽는다.

금붕어 2마리와 금붕어 3마리를 5마리로 모을 수 있어. 덧셈으로 하면 어떻게 될까?

음, 2마리, 3마리……. 더하기…….

덧셈과 뺄셈의 시작은 가르기와 모으기

무슨 일이든 첫발이 중요합니다. 아이에게 덧셈과 뺄셈을 가르칠 때에도 처음이 무척 중요해요. 연산을 처음 배우는 아이에게 무턱대고 기계적으로 계산하는 법을 가르치면 수학에 대한 부정적인 고정 관념이 생길 수 있습니다.

연산의 기초는 **가르기**와 **모으기**입니다. 하지만 대부분의 부모님은 가르기와 모으기는 대충 넘어가고 덧셈, 뺄셈부터 가르치려고 하지요. 가르기와 모으기를 제대로 하지 못하면, 문제를 풀 때 오히려 시간이 더 걸립니다.

그 이유를 좀 더 자세히 알아볼까요? 초등학교 1학년 때는 처음에 '2, 3, 4, 5를 두 수로 가르기와 모으기'를 배웁니다. 그다음 '6, 7, 8, 9를 두 수로 가르기와 모으기'를 해요.

$$3+4$$

이런 문제가 나왔을 때 가르기와 모으기를 연습하지 않은 아이는 3과 4를 그대로 더합니다. 하지만 가르기와 모으기를 충분히 연습한 아이는 가르기를 해서 연산을 하지요.

$$3+4=3+(2+2)=(3+2)+2=5+2=7$$

설사 이 단계에서는 크게 실력 차이가 나지 않아도, 나중에 받아올림이 있는 덧셈과 받아내림이 있는 뺄셈 단계에서는 가르기와 모으기 연습이 빛을 발합니다.

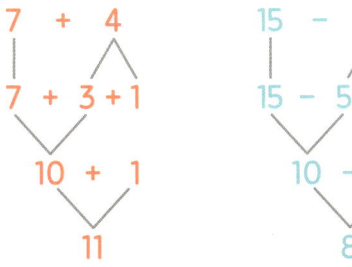

가르기와 모으기로 10을 만들어서 연산을 하면 훨씬 정확하고 빨라요.

손가락을 꼽는 습관은 좋지 않아요

가르기와 모으기는 가장 쉬운 2부터 시작해 보세요. 2는 1과 1로 가를 수 있어요. 또 1과 1을 모으면 2가 되지요.

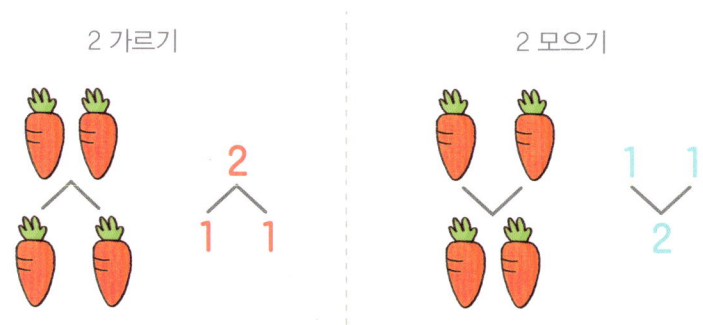

그다음에는 3, 4, 5를 가르고 모아 보세요. 이것을 척척 해내야 연산에 응용할 수 있습니다.

가르기와 모으기는 손가락을 이용하면 쉽게 가르칠 수 있습니다. 한쪽 손을 펴서 1과 4, 2와 3, 3과 2, 4와 1로 보여 주세요. 이것을 자꾸 반복하면 5가 되는 두 수를 단번에 알 수 있어요. 하지만 손가락을 꼽으면서 가르기와 모으기를 하는 것이 습관화되지 않도록 지도해 주세요. 2·3학년이 되어서도 손가락을 꼽으면서 연산을 하면 연산 속도와 능력이 다른 아이들에 비해 오히려 떨어지게 됩니다.

마찬가지의 방법으로 6, 7, 8, 9도 가르고 모으는 연습을 합니다.

이 연습을 충분히 한 다음에 덧셈 문제로 넘어갑니다.

구체물을 활용하여 가르기와 모으기를 연습하는 것도 좋아요.

덧셈과 0이 있는 덧셈

$$6 + 2 = 8$$
더해지는 수 더하는 수

덧셈을 처음 지도할 때는 기호 읽는 법부터 가르쳐야 합니다. '+'는 '**더하기**'라고 읽어요. '='은 '**은**' 또는 '**는**'이라고 읽습니다. 이것은 '~와 같다'라는 뜻이지요. 아이에게 머릿속으로 양쪽 무게가 똑같은 양팔 저울을 떠올리게 하면 잊어버리지 않을 거예요. 위의 식을 배운 대로 읽으면 '육 더하기 이는 팔'이지요.

아이가 기호를 읽을 수 있다면 그다음으로 0의 덧셈을 가르칩니다. 어떤 수에 0을 더하면 언제나 어떤 수가 나온다는 것을 알려 주며 다음과 같은 예를 들어 보세요. 접시 2개 중 한쪽에는 사탕 3개를 놓고, 다른 쪽에는 사탕을 놓지 않아요. "사탕이 모두 몇 개 있지? 덧셈을 해 볼까?"라고 물어봅니다.

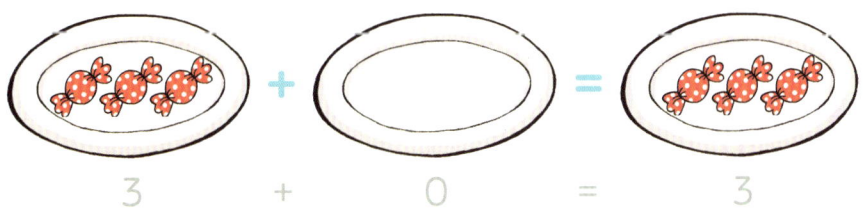

이런 방법으로 1부터 9까지의 수에 0을 차례차례 더해 보세요. 아이가 스스로 "아하! 어떤 수에 0을 더하면 언제나 어떤 수가 되는구나!"란 결과를 얻을 때까지요.

반대로 0에 어떤 수를 더할 때에도 그 값이 같다는 것을 이야기해 주세요.

뺄셈과 0이 있는 뺄셈

$$5 - 2 = 3$$
빼지는 수 　　빼는 수

5에서 2를 빼는 것을 5-2라고 씁니다. '−'는 '**빼기**'라고 읽지요. 5 빼기 2의 차는 3이에요. **차**란 큰 수에서 작은 수를 뺀 값이란 뜻입니다.

접시 위에 놓인 젤리 3개를 모두 먹으면 접시에 몇 개의 젤리가 남는지 물어보세요.

하나도 없으니까 0개이지요. 이번에는 비슷하지만 조금 다른 문제를 내 보세요. 접시 위에 젤리 3개를 놓고 엄마도, 아이도 먹지 않고 둡니다. 아이에게 접시에 젤리가 몇 개 남았는지 물어보세요.

1개도 먹지 않았으니 3개가 남았습니다. 이런 방법으로 1부터 9까지의 수에서 0을 차례차례 빼 봅니다. 어떤 수에서 0을 빼면 어떤 수가 나온다는 것을 스스로 깨달을 때까지요.

문제로 익혀요!

그림을 보고 □에 알맞은 수를 써 넣고, 덧셈을 하시오.

문제 1 울타리 안에 토끼가 □ 마리 있어요.
울타리 밖에는 토끼가 □ 마리 있어요.
울타리 안과 밖의 토끼는 모두 □ 마리입니다.

문제 2 □ + □ = □

모범 답안
문제 1 5, 3, 8
문제 2 5, 3, 8 또는 3, 5, 8

아이와 함께!

아이가 0이 들어 있는 덧셈과 뺄셈을 잘 이해하지 못한다면 한쪽에 휴지통을 놓고 휴지를 동그랗게 말아 반대편에서 던져 넣는 놀이를 해 보세요. 멀찍이 떨어져서 던지면 몇 번을 시도해도 하나도 들어가지 않을 거예요. 휴지통에 들어간 휴지의 개수는 엄마도 0개, 아이도 0개이므로, 0+0=0이란 답을 쉽게 알 수 있어요.

물고기가 한 마리도 없고 물만 가득 찬 어항을 보여 주고, 이 어항에 물만 가득 찬 또 다른 어항의 물을 부을 때 어항 속에 물고기가 몇 마리 있는지 물어보세요. 역시 0+0=0임을 알게 됩니다. 이렇듯 집 안에 있는 다양한 사물들을 활용하여 0의 연산을 지도하면 효과적입니다.

1학기 4단원 | 비교하기   후 cm, 단위길이

길이, 높이, 키 무게, 넓이, 들이

이것만은 꼭!

- 길이: 두 물건의 길이를 비교할 때는 '더 길다', '더 짧다'라고 한다.
- 높이: 두 물건의 높이를 비교할 때는 '더 높다', '더 낮다'라고 한다.
- 키: 두 물건의 키를 비교할 때는 '더 크다', '더 작다'라고 한다.
- 무게: 두 물건의 무게를 비교할 때는 '더 무겁다', '더 가볍다'라고 한다.
- 넓이: 두 물건의 넓이를 비교할 때는 '더 넓다', '더 좁다'라고 한다.
- 들이: 두 물건의 들이를 비교할 때는 '더 많다', '더 적다'라고 한다.

6가지 비교하기

초등학교 1학년 때 처음 배우는 측정은 **비교하기**입니다. **비교**란 서로 비슷한 점과 다른 점을 찾아내는 일이에요. 취학 전 아이는 주변에 있는 물건의 색, 모양, 크기 등 비슷한 점과 다른 점을 비교하면서 사물에 대한 개념을 형성합니다.

학교에 들어가면 더욱 구체적으로 비교하기를 배웁니다. 1학년 1학기 때는 **길이, 높이, 키, 무게, 넓이, 들이**를 비교하지요.

이때 양의 개념과 양을 표현하는 용어인 길다, 짧다, 높다, 낮다, 크다, 작다, 무겁다, 가볍다, 넓다, 좁다, 많다, 적다 등을 자연스럽게 사용할 수 있도록 생활 속의 다양한 물건을 비교해 보는 것이 중요합니다.

2가지 물건을 비교할 때는 '더 길다', '더 짧다'라고 표현하고, 3가지의 물건을 비교할 때는 '가장 길다', '가장 짧다'라고 표현해요. 2가지를 비교할 때는 '**더**'를, 3가지 이상을 비교할 때에는 '**가장**'이라는 표현을 쓴다는 걸 잊지 않도록 해 주세요.

길이 비교하기

길이란 한쪽 끝에서 다른 쪽 끝까지의 거리입니다. 물건의 길이를 비교할 때는 '**길다**', '**짧다**'라고 하지요.

물건의 길이를 비교할 때는 기준을 같게 하는 것이 중요합니다. **기준**은 한 쪽 끝을 맞춰서 나란히 놓는 것을 말해요.

1학년 때에는 직접 비교를 배우기 때문에 자, 손과 같은 도구를 이용하지 않아요. 다른 도구로 비교하는 간접 비교는 2학년 때부터 배웁니다.

높이 비교하기

높이를 비교할 때는 '**높다**', '**낮다**'라고 해요. 높이를 비교할 때도 기준을 맞춰야 해요. 아래쪽 끝을 기준으로 맞추고 위쪽 끝을 비교합니다.

길이와 높이는 분명히 달라요. 아이가 길이는 잘 비교하는데 높이는 제대로 비교하지 못한다면, 추를 매단 줄을 바닥에 늘어뜨려 생긴 수직선이 바로 높이라고 설명해 주세요.

키 비교하기

키를 비교할 때는 '**크다**', '**작다**'라고 해요. 이때에도 아래쪽 끝을 맞추고, 위쪽 끝을 비교합니다.

아이들이 키를 비교하며 흔히 하는 실수가 '높다', '낮다'라고 표현하는 거예요. 키는 '크다', '작다'라고 해야 한다는 것을 알려 주세요.

무게 비교하기

물건의 **무게**를 비교할 때는 '**무겁다**', '**가볍다**'라고 해요. 아이들은 크기가 크면 더 무거울 거라고 착각을 합니다. 이럴 때는 아이에게 물건을 직접 들어 보라고 하세요. 힘이 더 들어가는 것이 무겁고, 덜 들어가는 것이 가볍다고 설명해 주면 쉽게 이해합니다. 양팔 저울을 사용하는 것도 좋은 방법입니다. 저울은 무거운 쪽으로 기울기 때문에 무게를 한눈에 비교할 수 있지요.

크기가 같아도 무게는 다를 수 있다는 점을 알려 주세요. 예를 들어 크기가 같은 풍선과 돌멩이 중 돌멩이가 더 무겁지요.

넓이 비교하기

물건의 **넓이**를 비교할 때는 '**넓다**', '**좁다**'라고 합니다. 넓이는 물건을 서로 겹쳐 보면 어떤 것이 더 넓은지 쉽게 알 수 있어요. 물건을 겹쳐 놓았을 때 남는 부분이 많을수록 더 넓지요. 칠판과 스케치북 중에서는 칠판이 더 넓고, 스케치북이 더 좁아요. 칠판, 스케치북, 수첩을 비교할 경우에는 칠판이 가장 넓고, 수첩이 가장 좁습니다.

들이 비교하기

물건의 **들이**를 비교할 때는 '**많다**', '**적다**'라고 해요. 들이는 우리가 일상에서 잘 사용하지 않아서 부피로 착각하기 쉽습니다. 하지만 들이와 부피는 엄연히 다른 개념이에요. 들이는 어떤 그릇에 최대한 담을 수 있는 양이고, **부피**는 어떤 입체가 차지하고 있는 공간의 크기입니다. 들이는 '들이다'라는 말에서 온 용어로 용기 안에 들여진 정도를 나타내요. 들이를 '담을 수 있는 양'이라고 생각하면 이해하기 쉬워요.

모양과 크기가 같은 컵의 들이는 물의 높이를 비교하면 돼요.

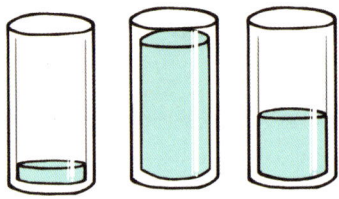

반면에 모양과 크기가 다른 그릇은 대충 눈대중으로 비교해선 안 됩니다.

번거롭더라도 모양과 크기가 같은 그릇에 옮겨서 정확하게 비교해야 하지요. 또는 작은 컵 하나로 각각의 그릇에 담긴 내용물을 옮겨 담으면서 몇 번을 옮겨 담았는지 셉니다. 이렇게 하면 들이의 개념을 정확히 익힐 수 있습니다.

문제로 익혀요!

다음 글을 읽고 ( ) 안에 알맞은 말을 쓰시오.

다연이는 엄마와 함께 시장에 갔어요.
다연이는 물건을 비교하면서 엄마와 이야기를 나누었어요.

문제 1

넓이를 비교할 때에는 직접 맞대어 봐야 해. 두 물건 중에서 남는 부분이 많은 게 더 넓은 거란다. 수첩과 동화책의 넓이를 비교해 보렴.

( )보다 ( )이 더 넓어요.
( )보다 ( )이 더 좁아요.

문제 2

무게를 비교할 때는 저울에 재 보면 돼. 상추와 배추를 비교해 보렴.

( )보다 ( )가 더 무거워요.
( )보다 ( )가 더 가벼워요.

문제 3

오렌지 주스   딸기 주스   키위 주스

세 개의 컵에 들어 있는 주스의 양을 비교해 보렴.

오렌지 주스가 ( )요.
키위 주스가 ( )요.

모범 답안
문제 1 (수첩)보다 (동화책)이 더 넓어요. (동화책)보다 (수첩)이 더 좁아요.
문제 2 (상추)보다 (배추)가 더 무거워요. (배추)보다 (상추)가 더 가벼워요.
문제 3 오렌지 주스가 (가장 많아)요. 키위 주스가 (가장 적어)요.

 **아이와 함께!**

교과서에서 배우는 6가지의 비교하기 외에도 다양한 비교하기가 있습니다. 깊이를 비교할 때는 '깊다', '얕다', 거리를 비교할 때는 '멀다', '가깝다', 굵기를 비교할 때는 '굵다', '가늘다' 등으로 나타냅니다. 비교하기에서 쓰는 용어는 자주 사용해야 친해질 수 있습니다. 가래떡과 떡볶이용 떡을 놓고 굵기를 비교하고, 바닷물과 수영장을 보며 깊이를 비교하고, 먼 곳과 가까운 곳을 가며 거리를 비교해 보는 등 생활 속에서 다양한 예를 접하게 해 주세요.

1학기 5단원 | 50까지의 수 선 9까지의 수 후 100까지의 수

1학년 수와 연산

50까지의 수

이것만은 꼭!

- 십: 9보다 1 크고, 11보다 1 작은 수. '십' 또는 '열'이라고 읽는다.
- 십 몇: 11~19까지의 수로 10개씩 1묶음과 낱개가 있는 수. 19는 10개씩 1묶음과 낱개 9개이고, '십구' 또는 '열아홉'이라고 읽는다.
- 몇십: 10, 20, 30, 40, 50처럼 10개씩 묶어서 낱개가 없는 수. 10개씩 1묶음이면 10, 5묶음이면 50이다. 10은 '십' 또는 '열', 50은 '오십' 또는 '쉰'이라고 읽는다.
- 몇십 몇: 10개씩 묶어서 10개씩 묶음과 낱개가 있는 수. 27은 10개씩 2묶음과 낱개 7개이고, '이십칠' 또는 '스물일곱'이라고 읽는다.

두 자리 수 세기에서 가장 중요한 것

수 세기에서 가장 중요한 것은 **십진법**과 **자릿값**입니다. 그러므로 이 단원은 매우 중요합니다. 처음으로 십진법과 자릿값의 원리를 배우기 때문이지요.

십진법은 0부터 9까지 10개의 숫자를 이용하여 수를 나타내는 방법입니다. 십진법의 핵심은 자릿값이고, 자릿값은 숫자가 위치한 자리에 따라 값이 달라지는 것입니다. 수 세기와 십진법을 제대로 알아야 사칙 연산을 잘할 수 있습니다.

물론 초등학교 1학년 아이에게 십진법, 자릿값, 일의 자리, 십의 자리 같은 어려운 말을 사용할 필요는 없습니다. 쉬운 용어로 **묶음**, **낱개** 정도만 사용해서 설명해 주세요.

> **수와 숫자**
>
> 수와 숫자는 어떻게 다를까요? 숫자 세기, 수 세기 어떤 것이 맞는 표현일까요? 한글에서 '가'는 자음 'ㄱ'과 모음 'ㅏ'가 만나 이루어진 글자이지요. 마찬가지로 수 10도 숫자 1과 0이 만나 만들어진 것입니다. 숫자는 '0, 1, 2, 3, 4, 5, 6, 7, 8, 9' 10개의 수를 나타내는 기호이고, 이 기호를 사용하여 수를 표현해요. 따라서 숫자 세기가 아니라, 수 세기가 정확한 표현입니다.

십 알아보기

10까지 수를 세는 방법은 여러 가지입니다. 그렇기 때문에 10을 '십'으로 읽어야 하는 경우와 '열'로 읽어야 하는 경우로 구분하여 가르쳐야 하지요. '일, 이, 삼, 사, 오, 육, 칠, 팔, 구, 십' 또는 '하나, 둘, 셋, 넷, 다섯, 여섯, 일곱, 여덟, 아홉, 열'을 각각 셀 줄 알아야 합니다. 또 '십, 구, 팔, 칠, 육, 오, 사, 삼, 이, 일'과 '열, 아홉, 여덟, 일곱, 여섯, 다섯, 넷, 셋, 둘, 하나'와 같이 거꾸로도 셀 수 있게 지도해 주세요.

그런데 이때 수 세기만 할 줄 알아서는 안 됩니다. 10이 9보다 1 큰 수라는 것, 10은 5가 2개인 수라는 것, 10은 8보다 2 큰 수라는 것 등 10을 다양하게 볼 줄 알아야 하지요.

10은 11보다 1 작은 수예요. 이처럼 다른 방법으로도 10을 표현해 보세요.

십 몇 알아보기

십 몇은 10과 몇이라는 낱개가 모인 수예요. 11부터 19까지가 십 몇이지요. 여기에서 배워야 할 내용은 3가지입니다.

- 11부터 19까지의 수를 읽고 쓸 줄 안다.
- 11부터 19까지의 수를 여러 가지 방법으로 셀 줄 안다.
- 십 몇이 10개씩 묶음 1개와 낱개 몇 개로 이루어져 있는지 나타낼 수 있다.

수 세기를 할 때는 종이 위에 쓰거나 그리는 것보다 물건을 이용하는 것이 훨씬 쉽고 빠릅니다. 묶거나 끼울 수 있는 블록이나 큐브 같은 것을 사용하는 것도 좋아요.

그런데 이때 묶어 세기부터 가르치지 마세요. 먼저 아이에게 물건의 개수를 일일이 세어 보게 합니다. 그다음에 블록 10개를 연결하여 10개씩 묶어 놓고, 이것을 '10개씩 묶음'이라고 하고, 1개씩 있는 것을 '낱개'라고 한다고 가르쳐 줍니다. 그런 후에 묶어 세기를 가르쳐야 묶어 세기의 편리함을 알 수 있습니다.

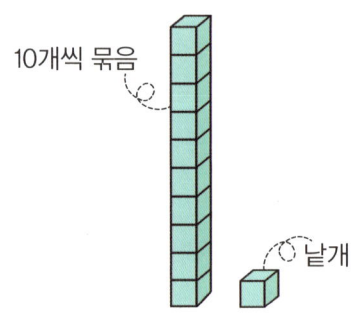

몇십 알아보기

10개씩 묶었을 때 낱개가 없이 10개씩 묶음만 여러 개 있는 경우의 수 세기입니다.

우선 앞에서 했던 것처럼 일일이 물건의 개수를 세어 보게 합니다. 개수가 많을수록 세는 데 시간이 많이 걸리고 세다가 헷갈릴 가능성도 높지요. 이런 불편함을 인지시킨 다음 이번에는 10개씩 묶음을 만들어 다시 세어 보게 합니다. 그러면 아이가 당연히 수를 더 쉽게 셀 거예요. "40개는 10개씩 몇 묶음이 있어야 하지?"라는 질문에 "4묶음이요."라고 금방 대답합니다.

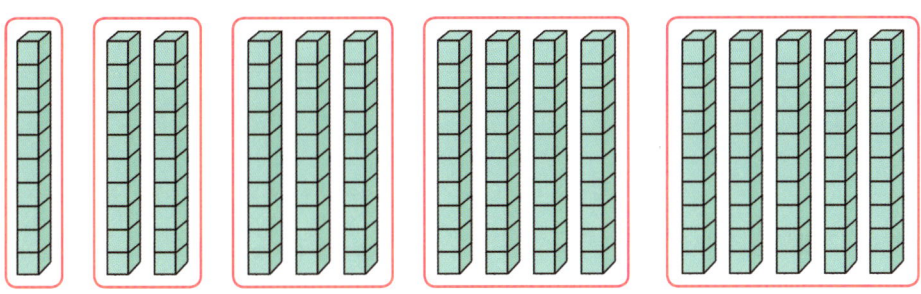

아이는 이 과정을 통해 묶어 세기의 필요성을 스스로 터득하고 10씩 묶어 자릿값이 올라가는 십진법을 깨우칠 수 있습니다.

몇십 몇 알아보기

가령 50 이하의 수는 10개씩 묶음과 낱개로 나눌 수 있습니다. 앞에서 했던 방법으로 몇십 몇의 수 세기를 가르쳐 주세요.

아울러 마흔셋, 서른둘 등을 숫자로 써 보며 수를 세고 읽는 법을 완벽하게 익히도록 해 주어야 합니다.

수	10개씩 묶음(개)	낱개(개)
29	2	9
43	4	3
37	3	7
17	1	7

50까지의 수의 순서 알아보기

수 배열표를 이용하여 1부터 50까지 세는 법과 수의 순서를 익혀야 합니다. 수 배열표를 보면(44쪽 위의 표) 1칸씩 오른쪽으로 갈수록 수가 1씩 커진다는 것을 알 수 있습니다. 예를 들어 23 바로 왼쪽에 있는 22는 23보다 1이 작은 수예요. 반대로 23 바로 오른쪽에 있는 24는 23보다 1이 큰 수이지요.

1	2	3	4	5	6	7	8	9	10
11	12	13	14	15	16	17	18	19	20
21	22	23	24	25	26	27	28	29	30
31	32	33	34	35	36	37	38	39	40
41	42	43	44	45	46	47	48	49	50

수 배열표

이번에는 수 배열표를 보며 다양한 방법으로 수 세기를 해 보세요. '일, 이, 삼, 사……사십구, 오십', '하나, 둘, 셋, 넷……마흔아홉, 쉰'과 같이 읽어 보세요. 또 거꾸로 '오십, 사십구, 사십팔……이, 일', '쉰, 마흔아홉, 마흔여덟……둘, 하나'로도 읽어 보고요.

주변에서 수가 순서대로 있는 경우를 찾아보세요. 백과사전 각 권의 번호, 찜질방의 옷장 번호, 건물의 각 층에 따라 달라지는 번호 등이 있지요.

두 수의 크기 비교하기

2개의 수를 비교해 보세요. 엄마는 딸기를 36개, 아이는 딸기를 28개 땄을 때 누가 더 많이 땄냐고 물어보면, 어떤 아이는 선뜻 대답하지 못합니다. 어떤 아이는 28이 더 많다고 말하기도 해요. 6보다 8이 더 큰 수이기 때문이지요.

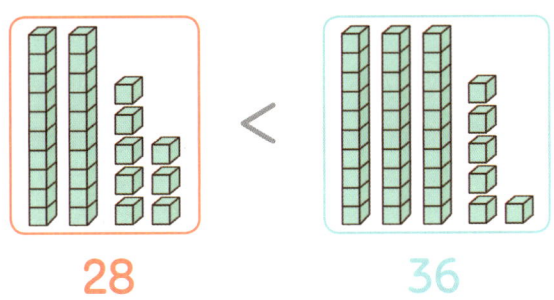

두 수의 크기를 비교하려면 자릿값을 알아야 해요. 아이가 자릿값의 개념을 이해했다면 두 수의 크기를 비교할 때 큰 자리의 수부터 비교해야 한다는 것을 가르쳐 주세요.

아이가 "43과 41처럼 10개씩 묶은 수가 같을 때에는 어떻게 해요?"라고 물으면 "묶음의 수가 같을 때에는 낱개의 수를 비교하면 돼."라고 답하면 됩니다.

아이에게 십의 자리, 일의 자리 같은 어려운 용어를 사용하지 마세요. 1학년 때에는 묶음과 낱개로 표현하는 것이 좋습니다.

50까지의 수에서 짝수와 홀수 알아보기

짝수는 2의 배수이고, **홀수**는 2로 나누었을 때 나누어떨어지지 않고 1이 남는 수예요. 그런데 이렇게 설명하면 아이는 잘 이해하지 못합니다. 짝수는 둘씩 짝을 지을 수 있는 수이고, 홀수는 짝을 지을 수 없어서 홀로 있는 수라고 설명해 주세요.

동물 그림이나 인형으로 짝을 지어 봅니다. 토끼 2마리를 동그라미 하나로 묶어서 짝을 지어요. 토끼 4마리는 2마리씩 동그라미 2개, 토끼 6마리는 2마리씩 동그라미 3개로 짝을 지으면 남는 것이 없으니 짝수이지요. 토끼 3마리는 2마리씩 동그라미 1개로 짝을 지으면 1마리가 홀로 남아서 홀수, 토끼 5마리는 2마리씩 동그라미 2개로 짝을 지으면 1마리가 홀로 남아서 홀수이지요. 이렇게 1부터 10까지 짝을 지어 보면서 홀수와 짝수의 개념을 설명해 주면 쉽게 이해할 수 있습니다.

수	동물	구분
1	🐰	홀수
2	🐰🐰	짝수
3	🐰🐰 🐰	홀수
4	🐰🐰 🐰🐰	짝수
5	🐰🐰 🐰🐰 🐰	홀수
6	🐰🐰 🐰🐰 🐰🐰	짝수
7	🐰🐰 🐰🐰 🐰🐰 🐰	홀수
8	🐰🐰 🐰🐰 🐰🐰 🐰🐰	짝수
9	🐰🐰 🐰🐰 🐰🐰 🐰🐰 🐰	홀수
10	🐰🐰 🐰🐰 🐰🐰 🐰🐰 🐰🐰	짝수

10까지 홀수와 짝수를 구분하다 보면 아이는 11이 홀수인지 짝수인지 알아보려고 할 거예요. 이때 아이에게 11부터는 낱개만 보면 된다고 알려 주세요. 10개씩 묶은 수는 짝수이기 때문에 낱개만 세어 보면 되지요.

아이와 함께!

수 세기에는 고쳐 묶기라는 개념이 있습니다. 10개씩 묶는 것이 아니라 같은 양을 다르게 묶는 방법이지요. 45를 10개씩 4묶음에 낱개 5개로 묶을 수도 있지만, 10개씩 3묶음에 낱개 15개로 묶을 수도 있습니다. 고쳐 묶기는 받아내림이 있는 뺄셈에서 꼭 필요한 활동입니다. 가령 45-28을 풀 때 낱개 5에서 낱개 8은 뺄 수 없어요. 이때는 45를 10개씩 3묶음과 낱개 15개로 고쳐 묶기하여 빼야 하지요.
아이와 함께 수 모형으로 여러 가지 고쳐 묶기를 하고 표를 만들어 보세요.

45	
10개씩 묶음(개)	낱개(개)
4	5
3	15
2	25
1	35
0	45

45 고쳐 묶기

문제로 익혀요!

뽀삐가 산책을 나갔다가 길을 잃었습니다. 뽀삐가 집을 찾아오려면 1씩 커지는 수를 따라가야 합니다. 뽀삐가 집으로 돌아올 수 있게 길을 찾아 선으로 그려 보시오.

집에 어떻게 가지?

- 오이 11개
- 나비 13마리
- 별 25개
- 잠자리 12마리
- 매미 14마리
- 포도 20송이
- 오렌지 13개
- 고추 24개
- 다이아몬드 14개
- 야구공 15개
- 당근 16개
- 사과 32개
- 탁구공 30개
- 딸기 17개
- 시금치 34포기
- 우유 45개
- 배추 18포기
- 축구공 26개
- 우리 집

모범 답안

오이 11개 → 잠자리 12마리 → 오렌지 13개 → 다이아몬드 14개 → 야구공 15개 → 당근 16개 → 딸기 17개 → 배추 18포기

2학기 1단원 | 100까지의 수   선 50까지의 수 후 세 자리 수

1학년 수와 연산

100까지의 수

이것만은 꼭!

- 10씩 6묶음은 60이라고 쓰고, '육십' 또는 '예순'이라고 읽는다.
- 10씩 7묶음은 70이라고 쓰고, '칠십' 또는 '일흔'이라고 읽는다.
- 10씩 8묶음은 80이라고 쓰고, '팔십' 또는 '여든'이라고 읽는다.
- 10씩 9묶음은 90이라고 쓰고, '구십' 또는 '아흔'이라고 읽는다.
- 78은 '칠십팔' 또는 '일흔여덟', 94는 '구십사' 또는 '아흔넷'이라고 읽는다.
- 99 다음의 수는 100이라고 쓰고, '백'이라고 읽는다.
- 두 수의 크기는 부등호(<, >)를 사용하여 표현한다. 두 수의 크기를 비교할 때는 먼저 십의 자리 수를 비교하고, 십의 자리 수가 같다면 일의 자리 수를 비교한다.

60, 70, 80, 90까지 세어 보기

1학년 1학기 때 50까지의 수 세기를 배우고, 2학기에는 제일 먼저 100까지의 수 세기를 배웁니다. 50까지의 수 세기를 잘 익혔다면 100까지의 수 세기도 어렵지 않을 거예요.

100까지의 수 세기는 크게 4단계로 구분해서 가르쳐야 합니다.

> **1단계** 60, 70, 80, 90까지 10씩 묶어 세기를 가르친다.
> **2단계** 99까지의 수를 읽고 쓰는 법을 가르친다.
> **3단계** 세 자리 수인 100을 가르친다.
> **4단계** 두 수의 크기를 비교하는 법을 가르친다.

60, 70, 80, 90을 셀 때에도 처음부터 묶어 세기를 가르치지 마세요. 처음에는 자유롭게 세어 보게 합니다. 그러면 낱개로 하나씩 세면서 불편해할 거예요. 아이는 더 편하고 쉽고 빨리 셀 수 있는 방법을 스스로 고민하면서 2씩 묶어 세기도 하고, 5씩, 10씩 묶어 세기도 합니다. 물론 가장 빠른 것은 10씩 묶어 세기예요. 낱개 10개가 모여 10이 된다는 것은 십진법의 기초이며 우리가 사용하는 수 또한 십진법으로 되어 있기 때문이지요.

만약 아이가 10씩 묶어 세는 법을 스스로 찾지 못한다면 이런 힌트를 주세요. 달걀 꾸러미 여러 개를 보여 주면서 "달걀은 모두 몇 개일까?"라고 물어보는 겁니다. 달걀이 한 꾸러미에 10개씩 담겨 있는 것을 보면 굳이 낱개로 일일이 셀 필요가 없다는 것을 알게 되지요. 이때 아이가 10씩 묶어 세기를 완벽하게 할 수 있을 때까지 다음 단계로 넘어가서는 안 됩니다.

99까지의 수의 순서와 100 알기

수 세기에서 아이들이 흔히 빠지는 함정이 있어요. 어떤 아이에게 70개와 8개가 있을 때 수를 써 보라고 하면, 78이라고 쓰지 않고 708이라고 씁니다. 그러면서 읽을 때는 칠십팔이라고 읽지요. 78이 10씩 묶음이 7개, 낱개가 8개로 이뤄졌다는 원리를 정확히 모르기 때문이에요. 이런 함정에 빠지지 않으려면 10씩 묶어 세기를 충분히 연습해야 합니다. 10씩 묶어 세기를 잘하는 아이라면 99까지의 수 세기는 어렵지 않게 할 수 있습니다.

아이들에게 위의 그림 속 블록을 세 보라고 하면 먼저 10개씩 묶음을 셀 거예요. 10개짜리 묶음이 7개니까 70이에요. 그 다음에는 낱개를 세지요. 낱개는 9개입니다. 10개씩 묶음 7개를 앞에, 낱개 9개를 뒤에 쓰면 79가 됩니다. 칠십구 또는 일흔아홉이라고 읽지요.

칠십구 = 일흔아홉 = 79

여기까지 잘 했다면, 이번에는 큰 수와 작은 수를 찾아보도록 합니다.

 55보다 1 큰 수는 무엇이니?

 56이요.

 96보다 1 작은 수는 무엇이지?

 95요.

이렇게 대답이 술술 나오도록 연습해야 합니다. 또 조금 읽기 어려운 수들을 읽는 연습도 해야 합니다.

 79는 어떻게 읽지?

 칠십구 또는 일흔아홉이요.

 98은 어떻게 읽어?

 구십팔 또는 아흔여덟이요.

99까지 읽고 쓰는 게 익숙해지면 100을 가르쳐 주세요. 100은 처음 배우는 세 자리 수입니다. 아이에게 100을 설명할 때 "99 다음의 수가 100이야."라고 말해 주세요. 99 다음의 수로 100을 정의하는 것이 수의 순서를 이해하기에 쉽습니다. 또 10씩 10개가 모이면 100이 된다는 것도 알려 주세요.

100
- 세 자리 수
- 99 다음의 수
- 10씩 10묶음
- '백'이라고 읽음

세 자리 수에 대해서는 92~95쪽에서 자세히 살펴봐요.

두 수의 크기 비교하기

50까지의 수에서 배웠듯이 두 자리 수의 크기를 비교할 때는 10개짜리 묶음을 먼저 비교한 뒤 낱개를 비교합니다.

69와 83을 비교할 때 아이가 9가 3보다 큰 수이니까 69가 큰 수라고 대답한다면, 10씩 묶어 세기가 정확하

두 자리 수에서 두 수가 모두 다를 때는 10개짜리 묶음을 비교해요.

게 학습되지 않은 상태입니다. 69는 10개짜리 묶음이 6개, 83은 10개짜리 묶음이 8개예요. 6보다 8이 크니까 69보다 83이 더 큰 수라는 것을 다시 가르쳐 주세요.

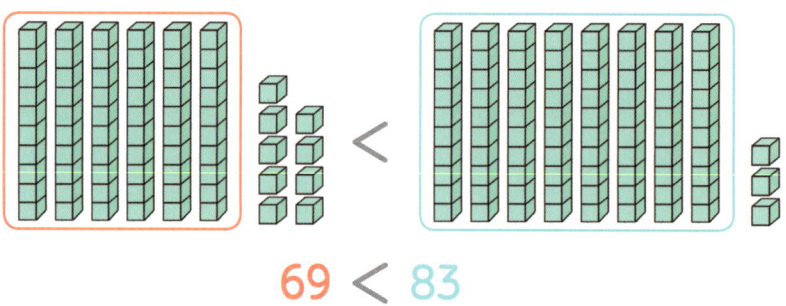

69 < 83

이번에는 86과 89를 비교해 보세요. 86과 89는 10개짜리 묶음이 둘 다 8개로 같지만 낱개 수가 달라요. 86의 낱개 수는 6개이고, 89의 낱개 수는 9개예요. 6보다 9가 크니까 86보다 89가 큰 수이지요.

> 두 자리 수에서 10개짜리 묶음의 크기가 같을 때는 낱개 수의 크기를 비교해요.

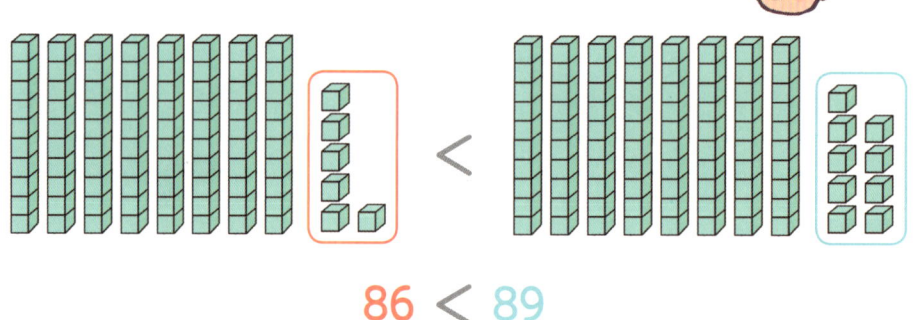

86 < 89

어느 정도 수의 크기를 비교할 수 있게 되면 두 수의 크기를 비교할 때 사용하는 기호인 **부등호**를 가르쳐 주세요. 두 수의 크기를 비교한 결과는 부등호 '<'와 '>'로 나타낼 수 있습니다.

안에 알맞은 수와 부등호를 써 넣으시오.

카드놀이를 하던 동물들이 서로 자기가 카드를 가장 많이 가지고 있다고 자랑을 하기 시작했어요.

문제 1 동물들이 가진 카드는 각각 몇 장인지 □ 안에 수를 써 넣으시오.

문제 2 사자와 사슴 중 누가 카드를 더 많이 가졌나요? □ 안에 알맞은 부등호 (<, >)를 써 넣으시오.

모범 답안
문제 1 68, 82, 99, 77
문제 2 >

 **아이와 함께!**

외국인이 한글을 배울 때 가장 어려워하는 것 중 하나가 수 읽기라고 합니다. 차례를 나타낼 때와 양을 나타낼 때 수를 다르게 읽기 때문이지요. 수 세기를 처음 배우는 아이들도 마찬가지입니다.
"할아버지 연세는 70입니다."라고 할 때 칠십으로 읽어야 할까요? 일흔으로 읽어야 할까요?
"줄넘기를 85번 했네."라고 할 때 팔십오로 읽어야 할까요? 여든다섯으로 읽어야 할까요?
이렇게 기억하면 좋습니다. 차례를 나타낼 때는 기수, 양을 나타낼 때는 서수로 읽지요. 할아버지 연세는 양을 나타내므로 일흔으로, 줄넘기를 한 횟수도 양을 나타내므로 여든다섯 번으로 읽습니다. 63층은 차례이므로 육십삼 층으로 읽어요. 만약 "아빠 회사가 예순셋 층에 있어."라고 하면 아빠 회사는 1층부터 63층까지 걸쳐 있다는 뜻이 되어 버리지요.

1학년 수와 연산

2학기 2단원 | 덧셈과 뺄셈
2학기 4단원 | 세 수의 덧셈과 뺄셈

선 가르기와 모으기, 덧셈과 뺄셈의 의미
후 10 가르기와 모으기를 이용한 덧셈과 뺄셈

받아올림과 받아내림이 없는 덧셈과 뺄셈, 한 자리 수인 세 수의 덧셈과 뺄셈

이것만은 꼭!

- 받아올림이 없는 두 자리 수의 덧셈은 일의 자리는 일의 자리끼리, 십의 자리는 십의 자리끼리 더한다.
- 받아내림이 없는 두 자리 수의 뺄셈은 일의 자리는 일의 자리끼리, 십의 자리는 십의 자리끼리 뺀다.
- 세 수의 덧셈은 계산 순서를 바꾸어도 계산 결과가 같다.
- 세 수의 뺄셈과 세 수의 혼합 계산은 계산 순서를 바꾸면 안 되고, 앞에서부터 차례대로 계산해야 한다.

받아올림이 없는 (두 자리 수) + (한 자리 수)

가장 쉬운 (두 자리 수)+(한 자리 수)부터 계산해 보세요. 50+4를 계산해 볼까요? 50은 일의 자리가 0이기 때문에 계산이 쉬워요. 처음에는 세로셈보다 수 모형으로 연습하는 것이 좋습니다.

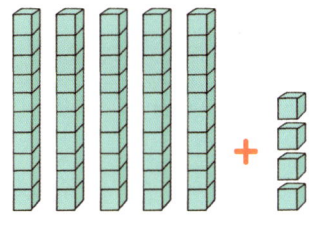

다음과 같이 대화를 나누며 계산하는 방법을 익혀 보세요.

 50을 놓아 보겠니? 4를 놓아 보겠니? 자, 10씩 묶음을 십 모형이라고 해. 십 모형은 십의 자리란다. 십 모형이 몇 개지?

 5개요.

 낱개 모형은 일의 자리란다. 낱개 모형은 몇 개지?

 4개요.

 이걸 모두 더하면 몇 개일까?

 54개요.

 그럼 50+4는 얼마일까?

 54요.

이번에는 세로셈을 해요.

$$\begin{array}{r} 50 \\ +4 \\ \hline \end{array} \rightarrow \begin{array}{r} 5\,0 \\ +\,4 \\ \hline \,4 \end{array} \rightarrow \begin{array}{r} 5\,0 \\ +\,4 \\ \hline 5\,4 \end{array}$$

세로셈도 문답을 통해 지도합니다.

50의 5는 십의 자리일까, 일의 자리일까?

 십의 자리요.

 50의 0은 십의 자리일까, 일의 자리일까?

 일의 자리요.

 4는 십의 자리일까, 일의 자리일까?

 일의 자리요.

 십의 자리는 십의 자리끼리, 일의 자리는 일의 자리끼리 나란히 한 줄로 써야 해. 왜 그럴까?

 십의 자리는 십의 자리끼리, 일의 자리는 일의 자리끼리 계산해야 하니까요.

 4는 50의 5와 0 중에서 어떤 수에 줄을 맞춰 써야 할까?

 0이랑 한 줄로 맞춰 써야 해요. 4는 일의 자리이고, 50의 0도 일의 자리이니까요.

같은 방법으로, 한 단계 어려운 34+5를 풀어 보세요.

아이가 십 모형과 낱개 모형이 각각 십의 자리와 일의 자리라는 것을 알고, 같은 자릿수끼리 계산해야 한다는 것을 이해했다면 이번에는 세로셈으로 넘어갑니다.

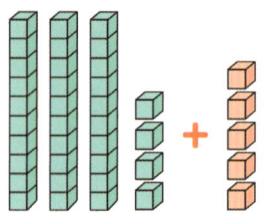

$$\begin{array}{r} 34 \\ +5 \\ \hline \end{array} \rightarrow \begin{array}{r} 3\,|\,4 \\ +|\,5 \\ \hline |\,9 \end{array} \rightarrow \begin{array}{r} |\,3\,4 \\ +|\,5 \\ \hline |\,3\,9 \end{array}$$

세로셈을 할 때 일의 자리 수 5는 34의 3과 4 중에서 어느 수와 줄을 맞춰 써야 할지 짚어 주세요.

받아올림이 없는 (두 자리 수)+(두 자리 수)

받아올림이 없는 (두 자리 수)+(두 자리 수)에서 가장 쉬운 문제는 30+20과 같은 (몇십)+(몇십)입니다. 일의 자리가 없으니 계산이 쉽지요.

세로셈을 할 때는 십의 자리는 십의 자리끼리, 일의 자리는 일의 자리끼리 나란히 씁니다. 이때 일의 자리부터 계산하도록 연습해요.

$$\begin{array}{r}30\\+20\\\hline\end{array} \rightarrow \begin{array}{r}30\\+20\\\hline 0\end{array} \rightarrow \begin{array}{r}30\\+20\\\hline 50\end{array}$$

이번에는 38+11 같이 받아올림이 없는 (몇십 몇)+(몇십 몇)을 계산해 보세요. 이때도 수 모형으로 연습한 후 세로셈을 합니다.

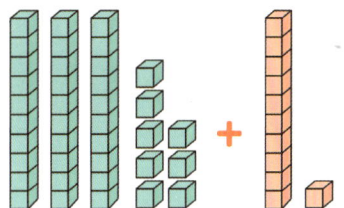

$$\begin{array}{r}38\\+11\\\hline\end{array} \rightarrow \begin{array}{r}38\\+11\\\hline 9\end{array} \rightarrow \begin{array}{r}38\\+11\\\hline 49\end{array}$$

세로셈을 할 때 아이에게 38에서 3은 얼마를 나타내는지, 3과 1을 한 줄로 맞추어 계산하는 이유는 무엇인지 물어보세요. 자릿수를 제대로 이해하고 있는지 알 수 있습니다.

받아내림이 없는 (두 자리 수)-(한 자리 수)

받아내림이 없는 뺄셈도 (몇십)-(몇십)처럼 쉬운 문제부터 익힙니다. 30-10을 풀어 볼까요?

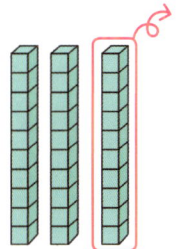

```
  3 0         3 0         3 0
- 1 0   →   - 1 0   →   - 1 0
            ─────       ─────
                0         2 0
```

이번에는 한 단계 어려운 (몇십 몇)-(몇) 문제인 29-8을 풀어 보세요.

29만큼 십 모형 2개와 낱개 모형 9개를 놓습니다. 여기에서 8을 덜어 내면 십 모형 2개와 낱개 모형 1개가 남으니까 21입니다.

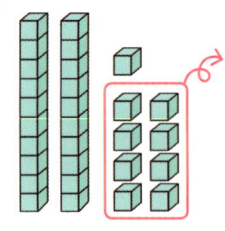

이번에는 가로셈을 해 보세요. 29-8을 계산할 때 세로셈은 잘 하면서 가로셈으로는 8을 80으로 계산해 틀리기도 합니다. 8은 일의 자리라는 것을 강조해 주세요.

$$29 - 8 = 21$$

받아내림이 없는 (두 자리 수)-(두 자리 수)

마지막으로, 가장 어려운 (몇십 몇)-(몇십 몇) 문제인 47-13을 풀어 볼까요?

십 모형 4개 중에서 1개를, 낱개 모형 7개 중에서 3개를 덜어 내면 되지요. 남은 것은 십 모형 3개, 낱개 모형 4개이므로 34입니다.

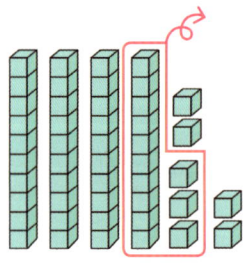

세로셈을 할 때 자리를 맞춰 적는 것을 잊지 마세요!

```
  4 7         4 7         4 7
- 1 3   →   - 1 3   →   - 1 3
            ─────       ─────
                4         3 4
```

받아올림이 없는 한 자리 수인 세 수의 덧셈

> **문제**
> 뿌뿌 아주머니의 빵 가게에 손님이 왔어요. 3명은 식빵을 사러 왔고, 2명은 도넛을, 4명은 케이크를 사러 왔어요. 가게에 온 손님은 모두 몇 명일까요?

아이는 3개의 수를 더하는 문제를 처음 보기 때문에 무엇부터 계산해야 할지 모릅니다. 이때는 앞에서부터 차례대로 계산하면 된다고 알려 주세요.

먼저 수 모형을 놓아요. 식빵을 사러 온 손님은 3명이니 낱개 모형 3개, 도넛을 사러 온 손님은 2명이니 낱개 모형 2개, 케이크를 사러 온 손님은 4명이니 낱개 모형 4개를 놓습니다.

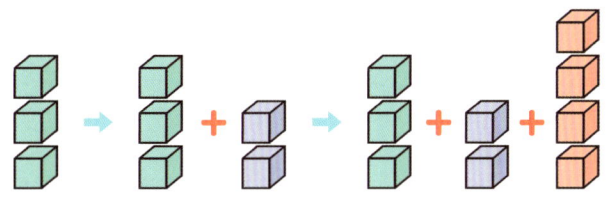

이것을 계산식으로 쓸 때 세 수의 덧셈은 계산 순서가 바뀌어도 계산 결과가 같다는 것을 꼭 가르쳐 주세요.

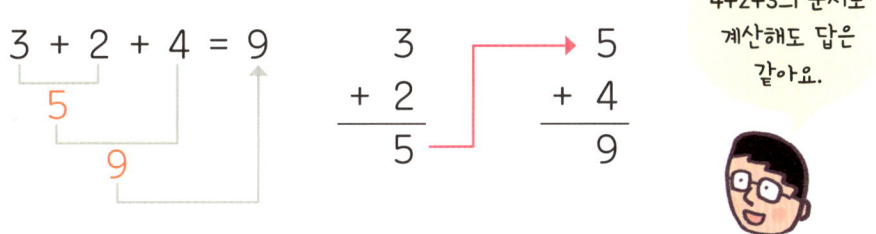

4+2+3의 순서로 계산해도 답은 같아요.

더 확실하게 알 수 있도록 아이와 함께 수직선을 그려 보세요.

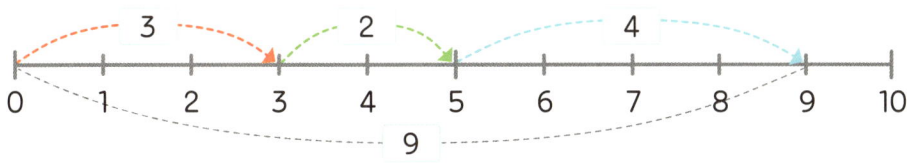

받아내림이 없는 한 자리 수인 세 수의 뺄셈

과자 상자 안에 과자가 7개 있어요. 그런데 식구들이 없는 사이에 우리 집 강아지 밀키가 과자를 3개 먹고, 그다음에 2개를 더 먹었어요. 상자 안에는 과자가 몇 개 남았을까요?

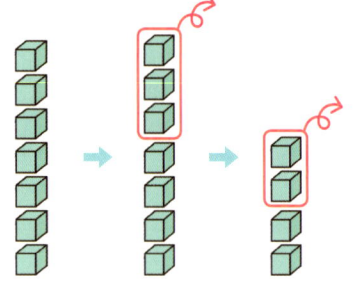

수 모형 7개에서 3개를 빼고, 그다음에 2개를 빼요. 남은 것은 2개예요. 이것을 계산식으로 써 보세요.

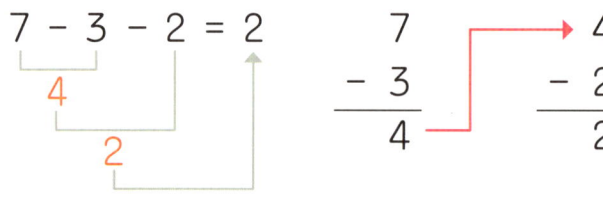

7-3-2에서 7-3을 먼저 계산합니다. 그리고 4에서 2를 빼면 2가 남아요.

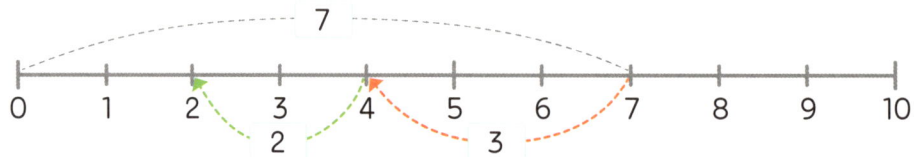

7-3-2를 3-2=1, 7-1=6의 순서로 계산해 보세요. 답이 다릅니다. 세 수의 덧셈에서는 계산 순서를 바꾸어도 계산 결과가 같지만, 세 수의 뺄셈에서는 계산 순서가 바뀌면 답이 틀리다는 것을 예를 통해 알려 주세요.

☐에 알맞은 수와 기호를 써 넣으시오.

코끼리 가족이 놀이공원에 놀러 갔어요. 마차도 타고, 열기구도 타고, 꼬마 기차도 탔답니다. 몽당연필이 내는 문제를 알아맞히면 더 신나는 놀이 기구를 탈 수 있대요.

문제 1

10개씩 5묶음과 낱개 5개, 10개씩 2묶음과 낱개 3개가 있어요. 모두 몇 개일까요?

  (개)

문제 2

과자 79개에서 58개를 먹었어요. 남은 것은 몇 개일까요?

☐☐ − ☐☐ = ☐☐ (개)

문제 3

손님 5명이 탔다가, 4명이 내리고, 다시 5명이 탔어요. 지금 몇 명이 타고 있을까요?

  (명)

모범 답안
문제 1 55, 23, 78
문제 2 79, 58, 21
문제 3 5, 4, 5, 6

 아이와 함께!

아이들은 단순한 계산 문제는 잘 풀어도, 문장으로 된 문제는 막막해합니다. 그런데 연산 문제는 문장제 문제로 자주 나옵니다. 문장제 문제를 잘 풀려면 문제를 이해하는 능력이 있어야 합니다. 그러나 초등학교 1학년에게 한글을 읽고 그 뜻을 정확히 이해하기를 바라는 것은 무리입니다. 따라서 처음에는 그림을 그려 문제를 이해하게 하세요. 예를 들어 아이가 물고기를 좋아하면, 어항 속에 물고기를 그립니다. 처음에는 그림만 보고 블록으로 똑같이 표현해 보라고 한 후에 식과 답을 쓰게 합니다. 이것이 익숙해지면 그림과 문장이 곁들여진 문제를 풀게 하고 나중에는 문장만 있는 문제를 풀게 합니다.

아이들은 문장제 문제에서 무엇이 중요한지를 포착하지 못할 때가 많습니다. 이때는 문장에서 중요한 부분에 동그라미로 표시를 하도록 지도해 주세요.

여러 가지 모양

2학기 3단원 | 여러 가지 모양

선 모양 후 여러 가지 도형

1학년 도형

이것만은 꼭!

- ■은 뾰족한 부분이 4개 있다.
- ▲은 뾰족한 부분이 3개 있다.
- ●은 뾰족한 부분이 없다.

분석력이 아니라, 직관력 키워 주기

1학년 1학기 때는 입체도형인 🟥, 🟨, 🟢을 배웠습니다. 2학기 때는 평면도형인 🟩, 🔺, 🟠을 배워요. 3, 4학년 때에도 계속 평면도형을 배우고, 5, 6학년이 되면 다시 입체도형을 배웁니다. 그런데 왜 입체도형을 먼저 배우고, 평면도형을 나중에 배울까요? 순서로 따지면 평면도형을 먼저 배우는 게 맞을 것 같은데 말이지요.

수학은 정의나 개념을 배우기에 앞서 직접 경험하고, 스스로 고민하고, 직관적으로 머릿속에 그릴 수 있는 활동을 먼저 해야 하는 학문입니다. 한번 생각해 보세요. 아이에게 "뾰족한 부분이 4개 있으면 어떤 모양일까?"라고 물었을 때 아이가 🟩 모양을 상상할 수 있을까요? 개념만으로는 🟩 모양을 떠올리기가 어려울 거예요. 하지만 도형을 실제로 만져 보고, 관찰하면 도형의 개념과 특징을 자연스럽게 이해할 수 있습니다.

따라서 1학년 때는 도형에 대한 직관력을 키우는 것을 목표로 삼습니다.

🟩, 🔺, 🟠 모양 찾아보기

우리 주변에는 공책, 시계, 책상, 동전 등 여러 가지 물건들이 있습니다. 이 물건들은 모양이 각양각색이지요.

물건들을 모아 놓고 🟩, 🔺, 🟠와 비슷한 모양을 찾게 하면 어떤 아이는 이런 질문을 합니다.

"엄마, 책은 🟥 모양인데, 왜 🟩 모양이라고 해요?"

이때는 🟩 모양은 🟥의 일부분이라고 설명해 주세요. 물건을 종이에 대고 그려 보는 활동도 좋습니다. 지우개, 트라이앵글, 삼각자, 둥근 CD 등을 종이에 대고 그리면 🟩, 🔺, 🟠이 입체 물건의 한 부분임을 금방 알 수 있지요.

또 어떤 아이는 이런 질문을 해서 엄마를 당황시킵니다.

"엄마, 트라이앵글은 가운데가 비어 있어요. 이건 ▲ 모양이 아니잖아요. CD는 ⊙ 모양인데요? ● 모양이 2개잖아요."

이럴 때에는 비슷한 모양을 찾으면 된다고 가르쳐 주세요. 직관력을 키우는 훈련이므로 도형의 정의에 맞는 정확한 모양이 아니라, 비슷한 모양을 찾을 수 있으면 됩니다.

■, ▲, ● 을 가르칠 때에도 사각형, 삼각형, 원 같은 용어를 사용하지 마세요. 네모, 세모, 동그라미 같은 용어도 마찬가지입니다. 선생님도 처음에는 이런 용어를 사용하지 않아요.

그보다 아이가 모양에 직접 이름을 붙이도록 기회를 줍니다. 어떤 아이는 ■을 책 모양이라고 부르고, 어떤 아이는 ▲을 트라이앵글이라고 부르고, 어떤 아이는 ●을 피자라고 부를 거예요.

그러다가 차츰 불편해하면 "우리 다른 사람들도 알아들을 수 있는 이름을 붙여 볼까?"라고 제안해서 네모, 세모, 동그라미 같은 용어로 자연스럽게 넘어가도록 합니다.

■, ▲, ● 모양끼리 모으기

아이와 ■, ▲, ● 모양의 종이를 오려 서로 다른 상자에 담는 놀이를 해 보세요. 크기와 색깔이 다른 여러 종류의 ■, ▲, ●이 한데 섞여 있으면, 어떤 아이는 같은 색끼리 모으고, 어떤 아이는 같은 크기끼리 모을 거예요. 그럴 때 아이에게 ■, ▲, ● 모양대로 정리하라고 말해 주세요.

■, ▲, ● 모양끼리 모으려면 ■, ▲, ●의 특징을 알아야 합니다. 아이는 각 모양의 특징을 찾는 과정에서 ■, ▲, ●의 개념을 스스로 깨닫습니다. 예를 들어 ■은 뾰족한 부분이 4개 있고, ▲은 뾰족한 부분이 3개, ●은 뾰족한 부분이 없다는 것을 알게 되지요.

문제로 익혀요!

아래의 그림을 보고 문제를 풀어 보시오.

　　고양이　　　　토끼　　　　사자　　　　호랑이

　　코끼리　　　　판다　　　　기린　　　　강아지

문제 1 ● 모양의 음식을 만든 동물을 모두 쓰시오.

문제 2 사자가 만든 빵은 어떤 모양입니까?
　　　① ■　② ●　③ ▲

문제 3 호랑이와 같은 모양의 음식을 만든 동물은 누구입니까?

모범 답안
문제 1　고양이, 토끼, 코끼리, 기린, 강아지
문제 2　①
문제 3　사자

아이와 함께!

수학 교육의 큰 목적 중 하나는 창의성을 키우는 것입니다. 창의성이란 새로운 생각을 하는 능력이지요. 그런데 문제의 정답이 딱 하나만 있다고 단정 지으면 아이들의 창의성은 자랄 수 없습니다. 그래서 수학 문제의 정답이 여러 개일 수 있다는 가능성을 열어 놓아야 합니다. 도형에서 ■는 영원히 ■이 아니라, ▲이 될 수도 있고, ●이 될 수도 있다고 생각하는 것이 바로 창의성입니다. 또 ●은 해도 되고, 달도 되고, 바퀴도 되고, 안경도 되고, 아빠 얼굴도 됩니다. 아이와 함께 빨대를 이용하여 ■, ▲, ● 모양을 만들어 보세요. 빨대는 잘 휘기 때문에 ■으로 만들었다가 ▲이나 ●으로 쉽게 바꿀 수 있습니다. 그러면서 ■이 ▲과 ●으로 변하는 이야기를 지어서 들려주세요. 창의성을 기르는 좋은 기회가 될 것입니다.

10 가르기와 모으기를 이용한 덧셈과 뺄셈

이것만은 꼭!

- 10은 3과 7 등으로 가를 수 있고, 2와 8 등으로 모을 수 있다.
- 10이 되는 덧셈은 6+4=10 등이 있고, 10에서 빼는 뺄셈은 10−2=8 등이 있다.
- 3+7+2는 합이 10이 되는 두 수를 먼저 더하고, 나머지 한 수를 더한다.
- 8+7은 앞의 수 8이나 뒤의 수 7이 10이 되도록 가르기해서 계산한다.
- 13−5는 앞의 수 13이나 뒤의 수 5를 가르기해서 계산한다.

1학년 최고의 고비

1·2학년 아이들이 가장 어려워하는 단원은 **받아올림**이 있는 덧셈과 **받아내림**이 있는 뺄셈입니다. 아이들은 이런 문제를 풀 때마다 혼란스러워합니다. 어떻게 보면 8~9살 아이들이 처음 겪는 좌절일지도 모르겠네요.

이번에 배울 단원은 받아올림이 있는 덧셈과 받아내림이 있는 뺄셈의 바로 전 단계입니다. 이 과정을 잘 마쳐야 받아올림이 있는 덧셈과 받아내림이 있는 뺄셈을 좀 더 쉽게 풀 수 있으므로 매우 중요하지요.

이번 과정에서는 크게 7가지를 배웁니다. 그럼 차례대로 살펴볼까요?

- 10을 두 수로 가르기와 10이 되는 두 수 모으기
- 10이 되는 더하기와 10이 되는 빼기
- 합이 10이 되는 두 수를 이용하여 세 수의 덧셈하기
- 앞의 수를 분해해서 (몇)+(몇)=(십 몇) 계산하기
- 뒤의 수를 분해해서 (몇)+(몇)=(십 몇) 계산하기
- 앞의 수를 분해해서 (십 몇)-(몇)=(몇) 계산하기
- 뒤의 수를 분해해서 (십 몇)-(몇)=(몇) 계산하기

10을 두 수로 가르고, 모으기

학년이 올라갈수록 자릿수가 많은 수의 받아올림이 있는 덧셈을 배웁니다. 자릿수가 많은 수의 덧셈은 한 문제에 받아올림이 두세 번씩 있어서 복잡하지요. 그런데 사실 이 경우에도 연산의 원리는 딱 1가지입니다. 한 자리 수인 두 수를 더했을 때 10과 얼마가 나오느냐는 것이지요. 여기서 중요한 것이 '10'입니다. 두 수를 더해서 10이 되는 경우만 잘 알면, 받아올림은 쉬워요. 그래서 받아올림이 있는 덧셈을 배우기 전에, 10이 되는 여러 가지 경우를 배우는 것입니다.

10을 만들기 위해서는 **보수**의 개념을 알아야 합니다. 보수는 보충을 해 주

는 수라는 뜻이에요. 예를 들어 1에 대한 10의 보수는 9, 2에 대한 10의 보수는 8입니다. 두 수를 모아서 10이 되는 수가 보수이지요. 10의 보수는 (1,9) (2,8) (3,7) (4,6) (5,5) (6,4) (7,3) (8,2) (9,1) 이렇게 총 9가지입니다.

 이것을 수학 놀이로 알아보세요. 과자 10개와 접시 2개를 놓고 "한쪽 접시에 1개를 놓으면, 다른 쪽 접시에 몇 개를 놓아야 할까?" 하면서 10개를 다양하게 갈라 보는 것입니다.

 10이 되는 두 수의 모으기는 이와 반대입니다. 접시에 과자를 10개 놓으려고 하는데, 한쪽 접시에 4개를 놓았다면 다른 쪽 접시에는 몇 개를 놓아야 하는지 알아보는 것이지요.

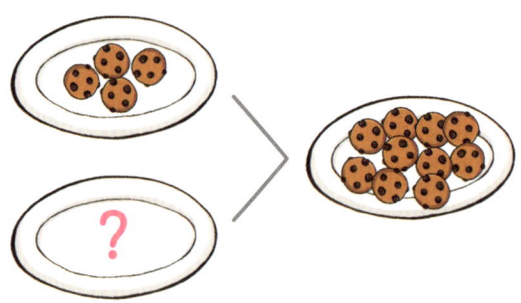

10이 되는 더하기와 10에서 빼기

 10이 되는 더하기는 10이 되는 두 수 모으기와 같고, 10에서 빼기는 10을 두 수로 가르기와 같아요. 단지 덧셈식과 뺄셈식으로 쓴다는 것만 다르지요.

 놀이 방법도 비슷합니다. 먼저 10이 되는 더하기부터 해 볼까요? 구슬 10

개 중에 3개를 한쪽 손에 쥐었다면, 다른 쪽 손에는 몇 개가 있을지 물어봐요. 아이가 7이라고 답을 말하면 이것을 덧셈식으로 나타냅니다.

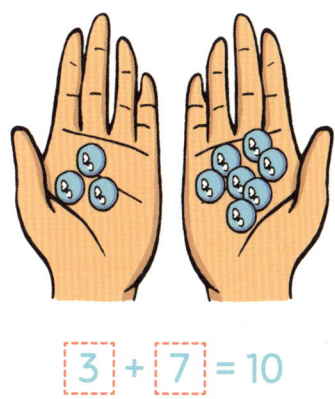

3 + 7 = 10

 3과 7을 더하면 얼마일까?

 10이요.

 이것을 덧셈식으로 나타내면?

 3+7=10이에요.

그러고는 양쪽 손에 올린 구슬의 합이 10이 되도록 왼손, 오른손에 구슬을 쥐어 보면서 덧셈식을 만들어요. 만들 수 있는 덧셈식은 모두 9가지입니다.

1+9=10   2+8=10
3+7=10   4+6=10
5+5=10   6+4=10
7+3=10   8+2=10
9+1=10

조금 익숙해졌다면 덧셈식·뺄셈식 문장제 문제에 도전해 보세요.

> **문제**
> 호랑이가 어제 곶감을 5개 먹었고, 오늘도 5개를 먹었어요. 호랑이가 먹은 곶감은 모두 몇 개일까요? 덧셈식으로 써 보세요.

정답: 5+5=10

> **문제**
> 펭귄이 생선을 10마리 갖고 있어요. 그런데 그중 3마리를 물개에게 주었어요. 펭귄에게는 물고기가 몇 마리 남았을까요? 뺄셈식으로 써 보세요.

정답: 10-3=7

합이 10이 되는 두 수를 이용하여 세 수의 덧셈하기

이번에는 세 수 중 두 수의 합이 10이 되는 세 수의 덧셈에 대해 알아보겠습니다. 이 경우 10이 되는 두 수를 먼저 더하고, 나머지 수를 더하면 돼요.

10의 보수 관계를 잘 알면 어렵지 않게 문제를 풀 수 있습니다. 만약 이 문제를 잘 풀지 못한다면, 보수를 찾는 연습인 10 가르기와 모으기를 더 연습한 후 다시 풀어요.

합이 10이 되는 두 수를 이용한 세 수의 덧셈은 3가지가 있어요.

앞의 두 수의 합이 10인 경우

(3 + 7) + 6 = ☐   (2 + 8) + 5 = ☐

뒤의 두 수의 합이 10인 경우

6 + (3 + 7) = ☐   5 + (8 + 2) = ☐

양 끝의 두 수의 합이 10인 경우

앞서 했던 것과 같이 공깃돌, 구슬, 과자, 사탕 등으로 수학 놀이를 하면 더욱 쉽게 이해할 수 있습니다. 어느 정도 익숙해졌다면 문장제 문제를 풀어 보세요.

> **문제**
> 토끼, 호랑이, 너구리가 도토리를 주웠어요. 토끼는 7개, 호랑이는 3개, 너구리는 5개를 주웠지요. 동물들이 주운 도토리는 모두 몇 개일까요? 덧셈식으로 나타내 보세요.

이때 합이 10이 되는 두 수에 ◯표를 한 다음 세 수의 덧셈을 하면 더욱 쉽게 문제를 풀 수 있어요.

$$(7+3)+5=15$$

(몇)+(몇)=(십 몇)

(몇)+(몇)=(십 몇)은 두 수를 가르고, 모으는 내용이 모두 들어갑니다. 조금 어려울 수 있으니 아이가 인내심을 갖고 끝까지 풀 수 있도록 격려해 주세요. 그럼 3+9를 풀어 볼까요?

$$3+9=\square$$

문제를 처음 본 아이는 덧셈을 하면 10이 넘는다는 것을 알고 당황할 수 있어요. 그럴 때는 달걀 한 꾸러미처럼 10개씩 묶인 물건으로 놀이를 하면 좀 더 쉽게 다가갈 수 있습니다.

이 문제는 2가지 방법으로 풀 수 있어요. 앞의 수를 분해하는 방법과 뒤의 수를 분해하는 방법입니다. 앞의 수를 **피가수**라고 하고, 뒤의 수를 **가수**라고 해요. 굳이 아이에게 이 용어를 쓸 필요는 없습니다.

방법1 앞의 수(피가수)를 분해해요.

앞의 수인 3을 2와 1로 분해합니다. 9를 10으로 만들려면 보수인 1이 필요하기 때문이지요.

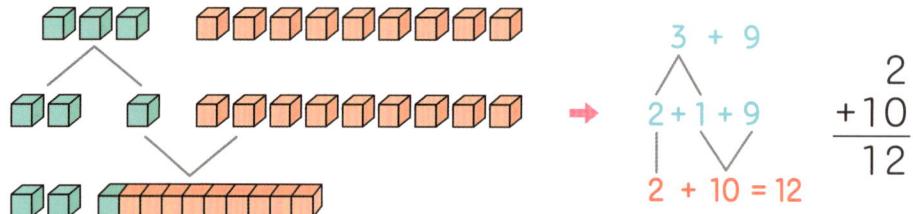

방법2 뒤의 수(가수)를 분해해요.

뒤의 수인 9를 7과 2로 분해합니다. 앞의 수 3을 10으로 만들려면 보수인 7이 필요하기 때문이지요.

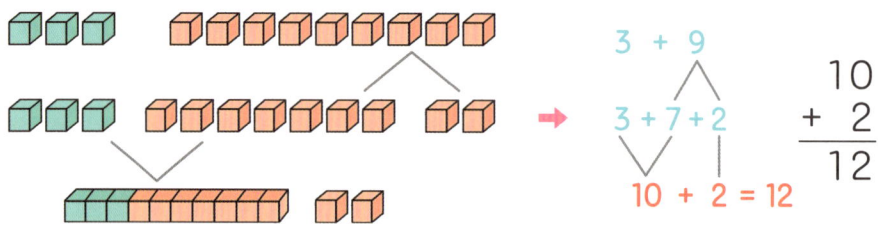

처음에는 계산이 느릴 수 있어요. 자꾸 틀리고 계산도 느려지면 아이는 슬슬 짜증을 내고 딴짓을 합니다. 그러므로 무작정 문제를 풀라고 강요하지 말고 아이가 자신감을 가질 때까지 충분히 격려해 주는 것이 좋습니다.

(십 몇)-(몇)=(몇)

(십 몇)-(몇)=(몇)의 계산도 앞의 수를 분해하는 방법, 뒤의 수를 분해하는 방법 2가지로 풀 수 있어요.

> **문제**
> 곶감이 13개 있었는데, 호랑이가 몰래 와서 9개를 먹었어요. 남은 곶감은 몇 개일까요?

이 문장제 문제에 식을 잘 세웠더라도 아이는 13에서 9를 빼기가 어렵다고 할 거예요. 그럴 때는 다음과 같은 방법을 가르쳐 주세요.

방법1 앞의 수(피가수)를 분해해요.

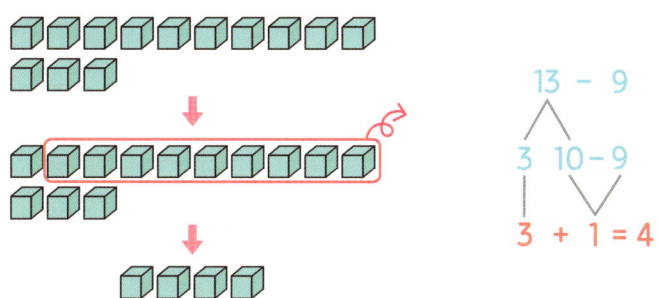

곶감 3개에서 9개를 뺄 수 없으니까, 곶감 10개에서 9개를 빼자. 그러면 곶감 1개가 남을 거야. 원래 있던 곶감 3개에 1개를 더하면 4개가 남는단다.

이것을 식으로 정리해 볼까요?

$$13 - 9 = (10 + 3) - 9$$
$$= (10 - 9) + 3$$
$$= 1 + 3$$
$$= 4$$

방법2 뒤의 수(가수)를 분해해요.

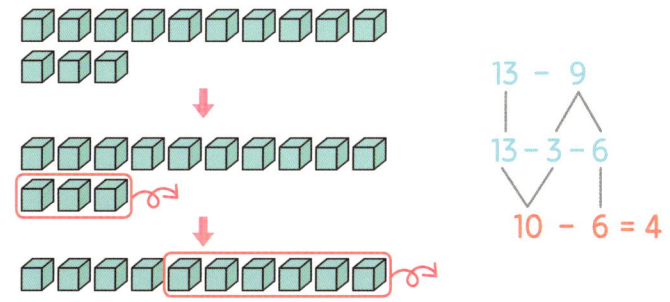

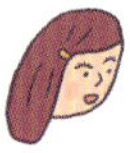

곶감 13개에서 9개를 빼기 어렵지? 우선 곶감 9개를 3개와 6개로 가르기를 해 놓자. 그러고 나서 곶감 13개에서 3개를 빼는 거야. 그럼 곶감이 10개가 남아. 10개에서 나머지 6개를 빼면 4개가 남는구나.

이 문제를 식으로 정리하면 다음과 같아요.

$$13-9 = 13-(3+6)$$
$$= (13-3)-6$$
$$= 10-6$$
$$= 4$$

(십 몇)−(몇)=(몇)을 계산할 때 두 번째 방법이 더 쉽고 편리해 보입니다. 그렇지만 첫 번째 방법과 두 번째 방법을 골고루 연습하는 것이 나중을 위해 좋습니다.

연산 영역에서는 문장제 문제가 꼭 나오니 문장으로 된 문제를 읽고 식과 답을 쓰는 연습을 꾸준히 해야 합니다.

쿠폰을 모아 ☐ 안에 알맞은 수를 써 넣으시오.

판다 아저씨네 과자 가게에서는 쿠폰 10장을 모으면 달콤 과자를 줍니다. 고양이는 8장을 모았고, 강아지는 4장을 모았어요. 고양이와 강아지가 모은 쿠폰은 모두 몇 장일까요? 고양이와 강아지의 쿠폰을 각각 가르기해서 더해 보세요.

문제 1 고양이의 쿠폰을 가르기할 때

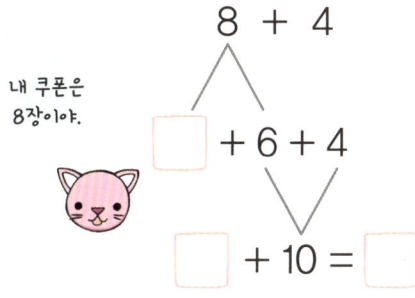

내 쿠폰은 8장이야.

문제 2 강아지의 쿠폰을 가르기할 때

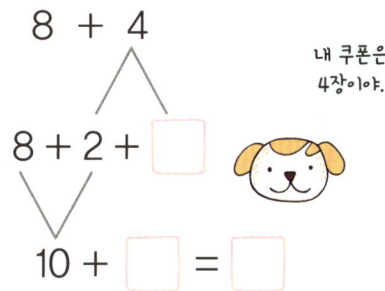

내 쿠폰은 4장이야.

모범 답안
문제 1 2, 2, 12
문제 2 2, 2, 12

아이에게 가장 좋은 학습 방법은 아이를 선생님으로 만드는 것입니다. 아이가 선생님이 되어 부모님을 가르치다 보면 자신이 잘 모르는 부분이 무엇인지 알게 됩니다.

아이에게 4+9의 풀이 방법을 설명해 달라고 해 보세요.

"음…… 뒤의 수 9를 10으로 만들려면 앞의 수 4에서 1을 주면 돼요. 그러면 앞의 수에 3이 남으니까 13이 되지요."

"그 방법은 너무 어렵다. 다른 방법은 없니?"

"앞의 수 4를 10으로 만들면 돼요. 그러려면 뒤의 수 9에서 6을 줘야 하지요. 뒤의 수에 3이 남으니까 13이 돼요."

또 스스로 문장제 문제를 만들어 보는 것도 매우 효과적입니다. 예를 들어 젤리를 주면서 6+7을 식으로 하는 문제를 문장제로 만들어 보게 하세요.

"빨간 젤리 6개, 노란 젤리 7개가 있어요. 젤리는 모두 몇 개일까요?"

이렇게 문제를 만들다 보면 수학뿐 아니라 국어 실력까지 쑥쑥 자란답니다.

2학기 5단원 ❶ | 시계 보기와 규칙 찾기 　　🟢 후 시각과 시간

1학년 측정

몇 시, 몇 시 30분

이것만은 꼭!

- 시각: 어떤 일이 일어난 때
- 시간: 어떤 시각과 어떤 시각까지의 사이
- 몇 시: 짧은 바늘이 가리키는 숫자
- 몇 시 30분: 긴 바늘이 6을 가리키고, 짧은 바늘은 숫자와 숫자 사이에 있을 때

시계의 긴 바늘이 숫자 6을 가리키고, 짧은 바늘이 1과 2 사이에 있구나. 몇 시지?

다시 생각해 봐.

2시 30분이요. 와! 친구랑 놀 시간이네요.

시간의 흐름 느껴 보기

시간은 눈에 보이지 않고, 만질 수도 없어서 아이 입장에서는 잘 와닿지 않는 개념입니다. 많은 아이들이 어제, 오늘, 내일을 구분할 줄 모릅니다. 오늘의 끝이 언제인지, 내일의 시작이 언제인지 모르는 것이지요. 제자리를 빙글빙글 도는 둥근 시계만 봐서는 어제의 끝과 오늘의 시작이 이어져 있다는 것을 상상하기 어려워요.

이런 시간의 흐름은 어떻게 설명해 주어야 할까요? 먼저 시계부터 준비해야 할까요? 아니에요. 시간은 시계 속에만 있는 것이 아니기 때문에 시계만으로는 시간이 무엇인지 온전히 이해하기 힘듭니다. 시계 보기를 가르치기 전에 **시간의 흐름**을 느끼도록 하는 것이 중요합니다. 먼저 모래시계를 준비하세요. 모래시계를 보면 시간이 쉬지 않고 흘러가고 있다는 걸 한눈에 파악할 수 있어서 시간의 흐름이 훨씬 실감나게 느껴질 것입니다.

시계만으로 시간을 배운 아이는 시계가 멈추면 시간이 멈춘다고 착각하기도 합니다. 또 잠을 자고 있을 때에는 시간이 흐르지 않는다고 생각하기도 하지요. 그러나 모래시계를 본 아이라면 시간이 쉬지 않고 흐른다는 걸 깨닫습니다.

시각 테이프(81쪽 아래)는 어제, 오늘, 내일 등 하루의 개념을 한눈에 확인할 수 있어 시간의 흐름을 깨치는 데 효과적입니다.

1학년에서 처음 배우는 시간의 단위는 **1시간**과 **30분**입니다. 먼저 이 시간을 체험하는 것이 중요해요. 시계는 십진법을 사용하지 않습니다. 하루는 24시간이고 시계는 오전과 오후를 12시간씩 나눕니다. 굳이 아이에게 12진법을 가르칠 필요는 없지만 하루의 개념, 어제·오늘·내일과 오전·오후를 구분해서 알려 주어야 합니다.

시각과 시간

어른들도 헷갈려 하는 용어 중 하나가 **시각**과 **시간**입니다. 시각과 시간은 분명히 다른 개념인데 구분하지 않고 사용하는 경우가 많아요.

출발지	도착지	출발 시각	도착 시각	이동 시간
서울역	부산역	9:00	1:00	4시간
청량리역	춘천	9:00	10:00	1시간

열차 시간표

시각은 어떤 일이 일어난 때예요. 등교 시간이 아니라 등교 시각이 맞는 표현이지요.

시간은 어떤 시각과 어떤 시각까지의 사이입니다. 예를 들어 내가 기차를 탄 때는 시각이고, 내가 기차를 타고 있는 동안은 시간입니다. 열차 출발 시각이 9시이고, 도착 시각이 10시라면 기차를 타고 이동한 시간은 1시간입니다.

"지금 몇 시지?"라고 묻는 질문은 시각을 묻는 것이고, "오는 데 얼마나 걸려?"라는 질문은 시간을 묻는 것이지요.

몇 시

모형 시계를 준비하여 아이와 함께 살펴보세요.

- 다연아, 시계에 어떤 게 있어?
- 긴 바늘과 짧은 바늘이 있어요. 또 숫자가 1부터 12까지 쓰여 있어요.
- 짧은 바늘이랑 긴 바늘이 달리기를 하면 누가 더 빨리 움직일까? 한번 돌려 볼까?
- 우아, 긴 바늘이 훨씬 빨리 돌아요.
- 그래, 긴 바늘은 토끼처럼 날쌔고, 짧은 바늘은 거북이처럼 느림보란다. 짧은 바늘은 몇 시인지 알려 주고, 긴 바늘은 몇 분인지 알려 주지. 짧은 바늘과 긴 바늘이 가리키는 숫자를 보면 몇 시 몇 분인지 알 수 있어.

아이에게 시침과 분침이란 용어를 사용해도 되지만 짧은 바늘과 긴 바늘이라고 하면 더 빨리 이해해요.

그런데 관찰력이 뛰어난 아이는 이런 질문을 합니다.

 엄마, 시곗바늘은 왜 오른쪽으로만 돌아요?

이 질문은 아주 중요해요. 그냥 넘어가지 말고 아래와 같이 대답해 주세요.

왜냐하면 시계는 해님을 보고 만들었거든. 아주 옛날에는 시계가 없었어. 사람들은 시간을 몰라 너무 불편했지. 그래서 나무 막대기로 시계를 만들었어. 해가 막대기에 비쳐 생기는 그림자를 보고 시간을 짐작하는 시계였어. 아침에 해가 동쪽에서 뜨고, 저녁에 서쪽으로 지면 막대기의 그림자는 반대로 서쪽에서 동쪽으로 이동하지. 이것을 해시계라고 해. 지금 우리가 쓰는 시계는 이 해시계를 흉내 내서 만든 거야. 그래서 시곗바늘이 그림자의 방향을 따라 오른쪽으로 돌아가는 거란다.

이번에는 시계의 숫자를 살펴보세요. 맨 위에는 12가 있고, 12와 6, 3과 9는 마주 보고 있어요.

긴 바늘을 한 바퀴 돌리면 짧은 바늘은 숫자 한 칸만큼 움직여요. 이제 아이가 하루 동안 있었던 일을 시각으로 나타내 보세요.

8시　　　　　　　4시　　　　　　　6시

　시곗바늘이 각각 어떤 숫자를 가리키는지 물어보세요. 8시일 때는 긴 바늘이 숫자 12를 가리키고, 짧은 바늘은 8을 가리켜요. 4시일 때 긴 바늘은 숫자 12, 짧은 바늘은 4를 가리키지요. 6시일 때 긴 바늘은 숫자 12, 짧은 바늘은 6을 가리켜요.

　아이에게 8시와 4시, 6시의 공통점을 찾아보라고 하면 긴 바늘은 계속 12를 가리키고 짧은 바늘만 자리를 바꾼다는 것을 알아낼 거예요.

하루는 24시간, 오전과 오후는 각각 12시간

　이번에는 오전과 오후에 대해 알아볼까요? 아이와 아침 8시 그리고 저녁 8시에 무엇을 했는지 얘기를 나눠 보세요. 아이는 기억을 더듬으면서 아침 8시에는 학교를 갔고, 저녁 8시에는 밥을 먹었다고 말할 거예요. 이때 시곗바늘을 돌려서 아침 8시와 저녁 8시를 만들고 시곗바늘이 똑같은 곳을 가리켜도 시각은 다르다는 것을 알려 주세요.

"다연아, 민주와 8시에 만나자고 약속했을 때, 그건 아침 8시일까, 저녁 8시일까?"

아이는 당연히 헷갈릴 것입니다. 정확한 시각을 나타내려면 오전인지, 오후인지를 꼭 알려 줘야 한다고 일러 주세요. 그러면서 오전과 오후에 대해 설명합니다. 하루는 24시간인데, 처음 12시간을 오전이라고 하고, 나중 12시간을 오후라고 해요. 그런데 시계에는 12시까지밖에 없지요. 시계에 24시간을 적으면 너무 복잡하기 때문에 오전에 1바퀴, 오후에 1바퀴, 하루에 12시간씩 2바퀴를 돌아요.

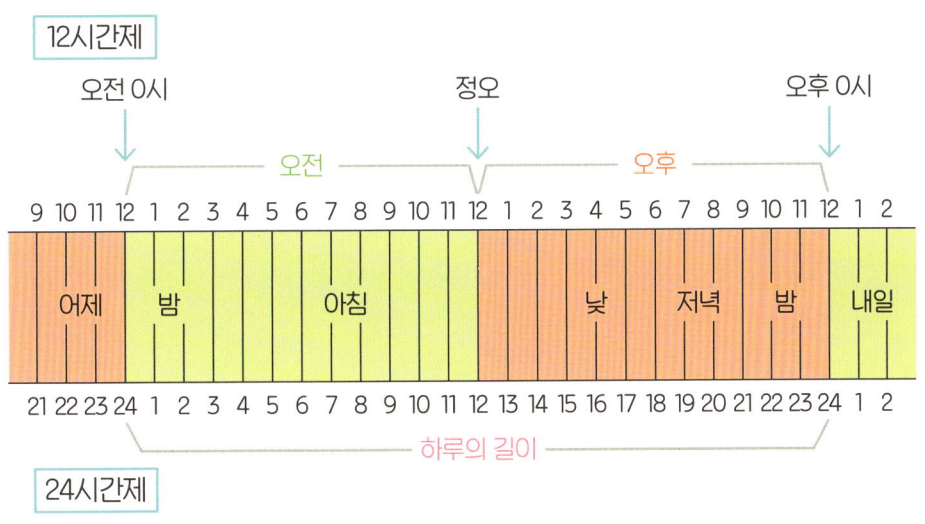

시각 테이프

몇 시 30분

몇 시 30분도 몇 시를 배울 때와 같은 방법으로 익힙니다. 먼저 시계의 숫자를 살펴보고, 오늘 아이에게 있었던 일을 떠올려 보도록 합니다.

| 2시 30분 | 3시 30분 | 4시 30분 |

    2시 30분을 알아볼 때는 시곗바늘을 2시에 두고 아이에게 보여 주면서 서서히 30분까지 돌립니다. 그래야 긴 바늘이 어디까지 가는지 살펴볼 수 있습니다. 또 긴 바늘이 6까지 움직일 때 짧은 바늘은 얼마나 움직이는지도 알 수 있지요.

    몇 시 30분을 배울 때 아이들은 시각을 잘못 읽는 실수를 자주 합니다. 4시 30분을 5시 30분으로 읽는 식이지요. 이럴 때에는 모형 시계를 반복하여 돌려 보면서 긴 바늘이 반 바퀴 돌 때 짧은 바늘이 얼마나 움직이는지를 여러 차례 보여 주고, 직접 돌려 보도록 하세요. 긴 바늘의 위치에 따라 짧은 바늘의 위치가 어떻게 달라지는지를 알면 실수 없이 시각을 읽을 수 있습니다.

문제로 익혀요!

동물 친구들이 놀이터에서 놀고 있습니다. 놀이터에 있는 시계탑의 시계는 몇 시 몇 분을 가리키고 있는지 ☐ 안에 알맞은 시각을 쓰고, 동물 친구들이 말하는 시각을 시계에 그리시오.

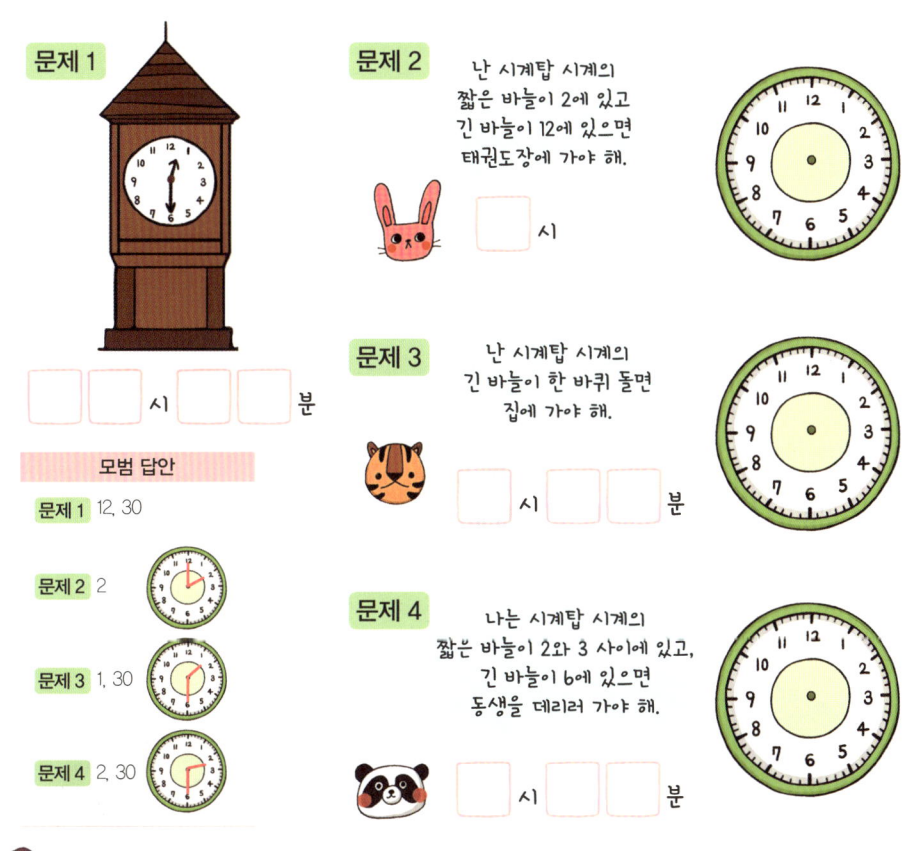

문제 1

☐ 시 ☐ 분

문제 2 난 시계탑 시계의 짧은 바늘이 2에 있고 긴 바늘이 12에 있으면 태권도장에 가야 해.

☐ 시

문제 3 난 시계탑 시계의 긴 바늘이 한 바퀴 돌면 집에 가야 해.

☐ 시 ☐ 분

문제 4 나는 시계탑 시계의 짧은 바늘이 2와 3 사이에 있고, 긴 바늘이 6에 있으면 동생을 데리러 가야 해.

☐ 시 ☐ 분

모범 답안
문제 1 12, 30
문제 2 2
문제 3 1, 30
문제 4 2, 30

아이와 함께!

아이가 언제부터 언제까지를 하루라고 하는지, 오늘의 시작은 언제이고, 내일의 시작은 언제인지 잘 모르는 것은 당연합니다. 눈에 보이지 않고 만질 수도 없는 시간의 개념을 머릿속에 그리기가 어렵기 때문이지요.

이럴 때 시각 테이프를 이용하여 기차놀이를 해 보세요. 기차의 선로처럼 생긴 시각 테이프를 보면서 아이에게 시간이 기차처럼 시각 위를 열심히 달린다고 설명해 주세요. 5시 역에 도착하면 어떤 일이 있었는지 알아보고, 오후 0시와 오후 12시는 같은 역이라는 것도 설명해 주세요. 오후 0시 역을 지나면서 하루가 시작된다는 것도 알려 주시고요.

이런 놀이를 통해 아이는 하루의 길이, 어제·오늘·내일이 계속 이어져 있다는 것, 오늘의 시작과 끝이 언제인지와 오전·오후가 어떻게 구분되는지를 머릿속에 그릴 수 있습니다.

2학기 5단원 ❷ | 시계 보기와 규칙 찾기 후 수 배열표에서 규칙 찾기

1학년 규칙성

규칙 찾기

이것만은 꼭!

- 규칙: 같은 모양이나 수, 색깔 등이 일정한 순서로 반복되는 법칙

문제 해결력을 길러 주는 규칙

'수학은 규칙이다'라는 말을 들어 보았나요? 수학에서 규칙이 중요하다는 것을 강조한 말이지요. 규칙은 수학에 꼭 필요한 문제 해결력을 높여 줍니다.

수학은 규칙에서 출발했고 규칙 없이는 이뤄질 수 없어요. 규칙은 단순히 무늬 찾기나 색칠하기 정도가 아니에요. 일정한 수를 더하고, 빼고, 곱하고, 나누는 사칙 연산도 규칙이고, 수 세기를 할 때 일정하게 뛰어 세기를 하는 것도 규칙입니다.

수학은 어떤 것과 어떤 것 사이의 관계를 알아보는 내용이 많아요. 이러한 활동이 바로 규칙 찾기이지요. 수, 연산, 도형 등 전반적인 수학 영역을 두루 이해하는 아이들은 그 안에 숨어 있는 규칙을 잘 발견합니다.

규칙 찾기는 중학교, 고등학교 수학까지 연결됩니다. 일정한 규칙에 따라 수를 배열하는 '수열', 어떤 것을 입력했을 때 일정한 규칙에 의해 어떤 것이 출력되는 '함수'의 기초가 됩니다.

생활 속에서 규칙 찾기

일상생활에서도 여러 규칙을 찾을 수 있습니다. 하루는 아침→점심→저녁→밤→아침으로 일정하게 반복됩니다. 커튼의 무늬와 화장실의 타일, 벽지에도 규칙이 있지요. 신호등의 빨간불과 초록불이 반복되는 것도 규칙입니다. 나무에 싹이 돋고, 꽃이 피고, 열매를 맺고, 낙엽이 떨어지는 것은 계절의 규칙이에요. 겨울이 지나면 봄이 오고, 여름이 오고, 가을이 오고, 다시 겨울이 오는 것은 지구에 규칙이 있기 때문이지요. 지구가 태양 주변을 일정하게 도는 규칙이 있고, 이 규칙을 발견해서 달력을 만들었다고 아이에게 말해 주세요.

이렇게 꼬리에 꼬리를 무는 설명을 해 주면, 아이는 혼란스러워 보이는 세상이 보이지 않는 규칙에 의해 돌아가고 있다는 것을 알고 신기해합니다. 아이가 규칙에 호기심을 갖고 스스로 주변에서 규칙을 찾아보려고 한다면 일단 절반은 성공입니다.

규칙을 찾아 여러 가지 방법으로 나타내기

집에 있는 바둑판과 바둑돌을 사용하여 규칙을 만들고 찾는 놀이를 해 보세요. 아이들이 흥미를 보일 거예요.

처음에는 ABAB 같이 단순한 규칙에 따라 바둑돌을 놓고 아이에게 빈 칸에 어떤 돌이 들어갈지 물어보세요. 아이가 답을 찾았다면 거꾸로 BABA 방식으로 규칙을 만들어 보세요. 아이가 어려워하면 규칙 사이를 조금 띄워 여백을 만들어요. 규칙이 더욱 명확하게 보입니다.

2단계로 AABB와 ABBA와 같은 규칙으로 바둑돌을 나열하고 아이가 흰 바둑돌과 검은 바둑돌 사이의 규칙을 설명하도록 하세요. "흰 바둑돌, 흰 바둑돌, 검은 바둑돌, 검은 바둑돌이 규칙적으로 놓여 있어요."라고 대답할 수 있어야겠죠?

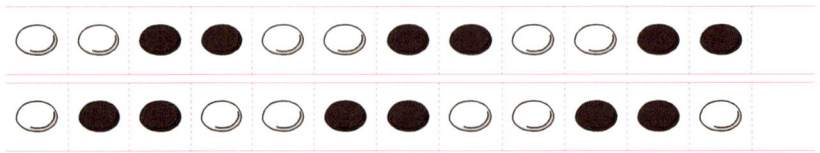

3단계로 ABCABC, AABCAABC처럼 3종류와 4종류로 이루어진 규칙을 만들어 보세요. 아이가 좋아하는 젤리나 캐릭터 등을 이용하면 더욱 집중할 거예요.

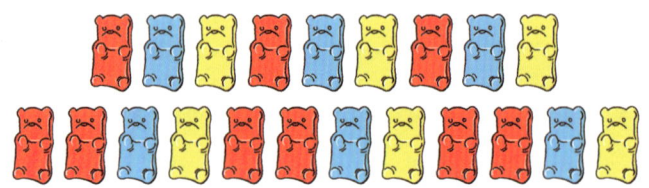

가위바위보로도 규칙을 만들 수 있어요. 가위, 바위, 보를 규칙적으로 내면서 다음에 무엇이 나올지 알아맞히는 것입니다.

4단계는 규칙을 다른 기호로 표현해 보는 거예요. 이미 만들어 놓은 규칙을 숫자나 모양으로 나타내 봅니다.

예를 들어 [곰젤리]을 123123123123처럼 숫자로 나타낼 수 있어요. 또 [곰젤리]을 ■■▲●■■▲● ■■▲● 모양으로 바꿀 수도 있지요. 알파벳도 좋고, 문자도 좋습니다. 규칙을 다른 방식으로 표현할 수 있으면 됩니다.

무늬에서 규칙을 찾고, 규칙을 정해 무늬 꾸미기

아이 혼자 규칙을 만들어 무늬를 색칠해 보도록 하세요. 아이는 부모님이 가르쳐 준 방식이 아닌 전혀 새로운 규칙으로 색칠을 하며 창의성을 키웁니다.

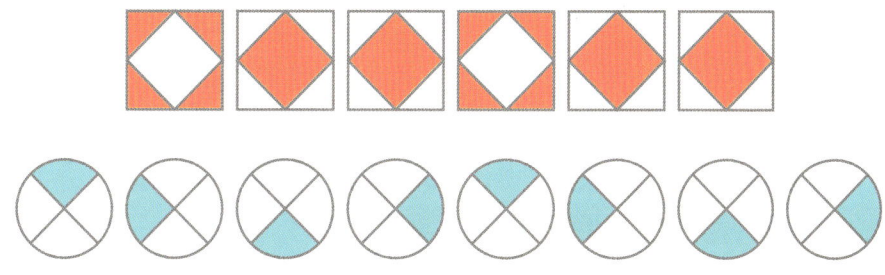

수 배열표에서 규칙을 찾고, 여러 가지 방법으로 배열하기

마지막으로 수 배열표에서 규칙을 찾고 배열하는 방법을 일러 주세요. 수 배열표로 규칙을 찾기 전에 수 카드로 규칙을 찾아봐요.

이것은 2씩 커지는 규칙입니다. ☐ 안에 들어갈 알맞은 수를 아이와 함께 찾아보세요. 답은 15, 23입니다.

이것은 3씩 커지는 규칙이지요. ☐ 안에 들어갈 수는 27, 39, 42입니다.

이제 수 배열표를 이용해 규칙을 찾아봐요. 수 배열표에도 많은 규칙이 숨어 있습니다. 가로 칸은 1씩 커집니다. 노란색으로 표시된 부분도 1씩 커져요. 하늘색 세로 칸은 10씩, 빨간색 대각선 칸은 11씩 커집니다. 이 외에도 다양한 규칙을 찾을 수 있지요.

수 배열표로 뛰어 세기도 할 수 있어요. 0-2-4-6-8-10-12처럼 2씩 커지게 뛰어 세기를 하거나, 5씩, 10씩 뛰어 세기를 해 봐도 좋습니다. 이런 활동은 나중에 배울 곱셈과 연결되며, 곱셈표에서 규칙 찾기의 기초가 됩니다.

0	1	2	3	4	5	6	7	8	9
10	11	12	13	14	15	16	17	18	19
20	21	22	23	24	25	26	27	28	29
30	31	32	33	34	35	36	37	38	39
40	41	42	43	44	45	46	47	48	49
50	51	52	53	54	55	56	57	58	59
60	61	62	63	64	65	66	67	68	69
70	71	72	73	74	75	76	77	78	79
80	81	82	83	84	85	86	87	88	89
90	91	92	93	94	95	96	97	98	99

수 배열표

• 수 배열표에서 찾아낸 규칙

1. ▨의 수는 11씩 커진다.
2. ▨의 수는 10씩 커진다.
3. ▨의 수는 1씩 커진다.

뛰어 세기는 얼마씩 건너 수를 세는 것을 말해요.

문제로 익혀요!

☐에 어떤 무늬가 들어갈지 찾아보시오.

오늘은 토끼의 생일입니다. 호랑이는 토끼에게 주려고 예쁜 꽃들로 모자를 꾸몄어요. 호랑이와 함께 꽃을 규칙에 따라 꽂아 보세요.

문제 1 ☐ 안에 어떤 꽃이 들어갈까요? 보기에서 골라 보세요.

문제 2 왜 그렇게 생각했나요? 이유를 써 보세요.

 **아이와 함께!**

아이와 함께 춤을 추고, 악기 연주를 하고, 노래를 부르면서 규칙 놀이를 해 보세요. 여러 춤 동작을 만들고 규칙을 정해 반복합니다. 두 팔을 올렸다가, 엉덩이를 흔들었다가, 윙크를 하는 동작을 반복하는 규칙으로 춤을 추고 아이가 규칙을 찾도록 질문을 해요. 피아노나 트라이앵글, 캐스터네츠 같은 악기로 규칙을 정해 연주하거나 글자로 규칙을 만들어 동시를 쓰는 것도 아이들이 즐겁게 할 만한 규칙 찾기 활동입니다.

소곤소곤 속닥속닥 / 누구지? / 소곤소곤 속닥속닥 / 아하! 바람이구나.

2학년 수학

2학년 때는 세 자리 수, 네 자리 수, 두 자리 수의 덧셈과 뺄셈, 곱셈 구구 등 수와 연산에 관한 내용을 주로 배우고, 자릿값의 개념을 배웁니다. 자릿값은 십진법을 중심으로 하는 수학에서 아주 중요한 개념입니다. 이 자릿값에 대한 개념이 바로 서야 덧셈과 뺄셈, 곱셈 구구 등의 연산을 제대로 할 수 있습니다.

곱셈구구를 배울 때 가장 큰 문제점은 곱셈구구에 대한 개념을 이해 하기 전에 노래 가사를 외우듯 곱셈구구를 외우는 것입니다. 수학은 단순한 암기 과목이 아니기 때문에 논리와 개념에 대한 이해 없이 곱 셈구구를 외우는 것은 전혀 무의미한 일입니다.

1학기

- 세 자리 수 |수와 연산| ···92
- 여러 가지 도형 |도형| ···98
- 받아올림과 받아내림이 있는 두 자리 수의 덧셈과 뺄셈 |수와 연산| ···104
- cm, 단위길이 |측정| ···110
- 분류하기 |자료와 가능성| ···114
- 곱셈 |수와 연산| ···120

2학기

- 네 자리 수 |수와 연산| ···124
- 곱셈구구 |수와 연산| ···130
- m, 길이의 합과 차 |측정| ···136
- 시각과 시간 |측정| ···142
- 표와 그래프 |자료와 가능성| ···148
- 수 배열표에서 규칙 찾기 |규칙성| ···152

> 반가워요, 2학년 친구들! 2학년 수학을 맡은 희쌤이에요. 어쩌면 2학년 친구들도 아직은 혼자서 공부하기에 벅찰 수 있어요. 하지만 선생님의 설명을 차분히 따라오면 어느 정도 혼자서도 공부해 나갈 수 있답니다. 어려운 부분은 부모님의 도움을 받으면서 한발 한발 차근차근 내디뎌 봐요!

1학기 1단원 | 세 자리 수

선 100까지의 수　후 네 자리 수

2학년 수와 연산

세 자리 수

이것만은 꼭!

- 세 자리 수: 백의 자리, 십의 자리, 일의 자리, 즉 세 자리로 이루어진 수
- 100부터 999까지의 자연수

555처럼 백의 자리, 십의 자리, 일의 자리로 이루어진 수를 **세 자리 수**라고 해요. 말 그대로 자릿수가 3개인 수이지요. 세 자리 수는 백의 자리부터 십의 자리, 일의 자리 순으로 읽어요. 555는 100이 5, 10이 5, 1이 5이니까 차례대로 읽으면 **오백오십오**이지요.

555는 각 자리의 수가 모두 5이지만 각각의 자릿값이 다르기 때문에 수의 크기는 달라요. 맨 앞의 5는 백의 자리 수로 500, 가운데 5는 십의 자리 수로 50, 마지막 5는 일의 자리 수로 5예요.

백의 자리	십의 자리	일의 자리
5	5	5
⬇		
5	0	0
	5	0
		5

수 모형으로 나타내면 백 모형이 5개, 십 모형이 5개, 낱개 모형이 5개이지요.

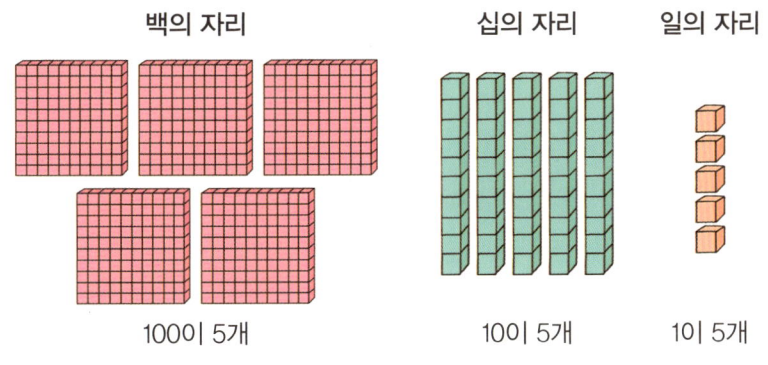

백의 자리	십의 자리	일의 자리
100이 5개	10이 5개	1이 5개

555=500+50+5

이렇게 자릿수에 따라 수의 크기가 달라지기 때문에 555처럼 각 자리의 숫자가 같아도 수의 크기는 저마다 다르답니다.

이번에는 서로 다른 숫자로 이루어진 세 자리 수 347을 살펴볼까요?

347에서 3은 백의 자리 수로 300, 4는 십의 자리 수로 40, 7은 일의 자리 수로 7을 나타내고, **삼백사십칠**이라고 읽어요.

백의 자리	십의 자리	일의 자리
3	4	7
⬇		
3	0	0
	4	0
		7

수 모형으로 나타내면 백 모형이 3개, 십 모형이 4개, 낱개 모형이 7개예요.

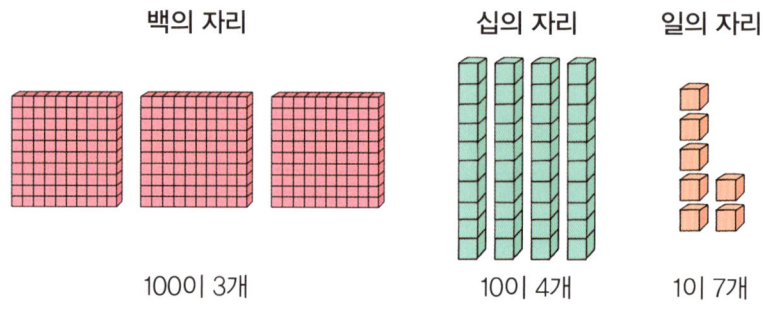

347=300+40+7

세 자리 수에서 각각의 자리를 분리할 줄 알면 뛰어 세기도 문제없어요. 10씩 뛰어 세기는 십의 자리 수만 1씩 늘어나고, 100씩 뛰어 세기는 백의 자리 수만 1씩 늘어나요. 다른 자리의 수는 변하지 않아요.

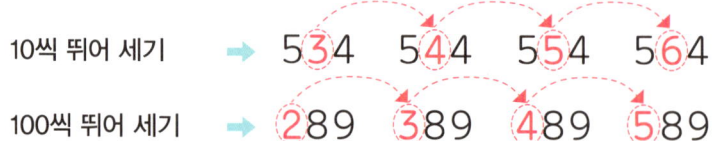

세 자리 수의 크기는 어떻게 비교할까요? 제일 먼저 백의 자리부터 차례대로 살펴봐요. 536과 497을 비교해 볼까요? 백의 자리 수를 비교하니 5가 4보다 크지요? 그래서 536이 497보다 더 큰 수랍니다.

백의 자리	십의 자리	일의 자리		백의 자리	십의 자리	일의 자리
4	9	7	<	5	3	6

536은 497보다 더 큽니다.
또는 497은 536보다 더 작습니다.

만일 두 수 모두 백의 자리가 5이면 어떻게 해야 할까요? 이때는 십의 자리를 비교해요. 십의 자리도 같다면 일의 자리를 비교하면 돼요.

세 자리 수 중에서 가장 큰 수는 999이고, 999보다 1 큰 수는 네 자리 수인 1000이에요. 1000은 999보다 1 큰 수이고, 100이 10인 수예요. 1000은 **'천'**이라고 읽어요.

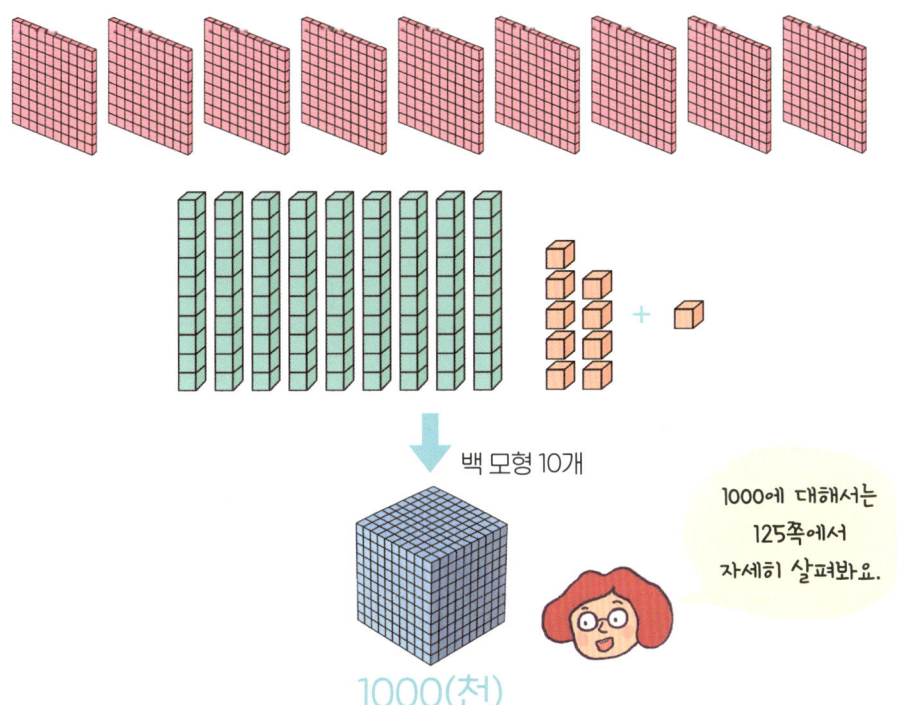

백 모형 10개

1000(천)

1000에 대해서는 125쪽에서 자세히 살펴봐요.

도전! 서술형 문제

희수와 민재는 벼룩시장에 참여해서 번 돈을 세어 보았어요. 희수는 100원짜리 동전 5개, 10원짜리 동전 12개를, 민재는 100원짜리 동전 6개, 10원짜리 동전 1개를 벌었어요. 누가, 얼마를 더 벌었는지 구하고 풀이 과정을 쓰시오. (6점)

 **만점 팁!**

두 사람이 가진 돈을 비교하려면 먼저 두 사람이 각각 얼마씩 가지고 있는지 알아야 해요. 그런 다음 두 사람이 가진 돈의 총액을 백의 자리부터 차례대로 비교하면 되지요. 그런데 주어진 조건을 보고 100원짜리 동전의 개수만 비교한 친구들은 틀렸을 거예요. 왜냐하면 10원짜리 동전 12개는 100원짜리 동전 1개, 10원짜리 동전 2개와 같아서 100원짜리 동전 1개로 받아올림되기 때문이지요.

모범 답안	채점 기준	점수
〈풀이 과정〉 ① 희수는 100원짜리 동전이 5개이니 500원, 10원짜리 동전이 12개이니 120원을 벌어 총액은 620원이고, 민재는 100원짜리 동전이 6개이니 600원, 10원짜리 동전이 1개이니 10원을 벌어 총액은 610원이다. ② 620과 610 두 수를 백의 자리부터 비교한다. 두 수의 백의 자리 수가 같으므로 다음 자리인 십의 자리 수를 비교한다. 십의 자리 수 2가 1보다 크므로 620이 610보다 더 큰 수이다. 〈정답〉 620원을 번 희수가 610원을 번 민재보다 10원을 더 벌었다.	희수와 민재가 가진 총액과 크기를 비교하는 설명이 정확하고 답도 바르게 쓴 경우	6점
	희수와 민재가 가진 총액과 크기를 비교하는 설명은 정확하게 했으나 답을 틀린 경우	4점
	풀이 과정은 제대로 쓰지 못하고 답만 맞힌 경우	2점
	무응답 또는 오답	0점

 수 배열표를 보고 규칙을 찾는 게 어려워요. 잘할 수 있는 방법을 알려주세요.

200	201	202	203	204	205	206	207	208	209
210	211	212	213	214	215	216	217	218	219
220	221	222	223	224	225	226	227	228	229
230	231	232	233	234	235	236	237	238	239
240	241	242	243	244	245	246	247	248	249
					①				

수 배열표가 나오면 일단 수가 너무 많아서 쳐다보기도 싫다는 친구들이 있어요. 하지만 규칙에 집중해서 암호를 알아내듯이 풀면 뜻밖의 재미를 느낄 수 있답니다. 먼저 빨간색으로 칠해진 부분을 살펴보세요. 200-211-222-233-244이지요? 여기서 달라진 부분만 다시 써 볼까요? 00-11-22-33-44예요. 이렇게 따로 보니 11씩 커지는 규칙이 보이지요? 또 일의 자리 수와 십의 자리 수가 똑같아요. 그럼 ①에 들어갈 수는 무엇일까요? 44보다 11 크고 백의 자리 수가 2인 255예요. 일의 자리 수와 십의 자리 수가 같고, 각 자리의 값이 1씩 늘어나는 규칙을 통해서도 ①에 들어갈 수가 255라는 것을 쉽게 구할 수 있어요.

세 자리 수에서 자릿값에 따른 크기를 직관적으로 알아보는 방법이 있습니다. 다소 시간이 걸리고 귀찮아도 바둑돌이 몇 개인지 직접 세어 보는 것입니다. 이때 바둑돌을 낱개로 세는 것이 아니라 10개씩 10묶음으로 나눠 보고, 또 100개를 한 묶음으로 만들어 보세요. 이 활동을 하면 자릿값의 크기를 정확히 인식할 수 있습니다. 또한 2개씩 혹은 5개씩 모아 세는 것보다 10개씩 묶어 세는 것이 세 자리 수의 자릿값을 더욱 쉽게 구하는 방법임을 알게 됩니다.

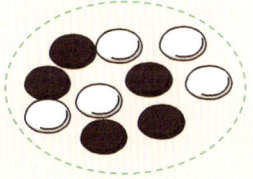  

1학기 | 2단원 | 여러 가지 도형

선 여러 가지 모양　**후** 선분, 반직선, 직선

2학년 도형

여러 가지 도형

이것만은 꼭!

- 도형의 종류에는 원, 삼각형, 사각형, 오각형, 육각형 등이 있다.

컵을 종이 위에 올려놓고 가장자리를 따라 그리면 동그란 모양의 도형이 나와요. 이런 도형을 **원**이라고 해요.

바퀴, 시계, 동전 등은 원이에요. 달걀, 럭비공은 둥근 모양이지만 원은 아니지요. 이러한 모양은 **타원**이라고 해요. 주변에서 원처럼 둥근 모양이지만 원이 아닌 것을 더 찾아보세요.

둥근 원과 달리 곧은 선과 뾰족한 부분으로 이루어진 도형이 있어요. 이때 곧은 선을 **변**이라고 하고, 뾰족한 부분을 **꼭짓점**이라고 해요. 이런 도형 중에서 변이 3개, 꼭짓점이 3개인 도형을 **삼각형**이라고 하지요.

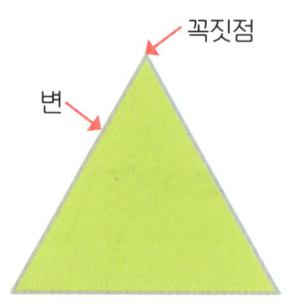

삼각형도 원처럼 우리 주변에서 흔히 찾아볼 수 있어요. 삼각 깃발의 깃, 삼각자, 돛단배의 돛이 모두 삼각형이지요.

원은 크기가 달라도 모양이 같으면 모두 원이라고 불러요. 삼각형은 크기와 모양이 달라도 3개의 변과 꼭짓점만 있으면 모두 삼각형이라고 해요.

자, 이번에는 변이 4개, 꼭짓점이 4개인 도형이에요. 변과 꼭짓점이 각각 3개인 도형을 삼각형이라고 했지요? 그럼 변과 꼭짓점이 각각 4개인 도형은 뭐라고 할까요? 4를 우리말로 읽으면 '사'이지요. 그래요, 바로 사각형이에요.

공책, 타일, 빌딩 등이 모두 사각형이에요. 사각형도 삼각형과 마찬가지로 크기와 모양이 달라도 4개의 변과 꼭짓점만 있으면 모두 사각형이라고 해요.

변과 꼭짓점이 5개인 도형은 **오각형**이에요. 변과 꼭짓점이 6개인 도형은 **육각형**이지요. 축구공은 12개의 오각형과 20개의 육각형으로 이루어졌어요. 벌집은 육각형 모양이에요. 주변에서 오각형과 육각형 모양의 사물을 더 찾아보세요.

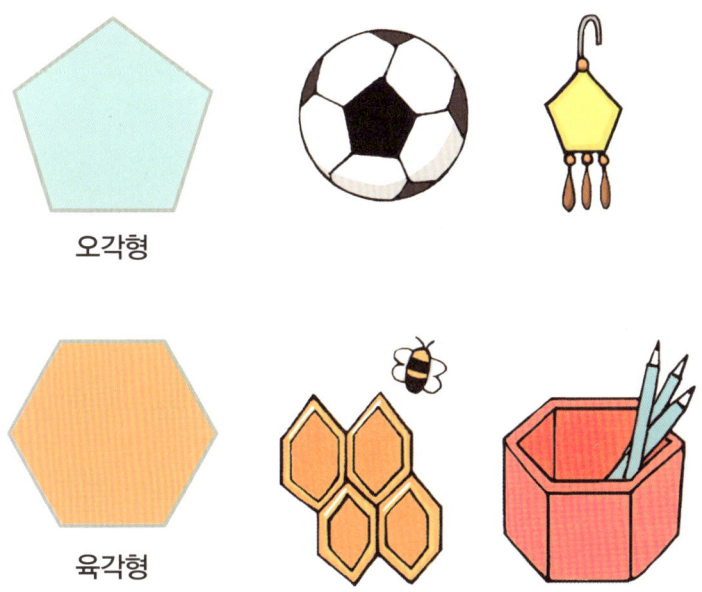

오각형

육각형

서술형 문제

칠교판을 이용하여 다음 1~3번의 조건에 따라 예시와 같은 모양의 사각형을 만드시오. (6점)

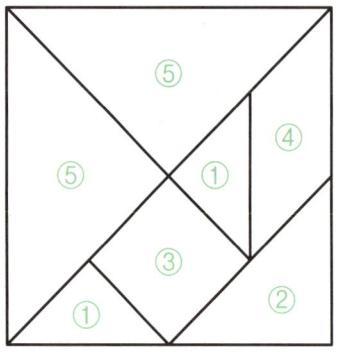

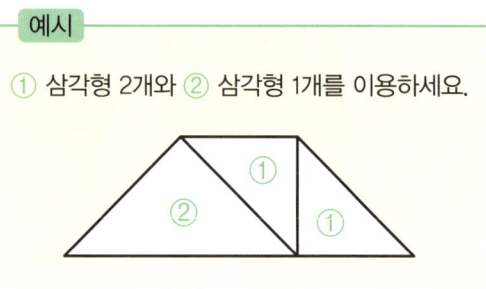

1. ① 삼각형 2개와 ③ 사각형 1개를 이용하세요.
2. ① 삼각형 2개와 ④ 사각형 1개를 이용하세요.
3. ② 삼각형 1개와 ④ 사각형 1개를 이용하세요.

 **만점 팁!**

이 문제에서 가장 중요한 것은 사각형의 특징을 확실히 아는 거예요. 사각형은 변과 꼭짓점이 각각 4개이니까, 변과 꼭짓점이 4개가 되도록 조각을 맞춰야 해요. 이때 칠교판을 뒤집어 보고 돌려 보면서 정답을 유추해 보세요.

모범 답안	채점 기준	점수
1.	사각형을 모두 바르게 만든 경우	6점
2. 또는	사각형을 2가지만 바르게 만든 경우	4점
3. 또는	사각형을 1가지만 바르게 만든 경우	2점
	무응답 또는 오답	0점

 아래의 그림이 왜 오각형, 육각형이 아닌지 말로 설명하기가 어려워요!

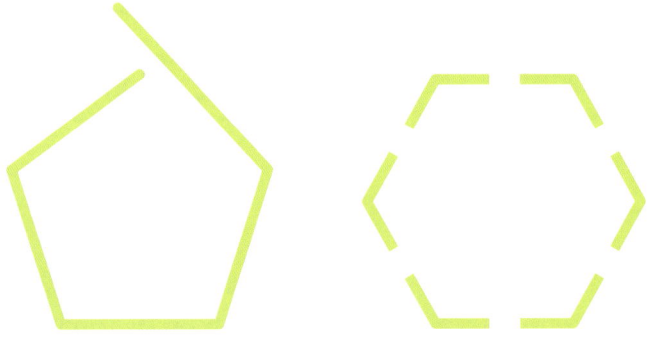

 왼쪽 그림은 오각형과 다른 점을 비교해서 설명하면 돼요. 오각형은 모든 변이 붙어 있고 변이 5개, 꼭짓점이 5개인 도형이에요. 그런데 주어진 도형은 한 변이 떨어져 있고, 꼭짓점이 5개가 아닌 4개이지요. 그래서 오각형이 아니랍니다.

오른쪽 그림도 마찬가지예요. 언뜻 보면 육각형이랑 모양이 비슷하지만 자세히 보면 변들이 떨어져 있고 변의 개수와 꼭짓점의 개수가 육각형과 달라요. 육각형은 변이 6개, 꼭짓점이 6개인데, 주어진 도형은 꼭짓점은 6개이지만, 변은 12개이지요. 따라서 육각형이 아니에요.

오각형

육각형

칠교판은 정사각형을 7개로 조각 낸 것으로, 직각 이등변삼각형 5개(큰 삼각형 2개/중간 삼각형 1개/작은 삼각형 2개)와 정사각형 1개, 평행사변형 1개로 이루어져 있습니다. 7개의 조각을 활용하여 여러 가지 사각형과 삼각형을 만드는 활동은 나중에 합동이라는 개념과 도형의 넓이를 공부할 때 큰 도움이 됩니다.

칠교판은 지혜가 길러지는 판이라고 해서 '지혜판'이라고도 해요. 서양에서는 '탱그램'이라고 부릅니다. 시중에서 쉽게 구입할 수 있지만 두꺼운 도화지나 장판 조각을 활용하여 직접 만들면 도형의 모양과 크기에 대한 양감을 키울 수 있어 좋습니다.

1학기 | 3단원 | 덧셈과 뺄셈

선 10 가르기와 모으기를 이용한 덧셈과 뺄셈
후 세 자리 수의 덧셈과 뺄셈

2학년 수와 연산

받아올림과 받아내림이 있는 두 자리 수의 덧셈과 뺄셈

이것만은 꼭!

- 받아올림이 있는 두 자리 수의 덧셈은 일의 자리 수끼리의 합이 10 또는 10보다 큰 수가 나오면 10을 십의 자리로 받아올림하는 것이다.
- 받아내림이 있는 두 자리 수의 뺄셈은 일의 자리 수끼리 뺄셈을 할 수 없을 때 십의 자리에서 10을 받아내림하는 것이다.

일의 자리끼리 더할 때 답이 10을 넘어가면 당황하는 친구들이 있지요? **받아올림**을 제대로 이해하지 못했기 때문이에요. 받아올림은 생각보다 쉬워요. 일의 자리가 10이 되면 10을 십의 자리로 1 올려서 십의 자릿값이 1 커지게 하면 되지요.

받아올림을 잘하려면 일의 자리를 10으로 묶는 연습을 많이 해야 해요. 15+7에서 일의 자리 수인 5와 7을 10으로 묶어 볼까요? 먼저 7을 5와 2로 가르기를 해요. 5를 10으로 묶으려면 5가 필요하기 때문이지요. 그런 다음 5와 5를 더해 10으로 만들면 낱개는 2가 남아요.

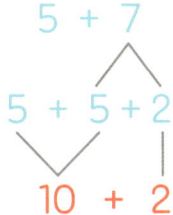

5와 5를 더해 만든 10은 어떻게 할까요? 십의 자리로 받아올림을 해요. 받아올림을 하면 십의 자리는 10을 받아 1이 커지니까 2가 돼요. 다시 말해서 10 묶음이 2개가 되는 거예요. 일의 자리에는 낱개 2개가 남고요. 그래서 15+7=22예요.

이해하기 쉽게 수 모형으로 알아볼까요?

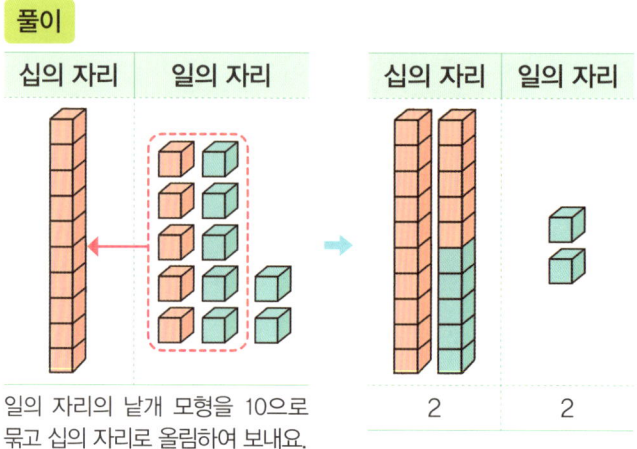

문제를 풀 때마다 수 모형을 그리기는 어려워요. 그럴 때는 세로셈을 하면 좀 더 쉽습니다. 세로셈을 할 때는 반드시 더하는 수의 자릿값을 맞추어야 해요.

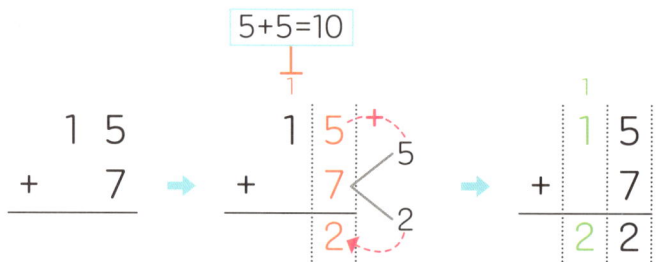

이번에는 두 자리 수의 뺄셈을 살펴볼게요. 뺄셈에서 일의 자리 수끼리 뺄 수 없을 때 어떻게 해야 할까요? 십의 자리에서 10을 빌려 오면 돼요. 이것을 **받아내림**이라고 하지요.

31-13을 계산해 볼까요? 일의 자리 수끼리 빼려고 보니 1에서 3을 뺄 수가 없어요. 이때 십의 자리에서 10을 빌려 오면 일의 자리가 11이 되어 3을 뺄 수 있어요. 이번에도 이해하기 쉽게 먼저 수 모형으로 살펴봐요.

31-13

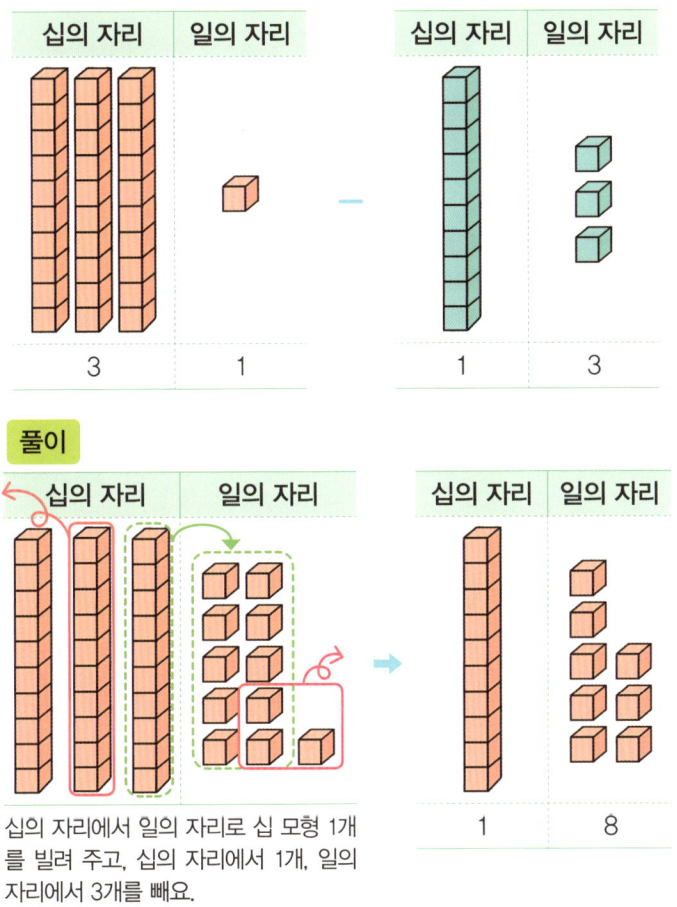

십의 자리에서 일의 자리로 십 모형 1개를 빌려 주고, 십의 자리에서 1개, 일의 자리에서 3개를 빼요.

덧셈을 할 때와 마찬가지로 세로셈을 해 봐요. 이때도 자릿값을 맞춰 적어야겠죠?

도전! 서술형 문제

미국 국기에는 별이 50개가 있고 우즈베키스탄 국기에는 12개가 있어요. 어느 나라 국기의 별이 몇 개 더 많은지 알려면 어떻게 해야 하는지 풀이 과정을 쓰고, 정답을 구하시오.(6점)

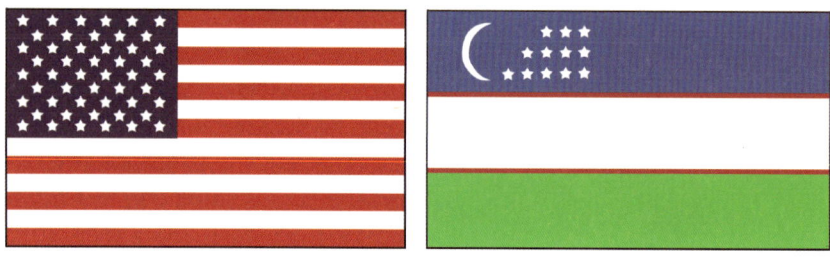

만점 팁!

이 문제를 해결하기 위해 필요한 연산이 덧셈과 뺄셈 중 무엇인지를 알아야 해요. 계산은 정확하게 하면서 연산을 잘못 선택하는 친구들이 종종 있거든요.

문장제 문제 속에는 어떤 셈을 해야 하는지 알려 주는 문장이 있어요. 이 문제에서는 '어느 나라 국기의 별이 몇 개 더 많은지'라는 문장을 눈여겨봐야 해요. '몇 개 더 많은지'라는 문장은 두 수의 차를 묻는 거예요. 그러니까 뺄셈으로 답을 구하면 되지요.

뺄셈식을 쓰면 50-12가 되겠네요. 일의 자리끼리 뺄셈이 되지 않으므로 받아내림을 해야 돼요. 이때 자릿값을 맞추는 것, 꼭 기억하세요!

모범 답안	채점 기준	점수
〈풀이 과정〉 ① 미국 국기와 우즈베키스탄 국기에 있는 별의 개수의 차를 구한다. ② 뺄셈식은 50-12=38	두 수의 차를 구해야 한다는 것을 제시하고 식과 답을 모두 정확하게 쓴 경우	6점
	두 수의 차를 구해야 한다는 것을 제시하고 알맞은 식을 세워 계산했으나 답을 바르게 구하지 못한 경우	4점
〈정답〉 미국 국기의 별이 우즈베키스탄 국기의 별보다 38개 더 많다.	풀이 과정을 제시하지 못하고 국기에 별이 더 많은 나라만 바르게 구한 경우	2점
	무응답 또는 오답	0점

28+27-16과 같은 문제는 어디서부터 계산해야 하나요?

덧셈과 뺄셈이 한꺼번에 나오는 세 수의 계산은 보기만 해도 복잡하고, 어떤 식부터 계산해야 할지 막막하지요. 이럴 때는 앞에서부터 차례대로 계산하면 돼요. 식에 계산 순서를 적어 두면 더욱 눈에 잘 들어올 거예요.

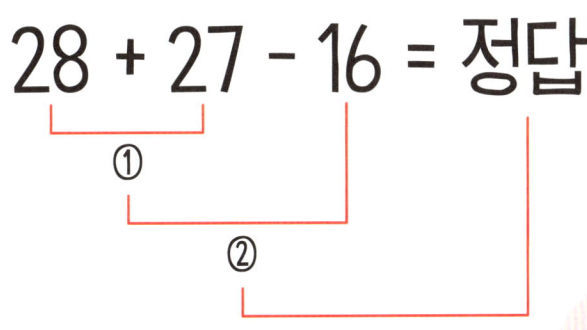

받아올림과 받아내림을 모두 해야 하는 문제예요. 직접 계산해 보세요.

정답: 39

 **부모님 톡!**

덧셈과 뺄셈을 할 때 자릿값을 맞추지 않고 계산하여 틀리는 친구들이 많습니다. 이럴 때는 네모 칸 공책이나 점선이 흐리게 그려진 모눈종이 공책을 활용하여 자릿값을 맞춰 쓰도록 지도해 주세요. 자릿값을 정확하게 맞추면 계산을 틀릴 확률이 훨씬 낮아집니다.

자릿값을 맞추어 정확하게 계산한 예	자릿값을 맞추지 않은 예
$\begin{array}{r} \overset{\overset{10}{}}{\overset{1\ 10}{1\ 2\ 4}} \\ -7\ 6 \\ \hline 4\ 8 \end{array}$	$\begin{array}{r} \overset{1}{}1\ 8 \\ +\ 7\ 6 \\ \hline 2\ 5\ 6 \end{array}$
(O)	(X)

2학년 측정

1학기 4단원 | 길이 재기
선 길이, 높이, 키, 무게, 넓이, 들이 후 m, 길이의 합과 차

cm, 단위길이

이것만은 꼭!

- 길이: 어떤 물건의 한쪽 끝에서 다른 쪽 끝까지를 잇는 거리. 도형에서는 선분의 한쪽 끝에서 다른 쪽 끝까지의 거리
- 길이를 잴 때 자주 쓰는 단위: 밀리미터(㎜), 센티미터(㎝), 미터(m), 킬로미터(㎞)
- 단위길이: 어떤 길이를 재는 데 기준이 되는 길이

1학년 때는 두 물건을 직접 대보며 길이를 비교했어요.

그런데 자도 없고, 두 물체를 직접 대볼 수도 없을 때는 어떻게 길이를 비교할까요? 이럴 때는 손이나 발 같은 신체의 한 부분이나, 주위에서 쉽게 구할 수 있는 물건을 이용해요.

이나 와 같이 어떤 길이를 재는 데 기준이 되는 길이를 **단위길이**라고 해요. 그림에서처럼 엄지손가락과 다른 손가락을 완전히 펴서 벌렸을 때에 두 끝 사이의 거리는 **뼘**이라고 하지요.

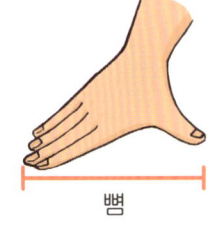

그런데 사람마다 키가 다르듯이 손과 발의 크기가 다르다 보니 단위길이로는 정확한 길이를 재기가 어려웠어요. 그래서 기준을 정했지요. 지금은 거의 모든 나라가 밀리미터(㎜), 센티미터(㎝), 미터(m)와 같은 단위길이를 공통으로 사용하고 있어요.

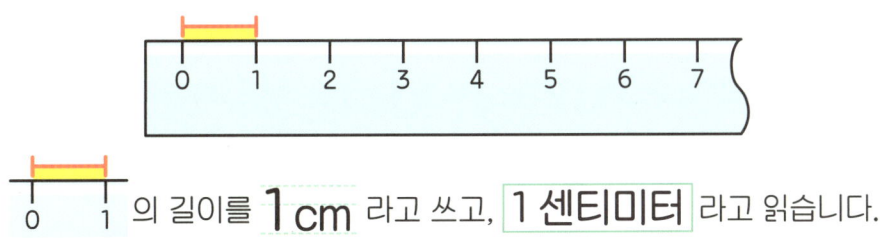

자로 물건을 잴 때는 물건의 한쪽 끝을 0 눈금에 맞추고 다른 쪽 끝이 가리키는 눈금의 숫자를 읽어요. 0 눈금에 물건을 맞추지 않으면 정확한 길이를 잴 수 없어요.

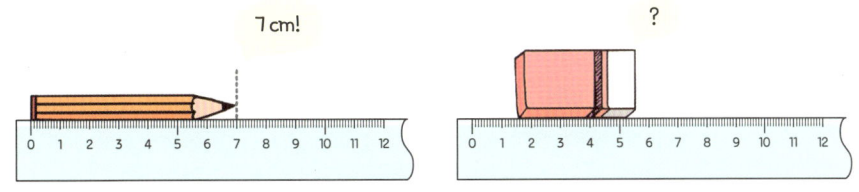

도전! 서술형 문제

엄마가 희수에게 사탕 통에 붙은 스티커의 길이를 재 보라고 했습니다. 사탕 통, 자, 털실, 가위를 사용하여 사탕 통에 붙은 스티커의 길이 구하는 방법을 설명해 보시오. (6점)

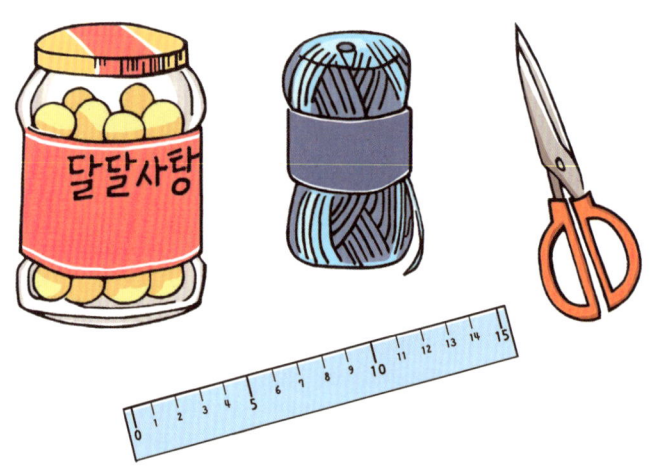

 **만점 팁!**

보통 자로 길이를 재면 정확하겠지만 사탕 통은 모양이 둥글어서 딱딱한 플라스틱 자로는 잴 수가 없어요. 이때는 잘 휘어지는 줄자를 사용하면 되지만 희수에게는 줄자가 없네요. 따라서 첫 번째로 줄자 대신 사용할 수 있는 것이 무엇인지를 찾아야 해요.

답을 쓸 때는 문제의 해결 과정을 순서대로 쓰되 중요한 요소를 꼭 넣어야 한답니다. 이 문제에서는 실의 시작 부분과 끝 부분을 잘 맞춰야 한다는 것, 실을 팽팽하게 당겨서 재야 한다는 것, 실의 한쪽 끝을 자의 0 눈금에 맞춰서 재야 한다는 내용이 들어가야 해요.

모범 답안	채점 기준	점수
〈길이 구하는 방법〉 ① 사탕 통의 스티커가 시작되는 부분에 실을 잘 맞추어 댄다. ② 팽팽하게 실을 당겨 가며 스티커가 끝나는 곳까지 두른 후 가위로 자른다. ③ 자른 실의 끝을 자의 0 눈금에 맞추고 실을 팽팽하게 당겨 길이를 잰다.	자, 사탕 통, 실, 가위를 사용하여 길이 재는 방법을 순서에 따라 바르게 쓴 경우	6점
	①, ②, ③ 중에 2가지만 맞혔거나 시작 부분, 끝 부분, 0 눈금이라는 주요 단어를 1~2가지 빠뜨린 경우	4점
	①, ②, ③ 중에 1가지만 맞힌 경우	2점
	무응답 또는 오답	0점

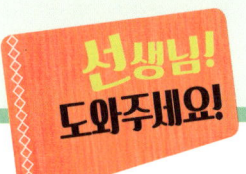

 길이 어림을 잘하는 방법 좀 알려 주세요.

자가 없을 때 단위길이로 길이를 재듯이 길이를 어림할 때도 자기만의 단위길이를 만들면 좋아요. 예를 들어 1 ㎝ 정도의 단추나 손마디, 10 ㎝의 연필을 단위길이로 삼을 수 있지요. 지우개의 길이를 어림할 때 1 ㎝ 손마디를, 책상 다리의 길이를 어림할 때는 10 ㎝ 연필을 이용해요.

그런데 0 눈금에 끝을 잘 맞추었는데 길이가 자의 눈금 숫자에 딱 맞지 않을 경우가 있어요. 이때는 단위 앞에 '약'을 붙여서 '약 ☐ ㎝'라고 써요. '약'은 어느 수량에 가까운 정도를 나타내는 말로 어림한 길이를 나타낼 때 쓰지요. 어림한 길이를 자로 재었을 때 길이가 자의 눈금 사이에 있으면 더 가까이 있는 쪽의 숫자를 읽으면 된답니다.

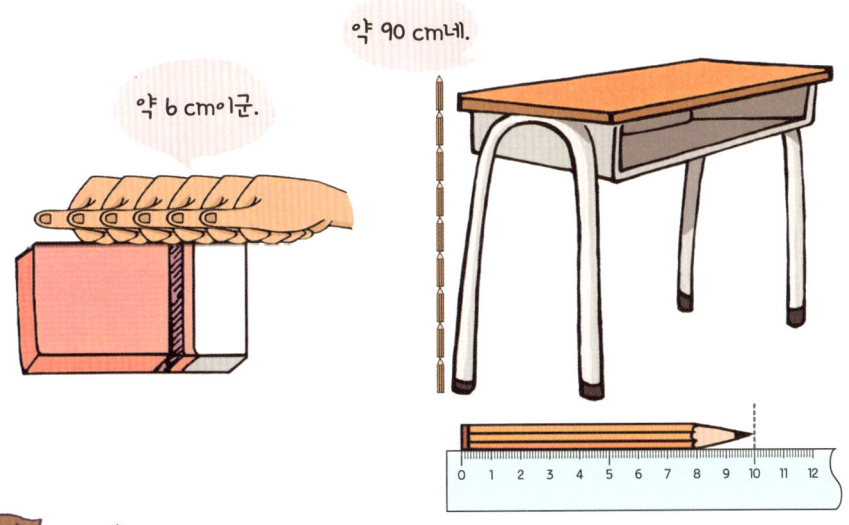

각 나라별 길이의 단위	
고대 이집트	큐빗
영국	인치, 피트
프랑스	피에
우리나라, 일본, 중국	자, 치

길이 재기는 측정 영역입니다. 재는 활동을 통해 양에 수를 대응하는 영역이지요. 들이, 넓이, 부피, 무게와 같은 양은 모두 길이로 대치할 수 있기 때문에 길이는 양 중에서도 가장 기본입니다. 2학년 때 배우는 길이 재기는 자가 없던 시절에 어떤 불편함이 있었는지를 알아보고, ㎝라는 통일된 단위를 사용하게 된 과정을 살펴봅니다. 따라서 나라마다 다른 길이의 단위를 함께 알아보면 더 재미있게 길이 재기 단원을 공부할 수 있습니다.

분류하기

1학기 5단원 | 분류하기

후 표와 그래프

2학년 자료와 가능성

이것만은 꼭!

- 분류: 사물이나 사람 등 대상을 기준에 따라 가르는 것

1학년 때 모양에 따른 분류를 익혔다면 2학년 때에는 좀 더 다양한 **기준**으로 가르고 모으는 연습을 해요.

여러 가지 물건들이 섞여 있을 때는 알맞은 기준을 정해야 분류를 잘할 수 있어요. 기준은 꼭 하나만 있는 것이 아니에요. 여러 가지로 정할 수 있고 그 기준에 따라 분류도 다양한 방법으로 이루어져요. 가장 기본적인 색이나 모양 외에 쓰임새, 성질 등도 기준이에요.

그럼 지금부터 악기들을 여러 기준으로 분류해 볼까요?

분류 기준: 국악기와 서양 악기

물건들의 공통점과 차이점을 생각하면 기준을 정하기가 쉬워요.

악기를 분류한 다음, 각각의 수를 표로 만들면 결과를 한눈에 알 수 있어요.

분류 기준: 국악기와 서양 악기

국악기	서양 악기
3	4

악기를 분류한 결과

이번에는 악기가 소리를 내는 방식을 기준으로 분류해 봐요.

분류 기준: 소리를 내는 방식

관악기(입으로 불어 연주하는 악기)

타악기(두드려서 연주하는 악기)

현악기(줄로 연주하는 악기)

분류를 '국악기와 서양 악기'로 정했을 때와 결과가 달라졌어요. 이번에도 표로 정리해 볼까요?

분류 기준: 소리를 내는 방식

관악기	타악기	현악기
2	2	3

악기를 분류한 결과

분류 기준을 국악기와 서양 악기로 할 때는 서양 악기가 국악기보다 많았어요. 그런데 소리를 내는 방식에 따라 분류하니 현악기가 제일 많고, 관악기와 타악기의 수가 2개로 같아요. 이렇듯 기준에 따라 분류 결과가 달라진답니다.

> 그밖에 기준으로 정할 수 있는 것을 찾아보고 다양한 방식으로 악기를 분류해 봐요. 단, 기준은 모든 사람이 같은 결과를 얻을 수 있는 것으로 정해야 해요.

 **도전! 서술형 문제**

16장의 우즐카드가 있습니다. 3가지 이상의 기준으로 16장의 카드를 분류해 보시오. (6점)

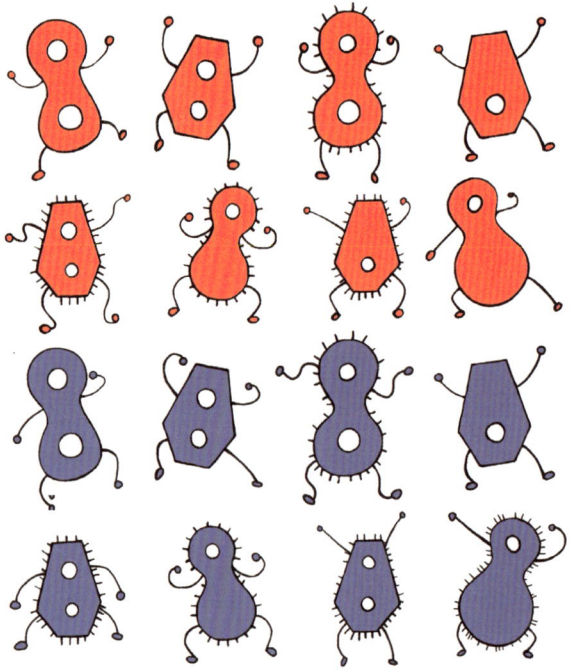

 '이상'은 그 수까지 포함한 더 큰 수를 가리키는 말이에요. 3가지 이상이라고 했으니 3가지 또는 3가지보다 더 많이 찾아보세요.

 만점 팁!

분류할 때는 어떤 공통점과 차이점으로 나눌지를 정하는 게 중요해요. 그것이 기준이니까요. 먼저 빨간색과 파란색으로 구분하는 것이 가장 쉽겠지요? 이렇게 분류한다면 기준은 색깔이 되겠네요. 그런데 이 문제에서는 기준을 3가지 이상 찾으라고 했으니 색깔 말고 다른 기준을 2가지 이상 더 찾아야 해요. 만일 공통점과 차이점을 잘 모르겠으면 손쉽게 '있는 것'과 '없는 것'으로 분류해 보세요. '털이 있는 것과 없는 것'처럼 말이죠.

모범 답안	채점 기준	점수
① 모양(둥근 모양/곧은 모양)으로 분류 ② 색깔(빨강/파랑)로 분류 ③ 구멍의 개수(1개/2개)로 분류 ④ 털(있는 것/없는 것)로 분류	모양, 색깔, 구멍, 털 등 3가지 이상의 기준을 정하여 분류한 경우	6점
	①, ②, ③, ④ 중에 2가지만 적은 경우	4점
	①, ②, ③, ④ 중에 1가지만 적은 경우	2점
	무응답 또는 오답	0점

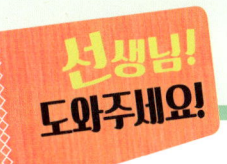

 분류를 할 때 기준을 무엇으로 정해야 할지 잘 모르겠어요.

기준을 정하는 데에는 정답이 없기 때문에 얼마든지 자신이 원하는 기준을 정하면 돼요. 그러나 '예쁜 것과 예쁘지 않은 것'은 기준으로 알맞지 않아요. 보는 사람에 따라 예쁜 것이 다를 수 있기 때문이에요. '안경을 쓴 사람과 안경을 쓰지 않은 사람'이나 '남자와 여자'는 어떤 사람이 분류해도 모두 같은 결과가 나오지요. 이렇게 모든 사람이 같은 방법으로 분류할 수 있는 객관적인 기준을 찾는 게 좋답니다. 만일 기준이 애매해서 분류가 정확하게 되지 않았다면 분류할 물건들에 더 알맞은 기준을 다시 정해 봐요.

옷 분류 기준	사람 분류 기준
속옷과 겉옷	여자와 남자
상의와 하의	기혼자(결혼한 사람)와 미혼자(결혼하지 않은 사람)
여성복과 남성복	
아동복과 성인복	한국인과 외국인

분류하기는 얼핏 보면 수학의 영역이 아닌 것 같지만 대상을 기준에 따라 가르고, 그렇게 가른 이유를 타당하게 설명할 수 있는 능력을 길러 주기 때문에 수학의 기본인 논리적인 사고의 밑거름이 됩니다. 분류는 특별한 도구가 없어도 일상생활에서 충분히 연습할 수 있습니다. 단순히 집 안만 둘러보아도 함께할 수 있는 활동이 아주 많지요. 음식물 보관 장소를 기준으로 정하면 냉장고에 보관할 음식과 실온에 보관할 음식으로 분류할 수 있습니다. 또는 종류에 따라 과일과 채소로 분류할 수도 있지요. 아이가 집 안의 사물들을 관찰하면서 스스로 기준을 정하여 분류할 수 있게 지도해 주세요. 아이들은 어질러진 책상 서랍을 기준에 따라 분류하면서 정리 정돈 습관을 기르는 것은 물론, 분류의 개념도 익힐 수 있습니다.

1학기 | 6단원 | 곱셈

선 받아올림과 받아내림이 있는 두 자리 수의 덧셈과 뺄셈 **후** 곱셈구구

2학년 수와 연산

곱셈

이것만은 꼭!

- 곱셈: 같은 수를 여러 번 더한 것과 같은 결과를 얻는 계산
  예) 3+3+3+3=3×4
- 곱셈 기호는 '×'이고, '곱하기'라고 읽는다.

물건의 개수가 많을 때는 1개, 2개, 3개…… 이렇게 하나씩 세는 것보다 묶어 세는 것이 더 빠르고 정확해요. 연필을 5개씩 묶으니 4묶음이 되었어요.

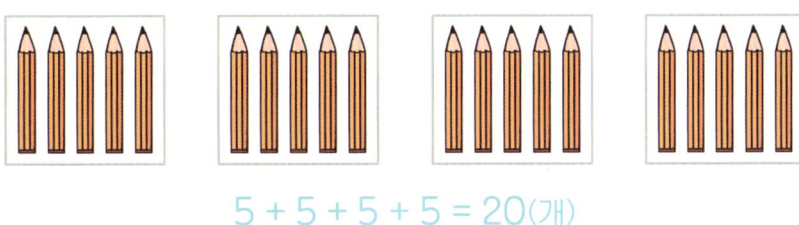

5 + 5 + 5 + 5 = 20(개)

자, 이번에는 5씩 뛰어 세 볼게요. 5, 10, 15, 20 이렇게요. 어? 5씩 묶어 센 것과 5씩 뛰어 센 것이 같네요?

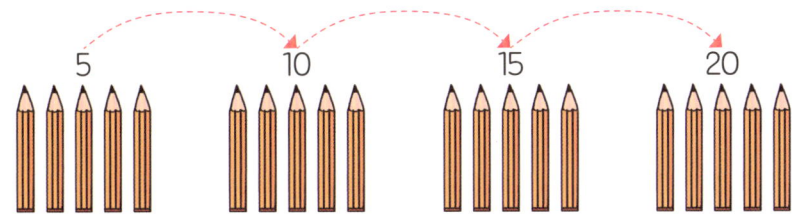

20개의 연필은 4씩 묶어 세거나 4씩 뛰어 셀 수도 있어요. 4개씩 묶으니 5묶음이 되었어요.

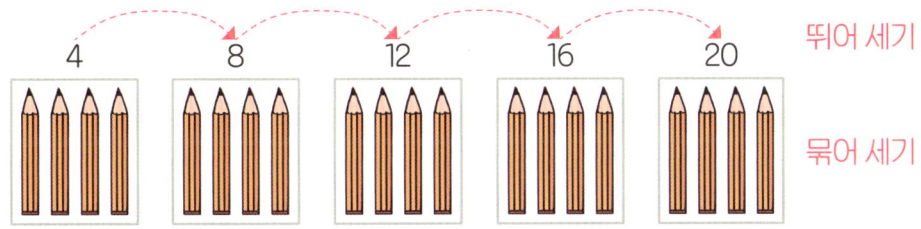

뛰어 세기

묶어 세기

5씩 묶어 센 것을 곱셈식으로 정리해 볼까요?

- 5씩 4묶음은 20입니다.
- 5씩 4묶음은 5의 4배입니다.
- 5의 4배는 5+5+5+5=20입니다.
- 20은 5의 4배입니다.

곱셈식 →

- 5의 4배는 '5×4'라고 씁니다.
- 5×4는 '5 곱하기 4'라고 읽습니다.
- 5×4=20은 '5곱하기 4는 20과 같다' 라고 읽습니다.

도전! 서술형 문제

'십이지신'이라는 12마리 동물이 있어요. 이 동물들은 방향을 나타내기도 하고, 특정한 해를 뜻해서 띠를 결정하기도 해요. 예를 들어 쥐의 해에 태어난 사람은 쥐띠가 되지요. 이 12마리 동물을 일정한 수로 묶어 4가지 곱셈식으로 나타내시오. (6점)

 **만점 팁!**

문제가 길다고 지레 겁먹을 필요는 없어요. 핵심 문장만 찾으면 문제를 쉽게 풀 수 있으니까요. 이 문제는 12를 4가지 방법으로 묶어 세기하고 곱셈식으로 나타내라는 거예요. 서술형 문제에서는 이렇게 핵심을 파악하는 것이 무척 중요해요. 그래야 가장 알맞은 식을 찾을 수 있답니다. 12를 하나도 빠짐없이 묶으려면 가장 작은 수인 1부터 차례대로 묶어 보면서 낱개가 남지 않는 수를 찾으면 돼요.

모범 답안	채점 기준	점수
① 1씩 12묶음 1×12 ② 2씩 6묶음 2×6 ③ 3씩 4묶음 3×4 ④ 4씩 3묶음 4×3 ⑤ 6씩 2묶음 6×2 ⑥ 12씩 1묶음 12×1	①, ②, ③, ④, ⑤, ⑥ 중에 3가지 이상 맞힌 경우	6점
	①, ②, ③, ④, ⑤, ⑥ 중에 2가지만 맞힌 경우	4점
	①, ②, ③, ④, ⑤, ⑥ 중에 1가지만 맞힌 경우	2점
	무응답 또는 오답	0점

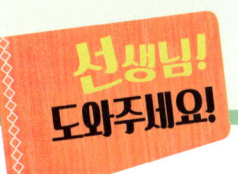

3×8과 8×3은 같지 않나요?

3×8과 8×3은 답이 24로 같기 때문에 같은 개념이라고 생각하는 친구들이 많아요. 그런데 자세히 들여다보면 의미가 조금 달라요. 3×8은 3개짜리가 8묶음이라는 말이고, 8×3은 8개짜리가 3묶음이라는 말이지요. 예를 들어 3×8은 찐빵 3개가 든 상자가 8개라는 말이고, 8×3은 찐빵 8개가 든 상자가 3개라는 말이니 상자의 수만 봐도 다른 개념이라는 것을 알 수 있어요.
답만 맞으면 되는 것 아니냐고요? 그렇지 않아요. 이런 원리를 잘 알고 있어야 실력이 더욱 탄탄해진답니다. 결과는 같지만 의미는 다르다는 것을 꼭 기억하세요!

3×8=24   8×3=24

아이가 곱셈의 개념을 잘 모르는데 구구단만 열심히 외우게 하는 부모님이 많습니다. 그러나 수학은 과정을 이해하고 규칙을 찾는 것이 무엇보다 중요한 학문입니다.
사탕이나 바둑돌을 2개씩 묶어 보도록 지도해 주세요. 그러면 아이는 2, 4, 6, 8, 10, 12, 14, 16, 18처럼 수가 2씩 커지는 것은 2씩 더하는 것과 같다는 것을 스스로 깨닫게 됩니다. 또 8은 2를 4번 더하거나 2씩 4번 뛰어 세야 나온다는 것, 4의 2배인 수라는 것, 6보다 2가 큰 수라는 것 등 수에 담긴 여러 규칙을 발견하도록 도와주세요. 이 과정에서 자연스럽게 곱셈의 원리를 깨우칠 수 있습니다.

123

2학기 1단원 | 네 자리 수

선 세 자리 수 **후** 만

2학년 / 수와 연산

네 자리 수

이것만은 꼭!

- 네 자리 수: 천의 자리, 백의 자리, 십의 자리, 일의 자리, 즉 네 자리로 이루어진 수
- 1000부터 9999까지의 자연수

나는 노란색 3의 1000배! 내가 최고다!

나는 노란색 3의 100배만큼이지!

나는 노란색 3의 10배야!

같은 3끼리 거 참 잘난 척하기는.

네 자리 수는 천의 자리, 백의 자리, 십의 자리, 일의 자리로 이루어져 있어요. 자릿수가 4개인 수이지요.

1000은 900보다 100 큰 수, 999보다 1 큰 수예요. 1000부터 네 자리 수가 시작되니까, 네 자리 수 중에서는 1000이 가장 작은 수이지요. 1000은 100씩 10묶음이기도 해요.

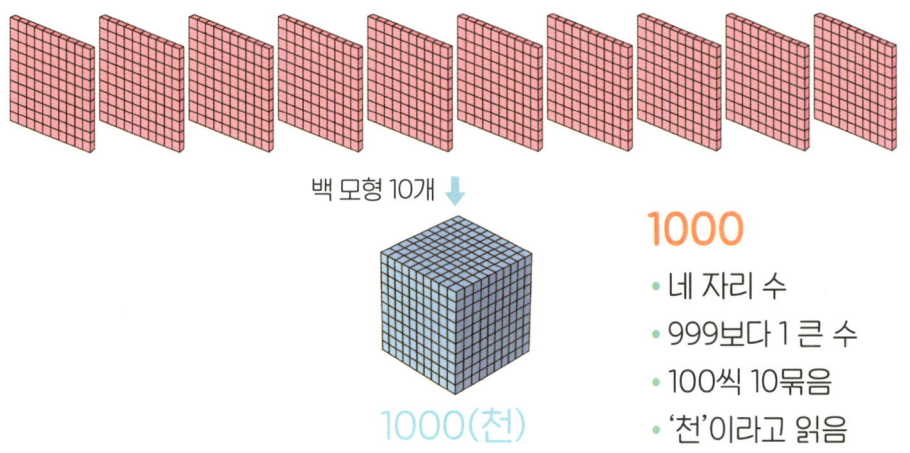

1000
- 네 자리 수
- 999보다 1 큰 수
- 100씩 10묶음
- '천'이라고 읽음

5327은 천의 자리 수가 5, 백의 자리 수가 3, 십의 자리 수가 2, 일의 자리 수가 7이에요. 5327이라고 쓰고 **오천삼백이십칠**이라고 읽어요. 5327에서 5는 천의 자리 숫자니까 5000, 3은 백의 자리 숫자니까 300, 2는 십의 자리 숫자니까 20, 7은 일의 자리 숫자니까 7을 나타내요.

천의 자리	백의 자리	십의 자리	일의 자리
5	3	2	7
5	0	0	0
	3	0	0
		2	0
			7

5327=5000+300+20+7

모형으로 나타내면 5327은 천 모형이 5개, 백 모형이 3개, 십 모형이 2개, 낱개 모형이 7개예요.

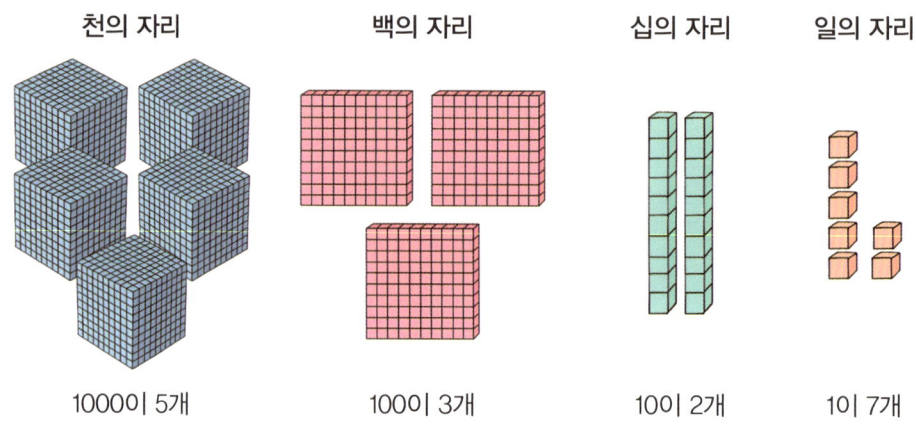

네 자리 수의 뛰어 세기를 해 볼까요? 자릿값만 헷갈리지 않으면 쉽게 할 수 있어요. 10씩 뛰어 세기는 십의 자리만 1씩, 100씩 뛰어 세기는 백의 자리만 1씩, 1000씩 뛰어 세기는 천의 자리만 1씩 늘어나요. 어때요? 세 자리 수의 뛰어 세기와 같은 원리인 걸 알겠지요?

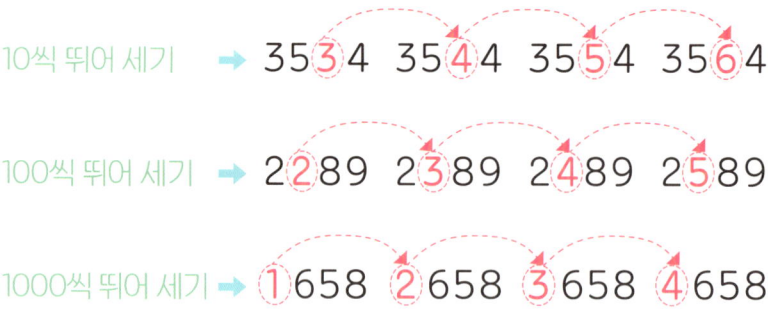

네 자리 수에서도 수의 크기를 비교할 때는 맨 앞자리인 천의 자리부터 차례대로 살펴봐야 해요. 천의 자리 수가 같으면 다음 자리인 백의 자리, 십의 자리, 일의 자리의 순서로 비교해요. 5493과 4681을 천의 자리부터 비교해 보세요. 5가 4보다 크지요? 그래서 4681보다 5493이 더 큰 수랍니다.

천의 자리	백의 자리	십의 자리	일의 자리		천의 자리	백의 자리	십의 자리	일의 자리
4	6	8	1	<	5	4	9	3

5493은 4681보다 더 큽니다.
또는 4681은 5493보다 더 작습니다.

9999보다 1 큰 수와 1000이 10인 수는 10000이라 쓰고 '만'이라고 읽습니다.

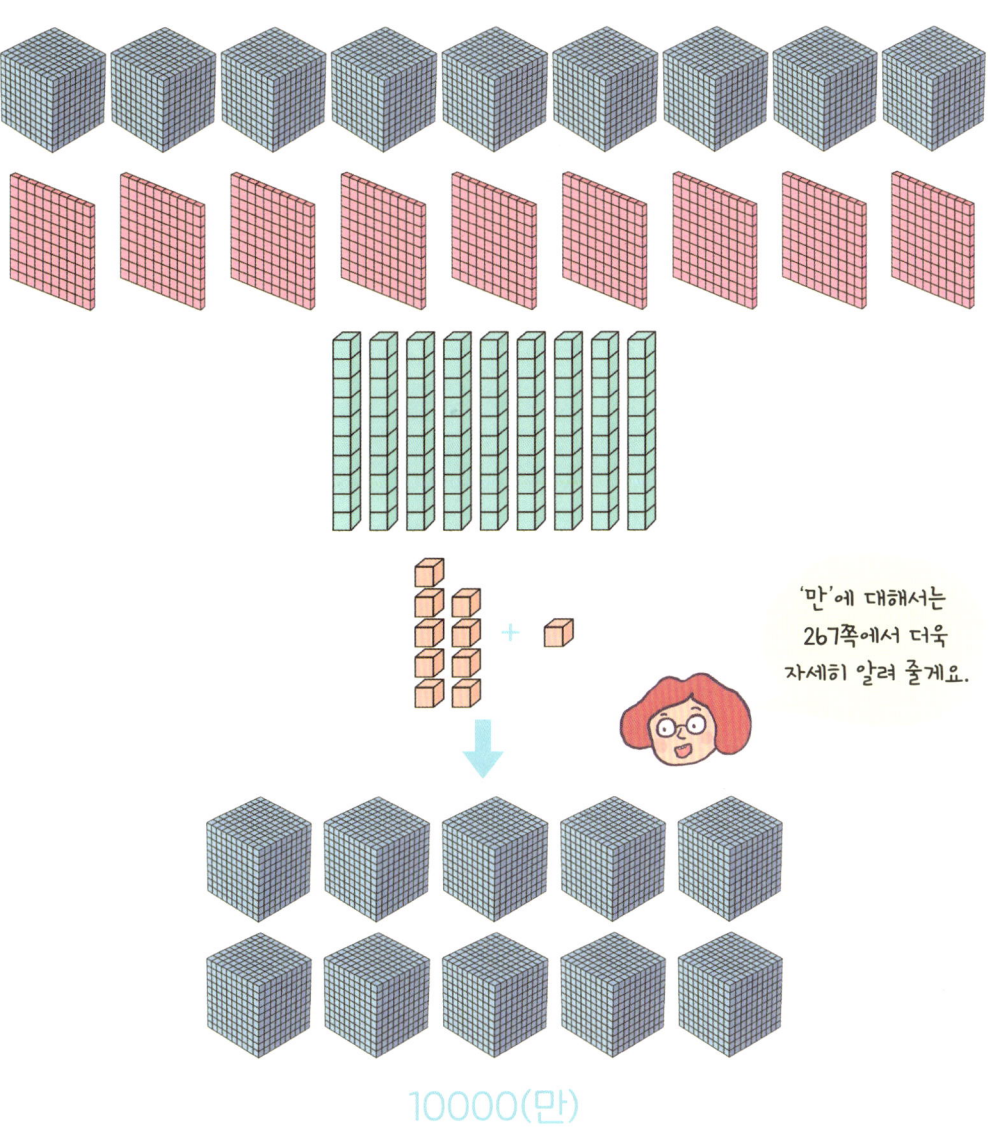

'만'에 대해서는 267쪽에서 더욱 자세히 알려 줄게요.

10000(만)

도전! 서술형 문제

다음 물건들을 3000원에 딱 맞게 살 수 있는 방법을 3가지 이상 적어 보시오. 한 종류의 물건만 사도 되고 여러 종류를 골고루 사도 됩니다. (6점)

만점 팁!

우선 가장 비싼 물건부터 찾아요. 2000원인 빵이 가장 비싸네요. 그런데 빵은 2개를 살 수 없어요. 3000원이 넘으니까요. 2000원짜리 빵과 함께 살 수 있는 물건은 1000원짜리 물이나, 500원짜리 과자 2개예요. 그다음으로 비싼 것은 1500원인 사탕이에요. 여기에 다음으로 큰 액수인 1000원짜리 물과 500원짜리 과자를 사면 3000원이 돼요. 이런 식으로 비싼 물건부터 살펴보면 빠르고 정확하게 답을 찾을 수 있답니다.

모범 답안	채점 기준	점수
① 2000원짜리 빵 1개와 1000원짜리 물 1개	3가지 이상을 정확하게 맞힌 경우	6점
② 2000원짜리 빵 1개와 500원짜리 과자 2개		
③ 1500원짜리 사탕 1개와 1000원짜리 물 1개, 500원짜리 과자 1개	2가지만 맞힌 경우	4점
④ 1500원짜리 사탕 1개와 500원짜리 과자 3개		
⑤ 1000원짜리 물 3개	1가지만 맞힌 경우	2점
⑥ 1000원짜리 물 2개와 500원짜리 과자 2개		
⑦ 500원짜리 과자 6개 등	무응답 또는 오답	0점

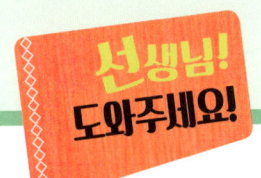

 왜 10씩 묶는 건가요?

1이 10개 모이면 10, 100이 10개 모이면 100, 1000이 10개 모이면 1000이 돼요. 우리가 배운 두 자리 수, 세 자리 수, 네 자리 수는 모두 이렇게 이루어져 있어요. 이 수들의 공통점은 10이라는 수예요. 10씩 묶는 것으로 자릿수가 커지지요.

그럼 왜 꼭 10씩 묶는 걸까요? 수학자들에 따르면 우리 손이 10개라서 10씩 묶었다고 해요. 날짜를 셀 때나 개수를 셀 때 보통 손가락을 사용하죠? 우리 몸 중에서 수를 세기에 가장 편리한 부분이 손이기 때문이에요. 하지만 언제나 10씩 묶는 것은 아니에요. 하루는 24시간, 1시간은 60분처럼 10이 아닌 다른 수로 묶기도 한답니다.

수학은 우리 생활 모습에 따라 바뀔 수 있어요. 그러니 10000년쯤 후에는 10이 아닌 다른 수로 묶는 방법이 나올지도 몰라요.

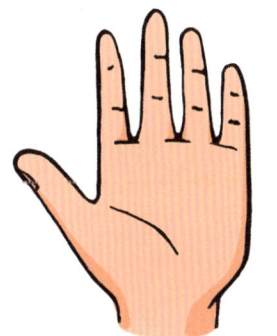 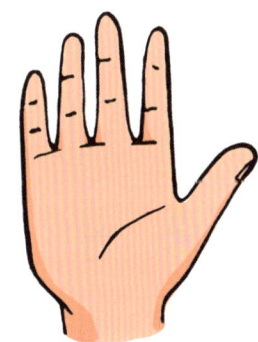

일상생활에서도 네 자리 수에 대한 감각을 키울 수 있습니다. 만보기 어플리케이션을 켜고 8000보를 아이와 함께 걸어 보세요. 시장이나 마트에 가서 3000원과 9000원으로 살 수 있는 물건에는 어떤 것이 있는지 찾아봐도 좋습니다. 학생 수가 많은 학교라면 학교 홈페이지를 통해 전교생이 몇 명인지 확인하는 것도 좋아요. 더 나아가 우리나라 인구와 다른 나라 인구수를 비교해 보면 네 자리 수보다 더 큰 수에 대한 감각을 키우는 데에도 도움이 됩니다.

2학기 2단원 | 곱셈구구

선 곱셈 후 (두 자리 수)×(한 자리 수)

곱셈구구

이것만은 꼭!

- 곱셈구구: ① 1부터 9까지의 수를 두 수끼리 서로 곱하여 그 값을 나타낸 것이다.
  ② 구구단의 다른 표현으로, 9×9 곱셈표를 말한다.

보통 곱셈구구를 2단부터 9단까지 공부하는데, 사실 0단과 1단, 10단도 있어요. 0단, 1단, 10단을 포함하여 곱셈하기 편리한 순서대로 공부하면 차례대로 외울 때보다 곱셈구구를 더 쉽게 이해할 수 있답니다.

제일 먼저 **1단**부터 시작하세요. 1단은 1을 곱하면 그 숫자가 그대로 나오니까요.

×	1	2	3	4	5	6	7	8	9
1	1	2	3	4	5	6	7	8	9

이제 **10단**을 살펴볼까요? 10단은 1에 10배만 하면 되니까 1단만큼이나 쉽답니다.

×	1	2	3	4	5	6	7	8	9
10	10	20	30	40	50	60	70	80	90

다음으로는 5씩 커지는 **5단**을 익혀 봐요. 5단은 신기하게도 끝자리가 5와 0이 번갈아 가며 계속 반복돼요. 손가락 5개를 헤아리면서 계산하면 더욱 쉬워요.

×	1	2	3	4	5	6	7	8	9
5	5	10	15	20	25	30	35	40	45

이제 **2단**이에요. 2단은 2씩 커져요. 그리고 2의 곱은 짝수라는 사실도 꼭 기억하세요.

×	1	2	3	4	5	6	7	8	9
2	2	4	6	8	10	12	14	16	18

3씩 커지는 **3단**은 세발자전거의 바퀴, 세 잎 클로버의 잎을 떠올리면 쉬울 거예요.

×	1	2	3	4	5	6	7	8	9
3	3	6	9	12	15	18	21	24	27

4씩 커지는 **4단**은 어떻게 구할까요? 2단에서 한 자리를 건너뛰며 계산해요. 자동차 바퀴, 의자 다리, 동물의 다리 등이 4씩 커지니 이것을 상상하며 계산하면 돼요.

×	1	2	3	4	5	6	7	8	9	10	11	12	13	14	15	16	17	18
2	2	4	6	8	10	12	14	16	18	20	22	24	26	28	30	32	34	36

×	1	2	3	4	5	6	7	8	9
4	4	8	12	16	20	24	28	32	36

6씩 커지는 **6단**은 3단에서 한 자리를 건너뛰며 계산하면 돼요.

×	1	2	3	4	5	6	7	8	9	10	11	12	13	14	15	16	17	18
3	3	6	9	12	15	18	21	24	27	30	33	36	39	42	45	48	51	54

×	1	2	3	4	5	6	7	8	9
6	6	12	18	24	30	36	42	48	54

8씩 커지는 **8단**도 4단에서 한 자리를 건너뛰며 계산하면 돼요.

×	1	2	3	4	5	6	7	8	9	10	11	12	13	14	15	16	17	18
4	4	8	12	16	20	24	28	32	36	40	44	48	52	56	60	64	68	72

×	1	2	3	4	5	6	7	8	9
8	8	16	24	32	40	48	56	64	72

그렇다면 9씩 커지는 **9단**은 어떻게 구하면 좋을까요? 3단에서 두 자리를 건너뛰며 계산하면 돼요.

×	1	2	3	4	5	6	7	8	9
9	9	18	27	36	45	54	63	72	81

그런데 9단은 다음과 같은 재미있는 규칙이 있어요.

규칙 1 십의 자리와 일의 자리의 두 수를 더하면 9가 돼요.

| 0+9=9 | 1+8=9 | 2+7=9 | 3+6=9 | 4+5=9 | 5+4=9 | 6+3=9 | 7+2=9 | 8+1=9 |

규칙 2 일의 자리가 1씩 줄어들어요.

| 9 | 18 | 27 | 36 | 45 | 54 | 63 | 72 | 81 |

규칙 3 십의 자리는 일의 자리와 반대로 1씩 커져요.

| 09 | 18 | 27 | 36 | 45 | 54 | 63 | 72 | 81 |

7씩 커지는 **7단**은 규칙이 없어서 외우기가 어렵지만, 차근차근 살펴보며 친해져요.

×	1	2	3	4	5	6	7	8	9
7	7	14	21	28	35	42	49	56	63

마지막으로 **0단**은 어떤 수를 곱해도 0이 나오니 식은 죽 먹기랍니다!

×	1	2	3	4	5	6	7	8	9
0	0	0	0	0	0	0	0	0	0

도전! 서술형 문제

곱셈구구표에서 색칠된 수들은 어떤 규칙이 있는지 3가지를 찾아 설명해 보시오. (6점)

×	1	2	3	4	5	6	7	8	9
1	1	2	3	4	5	6	7	8	9
2	2	4	6	8	10	12	14	16	18
3	3	6	9	12	15	18	21	24	27
4	4	8	12	16	20	24	28	32	36
5	5	10	15	20	25	30	35	40	45
6	6	12	18	24	30	36	42	48	54
7	7	14	21	28	35	42	49	56	63
8	8	16	24	32	40	48	56	64	72
9	9	18	27	36	45	54	63	72	81

만점 팁!

주어진 수 사이의 관계가 어떻게 변하는지를 살펴보면 규칙을 찾기 쉬워요. 1, 9, 25, 49, 81은 홀수, 4, 16, 36, 64는 짝수로, 홀수와 짝수가 반복되고 있어요. 이번에는 두 수의 차나 합에서 어떤 규칙이 있는지 살펴봐요. 뒤의 수에서 앞의 수를 빼면 4−1=3, 9−4=5, 16−9=7, 25−16=9……81−64=17로 두 수의 차가 2씩 커지는 것을 알 수 있어요. 덧셈 뺄셈에서 더 이상의 규칙을 찾을 수 없다면 곱셈과 나눗셈으로 넘어가요. 곱셈을 이용하면 1×1, 2×2, 3×3, 4×4, 5×5, 6×6, 7×7, 8×8, 9×9처럼 같은 수끼리 곱하여 나온 값이라는 규칙이 보여요. 그리고 곱셈구구표를 잘 보면 색칠된 부분이 일정하게 변하고 있어요. 1단에서는 첫째 칸, 2단에서는 둘째 칸, 3단에서는 셋째 칸…… 9단에서는 아홉째 칸에 위치하고 있지요.

모범 답안	채점 기준	점수
① 홀수와 짝수가 번갈아 나타난다.	①, ②, ③, ④ 중에 3가지 규칙을 모두 찾은 경우	6점
② 뒤의 수에서 앞의 수를 뺀 차가 3, 5, 7, 9, 11, 13, 15, 17로 2씩 커진다.	①, ②, ③, ④ 중에 2가지 규칙만 찾은 경우	4점
③ 1×1, 2×2, 3×3, 4×4, 5×5, 6×6, 7×7, 8×8, 9×9의 답으로, 같은 수끼리 곱하여 나온 수이다.	①, ②, ③, ④ 중에 1가지 규칙만 찾은 경우	2점
④ 1단에서는 첫째 칸, 2단에서는 둘째 칸, 3단에서는 셋째 칸…… 9단에서는 아홉째 칸에 있다.	무응답 또는 오답	0점

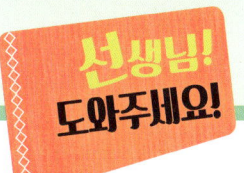

 문장제 문제에서 곱셈을 활용하기가 어려워요!

 다음은 곱셈을 활용한 문장제 문제예요.

> 계단 오르기 놀이를 하고 있어요. 가위로 이기면 3칸씩, 바위로 이기면 4칸씩, 보로 이기면 5칸씩 오르기로 했어요. 길동이는 가위로 2번, 바위로 5번, 보로 3번 이겼어요! 길동이는 몇 번째 계단에 있을까요?

이런 문제를 풀 때는 몇 단을 활용할지를 찾는 것이 무엇보다 중요해요. 문제 안에 실마리가 있답니다! 3칸씩, 4칸씩, 5칸씩은 다시 말해 3배, 4배, 5배예요. 곱셈에서는 3단, 4단, 5단이지요. 이제 곱셈식을 만들어요.

① 가위로 2번 이기고 3칸씩이니까 $2 \times 3 = 6$
② 바위로 5번 이기고 4칸씩이니까 $5 \times 4 = 20$
③ 보로 3번 이기고 5칸씩이니까 $3 \times 5 = 15$

①+②+③을 하면 $6+20+15=41$이므로 답은 41번째 계단이에요. 이처럼 문제에서 곱셈의 규칙을 찾고 식을 만들면 곱셈을 활용하는 문제도 쉽게 풀 수 있어요.

곱셈구구만 알아도 두 자리 수의 곱셈을 할 수 있습니다. 예를 들어 8×12의 경우 곱셈구구 범위 내에서 답을 구할 수 있지요. 곱셈구구의 원리를 잘 이해한 친구들은 8×12에서 8을 12번 더했다는 것에 착안하여 다양한 해결 방법을 찾아냅니다.

$$8 \times 12 = 8 \times 9 + 8 \times 3 = 72 + 24 = 96 \text{ 또는 } 8 \times 12 = 8 \times 6 + 8 \times 6 = 48 + 48 = 96$$

이 방법을 활용하여 (두 자리 수)×(두 자리 수)와 같이 더욱 복잡한 곱셈도 풀 수 있습니다.

$$14 \times 12 = 14 \times 6 + 14 \times 6 = 7 \times 6 + 7 \times 6 + 7 \times 6 + 7 \times 6 = 42 + 42 + 42 + 42 = 168$$

수가 복잡하고 자릿수가 커져도 곱셈의 원리는 같습니다. 수를 블록처럼 자유롭게 쪼개고 합치면서 다양한 방법으로 답을 찾도록 지도해 주세요.

2학기 3단원 | 길이 재기

선 cm, 단위길이   후 mm, km, 길이의 합과 차

2학년 측정

m, 길이의 합과 차

이것만은 꼭!

- m: 길이를 재는 단위로 '미터'라고 읽는다.
- 1 m = 100 cm
- 길이를 비교하거나 합과 차를 구할 때에는 길이의 단위를 같게 한다.

나는 1 m 56 cm를 뛰었어.

나는 159 cm를 뛰었어. 누가 더 멀리 뛴 거지?

길이를 재는 단위에는 센티미터(㎝)보다 더 큰 단위가 있어요. 바로 미터(m)예요. 1 m는 1 ㎝가 100개 모인 것이지요.

100 ㎝는 1 m와 같습니다.
1 m는 1m 라고 쓰고, 1 미터 라고 읽습니다.
100 ㎝ = 1m

키를 재어 볼까요? 눈금이 129 ㎝를 가리키고 있네요. 129 ㎝는 100 ㎝보다 29 ㎝가 더 길다는 뜻이에요. 100 ㎝는 1 m와 같으므로 129 ㎝는 1 m보다 29 ㎝ 더 길다는 말이지요.

129 ㎝는 1m 29 cm 라고 쓰고,
1 미터 29 센티미터 라고 읽습니다.
129 ㎝ = 1m 29 cm

그럼 이번에는 길이를 비교해 봐요. 1 m 56 cm와 159 cm 중 어떤 것이 더 길까요?

길이는 단위가 같아야 비교할 수 있어요. 100 cm는 1 m라는 것을 배웠죠? 이것을 이용해 159 cm를 미터 단위로 고치면 1 m 59 cm가 돼요. 자, 1 m 56 cm와 1 m 59 cm 중 더 긴 것은 무엇인가요? 수를 비교할 때와 마찬가지로 앞에서부터 비교해 보세요. 두 번째 수까지 크기가 같으니까 마지막 수를 비교해요. 6보다 9가 크므로 1 m 59 cm가 더 길다는 것을 알 수 있어요.

길이가 얼마나 길고 짧은지를 알아보려면 덧셈과 뺄셈을 해야 해요. 그런데 이때는 같은 단위끼리 빼거나 더한답니다. 먼저 덧셈을 해 볼까요?

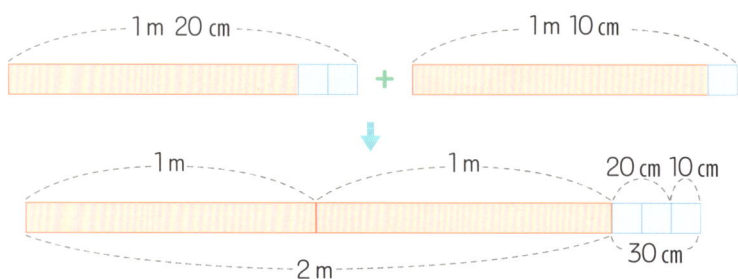

1 m 20 cm + 1 m 10 cm = (1 m + 1 m) + (20 cm + 10 cm) = 2 m 30 cm

```
  1m 20 cm          1m 20 cm          1m 20 cm
+ 1m 10 cm   →    + 1m 10 cm    →   + 1m 10 cm
─────────         ──────────        ──────────
                       30 cm         2m 30 cm
```

cm는 cm끼리 더하고 m는 m끼리 더합니다.

이번에는 길이의 차를 구해 봐요. 이때도 덧셈과 마찬가지로 같은 단위끼리 빼야 해요.

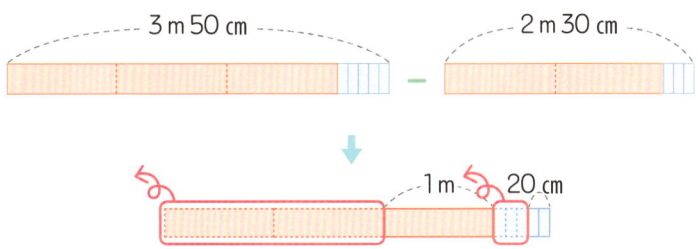

$3\,m\,50\,cm - 2\,m\,30\,cm = (3\,m - 2\,m) + (50\,cm - 30\,cm) = 1\,m\,20\,cm$

```
   3 m 50 cm        3 m 50 cm        3 m 50 cm
 − 2 m 30 cm      − 2 m 30 cm      − 2 m 30 cm
 ───────────      ───────────      ───────────
        20 cm           20 cm        1 m 20 cm
```

cm는 cm끼리 빼고 m는 m끼리 뺍니다.

도전! 서술형 문제

박물관에서 본 병풍의 가로 길이를 어림하려고 합니다. 문화재는 손으로 만지면 안 되기 때문에 병풍 아래에 놓여 있는 20 cm 자를 이용하여 길이를 어림해야 합니다. 20 cm는 병풍 한 폭의 반에 해당하는 길이입니다. 8폭 병풍의 전체 가로 길이를 어림하는 방법을 설명하고, 어림한 길이를 쓰시오. (6점)

 **만점 팁!**

길이를 어림할 때는 길이를 잴 단위를 정하는 것이 중요해요. 이 문제에서는 20 cm 자를 사용하라고 했고, 병풍 한 폭의 반이 20 cm라고 했어요. 그럼 병풍 한 폭의 길이를 알 수 있겠지요? 여기에 병풍이 모두 8폭이니까 (한 폭의 길이)×8을 하면 돼요.

모범 답안	채점 기준	점수
〈풀이 과정〉 ① 병풍 한 폭의 반은 20 cm이므로, 병풍 한 폭의 길이는 20 cm의 2배인 40 cm이다. ② 40 cm 병풍이 8개 있으므로 어림한 길이는 40×8=320 (cm) 또는 3 m 20 cm이다. 〈정답〉 약 3 m 20 cm 또는 약 320 cm	병풍 한 폭의 길이를 구하고, 8폭의 길이를 구하는 풀이 과정과 답을 모두 맞힌 경우	6점
	병풍 한 폭의 길이를 구하는 식은 잘 세웠으나 계산을 틀린 경우	4점
	병풍 한 폭의 길이만 구했거나, 풀이 과정 없이 답만 맞힌 경우	2점
	무응답 또는 오답	0점

 길이의 단위가 다를 때는 덧셈이나 뺄셈을 어떻게 해요?

 길이를 비교할 때 단위를 같게 했던 것처럼 덧셈이나 뺄셈을 할 때도 단위를 같게 만들어야 해요. 단위가 같아야지 더하거나 뺄 수 있기 때문이지요. 예를 들어 2 m 35 cm와 124 cm를 더하거나 빼고 싶다면 다음과 같이 단위를 바꾸어 계산해요.

2 m 35 cm + 124 cm

풀이 1 2 m 35 cm + 124 cm = 2 m 35 cm + 1 m 24 cm = 3 m 59 cm
풀이 2 2 m 35 cm + 124 cm = 235 cm + 124 cm = 359 cm

2 m 35 cm − 124 cm

풀이 1 2 m 35 cm − 124 cm = 2 m 35 cm − 1 m 24 cm = 1 m 11 cm
풀이 2 2 m 35 cm − 124 cm = 235 cm − 124 cm = 111 cm

측정의 영역인 길이 재기 단원에서는 길이에 대한 양감을 키우는 것이 매우 중요합니다. 양팔의 길이 또는 한 걸음의 길이를 기준으로 삼아 더 큰 길이를 어림해 보면 길이에 대한 양감을 기를 수 있습니다. 예를 들어 양팔을 벌린 길이가 1 m일 때 그것으로 거실 끝에서 끝까지의 거리를 재어 보는 것입니다.
방의 가로 길이, 거실의 가로 길이, 집에서 학교까지 거리 등을 어림하면 길이 재기 단원을 더욱 재미있게 공부할 수 있습니다. 기준을 정하고 길이를 어림하면서 아래의 표를 완성해 보세요.

아이와 함께 어떤 단위길이를 쓰는 게 좋을지도 이야기해 보세요.

〈기준으로 삼을 수 있는 단위길이〉
한 뼘의 길이=10 cm / 양팔의 길이=1 m / 한 걸음의 길이=50 cm

	단위길이	단위길이로 잰 길이	실제 길이
방의 가로 길이			
거실의 가로 길이			
집에서 학교까지의 거리			

2학기 4단원 | 시각과 시간

선 몇 시, 몇 시 30분 **후** 초, 시간의 합과 차

2학년 측정

시각과 시간

이것만은 꼭!

- 시각: ① 시간의 어느 한 때
  ② 한자로는 時(때 시), 刻(새길 각)
- 시간: ① 어떤 시각부터 어떤 시각까지의 사이
  ② 한자로는 時(때 시), 間(사이 간)

3시와 3시간은 모두 3이라는 숫자가 들어가므로 같은 **시간**이나 **시각**이라고 생각할 수 있어요. 하지만 이 둘은 전혀 다르답니다. 3시는 '시각'이고 3시간은 '시간'이에요. 3시는 지금이 몇 시인지 즉, **시간의 어느 한 때**를 가리키는 시각을 뜻하고, 3시간은 지금 시각인 3시각부터 6시각까지 **사이의 시간**을 뜻해요.

그럼 시각과 시간에 대해 자세히 살펴볼까요? 시계의 짧은 바늘은 **시**를 가리키고 긴 바늘은 **분**을 가리켜요. 긴 바늘이 가리키는 숫자 1, 2, 3……12는 각각 5분, 10분, 15분……60분을 뜻한답니다. 그리고 숫자들 사이에 있는 작은 눈금 한 칸은 '1분'을 나타내요.

자, 지금은 몇 시일까요?

시계의 짧은 바늘은 8과 9 사이를 가리키고 긴 바늘은 10을 가리키니까 8시 50분이에요. 8시 50분은 시간일까요? 시각일까요? 시간의 어느 한 때를 나타내므로 시각이에요. 시각은 정확히 몇 시 몇 분을 뜻해요.

8시 50분은 9시 10분 전이라고도 해요. 8시보다는 9시에 더 가깝고, 9시가 되기 10분 전이기 때문이지요.

이번에는 시간에 대해 알아볼까요? 2개의 시계를 보니 20분이 지났네요. 6시 5분에서 6시 25분이 되었다는 것은 어떤 시각부터 어떤 시각까지의 사이니까 20분은 시각이 아닌 시간이에요.

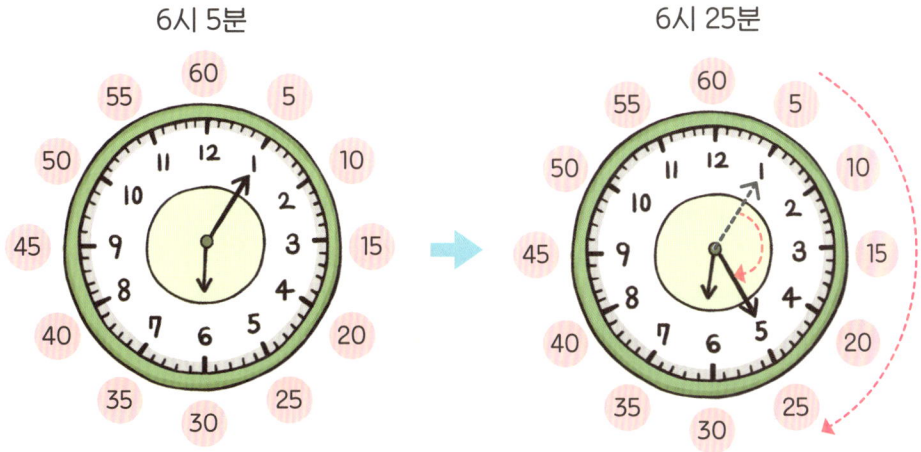

6시 5분 → 6시 25분

143

시각과 시간의 개념을 어느 정도 이해했다면 시간이 얼마나 걸렸는지 계산하는 방법을 알아봐요. 7시 25분에서 7시 50분이 되었을 때 걸린 시간을 계산해 볼게요. 그림을 보면 7시 25분에서 5분씩 뛰어 세기를 5번 하니 7시 50분이 됐어요.

걸린 시간은 차이이기 때문에 나중 시각에서 처음 시각을 빼서 구해요.

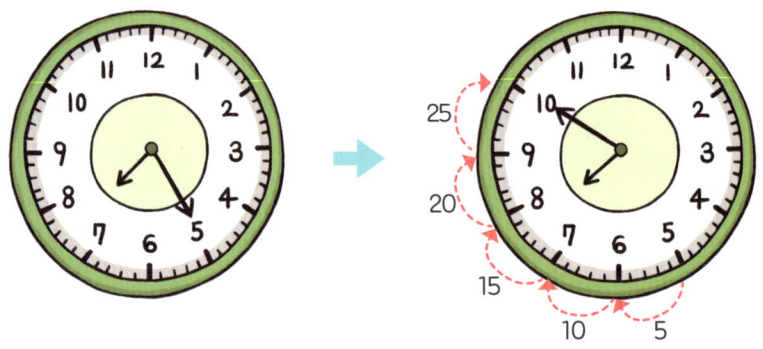

걸린 시간 = 나중 시각 – 처음 시각

```
    7시  50분 (나중 시각)
 -  7시  25분 (처음 시각)
   ─────────
         25분 (걸린 시간)
```

시계의 긴 바늘이 한 바퀴 도는 데 걸리는 시간은 1시간이고, 1시간은 60분과 같아요. 시계의 눈금이 총 60개이거든요.

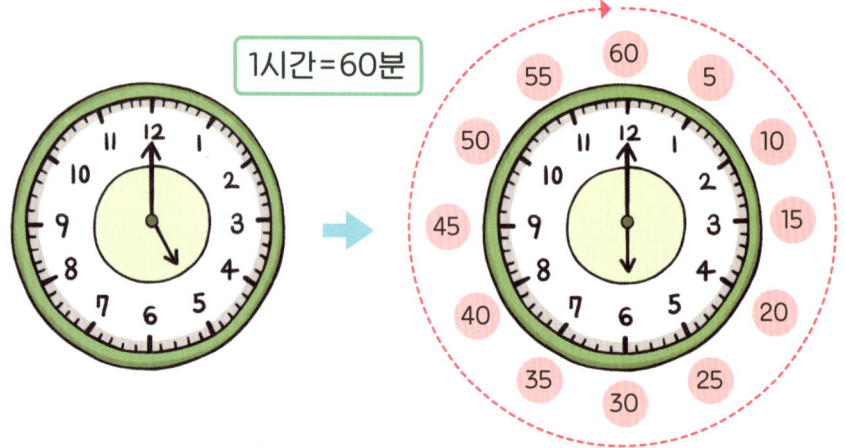

밤 12시는 0시라고도 하는데 0시부터 낮 12시까지를 '오전', 낮 12시부터 밤 12시까지를 '오후'라고 해요. 그래서 하루는 오전 12시간, 오후 12시간을 더해 총 24시간이지요.

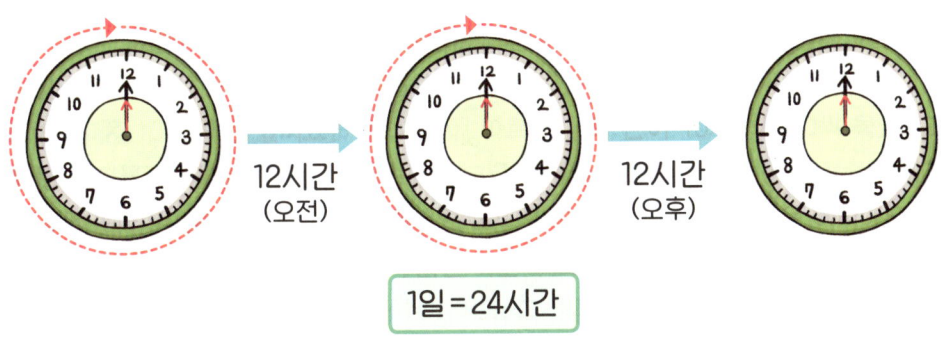

1일 = 24시간

하루(1일), 이틀(2일), 사흘(3일)은 날짜를 세는 말인데 달력을 보면 더 잘 알 수 있어요.

일주일은 일요일, 월요일, 화요일, 수요일, 목요일, 금요일, 토요일 이렇게 7일로 이루어져 있어요.

일	월	화	수	목	금	토
1	2	3	4	5	6	7

일주일 = 7일

1년은 1월부터 12월까지 12개의 달이 있어요. 달을 세는 단위는 **개월**이랍니다.

월	1	2	3	4	5	6	7	8	9	10	11	12
날수(일)	31	28(29)	31	30	31	30	31	31	30	31	30	31

1년 = 12개월

12개의 달은 보통 30일 또는 31일이에요. 2월만 28일이지요. 그런데 2월은 4년마다 하루가 늘어나 29일이 돼요. 1년은 365일이지만 4년에 한 번은 366일이랍니다.

도전! 서술형 문제

시드니에서 일하고 계신 희수 아버지는 서울에 있는 희수에게 서울 시각으로 매일 아침 8시에 안부 전화를 합니다. 서울이 아침 8시일 때 아버지가 계신 시드니의 시각은 몇 시인지 아래 그림을 참고하여 설명하시오. (6점)

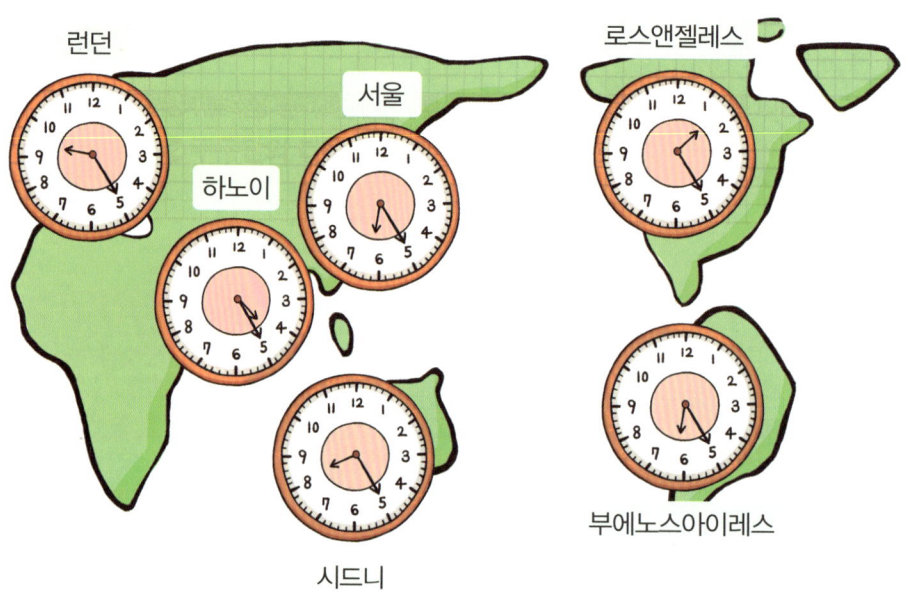

 만점 팁!

나라마다 시각이 다른 것을 시차라고 해요. 이 문제는 시드니와 서울의 시차를 알면 풀 수 있어요. 문제에는 시드니와 서울 말고 다른 곳의 시각도 나와 있지만 문제를 풀 때는 무시하고 서울과 시드니의 시각만 보세요. 그림을 보면 서울은 6시 25분, 시드니는 8시 25분이니까 2시간 차이가 나요. 그런데 이때 2시간이 빠른지 느린지가 중요해요. 시드니는 서울보다 2시간이 더 빨라요. 서울이 오전 8시면 시드니는 2시간이 빠른 오전 10시가 된다는 내용이 꼭 들어가도록 설명해야 만점을 받을 수 있어요.

모범 답안	채점 기준	점수
① 서울과 시드니의 시차는 2시간입니다.	①, ②, ③을 빠짐없이 쓰고 맞힌 경우	6점
② 시드니가 서울보다 2시간 더 빠릅니다.	①, ②, ③ 중에 2가지만 맞힌 경우	4점
③ 서울 시각으로 오전 8시에 전화를 하면 시드니는 2시간 더 빠르므로 오전 10시입니다.	①, ②, ③ 중에 1가지만 맞힌 경우	2점
	무응답 또는 오답	0점

 9시 10분 전이라는 말이 어려워요.

시각을 나타내는 방법이 2가지여서 헷갈리지요? 왜 이렇게 말하는지 이유를 알면 이해하기가 쉬울 거예요. 8시 50분은 8시보다 9시에 훨씬 더 가까운 시각이에요. 9시가 다 되어 간다는 것을 강조하고 싶거나, 어림잡고 싶을 때 9시 10분 전이라고 표현해요. 로켓을 발사할 때도 발사하는 순간이 중요해서 1, 2, 3……10으로 세지 않고 10, 9, 8……1, 발사! 하고 거꾸로 세잖아요. 그와 마찬가지랍니다.

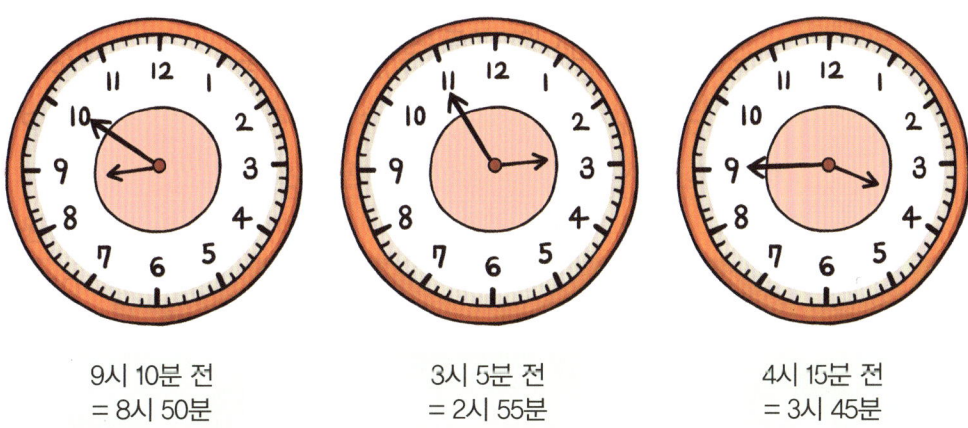

9시 10분 전
= 8시 50분

3시 5분 전
= 2시 55분

4시 15분 전
= 3시 45분

스마트폰과 컴퓨터를 많이 쓰는 요즘 어린이들은 디지털 시계에 매우 익숙합니다. 그래서 시곗바늘이 있는 아날로그 시계 보는 걸 어려워하고 아예 필요 없다고 생각할 수 있습니다. 하지만 우리 생활에서 시간이 차지하는 비중이 크기 때문에 시계를 잘 보는 것은 아주 중요합니다.
간단한 모형 시계를 만들어 함께 시계 놀이를 하면 아이가 훨씬 즐겁게 시계 보는 연습을 할 수 있습니다.

2학기 5단원 | 표와 그래프

선 분류하기 후 그림그래프

2학년 자료와 가능성

표와 그래프

이것만은 꼭!

- 표: 조사한 자료의 수량을 한눈에 알아보기 쉽도록 어떤 기준에 따라 가로, 세로로 나뉜 직사각형 모양의 칸에 정리한 것이다.
- 그래프: 자료의 크기를 비교하거나 자료의 변화를 한눈에 알아보기 쉽도록 자료를 점, 직선, 곡선, 막대, 그림 등을 이용하여 나타낸 것이다.

15명이나 되는 대가족이 식당에서 각자 음식을 주문하고 있어요. 15명이 주문한 음식을 그대로 적어 요리사에게 전달하면 어떤 일이 생길까요? 조리 시간이 많이 걸리고, 주문 수량을 틀릴 가능성이 높아져요.

이때 주문 내용을 **표**로 만들면 훨씬 알아보기 쉽고, 요리사도 확인하는 시간을 줄일 수 있어요.

그런데 표는 어떻게 만들어야 할까요? 먼저 음식의 종류를 확인하여 가짓수만큼 칸을 만들고 음식의 이름을 적어요. 그런 다음 각 음식의 개수를 아래와 같이 빗금으로 나타내요. 그 후 빗금을 세어 숫자로 다시 적으면 표가 완성돼요.

비빔밥	떡볶이	수제비	제육덮밥	볶음밥
✕✕✕	//	///	///	//

합계를 내면 조사한 자료의 전체 개수도 알 수 있어요.

주문 받은 음식	비빔밥	떡볶이	수제비	제육덮밥	볶음밥	합계
음식의 개수	5	2	3	3	2	15

이번에는 표를 **그래프**로 나타내 볼게요. 그래프는 어떤 음식을 가장 많이 주문했는지 한눈에 알아볼 수 있어요. 그래프는 어떻게 만들까요? 우선 표에 나타난 수를 다양한 모양으로 표시해요.

음식의 개수 / 주문 받은 음식	비빔밥	떡볶이	수제비	제육덮밥	볶음밥
5	○				
4	○				
3	○		○	○	
2	○	○	○	○	○
1	○	○	○	○	○

비빔밥을 제일 많이 주문했네!

표와 그래프는 모두 조사한 내용을 한눈에 알아보기 쉽게 표현한 방법이지만 특징은 달라요. 표는 한눈에 **수량**을 알아보기에 알맞고, 그래프는 **크기**를 비교하기에 알맞아요. 종류별로 주문한 음식의 개수와 전체 개수를 알아보려면 표로, 어떤 음식을 가장 많이 또는 적게 주문했는지를 한눈에 알아보려면 그래프로 정리하는 것이 좋지요.

그래프에서는 전체 개수를 알려면 일일이 세어 봐야 해요.

도전! 서술형 문제

전체 학생 수가 25명인 희수네 반 친구들에게 여행하고 싶은 나라를 물었습니다. 표와 그래프의 빈 칸에 들어갈 답을 구하는 과정을 설명하시오. (6점)

나라	일본	태국	미국	영국	합계
학생 수(명)			6	3	25

학생 수(명) \ 나라	일본	태국	미국	영국
11	○			
10	○			
9	○			
8	○			
7	○			
6	○			
5	○			
4	○			
3	○			○
2	○			○
1	○			○

 만점 팁!

표와 그래프에 문제를 풀 수 있는 실마리가 나와 있어요. 표에 전체 학생 수가 나와 있으므로 태국과 일본을 여행하고 싶은 학생 수의 합을 알 수 있어요. 아울러 그래프에 일본에 가고 싶어 하는 학생 수가 나와 있으니 태국에 가고 싶어 하는 학생 수도 계산할 수 있지요. 미국에 가고 싶어 하는 학생 수는 표에 나와 있으니 그래프에 나타내기만 하면 돼요.

모범 답안	채점 기준	점수
① 그래프를 통해 일본에 가고 싶은 학생 수가 11명임을 알 수 있다.	①, ②, ③, ④를 모두 바르게 잘 설명한 경우	6점
② 표를 통해 전체 학생 수가 25명임을 알 수 있으므로 11+6+3=20이고, 25-20=5이니까 태국을 여행하고 싶은 학생 수는 5명이다.	①, ②, ③, ④ 중에 2가지만 맞힌 경우	4점
③ 그래프의 태국 칸에 5개의 ○를 그려 넣는다.	①, ②, ③, ④ 중에 1가지만 맞힌 경우	2점
④ 그래프의 미국 칸에 6개의 ○를 그려 넣는다.	무응답 또는 오답	0점

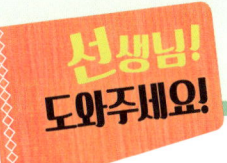

 자료를 보고 표로 나타내는 것이 어려워요.

 표를 보고 그래프를 만드는 것은 비교적 쉬워요. 그런데 자료를 표로 나타내는 것은 시간이 걸리고 빠진 것이 없는지 꼼꼼히 확인도 해야 하므로 어렵게 느껴질 수 있어요. 그럴 때는 다음의 순서대로 따라 해 보세요.

위의 그림에서 분류 기준은 색깔이에요. 이제 표를 그려 빨강, 파랑, 노랑, 초록이라고 색깔을 적어요. 표를 그릴 때는 합계 칸까지 만들어요. 그리고 표에 빗금을 표시할 때마다 자료의 항목을 함께 지워 나가요. 그러면 빠뜨리는 것 없이 표로 만들 수 있답니다. 하나도 빠짐없이 표시를 했다면 개수를 세어 숫자로 다시 적으면 돼요.

빨강	파랑	노랑	초록	합계
/	/			

표와 그래프는 통계학의 기초 영역입니다. 현대 사회에서 통계학의 중요성은 점점 커지고 있습니다. 따라서 실제 자료를 바탕으로 표와 그래프를 만드는 활동은 무척 중요합니다.
예를 들어 학급 친구들이 좋아하는 급식 반찬을 조사해서 표와 그래프로 만들어 영양사 선생님께 전달하면 영양사 선생님이 급식 메뉴를 짤 때 참고 자료로 쓸 수 있습니다. 이렇듯 조사를 통해 표와 다양한 종류의 그래프를 만들고 그것을 실생활에 활용하면 통계 자료의 중요성을 스스로 깨달을 수 있습니다.

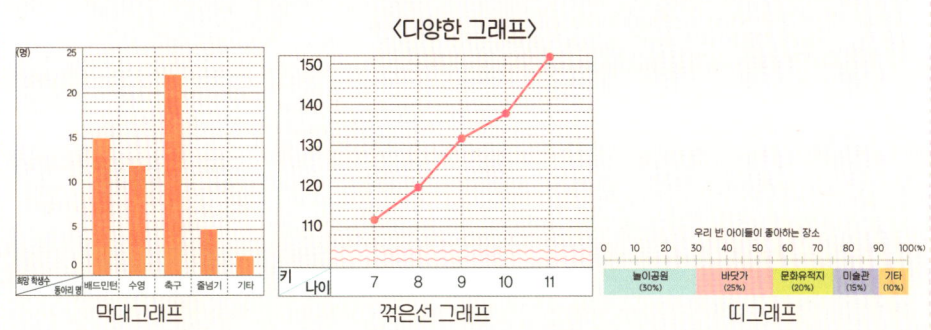

〈다양한 그래프〉
막대그래프 　　 꺾은선 그래프 　　 띠그래프

2학기 6단원 | 규칙 찾기

선 규칙 찾기 후 대응 관계

수 배열표에서 규칙 찾기

이것만은 꼭!

- 수, 모양, 색깔 등이 반복해서 나타나는 것을 보고 규칙을 찾는다.
- 덧셈표, 수 배열표, 곱셈표에서 규칙은 정하는 대로 바꿀 수 있다.

1학년 때 여러 가지 모양이나 무늬, 수의 배열에서 규칙을 찾는 활동을 해 보았지요? 2학년 때는 더 나아가 덧셈표와 곱셈표, 수 배열표에서 규칙을 찾고 수 배열을 해 볼 거예요.

우선 곱셈표에 있는 규칙을 찾아볼까요?

분홍색으로 칠해진 가로 칸과 세로 칸의 규칙이 보이나요? 모두 5단 곱셈구구예요. 또 일의 자리에 5와 0이 반복되고 있지요. 곱셈표를 전체적으로 살펴보면 오른쪽으로 갈수록, 아래쪽으로 갈수록 수가 커져요. 주황색 칸을 중심으로 종이를 반으로 접듯 나눠 보면 같은 수가 마주 보는 것도 확인할 수 있어요.

×	1	2	3	4	5	6	7	8	9
1	1	2	3	4	5	6	7	8	9
2	2	4	6	8	10	12	14	16	18
3	3	6	9	12	15	18	21	24	27
4	4	8	12	16	20	24	28	32	36
5	5	10	15	20	25	30	35	40	45
6	6	12	18	24	30	36	42	48	54
7	7	14	21	28	35	42	49	56	63
8	8	16	24	32	40	48	56	64	72
9	9	18	27	36	45	54	63	72	81

- 곱셈표에서 찾아낸 규칙

1. ▨의 수는 5단 곱셈구구이다.
2. ▨의 수는 일의 자리에 5와 0이 반복된다.
3. ■을 중심으로 같은 수가 마주 본다.

다른 규칙도 찾아보세요!

이번에는 덧셈표에서 규칙을 찾아볼까요? 이 덧셈표는 1부터 100까지의 수를 세로로 써서 만들었어요.

덧셈표를 자세히 살펴보니 노란색 칸의 수는 1씩 커지고 파란색 칸의 수는 10씩 커져요. 분홍색 칸의 수는 11씩 커지면서 일의 자리와 십의 자리 숫자가 같아요.

1	11	21	31	41	51	61	71	81	91
2	12	22	32	42	52	62	72	82	92
3	13	23	33	43	53	63	73	83	93
4	14	24	34	44	54	64	74	84	94
5	15	25	35	45	55	65	75	85	95
6	16	26	36	46	56	66	76	86	96
7	17	27	37	47	57	67	77	87	97
8	18	28	38	48	58	68	78	88	98
9	19	29	39	49	59	69	79	89	99
10	20	30	40	50	60	70	80	90	100

• 덧셈표에서 찾아낸 규칙

1. ▇의 수는 10씩 커진다.
2. ▇의 수는 1씩 커진다.
3. ▇의 수는 11씩 커지고, 일의 자리 숫자와 십의 자리 숫자가 같다.

이 밖에 다른 규칙도 찾아보세요!

달력에서도 규칙을 찾을 수 있어요. 가로로는 1씩 커지고 세로로는 7씩 커져요. 대각선(↘) 아래쪽으로는 8씩 커지지요.

분홍색으로 표시된 부분에도 규칙이 있어요. 20처럼 가운데 수에 8을 곱한 값과, 20을 둘러싼 8개의 수, 즉 12, 13, 14, 19, 21, 26, 27, 28을 모두 더한 값이 서로 같답니다!

$$20 \times 8 = 12+13+14+19+21+26+27+28 = 160$$

정말 맞는지 다른 수를 골라 같은 방법으로 확인해 보세요. 17을 둘러싼 수로 계산해 볼까요?

참 신기하네!

$$17 \times 8 = 9+10+11+16+18+23+24+25 = 136$$

달력에서 찾은 규칙을 정리하면 다음과 같아요. 이외에도 다양한 규칙을 찾아 보세요.

• 달력에서 찾아낸 규칙

1. ■의 수는 1씩 커진다.
2. ■의 수는 7씩 커진다.
3. ■의 수는 8씩 커진다.
4. ■의 수는 가운데 수에 8을 곱한 값과 가운데 수를 둘러싼 수를 모두 합한 값이 같다.

 아래 덧셈표에서 찾을 수 있는 규칙을 3가지 이상 써 보시오. (6점)

+	9	8	7	6	5	5	6	7	8	9
0	9	8	7	6	5	5	6	7	8	9
1	10	9	8	7	6	6	7	8	9	10
2	11	10	9	8	7	7	8	9	10	11
3	12	11	10	9	8	8	9	10	11	12
4	13	12	11	10	9	9	10	11	12	13
5	14	13	12	11	10	10	11	12	13	14
6	15	14	13	12	11	11	12	13	14	15
7	16	15	14	13	12	12	13	14	15	16
8	17	16	15	14	13	13	14	15	16	17
9	18	17	16	15	14	14	15	16	17	18

 만점 팁!

덧셈표와 곱셈표가 나오면 무조건 어렵다고 생각하지 말고 쉬운 규칙부터 찾아봐요. 가장 쉬운 것은 가로 방향과 세로 방향을 살펴보는 거예요. 세로 방향을 보니 1씩 커져요. 가로 방향은 5의 두 줄을 기준으로 왼쪽으로 1씩 커지고 오른쪽으로도 1씩 커져요. 이번에는 같은 수끼리 색을 칠해 보세요. 가로 방향의 5를 기준으로 같은 수들이 V자로 배열된 것이 보일 거예요.

모범 답안	채점 기준	점수
① 가로 방향 5의 두 줄을 중심으로 모든 수들이 마주보고 있다.	덧셈표에서 찾을 수 있는 규칙을 3가지 이상 정확하게 설명한 경우	6점
② 가로 방향의 5를 중심으로 같은 숫자가 V자 모양으로 놓여 있다.	①, ②, ③, ④ 중에 2가지만 맞힌 경우	4점
③ 가로 방향 5의 두 줄을 기준으로 양쪽으로 1씩 커진다.	①, ②, ③, ④ 중에 1가지만 맞힌 경우	2점
④ 세로 방향 아래쪽으로 1씩 커진다.	무응답 또는 오답	0점

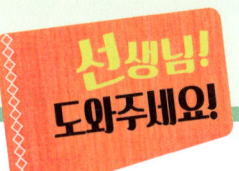

 곱셈표에서 규칙은 찾았는데 설명하기가 어려워요!

 곱셈표에서 규칙은 잘 찾으면서 설명은 어려워하는 친구들이 많아요. 어떻게 하면 찾은 규칙을 잘 설명할 수 있을까요? 함께 방법을 알아봐요.

×	1	2	3	4	5
1	1	2	3	4	5
2	2	4	6	8	10
3	3	6	9	12	15
4	4	8	12	16	20
5	5	10	15	20	25

빨간색으로 묶은 부분은 가로로 1씩 커지고, 세로로도 1씩 커져요.
파란색으로 묶은 부분은 가로로 2씩 커지고, 세로로도 2씩 커져요.
녹색인 대각선을 기준으로 양쪽의 마주 보는 수가 똑같아요.

이제 찾은 규칙을 설명하는 글로 바꾸면 돼요. 그림처럼 빨간색, 녹색으로 표시를 하고 '빨간색의 규칙은……', '녹색의 규칙은……'으로 시작해요.
처음부터 긴 문장으로 설명하려고 하면 어려우니까 간단하게 설명하는 연습을 먼저 하고, 점점 정확하게 표현하는 습관을 들여요.
첫째 줄(1단 또는 빨간색)은 오른쪽 가로 방향과 아래쪽 세로 방향으로 1씩 커집니다.
둘째 줄(2단 또는 파란색)은 오른쪽 가로 방향과 아래쪽 세로 방향으로 2씩 커집니다.
1, 4, 9, 16, 25로 된 줄(녹색 또는 대각선)을 기준으로 양쪽에 같은 수가 마주 보고 있습니다. 혹은 대칭입니다.
계단을 오르듯 단계별로 차례차례 설명하면 된다는 사실, 잊지 마세요!

수학은 계산을 하는 학문이라기보다 규칙을 찾는 학문에 더욱 가깝습니다. 따라서 규칙 찾기에 익숙해지는 것이 중요합니다. 아이와 함께 규칙 찾기 놀이를 해 보세요. 놀이를 통해 규칙을 찾는 감각과 수학적 사고력을 키울 수 있습니다. 규칙 찾기 놀이에는 어떤 것들이 있을까요? 동시에서 반복되는 말을 찾아보거나, 수 카드를 규칙에 따라 배열한 후 그 규칙을 설명해 봅니다. 모두 집에서 쉽게 할 수 있는 규칙 찾기 놀이입니다. 나만의 곱셈표와 덧셈표를 만드는 것도 아주 좋은 규칙 찾기 놀이입니다.

3학년 수학

3학년은 나눗셈을 처음 공부하며 곱셈의 알고리즘을 학습하는 시기입니다. 나눗셈을 처음 배울 때는 일상생활에서 나눗셈이 적용되는 상황을 생각하면 훨씬 이해하기가 쉽습니다.

3학년 때 새롭게 등장하는 분수와 소수는 그동안 우리가 사용했던 수와 모양이 달라서 아이들이 많이 어려워합니다. 특히 분수에서 전체가 1이라는 개념을, 소수에서는 읽는 방법을 낯설어하지요. 분수와 소수도 구체물을 통해 여러 가지 예를 들어 가며 이해한다면 어려움 없이 즐겁게 공부할 수 있습니다.

1학기

- 세 자리 수의 덧셈과 뺄셈 |수와 연산| ···160
- 선분, 반직선, 직선 |도형| ···166
- 각, 직각 |도형| ···170
- 직각삼각형, 직사각형, 정사각형 |도형| ···176
- 밀기, 뒤집기, 돌리기, 뒤집고 돌리기 |도형| ···180
- 나눗셈의 의미 |수와 연산| ···188
- (두 자리 수)x(한 자리 수) |수와 연산| ···194
- 초, 시간의 합과 차 |측정| ···200
- mm, km, 길이의 합과 차 |측정| ···206
- 분수의 개념과 크기 비교 |수와 연산| ···212
- 소수의 개념과 크기 비교 |수와 연산| ···218

2학기

- (세 자리 수)x(한 자리 수), (두 자리 수)x(두 자리 수) |수와 연산| ···224
- (두 자리 수)÷(한 자리 수) |수와 연산| ···230
- 원 만들기, 원의 중심과 반지름, 지름 |도형| ···236
- 분수의 종류 |수와 연산| ···242
- mL, L, 들이의 합과 차 |측정| ···250
- g, kg, t, 무게의 합과 차 |측정| ···254
- 그림그래프 |자료와 가능성| ···260

안녕하세요! 3학년 수학을 함께 공부할 남쌤이에요. 3학년 수학에는 나눗셈, 분수, 소수, 각 등 새로운 개념이 많이 등장해요. 또한 2015 개정 교육 과정에 따라 새롭게 바뀌는 교과서에서는 g, kg에 이어 더 무거운 것을 측정할 때 사용하는 t에 대해서도 배운답니다.

1학기 | 1단원 | 덧셈과 뺄셈

선 받아올림과 받아내림이 있는 두 자리 수의 덧셈과 뺄셈
후 자연수의 혼합 계산

3학년 수와 연산

세 자리 수의 덧셈과 뺄셈

이것만은 꼭!

- 받아올림이 있는 세 자리 수의 덧셈은 같은 자리 수끼리 더하고 합이 10이거나 10보다 크면 바로 윗자리로 받아올림하여 계산한다.
- 받아내림이 있는 세 자리 수의 뺄셈은 같은 자리 수끼리 빼고 뺄 수 없는 경우에는 바로 윗자리에서 10을 받아내림하여 계산한다.

지현이는 458+194를 어떻게 그렇게 빨리 계산했을까요? 지현이의 말을 식으로 나타내 볼게요.

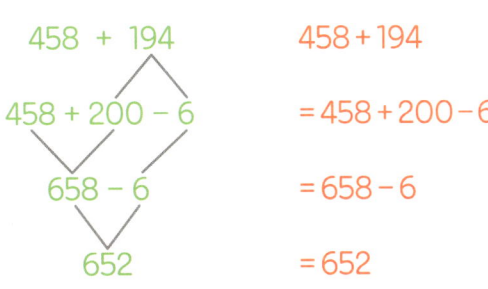

먼저 458에 194와 가까운 200을 더해요. 그럼 658이 돼요. 그다음 200과 194의 차인 6을 뺐답니다.

받아올림이 있는 세 자리 수의 덧셈과 뺄셈을 계산하는 방법에는 여러 가지가 있어요. 여러 방법 가운데 편리한 방법으로 문제를 풀어요.

받아올림이 있는 세 자리 수의 덧셈 계산 방법

495 + 324

방법1 먼저 500에 324를 더하고, 그다음 5를 뺍니다.

방법2 400과 300을 더해 700을 만듭니다. 그 후 95에 5를 더해 100을 만들어 700과 더하고, 19를 마저 더합니다.

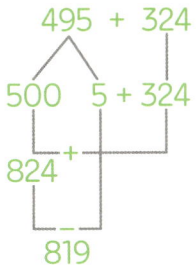

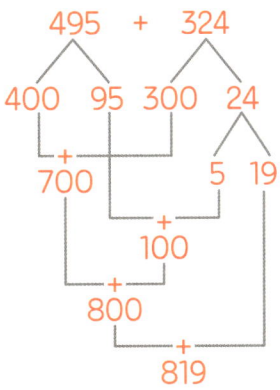

받아내림이 있는 세 자리 수의 뺄셈 계산 방법

746 – 319

방법1 700에서 300를 빼고, 46에서 19를 뺀 후 그 값을 더합니다.

방법2 700에서 300을 뺀 수와 46에서 20을 뺀 수를 더한 다음, 그 값에 1을 더합니다.

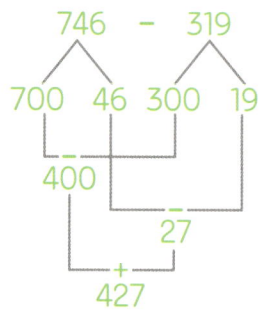

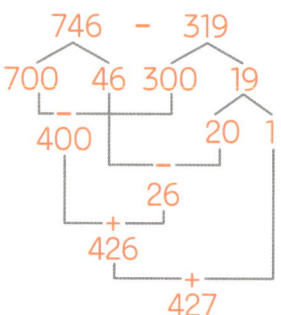

수식이 어렵다면, 수 모형을 이용하여 계산해 보세요.

265 + 374

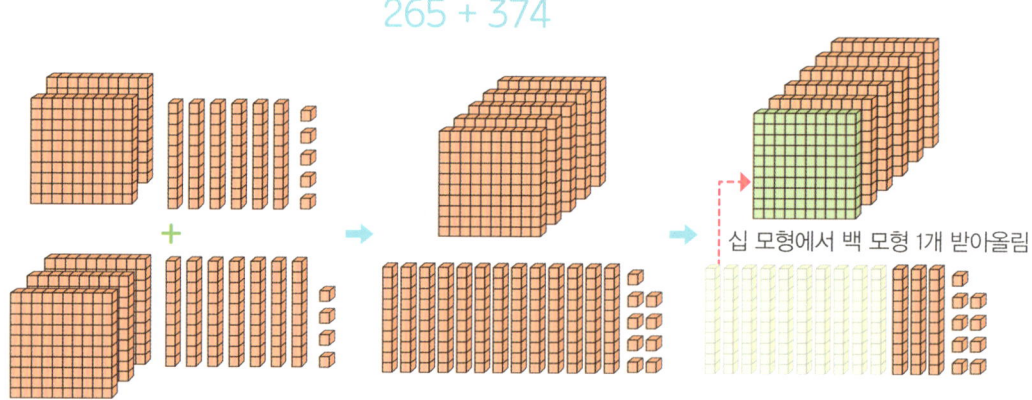

십 모형에서 백 모형 1개 받아올림

십 모형이 13개가 되므로 십 모형 10개를 백 모형 1개로 바꿔서 백의 자리로 보내요. 그럼 십의 자리에는 십 모형 3개만 남지요. 세로식으로 나타내 볼까요?

```
    2 6 5          2 6 5          1
  + 3 7 4    →   + 3 7 4    →    2 6 5
        9            3 9        + 3 7 4
                                  6 3 9
```

이번에는 뺄셈을 해 봐요.

723 - 596

1. 낱개 모형 6개를 덜어 내려면 십 모형 1개를 낱개 모형 10개로 바꿔요.

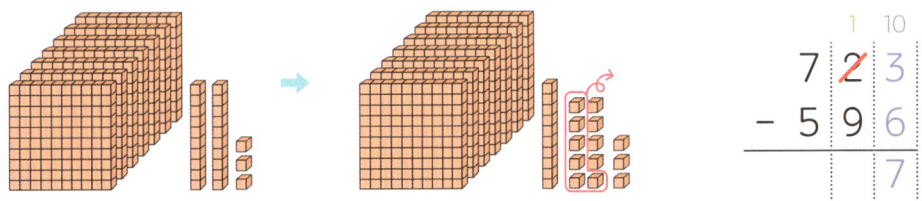

2. 십 모형 9개를 덜어 내려면 백 모형 1개를 십 모형 10개로 바꿔요.

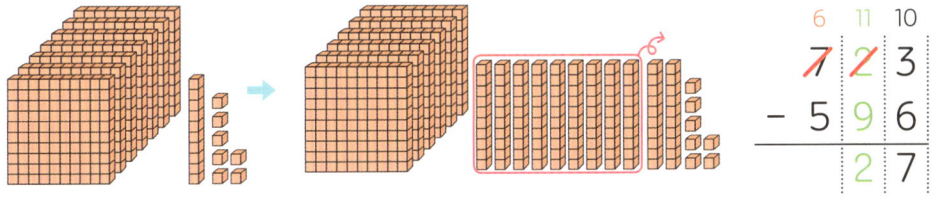

3. 마지막으로 백 모형 5개를 덜어 내요.

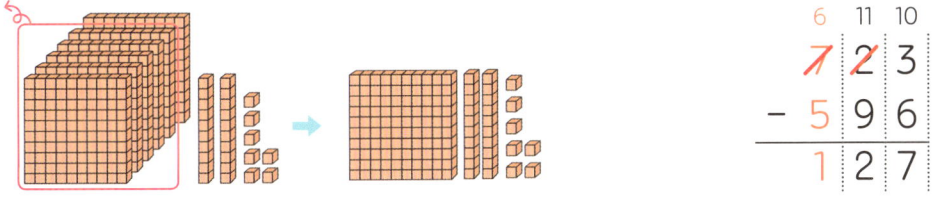

덧셈을 할 때 낱개 모형이 10개가 넘으면 십 모형 1개로 바꿔 계산하고, 십 모형이 10개가 넘으면 백 모형 1개로 바꿔 계산해요. 이것을 **받아올림**이라고 합니다.

뺄셈을 할 때 앞자리 수 모형에서 뒷자리 수 모형을 뺄 수 없으면 백 모형은 십 모형 10개로, 십 모형은 낱개 모형 10개로 바꿔 계산해요. 이것을 **받아내림**이라고 합니다.

도전! 서술형 문제

다음 4장의 숫자 카드 중에서 3장의 카드를 한 번씩 사용하여 만들 수 있는 세 자리 수 중 가장 큰 수와 가장 작은 수의 차를 구하는 풀이 과정과 정답을 쓰시오. (6점)

| 2 | 7 | 8 | 0 |

 만점 팁!

이 문제는 가장 큰 수와 가장 작은 수를 어떻게 만드는지 알아야 풀 수 있어요. 이런 문제를 어려워하는 친구들이 많은데, 카드를 뽑아서 각각 백의 자리, 십의 자리, 일의 자리에 놓아 보면서 가장 큰 수와 가장 작은 수를 찾으면 돼요. 그런데 일일이 다 찾으려면 시간이 너무 오래 걸리니까 숫자가 큰 순서대로 백의 자리 → 십의 자리 → 일의 자리에 놓아요. 이 문제에서는 가장 큰 8이 백의 자리에 와야겠지요.

반대로 가장 작은 수는 작은 숫자를 순서대로 백의 자리 → 십의 자리 → 일의 자리에 놓으면 돼요. 그런데 가장 작다고 해서 0을 제일 앞에 놓으면 안 된다는 것! 알죠? 0이 아닌 가장 작은 수를 백의 자리에 놓아야 해요. 이 문제에서는 2를 백의 자리에 놓으면 돼요. 두 수의 차는 큰 수에서 작은 수를 빼는 거예요. 반대로 합은 두 수를 더한다는 의미랍니다.

모범 답안	채점 기준	점수
〈풀이 과정〉 만들 수 있는 가장 큰 수는 8720이고, 가장 작은 수는 2070이다. 〈정답〉 665	가장 큰 수와 가장 작은 수를 정확히 찾고, 그 차를 바르게 구한 경우	6점
	가장 큰 수와 가장 작은 수는 찾았으나 차를 바르게 구하지 못한 경우	3점
	무응답 또는 오답	0점

 덧셈과 뺄셈 문제를 풀 때, 꼭 수 모형을 사용해야 하나요?

 꼭 그럴 필요는 없어요. 수 모형은 여러분이 덧셈과 뺄셈의 과정을 좀 더 쉽게 이해하도록 돕는 교구일 뿐이랍니다. 원리와 계산 방법을 익힐 때에는 수 모형을 이용하고, 익숙해지면 수 모형을 활용하지 말고 계산해요.

교과서에는 수 모형을 가로로 활용하고 있지만, 다음과 같이 세로로 활용하고, 그에 해당하는 수를 옆에 써 가며 계산하면 더욱 쉽답니다.

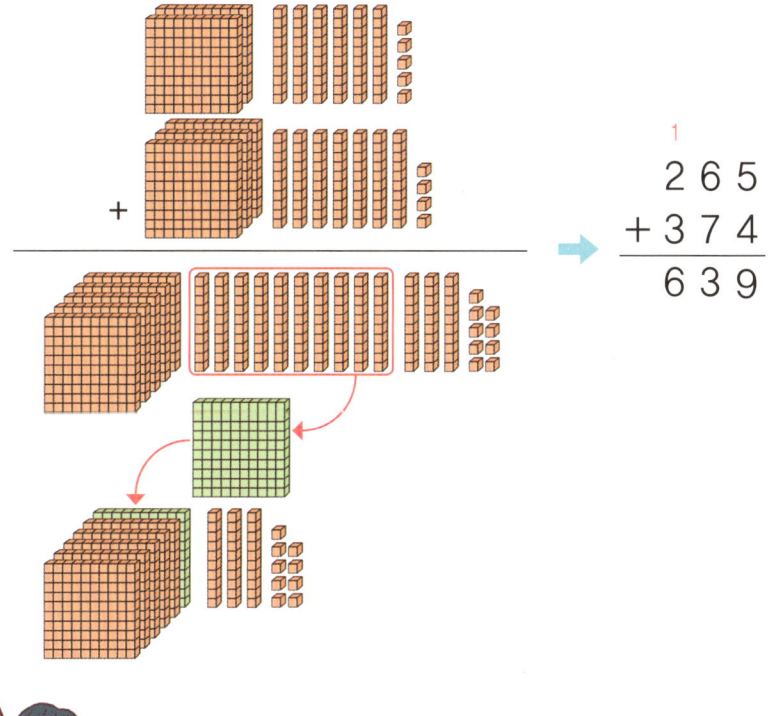

많은 학생들이 받아올림이 있는 덧셈은 쉽게 하지만, 받아내림이 있는 뺄셈은 어려워합니다. 이럴 때는 '100원 거스름돈 놀이'를 하며 뺄셈을 연습해 보세요. 물건 값이 30원이라면 100원을 내고 잔돈을 얼마나 받아야 하는지 물어보는 거예요. 아이가 물건 값이 35원이라고 하면 부모님은 잔돈은 65원이라고 말하는 식으로요. 물건 값과 잔돈을 번갈아 가며 말해 보는 것도 좋습니다. 이 과정이 익숙해지면 이번엔 1000원으로 올려 아이가 335원이라고 하면 부모님은 665원이라고 말합니다. 이렇게 묻고 답하면서 놀이하듯 계산을 하다 보면 자연스럽게 받아내림이 있는 뺄셈을 익힐 수 있습니다.

선분, 반직선, 직선

1학기 2단원 ❶ | 평면도형

선 여러 가지 도형   후 각, 직각

3학년 도형

이것만은 꼭!

- 선분: 두 점을 곧게 이은 선
- 반직선: 한 점에서 한쪽으로 끝없이 늘인 곧은 선
- 직선: 양쪽으로 끝없이 늘인 곧은 선

은 **선분**일까요? 선분이란 두 점을 곧게 이은 선이에요.
의 경우는 굽은 선이니 선분이 아니에요.

점 ㄱ과 점 ㄴ을 곧게 이은 선분을 선분 ㄱㄴ 또는 선분 ㄴㄱ이라고 합니다.

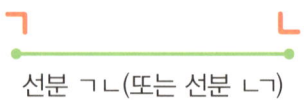

선분 ㄱㄴ(또는 선분 ㄴㄱ)

이번에는 선분 ㄱㄴ을 한쪽으로 늘여 볼게요. 한 점에서 한쪽으로 끝없이 늘인 곧은 선은 **반직선**이라고 해요.

점 ㄱ에서 시작하여 점 ㄴ을 지나는 반직선을 반직선 ㄱㄴ이라고 합니다.

점 ㄴ에서 시작하여 점 ㄱ을 지나는 반직선을 반직선 ㄴㄱ이라고 합니다.

반직선은 시작점이 있기 때문에 이름을 붙일 때 시작하는 점을 먼저 써요.

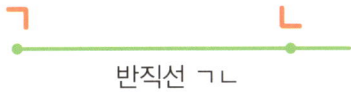
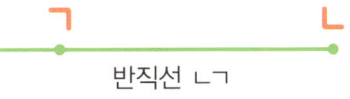

이번에는 선분 ㄱㄴ을 양쪽으로 끝없이 늘여 봅시다. 양쪽으로 끝없이 늘인 곧은 선은 **직선**이라고 해요.

점 ㄱ과 점 ㄴ을 지나는 직선은 직선 ㄱㄴ 또는 직선 ㄴㄱ이라고 합니다.

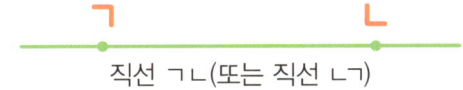

자, 그럼 선분, 반직선, 직선의 특징을 살펴보며 각각을 비교해 보세요.

선분	반직선	직선
• 직선의 일부분 • 끝이 있음	• 직선의 일부분 • 시작점이 있음 • 한 방향으로 늘어남	• 끝이 없음 • 시작점이 없음 • 양방향으로 늘어남

선생님, 반직선은 직선의 반대라는 의미인가요?

그렇지 않아요. 직선은 선분을 양쪽으로 늘인 것이고, 반직선은 선분을 한쪽으로만 늘인 거예요. 반직선의 '반(半)'은 절반이라는 뜻이랍니다.

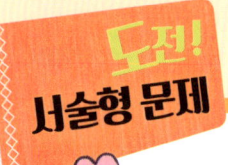

 다음 도형의 이름이 반직선 ㄹㄷ이 아닌 이유를 쓰고 이름을 바르게 고쳐 보시오. (5점)

 만점 팁!

반직선의 의미를 정확히 알고 있는지를 묻는 문제예요. 반직선은 선분을 한쪽 방향으로만 늘인 곧은 선이에요. 따라서 이름을 붙일 때는 시작하는 점의 이름을 먼저 씁니다. 이유를 쓰는 서술형 문제가 나오면 왠지 알고 있는 것도 표현하기가 막막하지요? 그럴 때에는 굳이 어려운 말을 쓰려고 하지 말고, 주어진 조건의 뜻을 이용하면 쉽게 쓸 수 있답니다.

선분, 반직선, 직선의 특징을 다시 한번 떠올려 보세요.
선분은 끝이 있어요.
반직선은 시작점이 있고, 한 방향으로 늘어나지요.
직선은 끝이 없고 양방향으로 늘어난답니다.

모범 답안	채점 기준	점수
〈이유〉 반직선은 시작점이 있기 때문에 반직선의 이름을 붙일 때에는 시작하는 점의 이름을 먼저 붙인다. 따라서 위의 반직선은 반직선 ㄷㄹ이 맞다. 〈정답〉 반직선 ㄷㄹ	반직선의 이름이 잘못된 이유를 바르게 쓰고, 이름을 바르게 붙인 경우	5점
	반직선의 이름이 잘못된 이유는 바르게 썼으나, 이름을 잘못 붙인 경우	3점
	반직선의 이름이 잘못된 이유를 바르게 설명하지 못했으나, 이름은 바르게 붙인 경우	2점
	무응답 또는 오답	0점

 선분, 반직선, 직선의 이름은 왜 제각각 다르게 붙이나요?

 선분, 반직선, 직선의 이름을 붙이는 방법이 제각각이어서 헷갈리지요? 이럴 때는 각각의 뜻을 정확히 파악하고 방향성이 있는지 없는지를 따져 보면 돼요.

자, 먼저 선분은 두 점을 이은 곧은 선이에요. 방향성이 없으므로 선분 ㄱㄴ으로 붙여도 되고 선분 ㄴㄱ이라고 붙여도 돼요.

직선은 선분 위에 있는 점에 상관없이 양쪽으로 끝없이 늘인 곧은 선으로, 시작과 끝이 없고, 방향성도 없어요. 따라서 선분처럼 직선 ㄱㄴ 또는 직선 ㄴㄱ 어느 것이든 사용할 수 있어요.

반직선은 한 점에서 시작하여 한 방향으로만 끝없이 늘인 선이기 때문에 방향성이 있고, 시작점도 있어요. 따라서 점 ㄱ이 반직선의 시작점이면 반직선 ㄱㄴ으로, 점 ㄴ이 반직선의 시작점이면 반직선 ㄴㄱ으로 붙여야 하지요.

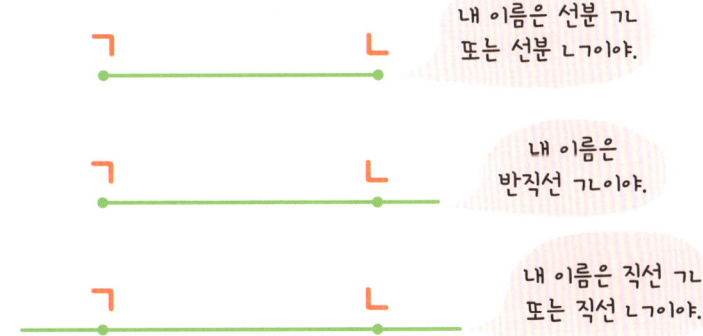

 부모님 톡!

이 단원에서는 1, 2학년 때 배운 도형보다 훨씬 더 추상적인 점, 선분, 반직선, 직선의 의미를 배웁니다. 선분은 두 점을 곧게 이은 선이므로 한정된 공간 안에 표현되어 쉽게 이해할 수 있지만 반직선과 직선은 끝없이 나아가는 무한의 개념이 포함된 도형이므로 개념을 이해하기 어려울 수도 있습니다.

'끝없이 나아간다면 주어진 종이 밖으로 나가야 하는 것 아닌가요?'라고 질문하는 아이들도 있지요. 아이가 이렇게 물어 오면 최대한 의견을 존중하면서 주어진 종이 안에서 표현하도록 독려해 주세요. 길이가 정해진 선분을 가지고 반직선과 직선을 만드는 활동을 하면 이 개념들을 익히는 데 좀 더 도움이 됩니다.

각, 직각

1학기 2단원 ❷ | 평면도형

선 선분, 반직선, 직선 후 직각삼각형, 직사각형, 정사각형

3학년 도형

이것만은 꼭!

- 각: 한 점에서 그은 2개의 반직선으로 이루어진 도형
- 직각: 어느 한쪽에도 치우치지 않은 각으로 종이를 반듯하게 2번 접었다 폈을 때 생기는 각

한 점에서 시작하는 2개의 반직선으로 이루어진 도형을 **각**이라고 해요. 각을 이용하면 북두칠성이 얼마만큼 움직였는지 알 수 있어요. 그럼 지금부터 각에 대해 좀 더 자세히 살펴볼게요.

다음 각에서 점ㄴ을 **꼭짓점**이라고 하고, 반직선 ㄴㄱ과 반직선 ㄴㄷ을 **변**이라고 합니다.

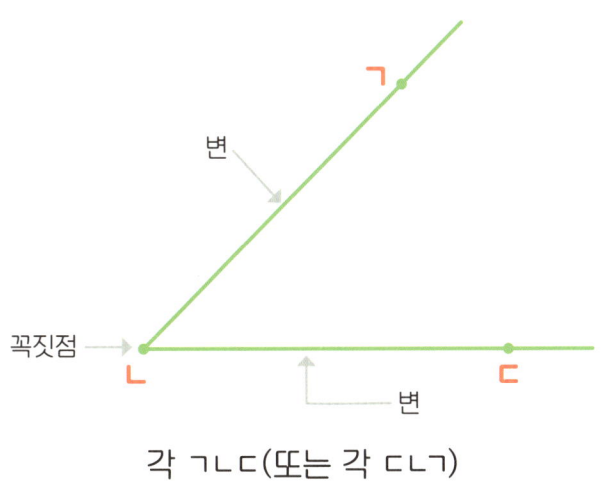

각 ㄱㄴㄷ(또는 각 ㄷㄴㄱ)

변은 각을 이루는 두 반직선이지요. 꼭짓점은 각을 이루는 두 변이 만나는 점이고요. 이 각은 각 ㄱㄴㄷ 또는 각 ㄷㄴㄱ이라고 읽어요. 꼭짓점이 가운데에 오도록 읽으면 된답니다.

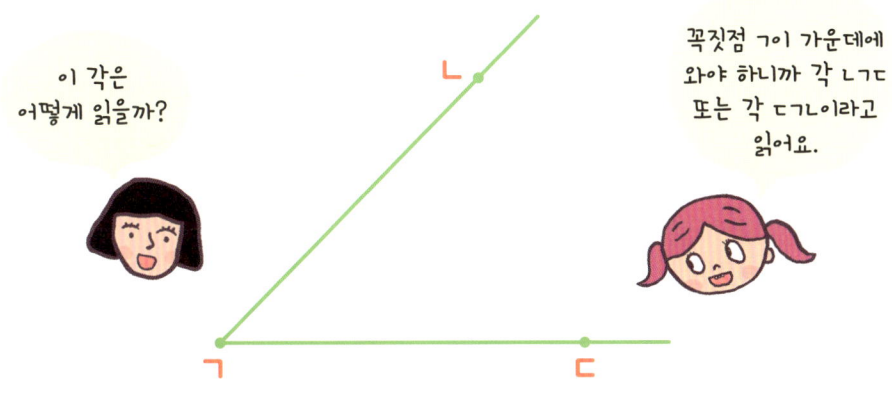

171

점이 3개 주어졌을 때, 그릴 수 있는 각은 3개예요.

각 ㄱㄴㄷ (또는 각 ㄷㄴㄱ)
꼭짓점인 점 ㄴ을 시작점으로 반직선 ㄴㄱ과 반직선 ㄴㄷ을 그어요.

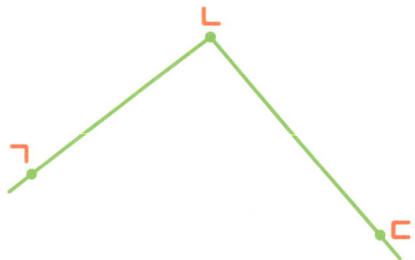

각 ㄴㄷㄱ (또는 각 ㄱㄷㄴ)
꼭짓점인 점 ㄷ을 시작점으로 반직선 ㄷㄴ과 반직선 ㄷㄱ을 그어요.

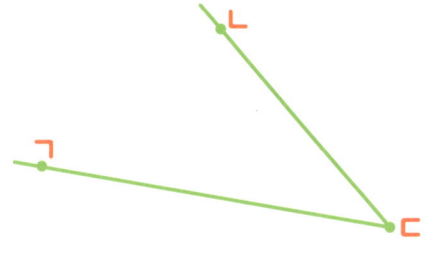

각 ㄴㄱㄷ (또는 각 ㄷㄱㄴ)
꼭짓점인 점 ㄱ을 시작점으로 반직선 ㄱㄴ과 반직선 ㄱㄷ을 그어요.

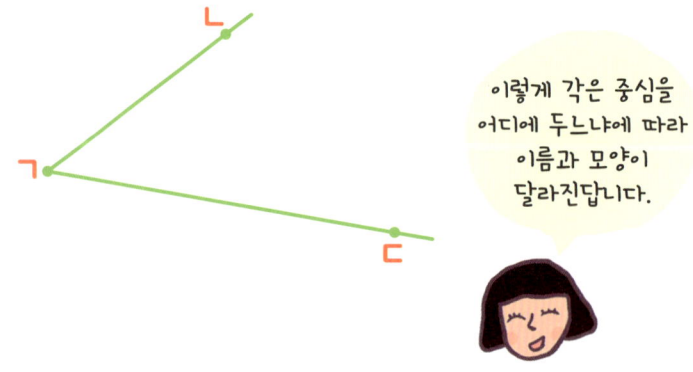

이렇게 각은 중심을 어디에 두느냐에 따라 이름과 모양이 달라진답니다.

이번에는 직각에 대해 알아볼까요? 추를 아래로 반듯하게 늘어뜨렸을 때 어느 한쪽으로도 치우치지 않는 각을 **직각**이라고 해요.

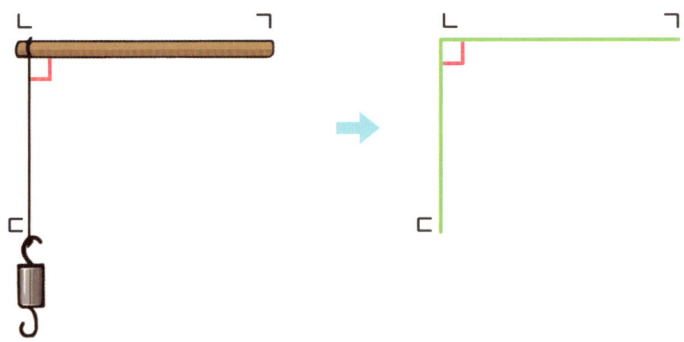

종이를 반듯하게 2번 접었다 펼쳤을 때 생기는 각도 직각이랍니다.

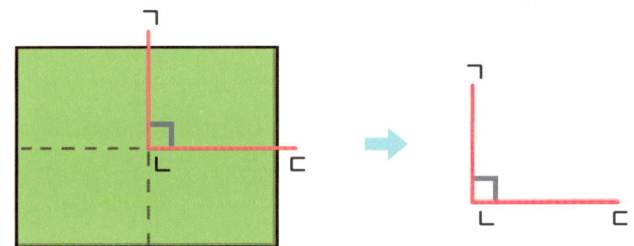

직각 ㄱㄴㄷ은 꼭짓점 ㄴ에 ┗ 표시를 해서 나타내요.

직각 삼각자를 사용하면 직각을 쉽게 그릴 수 있어요. 삼각자의 직각 부분을 따라 그리면 돼요.

173

 다음 도형의 색칠된 부분에서 찾을 수 있는 크고 작은 각은 모두 몇 개인지 쓰시오.(5점)

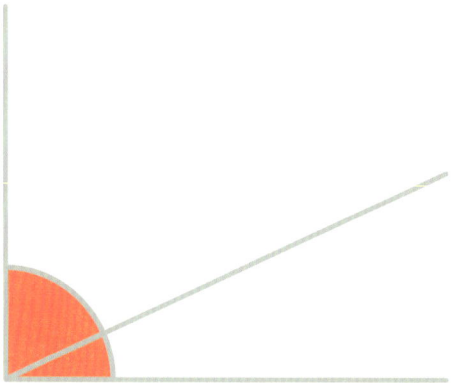

 만점 팁!

각은 한 점에서 만나는 2개의 반직선으로 이루어진 도형이에요. 그러므로 그림에서 2개의 반직선이 어떻게 만나는지 찾는 게 중요해요.

문제에서 '크고 작은'이라는 말이 나오지요? 이 말은 각이 1개가 아니라는 뜻이에요. 따라서 1개의 각으로 이루어진 각, 2개의 각으로 이루어진 각 등을 하나하나 세어 봐요. 1개의 각으로 이루어진 각은 2개, 2개의 각으로 이루어진 각은 1개로 전체 각은 모두 3개예요.

모범 답안	채점 기준	점수
1개의 각으로 이루어진 각이 2개, 2개의 각으로 이루어진 각이 1개 있으므로 답은 3개이다.	3개의 각을 정확히 센 경우	5점
	각을 1~2개만 센 경우	2점
	무응답 또는 오답	0점

반직선이 각에서는 왜 갑자기 변이 되나요?

반직선과 변. 많이 헷갈리지요? 각은 한 점에서 그은 두 반직선으로 이루어진 도형이에요. 그래서 보통은 반직선으로 그려요. 이때 반직선은 '각'이라는 도형의 일부분이므로 반직선이 아니라 '변'이라고 하는 거예요. 이와 마찬가지로 삼각형이나 사각형을 이루는 선분도 '변'이라고 부른답니다.

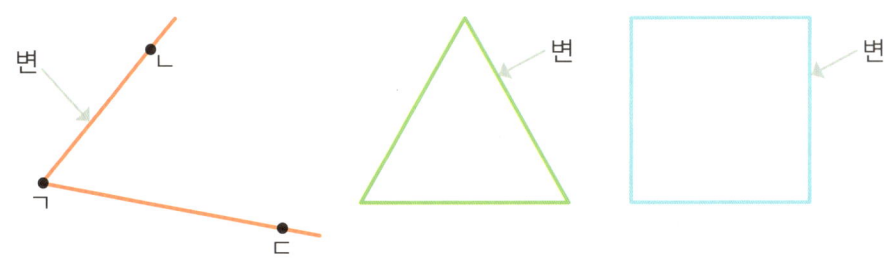

각, 직각은 아이들이 어려워하는 개념 중 하나입니다. 따라서 처음 학습을 할 때에는 주변의 구체물을 이용하여 다양한 사례를 제시해 주는 것이 좋습니다. 일상생활에서 각(직각)이 있는 사물을 아이와 함께 찾아보면서 각의 의미를 다시 한번 떠올려 보세요.

이때 종이접기가 많은 도움이 됩니다. 교과서에도 종이접기를 이용하여 직각을 나타내는 방법이 나오지요. 현행 교과서에서는 종이를 반듯하게 2번 접는 것으로 직각을 표현하는데, 여기서 종이를 2번 접는다는 것은 종이의 귀퉁이를 맞춘다는 의미가 아니라, 1번 접고 나서 두 번째 접을 때 처음 접었던 자리가 일치하게 접는다는 것을 의미합니다.

아울러 아이들은 각을  모양의 도형으로만 생각하는 경향이 있습니다. 그러므로 점판을 이용하여 여러 가지 각을 직접 만들어 보면서 다양한 모양의 각이 있음을 알려 주는 것이 좋습니다.

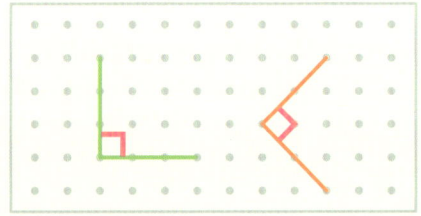

1학기 | 2단원 ❸ | 평면도형

선 각, 직각 후 밀기, 뒤집기, 돌리기, 뒤집고 돌리기

3학년 도형

직각삼각형, 직사각형, 정사각형

이것만은 꼭!

- 직각삼각형: 한 각이 직각인 삼각형
- 직사각형: 네 각이 모두 직각인 사각형
- 정사각형: 네 각이 모두 직각이고 네 변의 길이가 모두 같은 사각형

삼각형 속에 직각이 있다는 말이 무슨 뜻일까요? 삼각형의 한 각이 직각이라는 뜻이에요. 이런 삼각형은 직각과 삼각형을 더해 **직각삼각형**이라고 해요.

그렇다면 두 각이 직각인 삼각형도 있을까요? 직각을 2개 그리면 다음과 같은 도형이 돼요. 아무리 봐도 삼각형이 아니지요? 직각이 2개인 삼각형은 없답니다.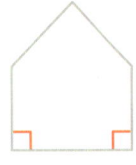

사각형에는 각이 4개가 있어요. 그럼 직각이 4개인 사각형이 있을까요? 물론이에요! 네 각이 모두 직각인 사각형을 **직사각형**이라고 해요.

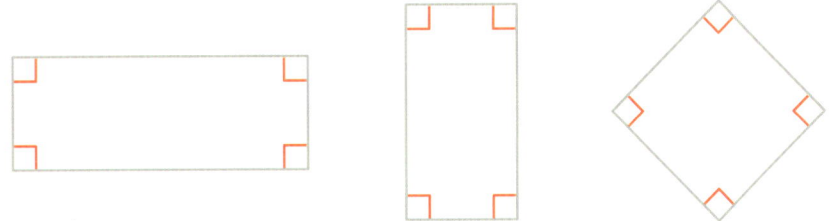

그런데 직사각형 중에서도 네 변의 길이가 모두 같은 사각형이 있어요. 네 각이 모두 직각이고 네 변의 길이가 모두 같은 사각형인 **정사각형**이지요.

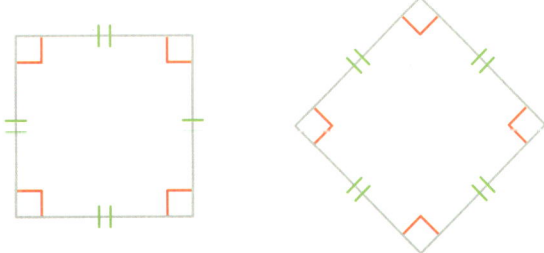

점판에 그어진 선분을 한 변으로 하는 정사각형을 완성해 볼까요?

모든 변의 길이를 같게 하고, 네 각이 모두 직각이 되도록 그리면 돼요. 각 변의 점의 개수를 같게 하면 네 변의 길이가 같아지겠지요? 정사각형을 그린 다음 직각 삼각자로 네 각이 모두 직각인지 확인해 보세요.

 다음의 직사각형과 정사각형은 네 변의 길이의 합이 같습니다. 그렇다면 정사각형의 한 변의 길이는 몇 cm입니까? 풀이 과정과 답을 쓰시오. (4점)

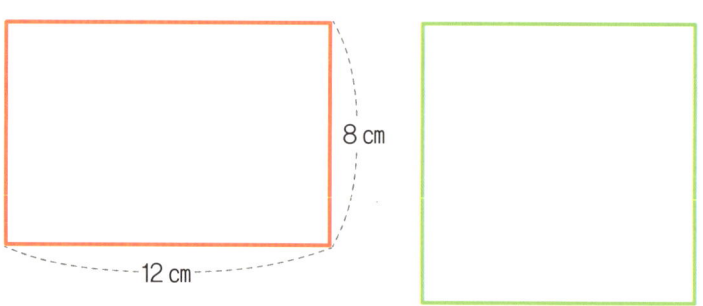

먼저 직사각형의 네 변의 길이의 합을 구해야 해요. 그런데 조금 더 쉽고 정확하게 구할 수 있는 방법이 있답니다. 주어진 사각형이 직사각형이라는 사실을 떠올려 봐요. 직사각형은 네 각이 모두 직각이지요. 그리고 네 각이 모두 직각이려면 서로 마주 보는 변의 길이가 같아야 해요. 따라서 12 cm와 8 cm를 각각 더한 후 2배를 하면 되지요.

두 사각형의 네 변의 길이, 즉 둘레의 길이가 같다고 했으니까 정사각형의 둘레의 길이도 40 cm예요. 이제 한 변의 길이를 구하는 건 아주 쉽죠. 이 도형은 네 각이 모두 직각이고 네 변의 길이가 모두 같은 정사각형이니까요. 40 cm를 똑같이 4등분하면 답을 구할 수 있어요.

모범 답안	채점 기준	점수
〈풀이 과정〉 직사각형의 네 변의 길이의 합: (12+8)×2=20×2=40 cm 직사각형과 정사각형의 둘레의 길이가 같으므로 정사각형의 네 변의 길이의 합은 40 cm이다. 정사각형은 네 변의 길이가 같으므로 한 변은 10 cm이다. 〈정답〉 10 cm	정사각형의 한 변의 길이를 구하는 풀이 과정과 답을 맞힌 경우	4점
	풀이 과정은 맞았으나 답을 틀린 경우	3점
	풀이 과정은 틀렸으나 답은 맞힌 경우	2점
	무응답 또는 오답	0점

정사각형도 네 각이 모두 직각이니까 직사각형이라고 해도 되나요?

정사각형을 직사각형이라고 할 수 있을까요? 많은 친구들이 헷갈려 하는 문제예요. 정사각형과 직사각형은 네 각이 모두 직각이지요. 따라서 **정사각형은 직사각형**이라고 할 수 있어요. 하지만 정사각형은 네 각뿐 아니라 네 변의 길이도 모두 같아요. 수학자들은 이렇게 특수한 형태의 직사각형에 새로운 이름을 붙여 주고 싶었어요. 그래서 직사각형 중에서도 네 각이 모두 직각이고, 네 변이 모두 같으며, 모양이 바르고 균형이 잡혀 있다는 의미를 살려 '바르다'라는 뜻의 정(正)이라는 글자를 붙였답니다.

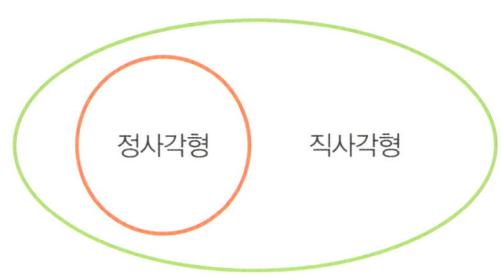

선분, 반직선, 직선, 각, 직각, 직각삼각형, 정사각형 등 이 단원에는 도형과 관련한 새로운 용어들이 많이 나옵니다. 그 때문에 아이들이 많이 어려워하고 헷갈려 하지요. 그러나 이것은 더 복잡한 도형들을 배우기 전에 꼭 알아야 할 가장 기본적인 도형들입니다. 그러므로 처음 학습할 때 반드시 개념을 정확하게 알고 넘어가도록 해야 합니다.

용어를 모르면 수학적인 의사소통에도 어려움을 겪게 됩니다. 선생님도 간단히 설명하면 될 것을 용어의 뜻부터 다시 설명해야 하므로 요지를 전달하는 데 어려움을 겪고, 아이들은 용어에 대한 자신감이 없으면 지레 겁부터 먹지요.

따라서 처음 배울 때부터 용어의 뜻과 도형의 성질을 정확하게 이해하도록 이끌어 주세요. 종이접기, 점판, 탱그램, 패턴 블록 등 구체물을 활용하여 학습하면 더욱 도움이 됩니다.

| 3학년 도형 | 1학기 2단원 ④ | 평면도형　　선 직각삼각형, 직사각형, 정사각형　후 도형의 합동 |

밀기, 뒤집기, 돌리기, 뒤집고 돌리기

이것만은 꼭!

- 밀기: 어느 방향으로 밀어도 모양과 크기가 변하지 않고 위치만 바뀐다.
- 뒤집기: 왼쪽이나 오른쪽으로 뒤집으면 도형의 왼쪽과 오른쪽의 위치가 바뀌고, 위쪽이나 아래쪽으로 뒤집으면 도형의 위쪽과 아래쪽의 위치가 바뀐다.
- 돌리기: 모양이나 크기는 그대로이지만 도형의 방향이 바뀐다.

퍼즐 조각들을 끼워 맞추려면 어떻게 해야 할까요? 직사각형을 만들려면 조각들을 밀고, 뒤집고, 돌려 봐야 해요. 이 과정에서 도형은 위치만 바뀌기도 하고, 아예 모양과 크기가 변하기도 해요.

그럼 실제로 밀고, 뒤집고, 돌렸을 때 도형의 모양이 어떻게 바뀌는지 살펴볼까요?

첫 번째로 도형을 밀면 어떻게 바뀌는지 살펴봐요.

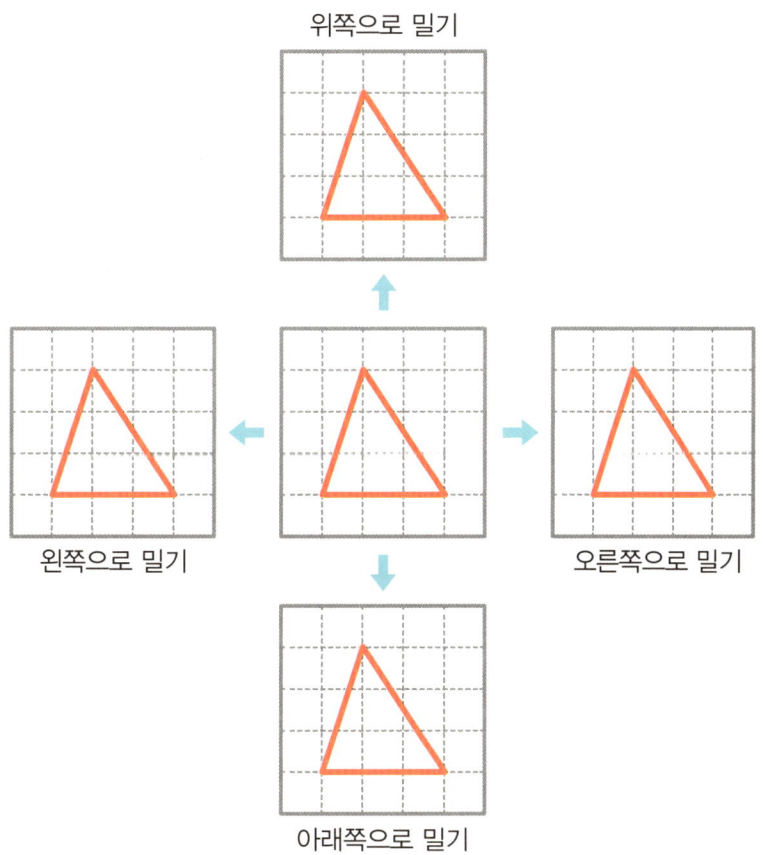

도형을 밀면 모양이나 크기는 변하지 않고 위치만 바뀝니다.

이번에는 도형을 뒤집어 봐요. 도형을 뒤집을 때는 투명 종이에 모양을 따라 그리고, 그 종이를 뒤집어요. 투명 종이 없이 도형을 뒤집으면 뒤집힌 모양을 확인할 수 없어요. 곰 인형을 뒤집으면 앞면의 모양이 사라지고 전혀 다른 뒷면의 모양이 나오지요? 그러면 앞면이 뒤집힌 모습을 확인할 수 없답니다.

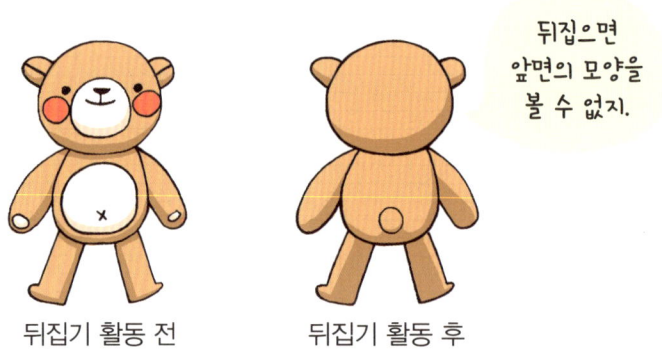

뒤집기 활동 전   뒤집기 활동 후

뒤집으면 앞면의 모양을 볼 수 없지.

도형을 뒤집을 때에는 대칭축에 맞추어 뒤집어요. 거울을 대칭축으로 하면 뒤집힌 모양을 더 쉽게 알 수 있어요.

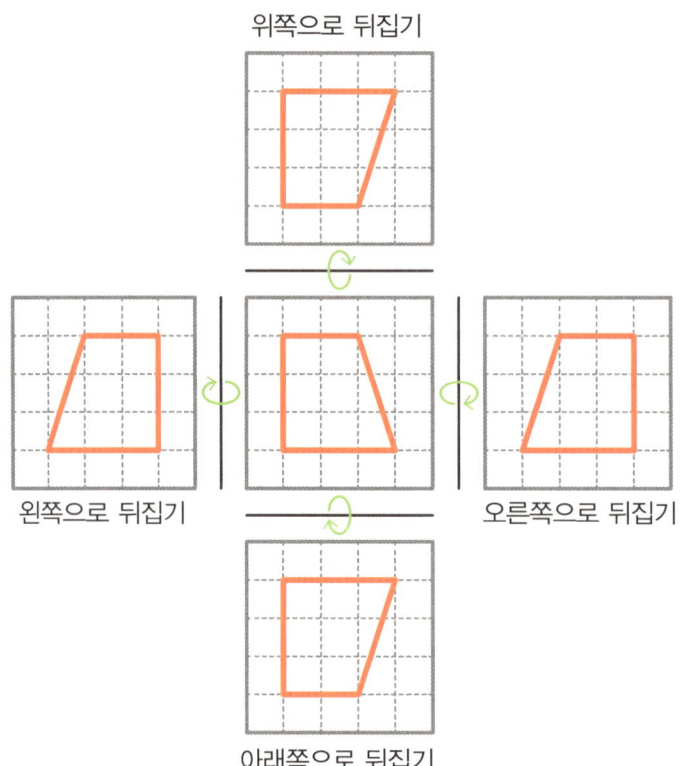

도형을 뒤집으면 도형의 크기와 모양은 그대로이지만 뒤집은 방향에 따라 오른쪽, 왼쪽, 또는 위쪽, 아래쪽의 위치가 바뀌어 **방향이 반대가 됩니다.**

이번에는 도형을 돌려 봅시다. 도형을 돌리기 전에 기호부터 살펴봐요.

기호	방향	오른쪽 (시계 방향)	기호	방향	왼쪽 (시계 반대 방향)
		직각만큼 돌리기			직각만큼 돌리기
		직각의 2배만큼 돌리기			직각의 2배만큼 돌리기
		직각의 3배만큼 돌리기			직각의 3배만큼 돌리기
		한 바퀴 돌리기			한 바퀴 돌리기

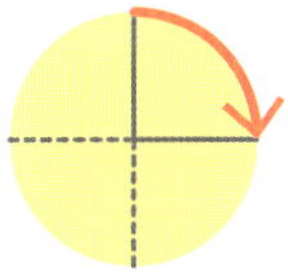

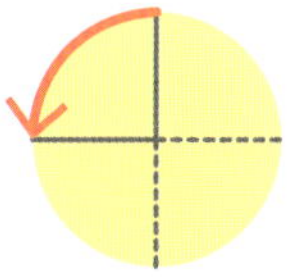

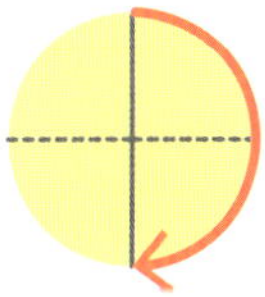

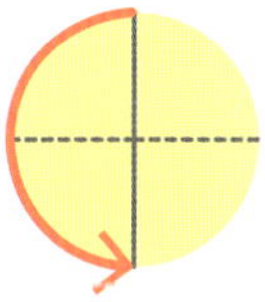

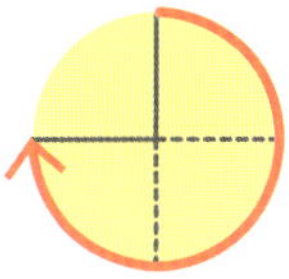

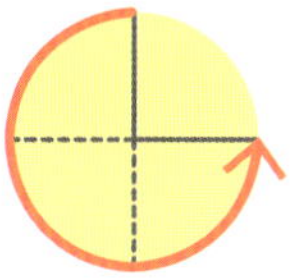

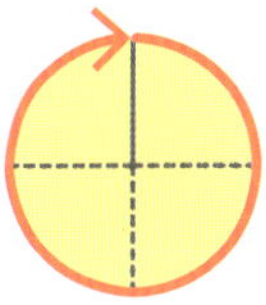

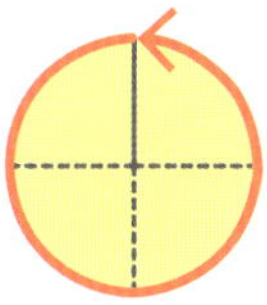

이제 기호를 알았으니 약속에 따라 도형을 돌려 봅시다. 도형을 돌릴 때에도 투명 종이로 도형의 모양을 본떠서 활용하면 좋아요.

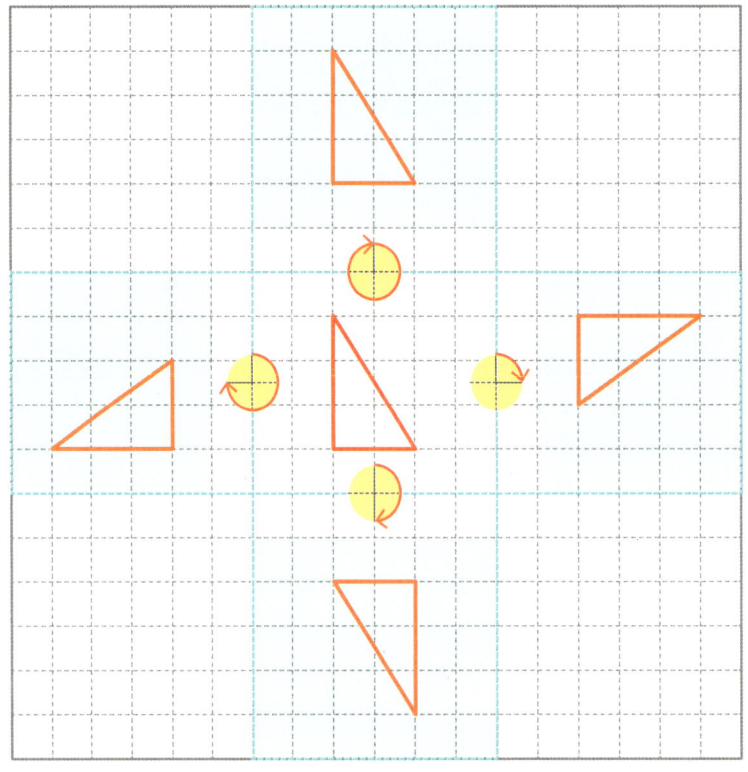

도형을 돌리면 도형의 크기와 모양은 그대로이지만 방향이 바뀝니다.
한 바퀴를 돌리면 원래의 도형과 같아집니다.

이번에는 도형을 뒤집고 돌려 봅시다. 주어진 도형을 대칭축에 맞게 뒤집고, 기호에 맞게 돌려 보세요.

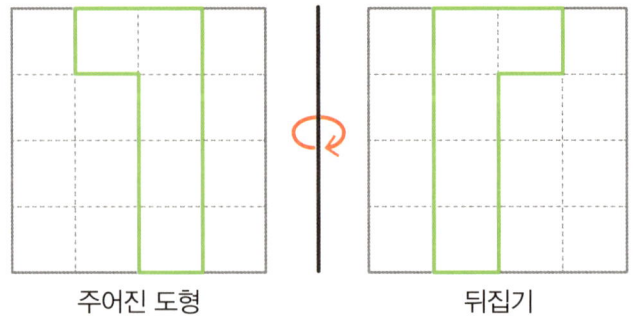

주어진 도형   뒤집기

주어진 도형을 대칭축에 따라 오른쪽으로 뒤집으면 왼쪽과 오른쪽의 위치가 달라집니다.

이번에는 기호에 따라 뒤집은 도형을 오른쪽으로 직각만큼 돌려요. 투명 종이에 주어진 도형을 본뜬 후 돌려 보세요.

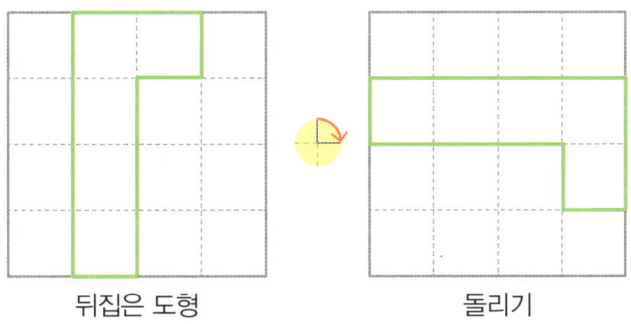

뒤집은 도형 　　　　　 돌리기

주어진 도형을 뒤집고 돌리면 어떻게 변하는지 알겠죠?

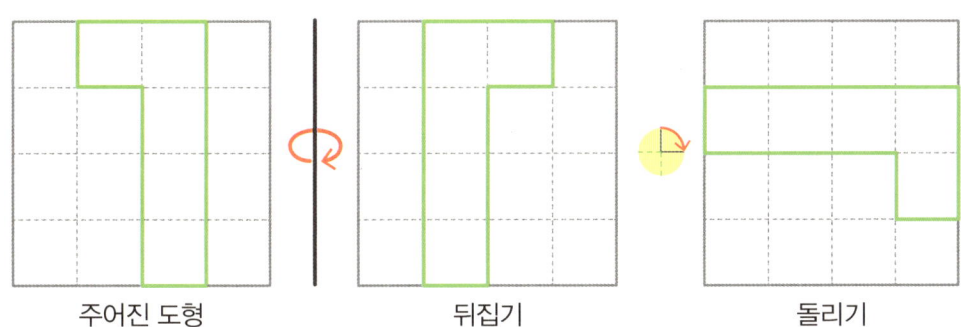

주어진 도형 　　　　 뒤집기 　　　　 돌리기

모눈종이에 다양한 모양의 도형을 그려 밀고 뒤집고 돌려 보세요.

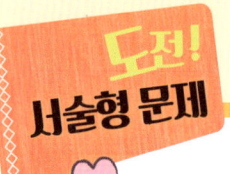

 하윤이는 다음과 같이 이름이 나오도록 도장을 만들고 싶습니다. 도장에 이름을 어떻게 새겨야 할지 설명하고 도안을 그려 보시오. (4점)

만점 팁!

도장은 밀기, 뒤집기, 돌리기 중 어떤 활동에 해당할까요? 도장을 찍으면 왼쪽과 오른쪽이 바뀌어 나오니 왼쪽(오른쪽)으로 뒤집는 활동이라는 걸 알 수 있어요. 왼쪽(오른쪽)으로 뒤집으면 왼쪽과 오른쪽이 서로 바뀌게 되지요.

도형을 밀고, 뒤집고, 돌리는 문제는 투명 종이를 이용하여 풀면 좋은데 시험 시간에는 투명 종이를 사용할 수가 없어요. 이럴 때 활용할 수 있는 요령을 하나 알려 줄게요. 시험지 끄트머리를 약간 잘라서 도형 위에 놓고 본뜬 다음 직접 돌려 보거나 뒤집어 보세요. 하지만 평소에 많이 연습해서 뒤집기를 했을 때 도형이 어떻게 바뀌는지 정확하게 알고 있는 게 더욱 좋아요.

모범 답안	채점 기준	점수
〈풀이 과정〉 왼쪽과 오른쪽이 서로 바뀌게 새깁니다.	도장에 글자를 새기는 방법을 바르게 설명하고, 도안을 알맞게 그린 경우	4점
〈정답〉 	도장에 글자를 새기는 방법을 바르게 설명했으나, 도안을 틀리게 그린 경우	2점
	무응답 또는 오답	0점

 뒤집기와 돌리기가 너무 어려워요!

맞아요. 많은 학생들이 밀기는 잘하는데 뒤집기와 돌리기는 어려워해요. 이 활동들은 투명 종이나 거울이 있으면 쉽게 할 수 있는데, 시험을 볼 때는 이 도구들을 활용하지 못하고 머리로 생각해서 풀어야 하기 때문에 더욱 어렵게 느껴지지요. 특히 뒤집고 돌리기처럼 2개의 활동을 이어서 해야 하는 문제는 더더욱 그럴 거예요.
이때는 모눈을 활용해 보세요. 시험지 여백을 잘라 모눈을 그리고 숫자를 써서 각 칸에 번호를 매겨요. 그런 다음 직접 뒤집고 돌려서 번호들이 어떻게 이동하는지 살펴봐요. 시험 볼 때뿐만 아니라 평소에도 이 방법으로 연습하면 뒤집기와 돌리기를 이해하는 데 도움이 될 거예요.

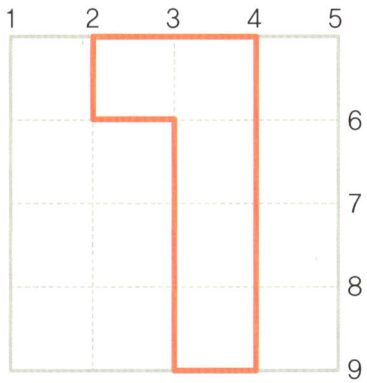

 부모님 톡!

이 단원은 아이들이 특히 어려워하는 단원 중 하나입니다. 따라서 무작정 결과를 외우게 하기보다 이러한 활동을 하는 목적을 이해시키는 게 좋습니다.
평면도형의 이동을 배우는 목적은 공간 능력을 향상시키는 데에 있습니다. 다시 말해서 하나의 도형을 위아래, 오른쪽, 왼쪽에서 다양하게 바라보며 이해하고, 활동 전과 후의 도형을 서로 비교하면서 두 도형의 관계를 이해하는 것입니다.
이 단원은 머릿속으로 상상하고 추론하는 것보다 직접 여러 가지 활동을 하면서 익히는 것이 효과적입니다. 옛날에 부모님이 즐겨 했던 테트리스 게임이나 펜토미노와 같은 교구를 활용해 보세요. 도형을 옮기고 돌리고 맞추는 보드 게임이나 퍼즐 등으로 게임을 하는 것도 밀기, 뒤집기, 돌리기 개념을 이해하는 좋은 방법입니다.

1학기 3단원 | 나눗셈 선 곱셈구구 후 (두 자리 수)÷(한 자리 수)

3학년 수와 연산

나눗셈의 의미

이것만은 꼭!

- 나눗셈: ① 똑같이 나눌 때 한 묶음을 이루는 낱개의 개수
  ② 똑같이 덜어 낼 때 덜어 내는 횟수

네 친구가 서로 다투지 않고 과자를 똑같이 나눠 먹으려면 어떻게 해야 할까요? 그래요, **나눗셈**을 해야 해요. 나눗셈은 똑같이 나누는 것을 말해요. 전체를 똑같이 몇 묶음으로 나눌 때, 한 묶음이 몇 개인지를 알아보는 것이지요.

나눗셈: 똑같이 나누는 것

과자 8개를 4명이 똑같이 나누려면 2개씩 가지면 돼요. 이것을 식으로 나타내면 8÷4=2라고 쓰고, '8 나누기 4는 2와 같습니다'라고 읽어요. '÷'은 나눗셈을 뜻하는 기호이지요. 8÷4와 같은 식은 나눗셈식이라고 하고, 2는 8을 4로 나눈 **몫**이에요.

'÷' 기호는 1659년 스위스의 수학자 하인리히 란이 처음 사용했어요.

나눗셈식을 가로로 쓸 때

$$8 \div 4 = 2$$

8 - 나누어지는 수
4 - 나누는 수
2 - 몫

나눗셈식을 세로로 쓸 때

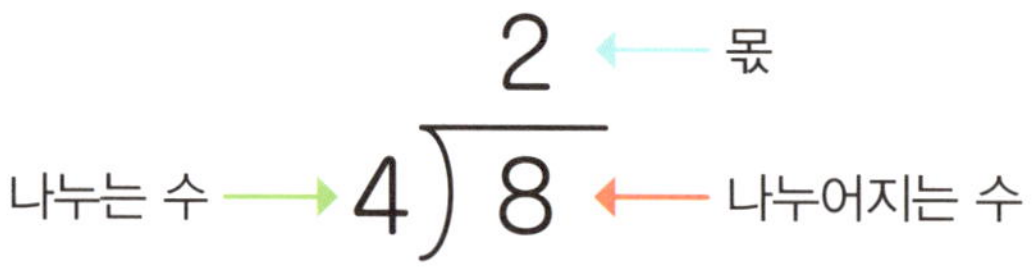

$$4 \overline{)8}^{2}$$

나누는 수 → 4) 8 ← 나누어지는 수
몫 → 2

세로식에서는 ')‾' 기호를 사용해요.

그럼 지금부터 나눗셈의 의미를 살펴보며 나눗셈에 대해 자세히 알아봐요. $6 \div 2 = 3$을 예로 들어 볼게요.

	똑같이 나누는 상황	똑같이 덜어 내는 상황
그림으로 알아보기	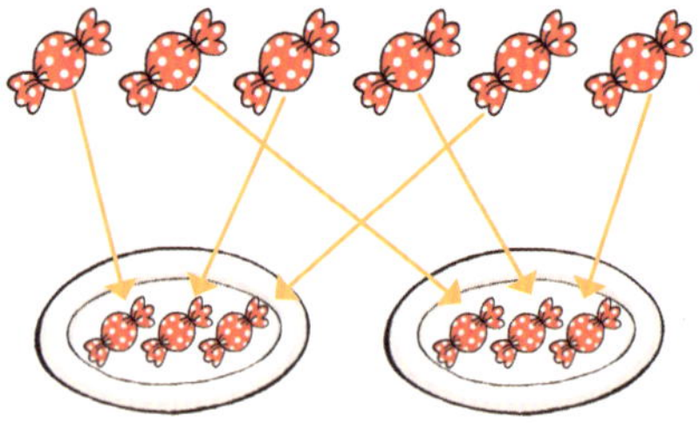	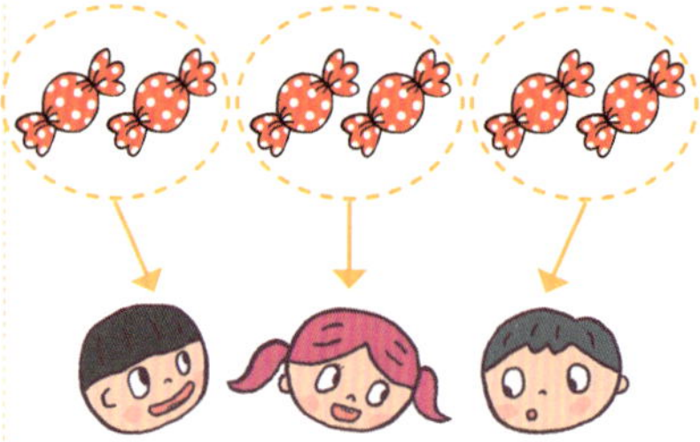
식으로 표현하기	$6 \div 2 = 3$	$6 \div 2 = 3$
의미	사탕 6개를 접시 2개에 똑같이 나누면 한 접시에 3개씩 놓입니다.	사탕 6개를 친구들에게 2개씩 나눠 주면 3명에게 돌아갑니다.
나눗셈을 해결하는 방법	사탕을 1개씩 2개의 접시에 번갈아 놓습니다.	사탕 6개를 2개씩 묶어 몇 묶음이 되는지 알아봅니다. 6에서 2를 3번 빼면 0이 됩니다. (6−2−2−2=0)

이렇게 하나의 나눗셈 속에는 똑같이 나누거나, 똑같이 덜어 내는 2가지의 의미가 담겨 있어요.

이번에는 곱셈과 나눗셈의 관계에 대해 살펴볼게요. 1개의 곱셈식으로

2개의 나눗셈식을 만들 수 있어요.

곱셈식	나눗셈식	의미
2×4=8	8÷4=2	딸기 8개를 4개의 접시에 나눠 담으면 접시 1개마다 2개씩 담을 수 있습니다. 
	8÷2=4	딸기 8개를 2개의 접시에 나눠 담으면 접시 1개마다 4개를 담을 수 있습니다. 

반대로 1개의 나눗셈식을 이용하여 2개의 곱셈식을 만들 수 있답니다.

나눗셈식	곱셈식	의미
10÷2=5	2×5=10	2개의 접시에 딸기를 각각 5개씩 담으면 딸기는 모두 10개입니다.
	5×2=10	5개의 접시에 딸기를 각각 2개씩 담으면 딸기는 모두 10개입니다.

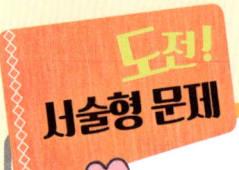

 나눗셈식 35÷5의 몫을 구하는 문제를 만들고 답을 구하시오. (6점)

 **만점 팁!**

먼저 어떤 상황으로 문제를 만들지 정해야 해요. 나눗셈에서 나올 수 있는 상황은 2가지라고 했지요? 똑같이 나누는 상황과 똑같이 덜어 내는 상황이에요.

상황을 정했다면 어떤 것을 문제의 소재로 사용할지 정해요. 색종이, 사탕, 과일 등 주변에서 흔히 볼 수 있는 모든 것들이 소재가 될 수 있어요.

문제를 만들 때 '똑같이'라는 말을 꼭 넣어야 해요. '똑같이'는 나눗셈이 갖는 가장 중요한 의미이니까요. 그릇에 나눌 때에도 어느 한 곳이 많거나 적지 않게, 큰 수에서 어떤 수를 뺄 때에도 빼는 수를 일정하게 해야 해요.

모범 답안	채점 기준	점수
〈예〉 ① 색종이가 35장 있습니다. 이 색종이를 5장씩 똑같이 나눠 주려고 합니다. 몇 명에게 나눠 줄 수 있을까요? 답: 7명	문장으로 된 문제를 만들고, 답도 바르게 구한 경우	6점
	문장으로 된 문제를 바르게 만들었으나 답을 틀린 경우	3점
② 사과가 35개 있습니다. 사과를 5개의 바구니에 똑같이 나눠 담으려고 합니다. 바구니 1개에 몇 개의 사과가 들어갈까요? 답: 7개	문장으로 된 문제를 만들었으나 문제에 제시된 상황이 자연스럽지 않고 답만 바르게 구한 경우	2점
	무응답 또는 오답	0점

 나눗셈을 배우는데 왜 갑자기 곱셈이 나오나요?

 곱셈을 처음 배웠던 때를 기억하나요? 똑같은 수를 여러 번 더하는 의미라고 배웠지요. 예를 들어 2×5=10이라는 식은 2를 5번 더하면 10이 된다는 뜻이에요. 그리고 이를 간단하게 표현하기 위해 곱하기(×)를 쓰지요.

나눗셈은 반대로 **똑같은 수를 여러 번 뺀다(덜어 낸다)**는 의미가 있답니다. 10 속에 2가 5번 들어 있을 때 이것을 뺄셈식으로 표현하면 10−2−2−2−2−2=0이 되고, 나눗셈식으로는 10÷2=5가 되지요.

나눗셈과 곱셈 사이에는 밀접한 관계가 있어요. 앞에서 보았듯이 나눗셈을 곱셈으로, 곱셈을 나눗셈으로 바꾸어 나타낼 수 있지요. 10÷2=5의 경우 곱셈으로 바꾸어 생각하면 2개씩 5묶음 또는 5개씩 2묶음의 의미로 계산하면 10이 돼요. 또한 곱셈을 이용하여 나눗셈이 맞았는지 틀렸는지도 알 수 있어요. 이 과정을 '검산'이라고 하는데, 나누는 수와 몫을 곱해서 나누어지는 수가 나오면 정확하게 계산한 것이지요.

이처럼 덧셈, 뺄셈, 곱셈, 나눗셈은 서로 관련이 있고, 이 중에서도 특히 나눗셈과 곱셈은 서로 반대이지만 우리의 생각을 돕는 관계이기 때문에 나눗셈 단원에서 곱셈을 연결지어 배우는 거랍니다.

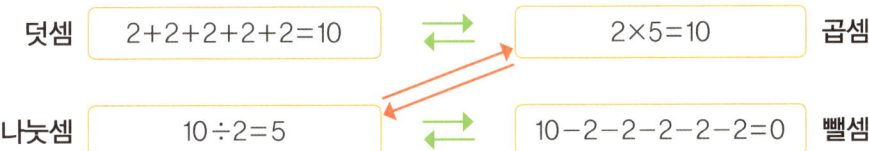

나눗셈을 처음 접하는 아이들은 나눗셈으로 풀 수 있는 2가지 상황을 잘 이해하지 못하는 경우가 많습니다. 이럴 때는 여러 번 말로 설명하기보다 다양한 구체물을 통해 이해시키는 것이 좋습니다.

아이들이 좋아하는 과자, 과일, 학용품 등 친근한 물건을 가족이나 친구들과 똑같이 나누거나, 똑같이 여러 번 빼는 상황을 만들어 보세요. 나눗셈식을 주고 직접 문제를 만들어 보는 것도 좋습니다.

또한 단순히 연산만을 강조하기보다 덧셈, 뺄셈, 곱셈, 나눗셈이 서로 밀접한 관련이 있음을 알려 주면 연산의 전체적인 관계를 이해하는 데 큰 도움이 됩니다.

3학년 | 수와 연산

1학기 | 4단원 | 곱셈
선: 곱셈구구 후: (세 자리 수)×(한 자리 수), (두 자리 수)×(두 자리 수)

(두자리 수)×(한자리 수)

이것만은 꼭!

- 곱해지는 수의 십의 자리부터 계산하거나 일의 자리부터 계산한 후 두 값을 더한다.

한 통에 20개씩 4통이면 모두 몇 개일까요? 수 모형으로 알아봅시다. 십 모형이 2개씩 4묶음, 즉 10이 8개이니까 80개예요.

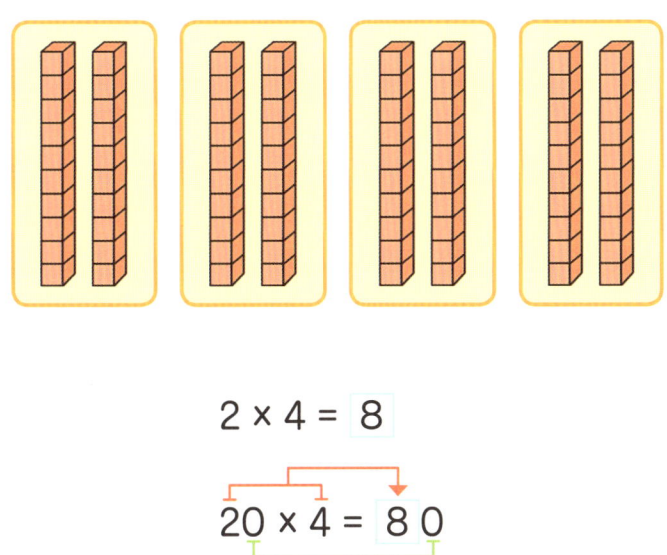

'(몇십)×(한 자리 수)'는 '(몇)×(한 자리 수)×10'으로 생각하여 계산해요.

수 모형에서 십 모형이 몇 개인지 세어 보고 구구단을 이용해서 구하면 더욱 쉽지요.

이번에는 12×3을 살펴봅시다.

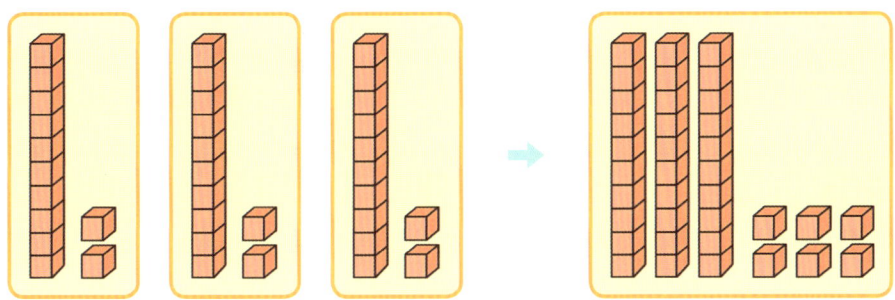

덧셈식으로 생각하면 십 모형이 3개, 낱개 모형이 6개이므로 30+6=36입니다. 이것을 곱셈식으로 살펴보면 (십몇)×(몇)은 두 자리 수인 곱해지는 수를 자릿값별로 쪼개어 십의 자리와 일의 자리를 각각 곱하고 곱한 값을 모두

더하면 됩니다. 이때 십의 자리를 먼저 곱하든 일의 자리를 먼저 곱하든 순서는 상관없어요.

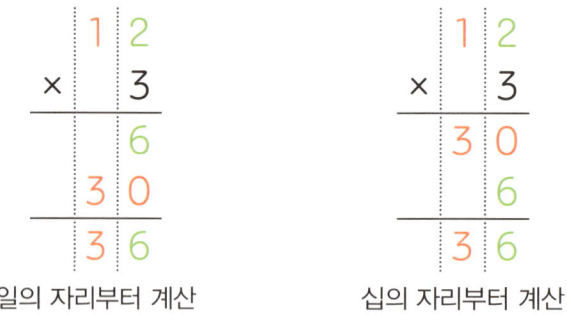

이를 세로셈으로 다시 한번 알아볼까요?

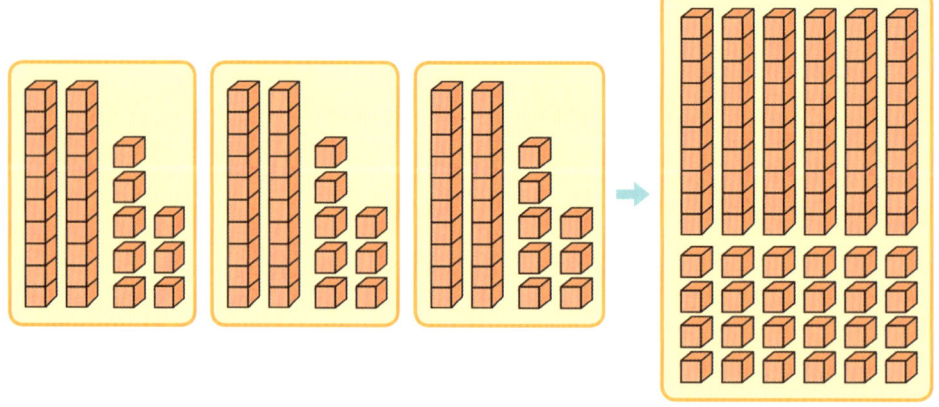

이번에는 28×3을 알아봅시다. 십 모형이 2개씩 3묶음이고 낱개 모형이 8개씩 3묶음이에요.

십의 자리부터 계산하면 20×3=60입니다. 그런데 일의 자리는 8×3=24로, 10이 넘어요. 하지만 이때도 십의 자리와 일의 자리를 각각 계산하고 곱한 값은 모두 더합니다.

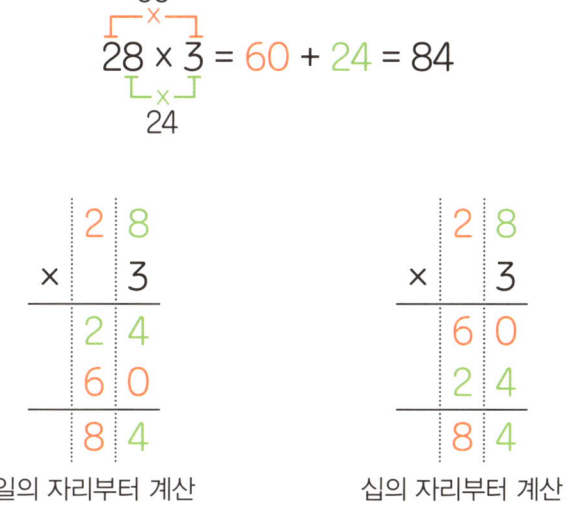

일의 자리부터 계산   십의 자리부터 계산

곱셈을 하기 전에는 항상 답이 얼마일지 어림해 보세요. 수 감각을 익히는 데 도움이 돼요.

 준석이네 학교는 3학년이 한 반에 23명씩 4반이 있습니다. 학교에서 어린이날 선물로 학생들에게 연필을 1자루씩 나눠 주려고 100자루를 샀습니다. 연필은 충분할까요? 풀이 과정과 답을 쓰시오. (6점)

 만점 팁!

이 문제는 3학년의 학생 수를 구하면 금방 해결돼요. 3학년 학생 수를 구하기 위해 문제에서 주어진 힌트는 뭘까요? 바로 각 반 학생 수와 총 4개의 반이 있다는 거예요. 다시 말해서 23명을 4번 더하면 돼요. 그렇다면 곱셈을 사용해야겠지요? 이런 문제가 나오면 많은 친구들이 문제에서 주어진 수를 어떻게 계산해야 할지 몰라 망설이는데, 문제를 잘 살펴보면 어떤 연산을 사용해야 하는지 알 수 있어요.

두 자리 수와 한 자리 수를 곱할 때에는 십의 자리든 일의 자리든 원하는 자리의 수를 먼저 계산하고 두 값을 더하면 돼요.

$$23(명) \times 4 = 80 + 12 = 92(명)$$
(80은 20×4, 12는 3×4)

모범 답안	채점 기준	점수
〈풀이 과정〉 3학년 학생 수: 23×4=92(명) 연필의 수는 100자루이므로 92보다 많다.	풀이 과정과 답을 맞게 쓴 경우	6점
	풀이 과정은 맞혔으나 답을 틀린 경우	3점
〈정답〉 연필의 개수는 3학년 학생들에게 나눠 주기에 충분하다.	답은 맞혔으나 풀이 과정에 오류가 있는 경우	3점
	무응답 또는 오답	0점

 (두 자리 수)×(한 자리 수) 문제를 자꾸 틀려요!

 많은 친구들이 식이 주어졌을 때는 계산을 곧잘 하는데, 긴 문장으로 된 문제가 주어지면 곱셈으로 풀지, 덧셈으로 풀지 판단을 잘 못해요.

자, 곱셈은 같은 수를 여러 번 더한다는 의미예요. 7을 8번 더하면 7+7+7+7+7+7+7+7이 되는데, 이를 간단하게 표현하기 위해 7×8이라는 곱셈식을 쓰지요. 따라서 문제를 읽을 때, 같은 수를 여러 번 반복해서 더한다거나, 같은 개수의 물건이 여러 개 있다는 말이 나오면 곱셈으로 풀면 돼요. 그리고 먼저 곱셈을 하기 전에 답을 어림해 봐요.

받아올림에서 실수를 하여 틀리는 경우도 많아요. 아래와 같이 받아올림을 바로 하는 경우에는 받아올림의 수를 해당하는 수의 위쪽에 꼭 적고 더하는 것을 잊지 마세요.

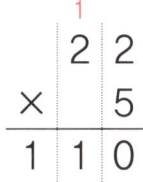

마지막으로 곱셈의 결과를 어디에 적어야 할지 잘 모르는 경우가 있어요. 그럴 때에는 10칸 공책에 줄을 그어서 칸에 맞춰 연습하면 도움이 됩니다.

이 단원은 2학년 때 구구단과 곱셈의 원리를 배우고 나서 본격적으로 곱셈을 배우는 첫 단원입니다. 다시 말해서 2학년 때 배운 곱셈구구를 이용하여 실제 곱셈을 해 보는 과정이지요. 많은 부모님이 이 시기의 아이에게 지나치게 연산을 강조합니다. 그러나 계산만을 강조하면 아이들이 곱셈에 흥미를 잃고, 곱셈을 단순히 계산 문제를 푸는 것으로만 인식하게 됩니다. 작은 것을 잡으려다가 오히려 큰 것을 놓치게 되는 셈이지요. 따라서 이 단원을 시작할 때는 생활 속에서 곱셈을 사용하는 사례를 찾아보고 언제 곱셈을 활용하면 효과적인지 이야기함으로써 곱셈의 필요성과 원리를 먼저 접하게 하는 것이 좋습니다.

1학기 5단원 ❶ | 시간과 길이

선 시각과 시간

3학년 측정

초, 시간의 합과 차

이것만은 꼭!

- 1분보다 작은 단위를 1초라고 하고, 1분은 60초와 같다.
- 시간의 합과 차를 구할 때에는 같은 단위끼리 계산한다.
- 1시간=60분, 1분=60초임을 이용하여 받아올림하거나 받아내림한다.

200

육상 선수들은 정말 빨리 달리지요? 말마따나 눈 깜짝할 사이가 맞을 거예요. 이렇게 '눈 깜짝할 사이'만큼 짧은 시간은 어떻게 나타낼까요? 바로 **초**라는 단위를 써서 나타낸답니다.

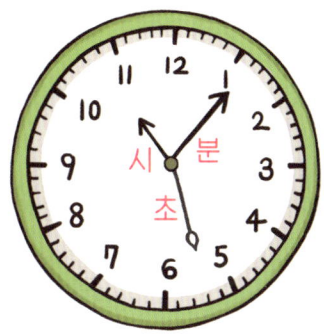

시계를 보세요. 3개의 바늘이 있지요? 이 가운데 시를 나타내는 짧은 바늘과 분을 나타내는 가장 긴 바늘 말고 가늘고 긴 바늘이 하나 더 있어요. 그것이 초를 나타내는 초바늘이랍니다.

초바늘이 작은 눈금 한 칸을 지나는 데 걸리는 시간을 **1초**라고 해요. 초바늘이 시계 한 바퀴를 도는 데에는 60초가 걸리고, 초바늘이 한 바퀴를 돌면 분을 가리키는 긴 바늘은 눈금 한 칸을 움직여요. 이것이 **1분**이지요. 그러니까 60초와 1분은 같은 시간이에요.

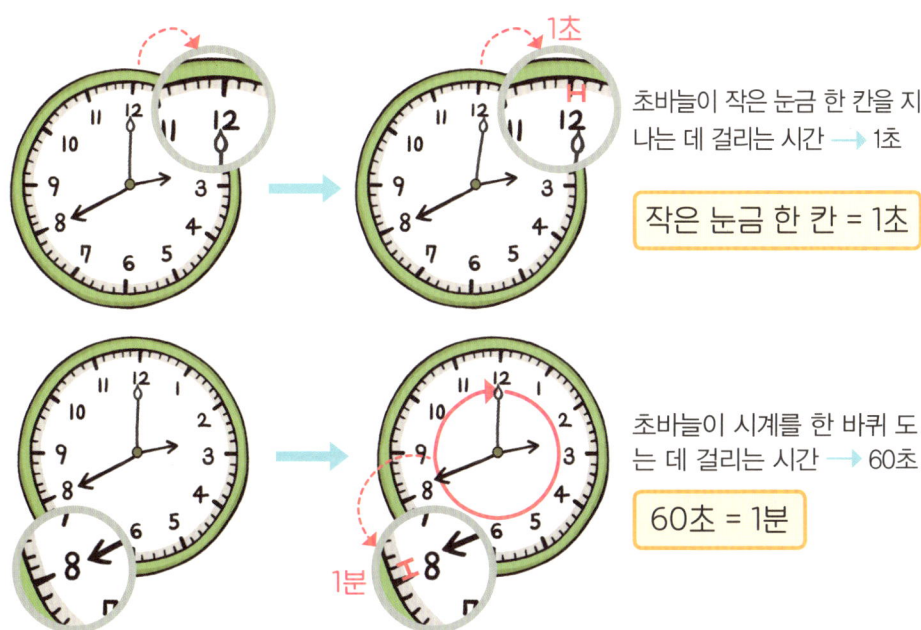

시각을 읽을 때는 시, 분, 초의 순서로 읽어요.

초를 읽을 때에도 분을 읽는 것처럼 바늘이 1을 가리키면 5초, 2를 가리키면 10초, 3을 가리키면 15초, 4를 가리키면 20초……12를 가리키면 60초라고 읽어요.

이번에는 시간끼리 더하고 빼서 시간의 합과 차를 알아봐요.

생활 속에서 시간을 계산해야 하는 상황은 아주 많아요. 어떤 일을 할 때 시간이 얼마나 걸렸는지를 알아보거나 약속 시각을 정하기 위해 시간을 계산해야 하지요. 자주 쓰이니 잘 알아 두어야겠지요? 침착하게 풀다 보면 그리 어렵지 않으니 겁먹을 필요는 없답니다.

> **문장제 문제로 익히기**
> 수학 공부를 하는 데 1시간 10분 20초가 걸렸고, 사회 공부를 하는 데 1시간 20분 35초가 걸렸어요. 이 두 과목을 공부하는 데 걸린 시간은 얼마일까요?
>
> 어때요? 이렇게 문장으로 보니 어떨 때 시간을 더하고 빼야 하는지 머리에 쏙 들어오지요? 위의 문제는 시간을 더해야 해요.

시간을 계산할 때는 같은 단위끼리 더하고 빼요.

```
   1시간  10분  20초
+  1시간  20분  35초
―――――――――――――――――
   2시간  30분  55초
```

초, 분 단위끼리 더했을 때 60이거나 60보다 크면 60초를 1분으로, 60분을

1시간으로 받아올림하여 계산해요.

```
    4시간   5분   50초
  + 1시간  20분   35초
  ─────────────────────
    5시간  25분   85초
           +1분  −60초
  ─────────────────────
    5시간  26분   25초
```

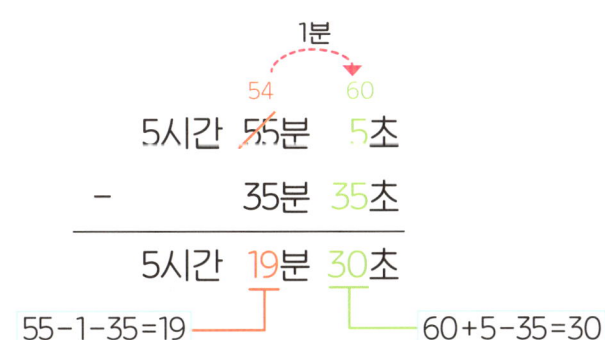

85초는 60초보다 크니까 60초, 즉 1분을 분으로 받아올림해요.

초 단위끼리 뺄 수 없을 때에는 1분을 60초로 받아내림하여 계산해요. 마찬가지로 분 단위끼리 뺄 수 없을 때에는 1시간을 60분으로 받아내림하여 계산하면 된답니다.

```
              1분
           54 → 60
    5시간  5̶5̶분   5초
  −       35분  35초
  ─────────────────────
    5시간  19분  30초
         │       │
    55−1−35=19   60+5−35=30
```

도전! 서술형 문제

어제 열린 우리나라와 중국의 축구 경기는 4시 50분에 시작되었습니다. 축구 경기는 전반과 후반 각 45분 동안 이루어졌고 중간에 10분을 쉬었습니다. 그렇다면 축구 경기가 끝난 시각은 몇 시 몇 분인지 풀이 과정과 답을 구하시오. (8점)

 **만점 팁!**

축구 경기가 끝나는 시각을 알기 위해서는 축구 경기를 시작한 시간에 축구 경기를 하는 데 걸린 총 시간을 더하면 됩니다. 따라서 덧셈으로 계산해야 해요. 축구 경기는 전반전을 먼저 하고, 중간에 쉬는 시간을 가진 뒤 후반전을 하지요. 이것을 모두 더하면 45분+10분+45분=100분이에요. 100분은 60분+40분이므로 축구 경기에 걸린 시간은 1시간 40분이에요.

이제 시작 시각과 걸린 시간을 더해요. 그러면 끝난 시각을 구할 수 있어요. 4시 50분(시작 시각)+1시간 40분(걸린 시간)=5시 90분인데, 60분이 넘으니 받아올림을 해요.

모범 답안	채점 기준	점수
〈풀이 과정〉 경기가 이루어진 시간: 45분+10분+45분=100분=1시간 40분 경기가 끝나는 시각: 4시 50분+1시간 40분=6시 30분 〈정답〉 6시 30분	풀이 과정과 답을 모두 맞힌 경우	8점
	풀이 과정은 바르게 썼으나 답을 틀린 경우	4점
	풀이 과정은 바르지 않으나 답을 맞힌 경우	2점
	무응답 또는 오답	0점

 시간＋시간＝시각인가요, 시간인가요? 시각＋시간＝시각인가요, 시간인가요?

 시각과 시간이 다르다는 것은 이제 알 거예요. 그런데 일상생활에서는 종종 시각과 시간을 구별하지 않고 사용하는 경우가 있어요.

이 단원에서 시각과 시간을 더하는 경우, 시간과 시간을 빼는 경우 등 다양한 경우가 나와요. 이때는 두 의미를 확실하게 구분 짓기보다 문제의 상황에서 자연스럽게 받아들이는 것이 좋아요. 다음의 예를 살펴보면 어떤 상황에서 시각 또는 시간으로 쓰는지 잘 이해할 수 있을 거예요.

1. 덧셈 상황

상황	예시
(시각)＋(시간)＝(시각)	출발 시각 8시＋걸린 시간 50분＝도착 시각 8시 50분
(시간)＋(시간)＝(시간)	공부를 한 시간 3시간 20분＋축구를 한 시간 1시간 ＝공부와 축구를 한 시간 4시간 20분

2. 뺄셈 상황

상황	예시
(시간)－(시간)＝(시간)	내가 공부한 시간 4시간 30분－동생이 공부한 시간 1시간 20분 ＝내가 동생보다 공부를 더 한 시간 3시간 10분
(시각)－(시간)＝(시각)	운동을 마친 시각 3시 20분－운동을 한 시간 1시간 20분 ＝운동을 시작한 시각 2시
(시각)－(시각)＝(시간)	집에 도착한 시각 3시 20분－할머니 댁에서 출발한 시각 2시 10분 ＝집에 오는 데 걸린 시간 1시간 10분

  부모님 톡!

초를 처음 가르칠 때 가장 중요한 것은 초에 대한 양감을 심어 주는 일입니다. 아이들은 초가 1분보다 작은 단위인 줄은 알지만, 얼마나 짧은지는 정확하게 인식하지 못합니다.
따라서 다양한 신체 활동을 통해 초에 대한 양감을 길러 주는 것이 좋습니다. 예를 들어 눈을 깜빡거리는 시간, 손을 한 번 번쩍 드는 시간, 박수를 한 번 치는 데 걸리는 시간 등 생활 속에서 1초 동안 할 수 있는 것들을 아이와 함께 해 보세요.
그다음에는 5초, 10초 동안 할 수 있는 일을 떠올려 봅니다. 최근 공익 광고에 5초 동안 할 수 있는 일에 대해 나온 적이 있는데, 이러한 광고를 함께 찾아보고, 초가 비록 짧은 시간이지만 많은 일을 할 수 있다는 걸 알려 주세요.

mm, km, 길이의 합과 차

1학기 5단원 ❷ | 시간과 길이

선 m, 길이의 합과 차 후 직사각형의 둘레와 넓이

3학년 측정

이것만은 꼭!

- 1 cm보다 작은 단위를 1 mm라고 하고, 1 cm는 10 mm와 같다. 1 cm=10 mm
- 1 m보다 큰 단위를 1 km라고 하고, 1 km는 1000 m와 같다. 1 km=1000 m
- 길이의 합과 차를 구할 때에는 같은 단위끼리 계산을 한다.
- 1 cm=10 mm, 1 km=1000 m임을 이용하여 받아올림하거나 받아내림한다.

멀리뛰기 같은 종목에서는 아주 작은 차이로 승패가 갈리기도 해요. 그래서 길이를 정확하게 재야 하지요. 그런데 1 cm보다 짧은 길이는 어떻게 나타내야 할까요? cm보다 작은 단위인 mm로 나타내요.

그럼 지금부터 cm와 mm의 관계를 살펴볼게요.

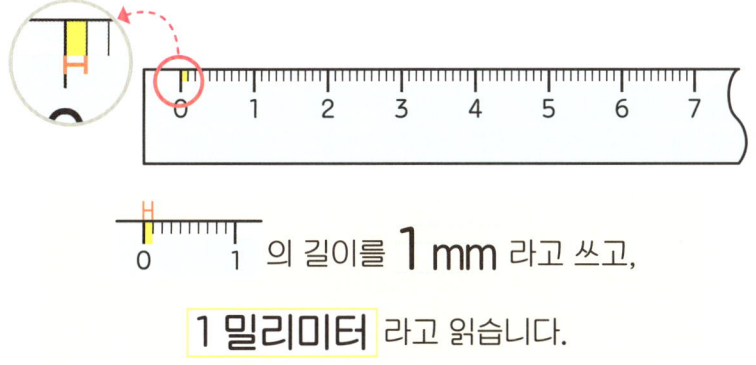

의 길이를 **1 mm** 라고 쓰고,

1 밀리미터 라고 읽습니다.

1 mm는 1 cm를 10칸으로 똑같이 나누었을 때 작은 눈금 한 칸의 길이예요.

$$1\,cm = 10\,mm$$

4 cm보다 6 mm 긴 것은 어떻게 표현할까요?

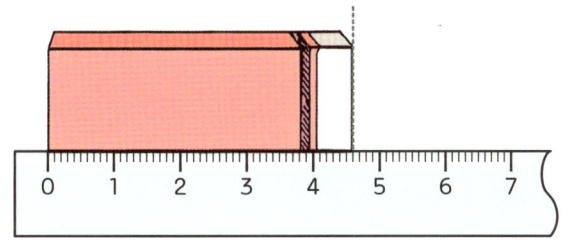

의 길이를 **4 cm 6 mm** 라고 쓰고,
4 센티미터 6 밀리미터 라고 읽습니다.

단위를 같게 만들면 또 다른 방법으로도 표현할 수 있어요. 1 cm는 10 mm이니 4 cm는 40 mm예요. 그래서 4 cm 6 mm는 46 mm로 표현할 수 있지요.

$$4 \text{ cm } 6 \text{ mm} = 4 \text{ cm} + 6 \text{ mm}$$
$$= 40 \text{ mm} + 6 \text{ mm}$$
$$= 46 \text{ mm}$$

이번에는 1 m보다 큰 단위인 km를 알아볼게요. 1 km가 얼마나 긴 길이인지 감이 안 올 텐데요. 1 km는 1000 m와 같아요.

1 km는 **1 km** 라고 쓰고, **1 킬로미터** 라고 읽습니다.
1000 m = **1 km**

우리 학교 운동장 끝에서 끝까지가 1000 m 조금 넘을걸.

1 km보다 300 m 긴 것은 어떻게 표현할까요?

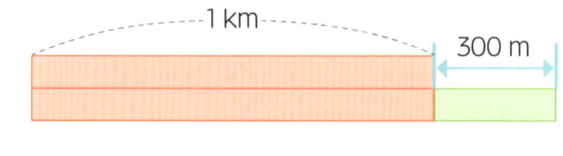

는 **1 km 300 m** 라고 쓰고, **1 킬로미터 300 미터** 라고 읽습니다.

이제까지 배운 길이의 단위는 모두 4가지예요. 이 단위들은 서로 연관되어 있어요. 1 mm가 10개 모이면 1 cm가 되고, 1 cm가 100개 모이면 1 m가 돼요. 1 m가 1000개 있으면 1 km가 되지요.

그러고 보니 규칙이 보이네요. 단위가 커질수록 10배, 100배, 1000배로 값이 커져요!

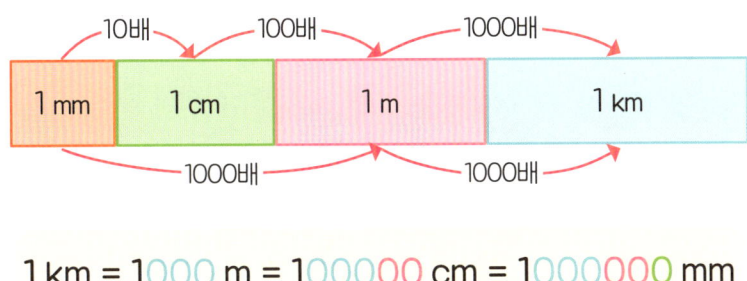

$1 \text{ km} = 1000 \text{ m} = 100000 \text{ cm} = 1000000 \text{ mm}$

이번에는 길이의 합과 차를 구해 볼까요? 길이를 더하고 뺄 때도 시간의 합과 차를 구할 때처럼 같은 단위끼리 계산해요.

$$\begin{array}{r} 3 \text{ cm } 9 \text{ mm} \\ - 1 \text{ cm } 8 \text{ mm} \\ \hline 2 \text{ cm } 1 \text{ mm} \end{array}$$

같은 단위끼리의 합이 10 mm가 넘으면 10 mm를 1 cm로, 1000 m가 넘으면 1000 m를 1 km로 받아올림하여 계산해요.

$$\begin{array}{r} 15 \text{ km} \quad 500 \text{ m} \\ + \; 1 \text{ km} \quad 850 \text{ m} \\ \hline 16 \text{ km} \quad 1350 \text{ m} \\ +1 \text{ km} \; -1000 \text{ m} \\ \hline 17 \text{ km} \quad 350 \text{ m} \end{array}$$

(m 단위에서 받아올림한 수)

같은 단위끼리 뺄 수 없을 때에는 1 km=1000 m, 1 m=100 cm, 1 cm=10 mm로 받아내림하여 계산해요.

cm 단위에서 받아내림한 수

$$\begin{array}{r} \overset{4}{\cancel{5}} \text{ cm } \overset{10}{2} \text{ mm} \\ - 2 \text{ cm } 5 \text{ mm} \\ \hline 2 \text{ cm } 7 \text{ mm} \end{array}$$

km 단위에서 받아내림한 수

$$\begin{array}{r} \overset{7}{\cancel{8}} \text{ km } \overset{1000}{200} \text{ m} \\ - 5 \text{ km } 800 \text{ m} \\ \hline 2 \text{ km } 400 \text{ m} \end{array}$$

 파란 테이프의 길이는 12 cm 8 mm이고, 주황 테이프의 길이는 10 cm 3 mm입니다. 두 색 테이프를 5 mm씩 겹치게 이어 붙이면 전체 길이는 몇 cm 몇 mm인지 풀이 과정을 쓰고 답을 구하시오. (8점)

 만점 팁!

길이의 합과 차를 구하는 방법 중 어떤 것을 사용해야 하는지부터 알아야 해요. 두 테이프를 이어서 붙였다고 했으니 테이프의 길이가 길어졌겠지요? 따라서 두 테이프를 더하는 문제임을 알 수 있어요.

그다음으로 겹쳐서 붙인다는 말의 뜻을 알아야 해요. 테이프를 붙일 때 5 mm씩 겹쳐서 붙인다는 말은 겹쳐진 부분이 2번 더해졌다는 뜻이에요. 그러므로 겹쳐진 부분을 1번 빼야 해요. 이런 문제는 그림으로 그리면 더욱 쉽게 이해된답니다.

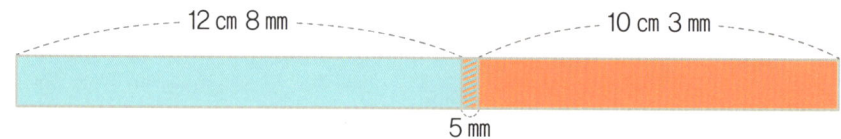

세로셈을 하면 다음과 같아요.

$$\begin{array}{r} 12\text{ cm }8\text{ mm} \\ +\ 10\text{ cm }3\text{ mm} \\ \hline 22\text{ cm }11\text{ mm} \end{array} \rightarrow \begin{array}{r} 22\text{ cm }11\text{ mm} \\ -\ \ \ \ \ \ \ \ \ 5\text{ mm} \\ \hline 22\text{ cm }6\text{ mm} \end{array}$$

모범 답안	채점 기준	점수
〈풀이 과정〉 12 cm 8 mm + 10 cm 3 mm − 5 mm = 22 cm 11 mm − 5 mm = 22 cm 6 mm 〈정답〉 22 cm 6 mm	풀이 과정과 답을 모두 맞힌 경우	8점
	풀이 과정은 바르게 썼으나 답을 틀린 경우	4점
	풀이 과정은 바르지 않으나 답을 맞힌 경우	2점
	무응답 또는 오답	0점

 길이를 받아올림하고 받아내림하는 게 너무 헷갈려요!

 맞아요. 어떤 때는 10이 되거나 넘으면 받아올림하고, 또 어떤 때에는 1000일 때 받아올림을 하니까 헷갈리지요? 그럴 때에는 머릿속으로만 계산하지 말고 조작 도구를 활용해요. 수 모형이나 10칸짜리 국어 공책을 사용하면 좀 더 쉽게 알 수 있어요.

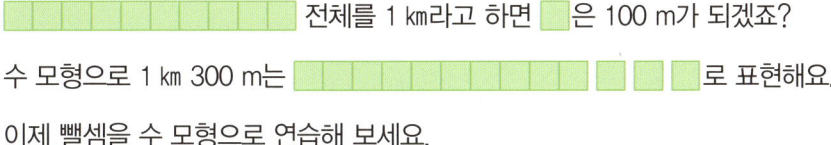

이제 뺄셈을 수 모형으로 연습해 보세요.

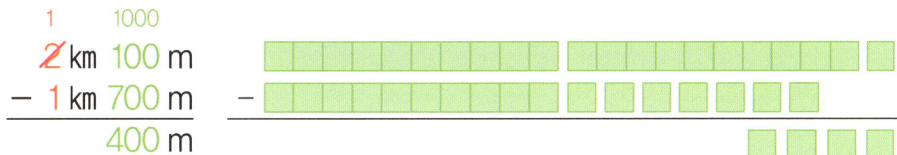

100 m에서 700 m를 뺄 수 없으니 2 km에서 1 km를 받아 와서 빼야 해요.

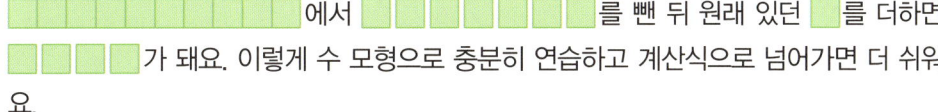 가 돼요. 이렇게 수 모형으로 충분히 연습하고 계산식으로 넘어가면 더 쉬워요.

km와 mm는 일상생활에서 많이 쓰는 단위이지만, 한눈에 파악할 수 있는 길이가 아니기 때문에 양감을 갖기가 어렵습니다. 이 단원에서도 두 단위의 양감을 익히는 것이 필요합니다. 사실 양감을 갖는 것은 측정 영역을 공부하는 데 있어서 가장 중요합니다. 여러 가지 단위와 단위 사이의 관계를 정확히 알고 있어도 단위에 대한 현실감이 없으면 소용이 없기 때문이지요.

일상생활에서 km와 mm가 쓰이는 경우를 아이와 함께 찾아보세요. 먼 거리를 나타낼 때(예: 서울에서 부산까지의 거리)에 km를 사용한다거나 종이 1장의 두께나 정확한 길이를 표현할 때 mm를 사용해 보세요. 신발의 길이를 나타낼 때 mm를 사용하는 것도 좋은 예입니다.

분수의 개념과 크기 비교

1학기 6단원 ① | 분수와 소수 후 분수의 종류

이것만은 꼭!

- 분수: 전체를 똑같이 나누었을 때, 전체에 대한 부분의 크기를 나타내는 수
- 분수의 크기 비교
  ① 분모가 같을 때에는 분자의 크기를 비교하고 분자가 큰 분수가 크다.
  ② 분자가 똑같이 1이면 분모의 크기를 비교하고 분모가 작은 분수가 크다.

일상생활을 하다 보면 하나의 물건을 똑같이 나누어야 할 때가 많아요. 피자나 빵, 사과 같은 먹을거리뿐만 아니라 땅을 나눠야 하는 경우도 있지요. 만일 이때 똑같이 나누지 않으면 크고 작은 다툼이 생길 수 있어요. 이런 문제를 해결할 수 있는 수가 바로 **분수**랍니다. 분수의 '분(分)' 자는 '나누다'라는 뜻이에요. 그래서 전체를 똑같이 나누고 전체에 대한 부분을 나타낼 때 분수를 사용하지요.

전체를 똑같이 나눈다는 것은 어떤 의미일까요? 나누어진 것의 모양과 크기가 같아서 서로 포개었을 때, 완전히 겹쳐지는 것을 뜻해요.

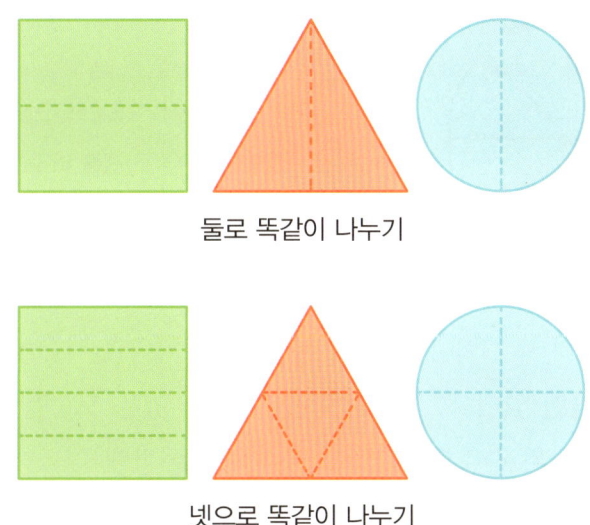

둘로 똑같이 나누기

넷으로 똑같이 나누기

그럼 전체를 똑같이 나누었을 때 전체와 부분의 크기는 어떻게 비교하고 나타낼까요? 원을 똑같이 4로 나눈 것 중의 3은 $\frac{3}{4}$이라고 쓰고, 4분의 3이라고 읽어요.

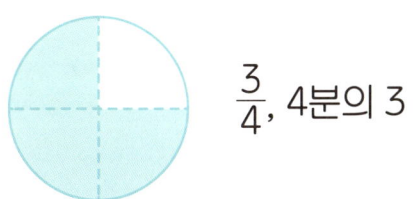

사각형을 똑같이 3으로 나눈 것 중의 2는 $\frac{2}{3}$라고 쓰고, 3분의 2라고 읽어요.

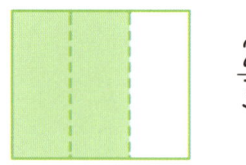

이때 $\frac{3}{4}$, $\frac{2}{3}$와 같은 수를 분수라고 해요. 분수에서 가로선의 아래쪽에 있는 수를 **분모**, 위쪽에 있는 수를 **분자**라고 합니다.

분자(分子)와 분모(分母)에는 아들(子)과 엄마(母)를 뜻하는 한자가 들어 있어요. 엄마가 아들을 업고 있는 모습을 떠올리면 분모와 분자의 자리를 쉽게 기억할 수 있을 거예요.

분수의 크기는 어떻게 비교할까요? $\frac{2}{5}$와 $\frac{4}{5}$ 중 어떤 분수가 더 큰지 알아볼게요.

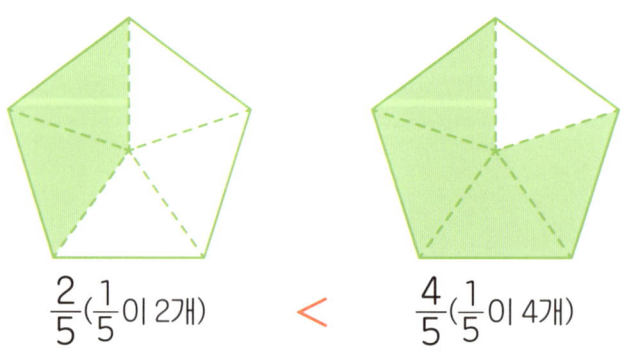

분수의 크기를 비교한다는 것은 똑같이 나눴을 때 부분의 개수를 비교한다는 의미예요. 왼쪽의 그림에서 똑같이 5개로 나누었을 때 부분의 크기를 비교하면 $\frac{1}{5}$보다 $\frac{4}{5}$가 더 크다는 것을 알 수 있어요. 이처럼 분모가 같은 분수에서는 분자의 크기가 큰 분수가 더 크다는 걸 꼭 기억하세요.

분모가 같은 분수는 분자의 크기가 큰 분수가 더 큽니다.

이번에는 분자가 1인 $\frac{1}{4}$과 $\frac{1}{3}$의 크기를 비교해 볼까요?

같은 크기를 3개로 나눴을 때와 4개로 나눴을 때 3개로 나눈 것 중의 하나가 4개로 나눈 것 중의 하나보다 커요. 따라서 $\frac{1}{3}$은 $\frac{1}{4}$보다 큽니다.

$$\frac{1}{3} > \frac{1}{4}$$

분자가 1인 분수에서는 분모가 작을수록 더 큽니다.

피자 한 판을 3명이 나눠 먹을 때와 4명이 나눠 먹을 때 한 사람이 먹게 되는 양을 생각해 봐요. 3명이 나눠 먹을 때 더 많이 먹을 수 있지요.

 다음 분수를 큰 순서대로 쓰고 그 이유를 설명하시오. (6점)

$$\frac{1}{7}, \frac{1}{4}, \frac{3}{4}$$

 만점 팁!

두 수가 주어졌을 때는 크기를 쉽게 비교했는데, 세 수가 주어지니 당황스럽지요? 한꺼번에 세 수의 크기를 비교하면 가장 큰 수를 찾기가 어렵고 틀릴 가능성도 높아요. 따라서 이때는 두 수씩 크기를 비교하는 것이 좋아요. 예를 들어 A>B, B>C라면 A>B>C가 되지요. 이렇게 차분히 2단계를 거치면 시간은 조금 더 걸리겠지만 정확하게 비교할 수 있어요.

풀이 과정을 쓸 때 식이나 말로 쓰기가 어려우면 그림으로 표현해도 돼요. 그림으로 보면 $\frac{3}{4}$이 가장 크고, 그 다음은 $\frac{1}{4}$, 가장 작은 수는 $\frac{1}{7}$이라는 걸 한눈에 알 수 있지요.

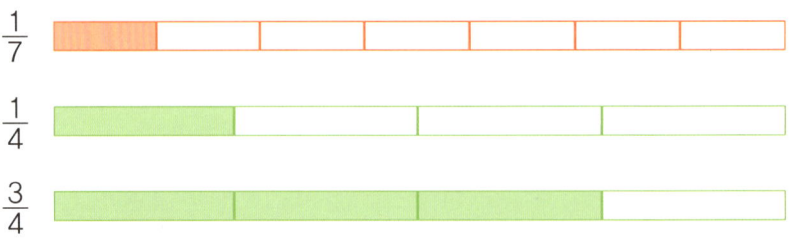

모범 답안	채점 기준	점수
〈정답〉 $\frac{3}{4}, \frac{1}{4}, \frac{1}{7}$ 〈이유〉 분자가 똑같이 1인 분수들의 크기를 먼저 비교하면, $\frac{1}{7}$과 $\frac{1}{4}$ 중 분모가 작은 $\frac{1}{4}$이 더 크다. 분모가 같은 두 분수의 크기를 비교하면 $\frac{1}{4}$과 $\frac{3}{4}$ 중 분자가 더 큰 $\frac{3}{4}$이 더 크다.	이유를 쓸 때 분수의 크기를 바르게 비교하고, 답을 바르게 쓴 경우	6점
	이유를 쓸 때 분수의 크기를 바르게 비교하였으나 답을 바르게 쓰지 못한 경우	4점
	이유는 틀렸으나 답을 바르게 쓴 경우	3점
	무응답 또는 오답	0점

 분수의 크기를 비교하는 게 헷갈려요!

어떤 때는 분자의 크기를 비교하고, 또 어떤 때는 분모의 크기를 비교해야 하니 헷갈리는 게 당연해요. 그렇다고 해서 두 경우를 무조건 외우는 것은 좋지 않아요. 헷갈릴 때는 문장을 만들어 보면 더욱 이해하기가 쉽답니다.

 $\frac{5}{7}$ 7개 중에서 5개 $\frac{4}{7}$ 7개 중에서 4개

사과 1개를 똑같이 7조각으로 나누었을 때 5개가 4개보다 큽니다.

 $\frac{1}{7}$ 7개 중에서 1개 $\frac{1}{3}$ 3개 중에서 1개

사과 1개를 7조각으로 나누었을 때와 3조각으로 나누었을 때 3조각 중의 1조각이 7조각 중의 1조각보다 큽니다.

분모가 같을 때는 똑같은 크기로 나누는 상황이에요. 이와 달리 분자가 1일 때는 같은 1이지만 분모를 몇 개로 나누었느냐에 따라 크기가 달라진다는 것을 알 수 있어요.

 부모님 톡!

분수를 처음 배울 때 많은 부모님들이 분수를 바르게 쓰는지, 분수 쓰는 순서를 잘 알고 있는지, 분수에서 분모와 분자를 잘 구분하는지 등에 관심을 갖습니다. 그러나 분수는 일상생활에서 자주 쓰는 수가 아니기 때문에 분수 자체만 익히도록 하면 아이들이 어려워합니다. 이때는 전지(2절지, 4절지, 8절지 등), 과일, 피자, 색종이 등 생활 속에서 쉽게 구할 수 있는 구체물을 똑같이 나누어 보는 활동을 해 보세요. 아무렇게나 나누는 것이 아니라 모양과 크기를 똑같이 나눠 직접 본을 뜨고 겹쳐 보면 분수에서 똑같이 나눈다는 것의 의미를 직관적으로 알게 됩니다.
구체물뿐만 아니라 분수 막대, 퀴즈네어 막대, 기하판 등의 수학 교구나 10칸짜리 국어 공책도 유익한 자료가 될 수 있습니다.

소수의 개념과 크기 비교

1학기 | 6단원 ❷ | 분수와 소수

후 소수 두 자리 수, 소수 세 자리 수, 소수의 덧셈과 뺄셈

3학년 수와 연산

이것만은 꼭!

- 소수: 1보다 작은 자릿값을 갖는 수 예) 0.2, 0.3, 1.5
- 소수의 크기 비교: 자연수 부분의 크기를 먼저 비교하고, 자연수가 같은 경우 소수점 오른쪽의 수를 순서대로 비교한다.

숫자와 숫자 사이에 점이 찍힌 수가 있어요. 혹시 점을 잘못 찍은 게 아니냐고요? 아니에요. 이렇게 생긴 수를 **소수**라고 해요.

길이가 1 m인 색 테이프를 똑같이 10개로 나누어 볼게요. 10개로 나눈 것 중 하나를 어떻게 표현할까요?

10개 중에 1개를 뜻하니까 분수로 표현하면 $\frac{1}{10}$이에요. 이것을 소수로는 **0.1**이라고 쓰고 **영점 일**이라고 읽어요.

$$\frac{1}{10}은\ 0.1이라고\ 쓰고,$$

영점 일 이라고 읽습니다.

10개 중 2개, 3개, 4개, 5개, 6개……가 되면 $\frac{2}{10}$, $\frac{3}{10}$, $\frac{4}{10}$, $\frac{5}{10}$, $\frac{6}{10}$……이고 소수로는 0.2, 0.3, 0.4, 0.5, 0.6……이라고 써요. 이것은 영점 이, 영점 삼, 영점 사, 영점 오, 영점 육……이라고 읽지요. 이때 숫자와 숫자 사이에 있는 '.' 은 **소수점**이라고 해요.

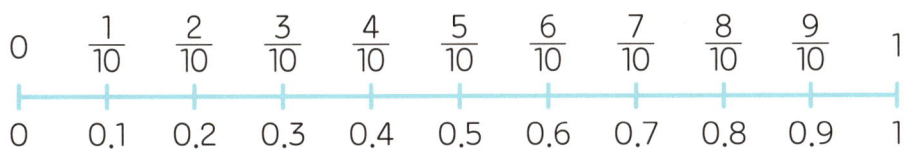

소수(小數)를 한자 그대로 풀이하면 '작은 수'라는 뜻이에요. 1보다 작은 수를 나타낼 때 사용하는 수라는 의미이지요. 그렇다면 1보다 큰 소수도 있을까요?

연필의 길이를 살펴봐요. 6 cm보다 7 mm 더 기네요. 이때 7 mm를 소수로 나타내면 0.7 cm예요. 6 cm에 0.7 cm를 더하면 6.7 cm가 된답니다.

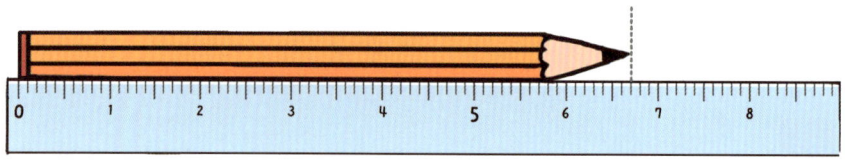

이렇게 1보다 큰 수와 소수를 함께 사용할 수 있어요.

6보다 0.7만큼 더 큰 수를 **6.7**이라고 쓰고,

육점 칠 이라고 읽습니다.

일상생활에서 소수는 몸무게를 잴 때 가장 많이 사용해요. 준석이가 몸무게를 재기 위해 체중계에 올라갔어요. 준석이의 몸무게는 24.7 kg이에요. 이것은 24 kg보다 무게가 0.7 kg 더 나간다는 의미로, 이십사점 칠이라고 읽어요.

이번에는 소수의 크기를 비교해 볼까요?

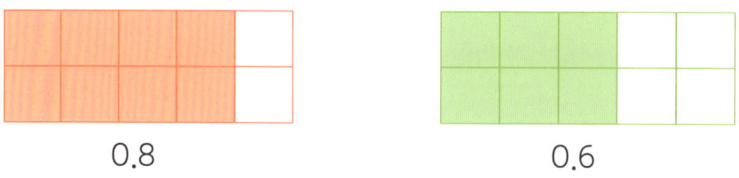

0.8과 0.6은 10개 중에 8개, 10개 중에 6개라는 의미예요. 당연히 10개 중 8개인 0.8이 더 커요.

0.8 > 0.6

이번에는 1.9와 2.7을 비교해 봐요.

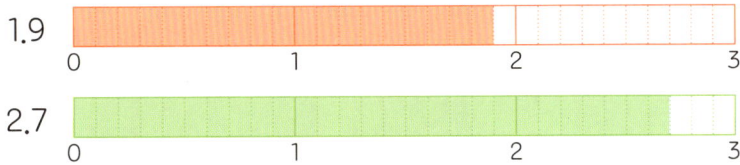

1.9는 1보다 0.9 큰 수이고, 2.7은 2보다 0.7 큰 수이지요. 색깔이 더 많이 칠해진 수는 2.7이에요.

1.9 < 2.7

이처럼 소수의 크기를 비교할 때에는 자연수가 클수록 큰 수이고, 자연수가 같으면 소수점 아래에 있는 수가 클수록 큰 수예요.

3.1 > 2.5 → 자연수가 큰 수가 큽니다.
5.2 < 5.7 → 자연수가 같으면 소수점 아래의 수가 큰 수가 큽니다.

도전! 서술형 문제

지현이와 수진이는 분수 카드와 소수 카드를 1장씩 놓으며 규칙을 만드는 카드 놀이를 하고 있습니다. 지현이와 수진이가 놓은 카드는 다음과 같습니다. 카드를 놓은 규칙을 설명하고, 3번째 카드는 어떤 수일지 소수로 나타내시오. (10점)

| 0.2 | $\dfrac{4}{10}$ | ? | $\dfrac{8}{10}$ |

 만점 팁!

문제에 여러 가지 종류의 수가 섞여 있으면 수의 크기를 비교하거나 규칙을 발견하기가 어려워요. 따라서 분수면 분수, 소수면 소수 한 종류의 수로 바꿔서 문제를 풀어야 해요. 소수로 통일했다면 수의 배열은 0.2, 0.4, ?, 0.8이 돼요.

자, 이제 규칙만 발견하면 답을 구하기는 정말 쉬워요. 먼저 첫 번째와 두 번째 수를 살펴보니 0.2만큼 커졌어요. 그렇다면 세 번째 카드는 0.4보다 0.2 큰 0.6이겠지요.

하지만 여기까지 확인하고 서둘러 답을 쓰면 실수할 수 있어요. 네 번째 카드의 수와 비교해도 규칙에 맞는지 확인한 다음 답을 쓰도록 해요.

모범 답안	채점 기준	점수
〈규칙〉 주어진 카드의 수를 소수로 바꾸면 0.2-0.4-?-0.8 순이다. 두 번째 수는 첫 번째 수보다 0.2가 커졌다. 그러므로 세 번째 수는 0.6이 될 수 있다. 네 번째 수는 0.6보다 0.2가 큰 0.8이므로 규칙은 '0.2씩 커진다'이다. 〈정답〉 0.6	규칙을 바르게 제시하고 답을 맞힌 경우	10점
	규칙을 바르게 제시했으나 소수점을 찍지 않는 등 답에 일부 오류가 있는 경우	7점
	규칙을 바르게 제시하지 못했으나 답은 맞힌 경우	4점
	무응답 또는 오답	0점

 소수를 꼭 배워야 하나요?

소수는 일상생활에서 잘 사용하지 않는 수라서 많이 낯설 거예요. 그러나 곰곰이 생각해 보면 몸무게를 나타낼 때, 외국에서 물건의 가격을 나타낼 때, 키를 잴 때 등 아주 다양한 곳에서 쓰이고 있다는 것을 알 수 있지요.

1, 2, 3, 4……와 같이 우리가 아는 자연수만으로는 세상의 많은 것들을 정확하게 측정할 수가 없어요. 자연수로 잴 수 있는 것보다 더 작은 크기가 있으니까요. 특히 오늘날처럼 컴퓨터가 발달한 시대에는 눈에 보이지 않을 만큼의 작은 크기까지 측정해야 해요. 이때 사용되는 수가 바로 소수랍니다.

소수는 자연수와 자연수 사이에 있는 수예요. 1과 2 사이에 1.1부터 1.9까지 9개의 소수가 있다고 했지요? 그런데 이게 전부가 아니에요. 1.1과 1.2 사이를 또 10으로 쪼개면 그 사이에도 소수가 있답니다. 이렇게 수와 수 사이가 다른 수로 빽빽이 메워져 있기 때문에 수많은 것들을 측정할 수 있어요. 그래서 소수를 꼭 배워야 한답니다.

3학년 때는 소수점 아래 한 자리 수까지 배우지만 학년이 올라갈수록 소수점 아래 자릿수가 더 많은 소수를 배워요. 그만큼 여러분이 아는 수의 범위가 넓어지는 거죠!

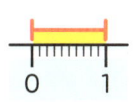

이 작은 하나의 칸 안에도 엄청나게 많은 소수가 있답니다.

 부모님 톡!

아이들은 소수를 처음 배울 때에도 분수를 처음 배울 때처럼 많이 어려워합니다. 심지어 거부감을 표현하기도 해요. 이때는 소수를 친근하게 받아들일 수 있도록 다양한 예를 들어 주는 것이 좋습니다.

몸무게를 잴 때, 키를 잴 때, 각종 통계 자료(예: 우리나라 국민의 1년 독서량 9.1권, 우리나라 국민의 주말 평균 여가 시간 5.8시간 등)를 제시하여 소수가 일상생활에서 다양하게 사용되고 있음을 알려 주세요. 또한 소수를 알게 되면 ㎝와 ㎜ 2가지 단위를 모두 사용하지 않고 ㎝만을 사용하여 측정할 수 있음을 알려 주어도 좋습니다.

2학기 1단원 | 곱셈 선 (두 자리 수)×(한 자리 수)   후 (세 자리 수)×(두 자리 수)

3학년 수와 연산

(세 자리 수)×(한 자리 수), (두 자리 수)×(두 자리 수)

이것만은 꼭!

- (세 자리 수)×(한 자리 수): 곱하는 수인 한 자리 수를 곱해지는 수의 일의 자리, 십의 자리, 백의 자리 순으로 곱한 뒤, 10이 넘으면 받아올림한다.
- (두 자리 수)×(두 자리 수): 곱하는 수를 일의 자리 수와 십의 자리 수로 나누어 계산한 다음, 두 수를 더한다.

275×3을 어림해서 빠르게 계산했네요. 답을 정확히 구하기 전에 얼마쯤 될지 어림하면 수 감각을 익히는 데 도움이 돼요. 예를 들어 '275는 300쯤 되니까 300×3을 하면 900 정도 될 것 같다.' 또는 '275는 280에 가까우니 280×3을 해서 840쯤 되겠다.'라고 어림을 하는 거예요.

그런데 지금까지와는 달리 세 자리 수에 한 자리 수를 곱하는 문제가 나왔어요. 그래도 겁먹을 필요는 없답니다. 한 자리 수를 일의 자리, 십의 자리, 백의 자리 순으로 차례차례 곱하면 되니까요. 세로식으로 적을 때는 자릿수를 맞춰 적어야겠죠?

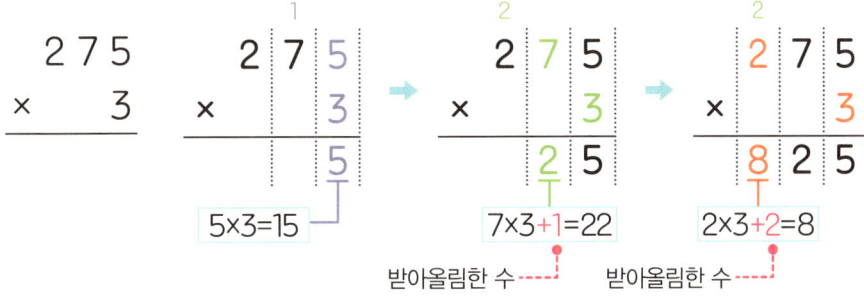

이번에는 (몇십)×(몇십) 형태인 두 자리 수끼리의 곱셈이에요. 먼저 30×4를 모눈종이에 나타내요. 30칸씩 4줄이므로 30×4=120이에요. 그럼 30×40은 30×4의 10배이므로 답은 1200이에요.

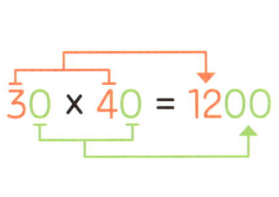

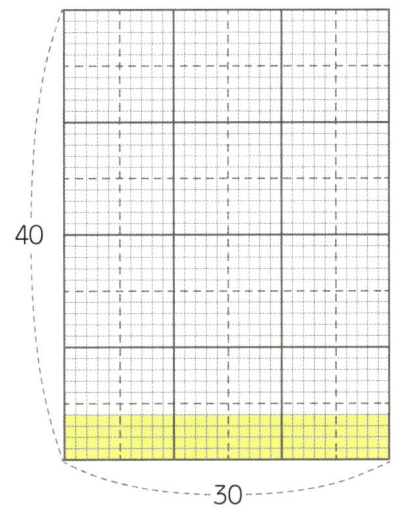

(몇십)×(몇십)은 십의 자리끼리 곱한 다음, 그 값에 곱하는 두 수에 있는 0의 수만큼 0을 붙입니다.

이것을 세로식으로 계산해 볼게요.

$$
\begin{array}{r} 30 \\ \times\,40 \\ \hline \end{array}
\;\rightarrow\;
\begin{array}{r} 3\,0 \\ \times\,4\,0 \\ \hline 0\,0 \end{array}
\;\rightarrow\;
\begin{array}{r} 3\,0 \\ \times\,4\,0 \\ \hline 1\,2\,0\,0 \end{array}
$$

이번에는 (몇십 몇)×(몇십)의 형태인 15×20을 계산해요. 먼저 15×2는 모눈종이 15칸씩 2줄이므로 15×2=30이에요. 15×20은 15×2의 10배이므로 답은 300입니다.

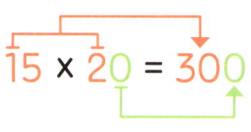

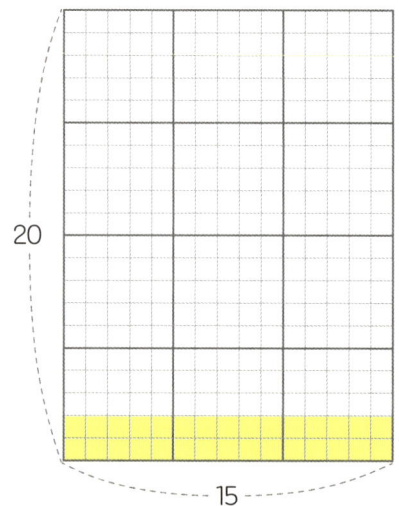

(몇십 몇)×(몇십)은 (몇십 몇)×(몇)을 계산한 다음,
그 값에 10배를 합니다.

이를 세로식으로 다시 한번 볼까요?

$$
\begin{array}{r} 1\,5 \\ \times\,2\,0 \\ \hline 0 \end{array}
\;\rightarrow\;
\begin{array}{r} 1\,5 \\ \times\,2\,0 \\ \hline 3\,0\,0 \end{array}
$$

(몇십 몇)×(몇십 몇)의 형태인 48×13을 계산해 봐요. (몇십 몇)과 (몇)을 곱하고, (몇십 몇)과 (몇십)을 곱한 다음 더하면 돼요.

$48 \times 13 = (48 \times 3) + (48 \times 10) = 144 + 480 = 624$

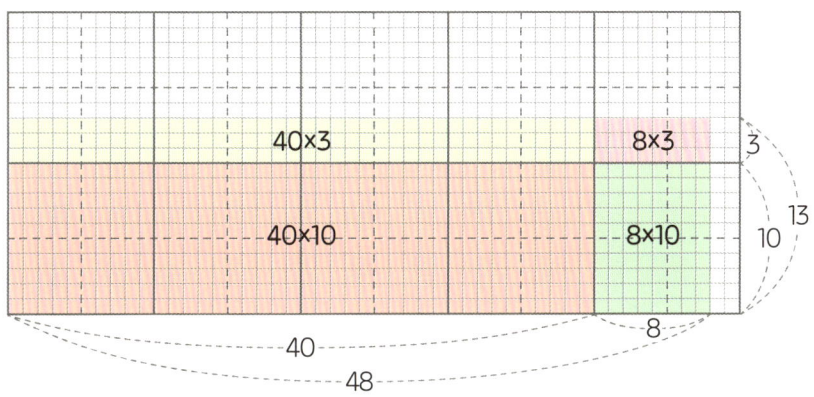

세로식으로 계산할 때는 먼저 곱하는 수의 일의 자리인 3을 곱하고 줄을 바꿔서 십의 자리를 곱해요. 그다음 각각의 곱을 더해요.

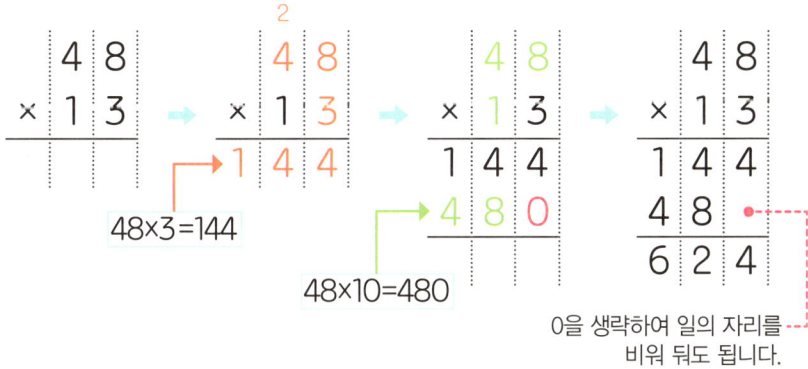

 지혁이는 수학책에 나온 곱셈 문제를 다음과 같이 해결하였습니다. 다음 문제를 읽고 물음에 답하시오.(10점)

```
    3 8
  × 6 2
  ─────
  6 1 6
  2 2 8
  ─────
  8 3 4
```

① 계산이 틀린 부분을 2군데 찾고, 틀린 이유를 쓰시오.(6점)
② 위의 곱셈을 바르게 계산하고, 답을 구하시오.(4점)

 만점 팁!

많은 친구들이 틀린 부분을 찾으라는 문제를 어려워해요. 이때는 주저하지 말고 자신이 알고 있는 대로 다시 풀어 보세요. 직접 풀어서 내가 푼 방법과 문제에 나온 풀이 방법이 어떻게 다른지 비교해 보면 틀린 곳이 금세 눈에 들어와요.
먼저 38×2를 풀고 그다음 38×60을 계산해서 더하면 돼요.
두 자리 수끼리의 곱셈을 세로식으로 계산할 때는, 자릿값을 정확하게 아는 것이 중요해요. 위의 문제에서 38×60을 계산할 때, 마지막 일의 자리의 0은 생략하고 나머지 숫자들을 어느 자리에 써야 할지 잘 생각해 보세요.

모범 답안	채점 기준	점수
① 첫 번째는 38×2의 결과가 잘못되었다. 이유는 38×2를 하면 616이 아니라 76이기 때문이다. 두 번째는 십의 자리를 곱할 때 답을 쓰는 자릿값의 위치가 잘못되었다. 십의 자리 곱셈 38×60을 계산하면, 가장 오른쪽 끝에는 0이 숨어 있다. 따라서 마지막 칸은 비워 두고 그 앞 칸부터 0을 제외한 숫자를 쓰는 것이 맞다.	틀린 부분 2군데를 찾아 그 이유를 정확하게 쓰고 바르게 계산하여 답을 맞힌 경우	10점
	틀린 부분 1군데를 찾아 그 이유를 정확하게 쓰고 바르게 계산하여 답을 맞힌 경우	8점
	틀린 부분 2군데를 찾아 그 이유를 정확하게 썼으나 답을 틀린 경우	6점
② ``` 3 8 × 6 2 ───── 7 6 2 2 8 0 ───── 2 3 5 6 ```	틀린 부분 1군데를 찾아 그 이유를 정확하게 썼으나 답을 틀린 경우	4점
	답은 맞혔으나 틀린 부분을 찾지 못한 경우	2점
	무응답 또는 오답	0점

 곱셈 문제를 풀 때 왜 모눈종이를 사용해요?

곱셈을 배울 때, 여러 가지 교구를 활용하여 학습을 하지요. 이때 가장 많이 사용하는 것은 수 모형이에요. 그런데 모눈종이도 수 모형만큼이나 유용하답니다. 모눈종이의 가로 모눈과 세로 모눈을 이용하면 두 자리 수의 곱셈을 손쉽게 풀 수 있기 때문이지요. 2학년에서 곱셈을 처음 배울 때, 사탕을 가로와 세로(즉, 네모 모양)로 배열하여 곱셈을 이해한 것과 비슷하다고 할 수 있어요.

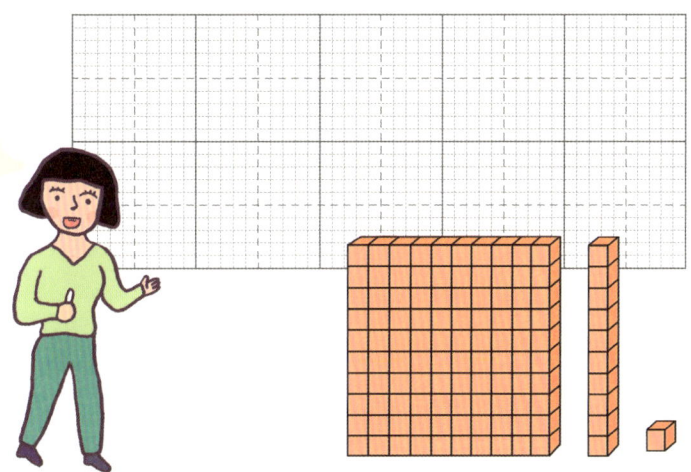

교구로 곱셈을 연습한 후에 식으로 연습을 해도 늦지 않아요!

 **부모님 톡!**

이 단원까지 학습하고 나면 곱셈의 원리를 어느 정도 깨우치고 계산력도 탄탄해집니다. 그러나 여전히 곱셈을 어려워하고 계산하기 싫어하는 아이가 있어요.
사실 우리가 곱셈을 배우는 이유는 곱셈의 계산을 잘하기 위해서가 아니라 실생활에 적용하기 위해서입니다. 그러려면 수 감각을 기르는 것이 매우 중요한데, 이때 많이 사용하는 방법이 어림하기입니다. "이 두 수를 곱하면 얼마쯤 될까?"라는 질문을 자주 하여 아이가 계산을 하기 전에 답을 어림해 볼 수 있도록 이끌어 주세요. 이 방법은 곱셈뿐만 아니라 나눗셈, 덧셈, 뺄셈에서도 유익하게 활용할 수 있습니다.

3학년 수와 연산

2학기 2단원 | 나눗셈

선 나눗셈의 의미 후 (세 자리 수)÷(두 자리 수)

(두자리 수)÷(한자리 수)

이것만은 꼭!

- 두 자리 수를 한 자리 수만큼의 개수로 묶었을 때 한 묶음에 몇 개가 들어가는지를 안다.
- 검산: (나누어지는 수)=(나누는 수)×(몫)+(나머지)

60개의 밤을 우리 가족 5명이 똑같이 나누어 먹으려면……

60을 5로 나누려면 어떻게 해야 할까요? 수 모형으로 알아봐요. 60을 똑같이 5묶음으로 묶으면 십 모형 1개에 낱개 모형 2개씩으로 묶여요. 따라서 답은 12예요.

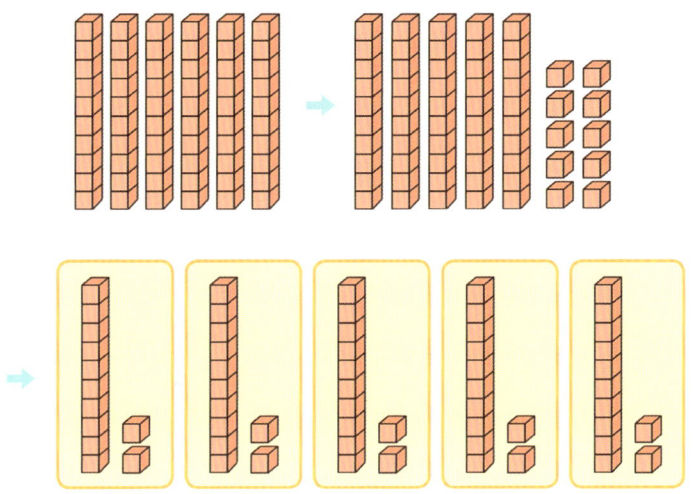

이것을 나눗셈식으로 쓰면 다음과 같아요.

$$60 \div 5 = 12$$

이번에는 세로식으로 표현해 볼까요?

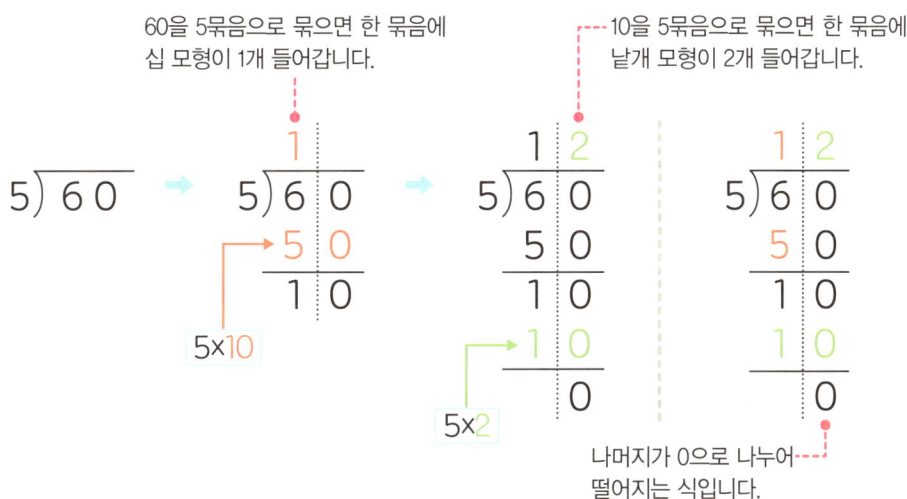

이번엔 나누어지는 수의 일의 자리가 0이 아닌 수를 계산해 봐요.

$$48 \div 3$$

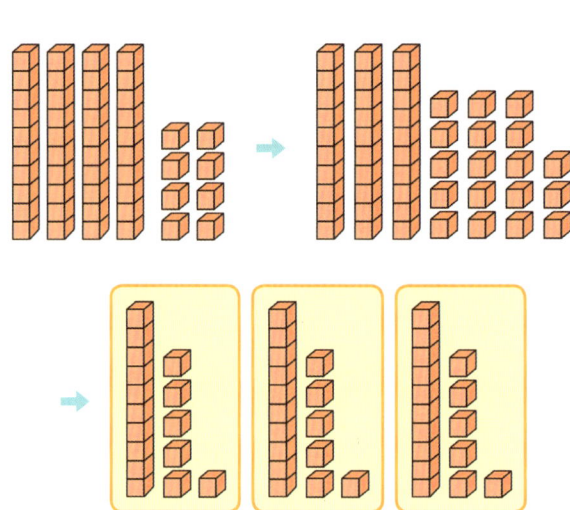

48을 똑같이 3묶음으로 묶으면 십 모형 1개, 낱개 모형 6개씩 묶여요.

$$48 \div 3 = 16$$

세로식으로 계산하면 어떻게 될까요?

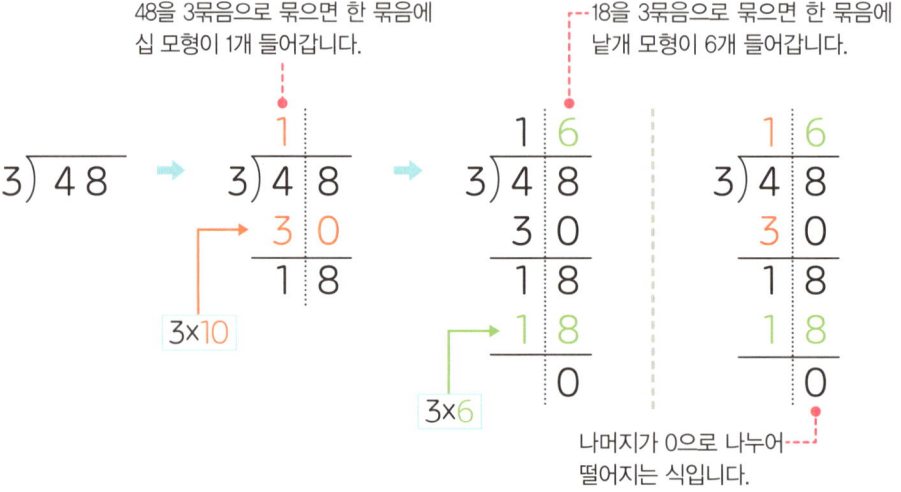

나머지가 0으로 나누어 떨어지는 식입니다.

19÷6은 어떻게 계산할까요?

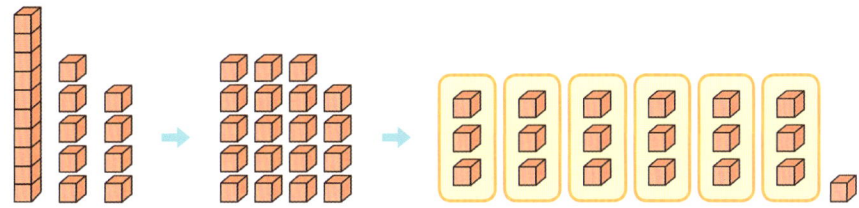

수 모형 19개를 똑같이 6묶음으로 묶으면 낱개 모형이 3개씩 묶이고, 낱개 모형 1개가 남아요. 19를 6으로 나누면 몫은 3이고 나머지는 1입니다.

$$19 \div 6 = 3 \cdots 1$$
몫 나머지

$$6 \overline{\smash{)}19}$$
몫 → 3
18
나머지 → 1

16÷4처럼 나머지가 없이 몫이 4일 때에는 나머지가 0이라고 합니다. '**나누어떨어진다**'라고도 하지요. 60÷5와 48÷3도 '나누어떨어지는' 식이에요.

나눗셈을 잘했는지 알아보기 위해서는 **검산**(맞게 풀었는지 검사하는 것)을 해야 합니다. 나누는 수에 몫을 곱하고 나머지를 더해서 나누어지는 수가 나오면 답을 맞게 구한 거예요.

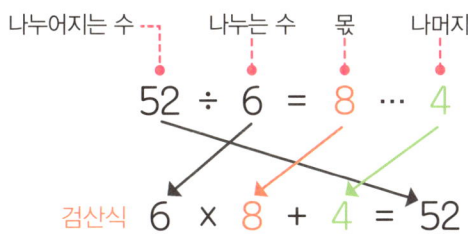

 지현이네 반 학생은 모두 43명입니다. 한 대에 5명이 탈 수 있는 승용차에 이 학생들이 모두 타려면 승용차는 적어도 몇 대가 필요할까요? 풀이 과정과 답을 적어 보시오.(6점)

 만점 팁!

43명이 한 자동차에 5명씩 탄다는 것은 43명을 똑같이 5명으로 나누는 것이므로 나눗셈에 해당해요. 다른 연산을 사용하면 정답을 구할 수 없어요. 첫 단추부터 잘못 꿰는 셈이지요.
어떤 연산을 사용해야 할지 알았다면 이제 문제에 나오는 '적어도'라는 말을 눈여겨보세요. 43명을 5명씩 태우고 나면 40명이 8대에 타고 3명이 남아요. 그렇다면 남은 3명은 어떻게 해야 할까요? 3명을 두고 갈 수는 없으니, 3명을 위한 자동차가 1대 더 필요해요. 그래서 문제에서 '적어도'라는 말을 쓴 거예요.

모범 답안	채점 기준	점수
〈풀이 과정〉 $43 \div 5 = 8 \cdots 3$ $\begin{array}{r}8\\5{\overline{\smash{)}43}}\\\underline{40}\\3\end{array}$ 5명씩 타면 8대의 자동차가 필요하다. 그리고 남은 3명을 위해 자동차 1대가 더 필요하다. 따라서 자동차는 9대가 필요하다. 〈정답〉 9대	풀이 과정과 답을 모두 맞힌 경우	6점
	풀이 과정과 답 중 1개만 맞힌 경우	3점
	무응답 또는 오답	0점

 나눗셈을 세로식으로 풀 때 몫을 어디에 써야 할지 잘 모르겠어요.

 예를 들어 $2\overline{)60}$ 를 할 때, 6과 2의 나눗셈이라고 생각하고 답을 30이라고 적는 경우가 많아요. 실제로 답도 $2\overline{)60}^{\,3}$ 이라고 쓰곤 하지요.

이럴 때에는 나눗셈의 의미를 다시 한번 떠올려 보는 것이 좋아요. 나눗셈에는 똑같이 나눈다의 의미와 똑같이 덜어 낸다는 의미가 있다고 했지요. 똑같이 나눈다는 의미로 보면 60개의 사과를 2개의 접시에 똑같이 나눈다는 말인데, 한 접시에 놓인 사과가 3개뿐일 리가 없어요.

마찬가지로 똑같이 덜어 낸다는 의미로 보아도 60에서 2씩 똑같이 덜어 낼 때 3번에 전부를 덜어 내는 건 불가능해요.

나눗셈을 할 때, 단순히 계산만으로 문제를 해결하려 하지 말고, 나눗셈에 담긴 속뜻을 생각하면 계산 문제를 틀리지 않을 수 있어요.

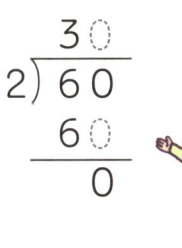 

60÷2의 정답은 3이 아니라 30이에요.

나눗셈은 아이들이 가장 어려워하는 단원입니다. 나눗셈의 의미를 이해하는 것에서부터 나눗셈의 계산 방법을 익히는 것, 나머지가 있는 나눗셈을 계산하는 것, 검산을 하는 방법까지 모든 과정이 생소하기 때문이지요. 그러나 나눗셈은 수학의 다음 과정으로 넘어가기 위해 확실하게 알아야 할 가장 중요한 단원입니다.

아이들이 어려워한다면 계산 문제부터 접근하지 말고 조작 활동을 통해 나눗셈의 기본 의미를 확실히 알게 해 주세요. 수 모형이 가장 효과적이지만 쉽게 구하기 어렵다면, 10칸짜리 공책을 활용해 보세요. 한 줄씩 잘라 십 모형, 1칸씩 잘라 낱개 모형을 만들어 나누어 보고 나눗셈식을 만들어 보면 도움이 됩니다. 일반 가정에 흔히 있는 작은 쌓기나무를 연결하여 수 모형을 만들어도 좋습니다.

2학기 3단원 | 원

선 여러 가지 도형   후 원주, 원주율

3학년 도형

원 만들기, 원의 중심과 반지름, 지름

이것만은 꼭!

- 원: 평면 위에서 한 점(원의 중심)으로부터 같은 거리에 있는 점들의 모임
- 반지름: 원의 중심과 원 위의 한 점을 이은 선분
- 지름: 원 위의 두 점을 이은 선분 중 원의 중심을 지나는 선분

원이란 평면 위의 한 점으로부터 같은 거리에 있는 점들의 모임을 말해요. 쥐불놀이를 할 때 손을 한 점으로 보면 손에서 같은 거리에 있는 수많은 점들이 모여 원을 이뤄요.

그럼 이번에는 원을 직접 만들어 볼까요? 원은 손가락을 이용하거나, 실에 단추를 매달아 그리거나 띠종이와 누름 못을 이용해서 만들 수 있어요.

손가락으로 원 만들기   실과 단추로 원 만들기   띠종이와 누름 못으로 원 만들기

하지만 원은 컴퍼스로 그리는 것이 가장 정확해요. 자와 컴퍼스를 준비하고 아래의 방법에 따라 원을 그려 봐요.

컴퍼스를 이용하여 원 그리기

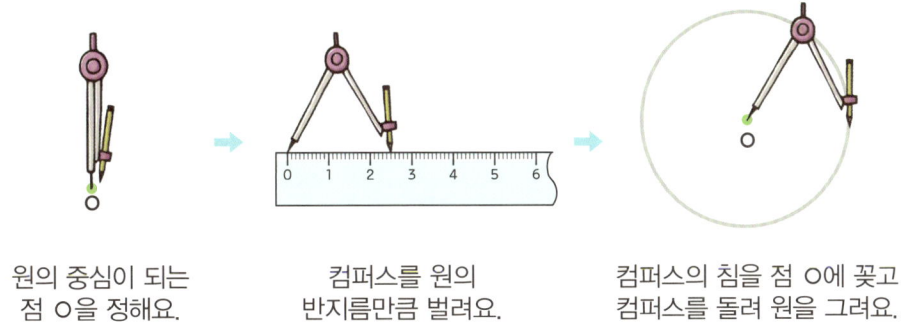

원의 중심이 되는 점 O을 정해요.   컴퍼스를 원의 반지름만큼 벌려요.   컴퍼스의 침을 점 O에 꽂고 컴퍼스를 돌려 원을 그려요.

컴퍼스를 이용해 원을 그릴 때, 그리는 중간에 컴퍼스의 벌린 정도가 달라지지 않도록 조심해야 해요.

원을 만들 때에는 가운데의 한 점을 고정시켜야 해요. 이 점은 원의 가장 안쪽에 있는 점으로 원의 **중심**이라고 해요. 원의 중심과 원 위의 한 점을 이은 선분은 원의 **반지름**이라고 합니다. 한 원에서 원의 반지름의 길이는 모두 같아요.

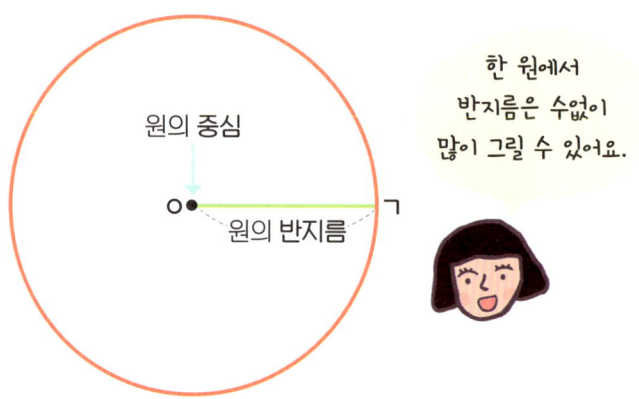

원을 똑같이 넷으로 나누어지게 접고, 접은 곳을 따라 선을 그으면 다음과 같아요.

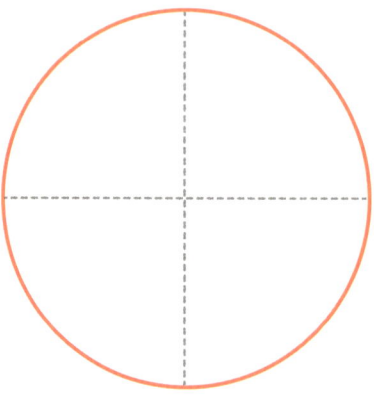

이때 두 선은 원의 중심을 지나는데 이 선분을 원의 **지름**이라고 합니다. 원의 지름은 원 위의 두 점을 이은 선분 중 원의 **중심을 지나는 선분**이지요.

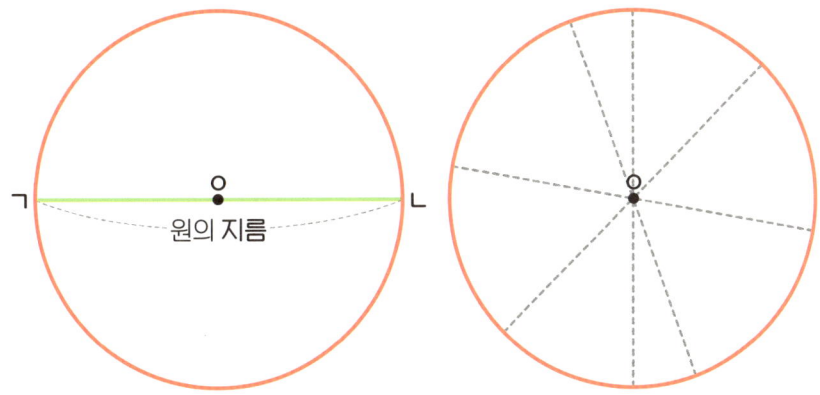

원의 지름은 원을 똑같이 둘로 나눕니다. 한 원에서 원의 지름은 모두 같고, 수없이 많이 그을 수 있어요. 한 원에서 **지름은 반지름의 2배**입니다.

(원의 지름) = (원의 반지름) × 2

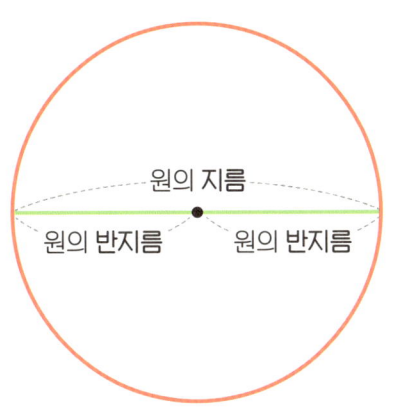

도전! 서술형 문제

원의 반지름이 5 cm일 때, 상자의 네 변의 길이의 합은 얼마일까요? 풀이 과정과 답을 적으시오. (6점)

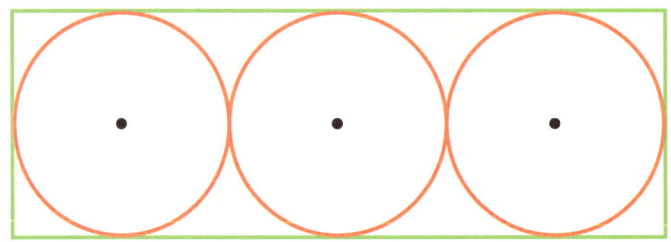

 만점 팁!

먼저 직사각형의 가로, 세로의 길이가 원의 지름과 어떤 관계인지를 알아야 해요. 위 그림을 보면, 상자 속에 원 3개가 빈틈없이 꽉 차 있는 것을 볼 수 있어요. 따라서 직사각형의 가로의 길이는 원의 지름을 3배하면 돼요. 세로의 길이는 원의 지름과 같지요. 그럼 직사각형의 네 변의 합은 어떻게 될까요? 그래요. 원의 지름의 8배예요. 식이 아니라 그림으로 나타내도 좋아요.

원의 지름과 직사각형의 둘레 사이의 관계는 알았지만, 문제에는 반지름만 주어졌기 때문에 반지름을 이용하여 원의 지름을 구해야 해요. 반지름을 2배하면 원의 지름이 된다는 사실만 알면 쉽게 풀 수 있지요!

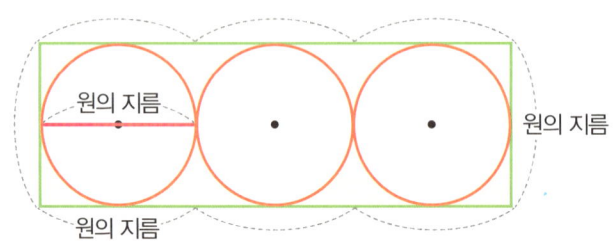

모범 답안	채점 기준	점수
〈풀이 과정〉 원의 지름: 원의 반지름의 2배=10 cm 직사각형의 가로의 길이: 원의 지름의 3배=30 cm 직사각형의 세로의 길이: 원의 지름의 1배=10 cm 직사각형의 둘레의 길이: 원의 지름의 8배=80 cm 〈정답〉 80 cm	풀이 과정에서 직사각형의 가로, 세로의 길이가 원의 지름과 관련이 있다는 사실을 설명하고 답도 맞힌 경우	6점
	풀이 과정에서 직사각형의 가로, 세로의 길이가 원의 지름과 관련이 있다는 사실은 설명했으나 답을 맞히지 못한 경우	4점
	풀이 과정은 틀렸으나 답을 맞힌 경우	3점
	무응답 또는 오답	0점

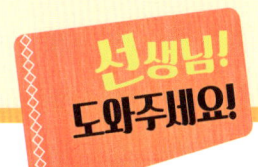

 컴퍼스를 사용하는 것이 익숙하지 않아요.

 그래요, 많은 학생들이 컴퍼스를 사용하는 것을 어색해해요. 처음 사용하니까 당연히 그럴 수 있어요. 그럼 컴퍼스에 익숙해지도록 사용법을 알아볼까요?
컴퍼스를 사용할 때에는 침을 수직으로 꽂을 수 있도록 컴퍼스의 손잡이를 적당히 꺾는 것이 좋아요. 물론 연필도 수직으로 닿을 수 있게 꺾어 주어야 해요.
또 반지름의 길이만큼 컴퍼스를 벌릴 때에도 컴퍼스의 침을 정확히 자의 '0' 눈금에 맞추고 반지름 길이만큼 벌려야 해요. 컴퍼스로 원을 그릴 때에는 침을 꽂은 쪽에 힘을 더 주고, 컴퍼스를 바로 세워서 돌려요. 또 컴퍼스의 침을 중심으로 한쪽 방향으로 돌려 원을 그려요.

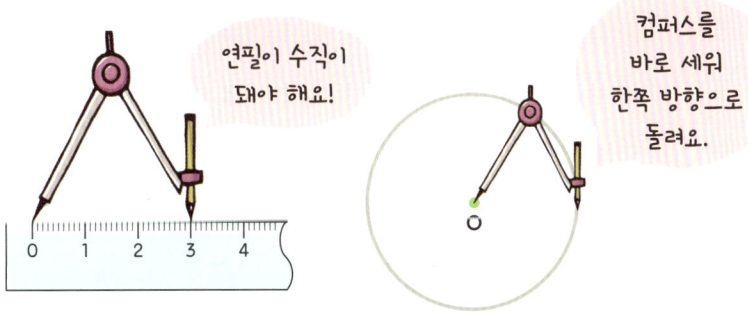

1, 2학년 때에는 여러 가지 물건 중에서 동그란 모양을 찾아 본뜨는 활동을 했습니다. 또한 손이나 다리와 같은 신체를 이용하여 원을 만들어 보았지요. 3학년 때는 원에 대해 좀 더 정확하게 학습하고 원의 구성 요소를 알아보는 활동을 합니다. 이때 가장 먼저 하는 활동이 원을 만드는 것입니다. 이 활동을 통해 원의 특징을 알고 그 과정에서 원의 중심과 반지름도 이해하게 됩니다.
아이와 함께 몸으로 원을 만들어 보세요. 엄마가 원의 중심 역할을 하고, 아이는 엄마 손을 잡고 돌면서 원을 그려 본다든가, 가족들이 저마다 손으로 원을 그려 크기를 비교해 보는 것이지요. 이런 활동은 원의 개념을 쉽고 재미있게 익힐 수 있도록 도와줍니다.

2학기 4단원 | 분수   선 분수의 개념과 크기 비교   후 분모가 같은 두 분수의 덧셈과 뺄셈

3학년 수와 연산

분수의 종류

이것만은 꼭!

- 12의 $\frac{1}{3}$은 12를 똑같이 3묶음으로 나누었을 때, 한 묶음에 들어가는 개수를 말한다.
- 분수의 종류: 진분수, 가분수, 대분수
- 분모가 같은 분수의 덧셈과 뺄셈: 분모는 그대로 두고 분자끼리만 더하고 뺀다.

사과 12개를 똑같이 4묶음으로 나누면 한 사람에게 3개씩 돌아가. 이걸 분수로 나타내면 어떻게 될까?

12의 $\frac{1}{4}$? 아니면 12의 $\frac{1}{3}$? 아이고, 어려워!

사과 12개를 똑같이 나눠 볼까요?

사과 12개를 똑같이 12로 나눈 것 중의 1은 전체의 $\frac{1}{12}$이 돼요. 만약 12개를 똑같이 12로 나눈 것 중의 5개를 먹었다면 전체의 $\frac{5}{12}$를 먹은 거예요. 똑같이 12로 나눈 것 중 3개를 먹었다면 전체의 $\frac{3}{12}$을 먹은 것이지요.

12의 $\frac{1}{3}$은 12를 3묶음한 것 중의 1묶음이므로 4입니다. 12의 $\frac{2}{3}$는 12를 3묶음한 것 중의 2묶음이므로 8이지요.

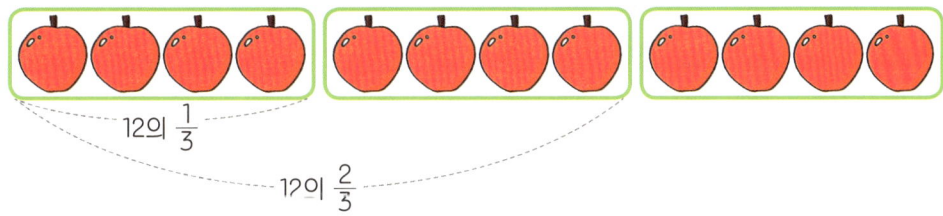

귤 9개를 3개씩 묶으면 한 묶음에는 3개씩 들어갑니다. 이때 3은 3묶음 중 1묶음이므로 9의 $\frac{1}{3}$입니다. 귤 9개를 3개씩 묶으면 6은 3묶음 중 2묶음이므로 9의 $\frac{2}{3}$입니다.

그렇다면 사과 12개를 똑같이 4묶음으로 나눴을 때의 한 묶음은 12의 $\frac{1}{4}$로 나타낼 수 있어요.

이번에는 수직선에 분수를 나타내 볼게요. 0부터 1까지를 8칸으로 나누면 작은 눈금 한 칸의 크기는 $\frac{1}{8}$입니다.

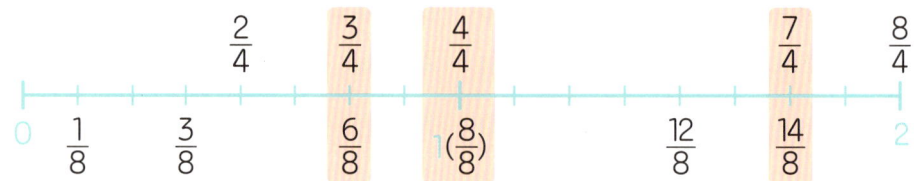

수직선을 보면 같은 위치에 2개의 분수가 쓰여 있지요. 이 두 분수는 크기가 같아요.

$$\frac{3}{4}=\frac{6}{8} \quad \frac{4}{4}=\frac{8}{8} \quad \frac{7}{4}=\frac{14}{8}$$

위의 수직선에 있는 수는 세 종류로 나눌 수 있어요. 먼저 분자가 분모보다 작은 분수예요. 이 분수는 **진분수**라고 해요. $\frac{3}{8}, \frac{2}{4}, \frac{3}{4}, \frac{6}{8}$이에요. 진분수(眞分數)에서 '참 진(眞)'은 진짜라는 뜻이에요. 전체에서 부분을 나타내는 분수의 원래 특성을 지니고 있어서 붙은 이름이에요.

진분수: 분자가 분모보다 작은 분수

다음으로 **가분수**(假分數)가 있어요. $\frac{4}{4}, \frac{8}{8}, \frac{12}{8}, \frac{7}{4}, \frac{14}{8}$와 같이 분자가 분모와 같거나 분모보다 큰 분수이지요. 가분수는 분수의 원래 특성과 달라서 가짜 분수라는 뜻으로 '거짓 가(假)' 자를 붙여요.

가분수: 분자가 분모와 같거나 분모보다 큰 분수

마지막으로 1, 2와 같은 수를 **자연수**라고 해요.

그럼 분수끼리도 서로 더하거나 뺄 수 있을까요? 물론이에요. 분수의 합이나 차를 구할 때 분모는 그대로 두고, 분자끼리 더하거나 빼요.

지현이는 피자 한 판 중 $\frac{7}{12}$만큼을 먹었고, 수진이는 $\frac{3}{12}$만큼 먹었어요.

이때 둘이 먹은 양의 합은 다음과 같아요.

$$\frac{7}{12} + \frac{3}{12} = \frac{7+3}{12} = \frac{10}{12}$$

분수의 합을 구할 때는 분모는 그대로 두고 분자끼리 더합니다.

그렇다면 지현이는 수진이보다 얼마나 더 먹었을까요? 이것은 뺄셈으로 해결해요.

$$\frac{7}{12} - \frac{3}{12} = \frac{7-3}{12} = \frac{4}{12}$$

분수의 차를 구할 때는 분모는 그대로 두고 분자끼리 뺍니다.

이번에는 가분수 $\frac{7}{4}$을 자연수와 진분수의 합으로 나타내 볼게요.

$\frac{7}{4}$은 $\frac{4}{4}+\frac{3}{4}$의 합과 같아요. $\frac{4}{4}$는 1이므로 $1+\frac{3}{4}$으로 쓸 수 있어요. 이를 $1\frac{3}{4}$이라 쓰고 **1과 4분의 3**이라고 읽습니다.

분모와 분자가 같은 분수는 1과 같아요. 예를 들어 피자 $\frac{4}{4}$조각은 4조각 중 4조각이니까 피자 한 판과 같지요.

이렇게 자연수와 진분수로 이루어진 분수를 **대분수**라고 해요. 대분수(帶分數)는 '띠 대(帶)' 자를 써요. 자연수가 분수 옆에 있는 것이 허리띠를 찬 것 같아 붙여진 이름이지요.

- 대분수 $1\frac{3}{4}$은 1과 4분의 3이라고 읽습니다.
- 대분수는 자연수와 진분수로 이루어집니다.

대분수는 **가분수**로 나타낼 수 있어요. 자연수 부분을 가분수로 고쳐 진분수와 더하면 돼요.

$$1\frac{1}{2}=1+\frac{1}{2}=\frac{2}{2}+\frac{1}{2}=\frac{3}{2}$$

가분수를 대분수로 나타낼 때는 가분수를 자연수와 진분수로 나눠요.

$$\frac{11}{4} = \frac{8}{4} + \frac{3}{4} = 2 + \frac{3}{4} = 2\frac{3}{4}$$

가분수와 대분수의 크기를 비교할 때는 가분수를 대분수로 바꾸거나, 대분수를 가분수로 바꾸어 두 분수의 종류를 1가지로 통일해요.
$\frac{5}{3}$와 $1\frac{1}{3}$을 비교해 볼까요?

가분수를 대분수로 바꾸기

$$\frac{5}{3} = \frac{3}{3} + \frac{2}{3} = 1\frac{2}{3} \text{이므로 } 1\frac{2}{3} > 1\frac{1}{3} \text{에서 } \frac{5}{3} > 1\frac{1}{3}$$

대분수를 가분수로 바꾸기

$$1\frac{1}{3} = \frac{3}{3} + \frac{1}{3} = \frac{4}{3} \text{이므로 } \frac{5}{3} > \frac{4}{3} \text{에서 } \frac{5}{3} > 1\frac{1}{3}$$

가분수와 대분수의 크기를 비교할 때는 가분수를 대분수로
바꾸거나 대분수를 가분수로 바꾸어 **분수의 종류를 같게 만듭니다.**

태령이는 가지고 있는 흰 바둑돌 24개 중에서 전체의 $\frac{1}{4}$을 동생에게 주고, 전체의 $\frac{2}{6}$를 형에게 주었습니다. 태령이가 동생과 형에게 준 바둑돌은 전체의 몇 분의 몇입니까? (6점)

 만점 팁!

전체 24개를 똑같이 4묶음으로 나눠 보고, 똑같이 6묶음으로도 나눠 보세요. 머릿속으로 나누는 게 힘들다면, 4칸으로 나눈 표를 만들어 그 속에 24를 똑같이 나누어 봐요.

어때요? 6개씩 들어가지요? 그래서 24의 $\frac{1}{4}$은 6이 돼요.

마찬가지로 $\frac{2}{6}$를 구할 때에는 6칸을 만들어 24를 똑같이 나누어요. 1칸에 4개씩 들어가고, 이 중 2칸에 들어가는 바둑돌은 모두 8개예요.

이제 동생과 형에게 준 바둑돌의 합을 구해야 해요. 24개 중 14개(6+8)이지요. 그런데 14개가 전체 24개 중 몇 분의 몇이냐고 묻는 문제이니까 24를 여러 묶음으로 나눌 때 1씩 묶으면 24묶음이 되고 14개는 24묶음 중 14묶음이 되므로 $\frac{14}{24}$가 되며, 2씩 묶으면 12묶음이 되고 14개는 12묶음 중 7묶음이므로 $\frac{7}{12}$이 되지요.

모범 답안	채점 기준	점수
〈풀이 과정〉 24의 $\frac{1}{4}$은 6, 24의 $\frac{2}{6}$는 8 6+8=14(개)이며, 1개씩 묶으면 24묶음이 되고, 14개는 24묶음 중 14묶음이 되므로 $\frac{14}{24}$가 된다. 24개를 2개씩 묶으면 12묶음이 되고, 14개는 12묶음 중 7묶음이 되므로 $\frac{7}{12}$이라고 할 수도 있다. 〈정답〉 $\frac{14}{24}$ 또는 $\frac{7}{12}$	풀이 과정에서 전체의 $\frac{1}{4}$과 $\frac{2}{6}$를 바르게 구하고, 합을 잘 나타냈으며, 구한 합이 전체의 몇 분의 몇인지 답을 맞힌 경우	6점
	풀이 과정에서 전체의 $\frac{1}{4}$과 $\frac{2}{6}$를 바르게 구하고, 합을 잘 나타냈으나, 답을 틀린 경우	4점
	풀이 과정은 틀렸으나 답을 맞힌 경우	3점
	무응답 또는 오답	0점

 $1\frac{5}{3}$는 대분수인가요?

$1\frac{5}{3}$는 대분수가 아니에요.
이유는 무엇일까요? 대분수의 뜻을 잘 생각해 보면 금방 알 수 있어요. 대분수란 자연수와 진분수의 합으로 이루어진 분수예요. 그런데 $1\frac{5}{3}$ 중 $\frac{5}{3}$는 진분수가 아니에요. **분자가 분모보다 크므로 가분수**이지요.

진분수, 가분수, 대분수의 의미를 바르게 이해하고 있으면 이런 문제는 헷갈리지 않을 거예요. 한 가지 더! 분수의 합을 구했을 때 가분수가 나왔다면 반드시 대분수로 고쳐 주세요. 초등학교 수학 과정에서는 가분수를 대분수로 고쳐야 한답니다.

분수의 종류

- 진분수: 분자가 분모보다 작은 분수 예 $\frac{3}{8}, \frac{3}{4}, \frac{6}{8}$
- 가분수: 분자가 분모와 같거나 분모보다 큰 분수 예 $\frac{4}{4}, \frac{12}{8}, \frac{14}{8}$
- 대분수: 자연수와 진분수로 이루어진 분수 예 $1\frac{1}{2}, 2\frac{3}{4}, 1\frac{3}{4}$

아이가 분수를 처음 배울 때에는 원이며 사각형을 열심히 나누고 색칠하면서 곧잘 이해하는 것 같았는데 귤, 사과 등 각각 떨어져 있는 물건으로 공부하니 제대로 이해하지 못하는 것 같아 걱정스러울 수 있습니다.

이처럼 떨어져 있는 물건을 수학에서는 '이산량'이라고 합니다. 개수를 셀 수 있다는 특징이 있지요. 자연수에서 전체의 몇 분의 몇을 구할 때, 아이들은 어찌할 바를 몰라 합니다.

이럴 때는 주어진 수를 여러 가지 경우로 나눠 보는 활동을 하면 좋습니다. 구체적인 물건을 이용하면 더욱 좋겠지요. 12개를 2묶음, 3묶음, 4묶음, 6묶음 등 여러 가지 경우로 나눠 보고, 2묶음으로 나눌 때 4는 몇 분의 몇인지, 4묶음으로 나눌 때 4는 몇 분의 몇인지 등을 알아보는 것이 중요합니다. 이를 통해 똑같은 개수라 하더라도 전체를 몇 묶음으로 나누느냐에 따라 몇 분의 몇이 달라진다는 것을 알 수 있습니다.

2학기 5단원 ❶ | 들이와 무게 선 길이, 높이, 키, 무게, 넓이, 들이 후 직육면체의 부피

3학년 측정

mL, L, 들이의 합과 차

이것만은 꼭!
- 1 L(1 리터): 가로, 세로, 높이가 10 ㎝인 그릇에 가득 담을 수 있는 양
- 1 mL(1 밀리리터): 가로, 세로, 높이가 1 ㎝인 그릇에 가득 담을 수 있는 양

1학년 때 비교하기 단원에서 들이에 대해 간단히 배웠어요. **들이**는 '들이다'라는 말에서 왔으며, 용기 안에 들여진 정도를 나타내요. 다시 말해서 어떤 그릇에 최대한 담을 수 있는 양을 뜻하지요. 주로 액체의 양을 측정할 때 써요.

들이를 나타내는 단위에는 mL와 L가 있어요. 🟦 안에 가득 담을 수 있는 액체의 양을 1 mL, 🟫 안에 가득 담을 수 있는 액체의 양을 1 L라고 해요.

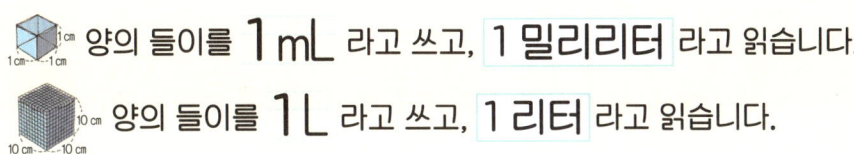 양의 들이를 1 mL 라고 쓰고, 1 밀리리터 라고 읽습니다.

양의 들이를 1 L 라고 쓰고, 1 리터 라고 읽습니다.

그럼 mL와 L는 어떤 관계가 있을까요? 1 mL의 1000배가 1 L예요.

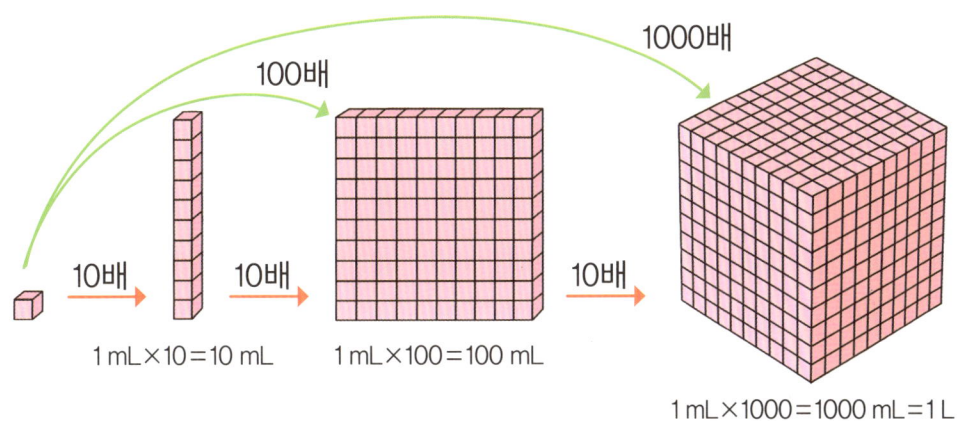

1000 mL = 1 L

1 L와 200 mL를 더할 수 있을까요?

1 L보다 200 mL 더 많은 들이를 1 L 200 mL라고 쓰고, 1 리터 200 밀리리터라고 읽습니다. 1 L 200 mL 는 1200 mL와 같습니다.

1 L 200 mL = 1 L + 200 mL = 1000 mL + 200 mL = 1200 mL

들이의 합과 차를 구할 때는 같은 단위끼리 계산해요.

$$\begin{array}{r} 6\,L\ 520\,mL \\ +\ 3\,L\ 400\,mL \\ \hline 9\,L\ 920\,mL \end{array} \qquad \begin{array}{r} 8\,L\ 800\,mL \\ -\ 2\,L\ 500\,mL \\ \hline 6\,L\ 300\,mL \end{array}$$

지수 어머니는 하루에 물을 2 L씩 마시기로 했습니다. 아침에 물 400 mL를 마셨다면 남은 시간 동안 200 mL 컵으로 몇 번을 더 마셔야 2 L를 채울 수 있을까요? 풀이 과정과 답을 쓰시오. (8점)

2 L   200 mL

 만점 팁!

먼저 지수 어머니가 하루에 마시기로 한 전체 섭취량에서 아침에 마신 섭취량을 빼야 해요. 그런데 2 L와 400 mL는 서로 단위가 다르기 때문에 뺄셈을 할 수 없어요. 이럴 때는 단위를 같게 만들어야 하지요. 2 L를 2000 mL로 고치고, 2000 mL − 400 mL를 하면 1600 mL가 돼요.

다음으로 나누어 마시는 상황은 나눗셈과 관련이 있어요. 남은 1600 mL를 200 mL 컵으로 나누어 마신다고 했으니 1600을 200으로 나누어야 해요. 나누기가 힘들다면 1600 mL에서 200 mL를 0이 될 때까지 빼도 돼요.

해결 1   1600 ÷ 200 = 8

해결 2   1600 ÷ 200 = 1600 − 200 − 200 − 200 − 200 − 200 − 200 − 200 − 200 = 0

모범 답안	채점 기준	점수
〈풀이 과정〉 2 L − 400 mL = 2000 mL − 400 mL = 1600 mL, 1600 mL ÷ 200 mL = 8 〈정답〉 8잔	풀이 과정과 답을 모두 맞힌 경우	8점
	풀이 과정은 맞혔으나 답은 틀린 경우	4점
	풀이 과정은 틀렸으나 답을 맞힌 경우	2점
	무응답 또는 오답	0점

단위가 너무 많아서 다 외우기가 어려워요!

새로운 단위가 잘 외워지지 않거나 단위끼리의 관계가 잘 이해되지 않는 경우가 있어요. 우리가 배우는 단위들은 대부분 서양에서 들어온 것으로, 영어 약자의 속뜻을 알면 훨씬 외우기가 쉬워요. 예를 들어 ㎝(센티미터)에서 'centi(센티: 기호로 c)'는 $\frac{1}{100}$을 뜻해요. 1 ㎝는 1 m를 100개로 나눈 것 중의 1개라는 뜻이지요.

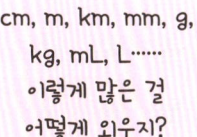

cm, m, km, mm, g, kg, mL, L······
이렇게 많은 걸 어떻게 외우지?

km(킬로미터)에서 'kilo(킬로: 기호로 k)'는 1000을 뜻합니다. m(미터)가 1000개 모이면 1 km가 되지요. 따라서 1 km=1000 m예요. 그렇다면 같은 의미에서 kg(킬로그램)은 g의 몇 배일까요? 네, 맞아요. 1000배예요. 1 kg은 1000 g이지요.

mm(밀리미터)에서 'mil(밀리: 기호로 m)'는 $\frac{1}{1000}$을 뜻합니다. 다시 말해서 1 mm는 1 m를 1000개로 나눈 것 중의 1개를 뜻해요. 1 L=1000 mL인 것도 알겠지요? 1 mL는 1 L를 1000개로 나눈 것 중의 1개를 뜻한답니다. 이렇게 단위의 뜻을 알고 머릿속에 떠올리면 더 쉽게 외울 수 있어요.

- 100 cm=1 m
- 1000 m=1 km
- 1000 g=1 kg
- 1000 mL=1 L

부모님 톡!

1 mL와 1 L를 배워도 그것이 실제로 얼마만큼인지를 가늠하지 못하는 경우가 많습니다. 따라서 들이에 대한 양감을 길러 주는 것이 무엇보다도 중요합니다.

가정에서 흔히 사용하는 여러 가지 그릇에 물을 가득 붓고 200 mL 우유갑처럼 일정한 단위의 용기로 물을 퍼내어 들이를 재는 활동을 해 보세요. 또한 아이와 함께 마트에 가서 여러 가지 용기에 든 용량을 추측하고, 직접 확인해 보는 것도 양감을 기르는 데 효과적입니다.

3학년 측정

2학기 5단원 ❷ | 들이와 무게

선 길이, 높이, 키, 무게, 넓이, 들이

g, kg, t, 무게의 합과 차

이것만은 꼭!

- 무게의 단위에는 1 g, 1 kg, 1 t이 있다.
- 무게의 합과 차를 구할 때에는 같은 단위끼리 계산을 한다.
- 1 kg=1000 g, 1 t=1000 kg임을 이용하여 받아올림하거나 받아내림한다.

무게란 물건의 무거운 정도를 뜻해요. 무게는 양손에 물건을 들거나 양팔 저울을 사용하여 비교할 수 있지만 이것만으로는 정확한 무게를 알기가 어려워요. 그래서 단위를 만들었지요. 무게를 나타내는 단위는 g과 kg, t이 있어요. t은 처음 보는 단위이지요? kg보다 더 큰 단위랍니다. 그럼 지금부터 무게를 나타내는 단위에 대해 좀 더 자세히 알아볼게요.

1g은 1g 이라고 쓰고, 1 그램 이라고 읽습니다.

1kg은 1kg 이라고 쓰고, 1 킬로그램 이라고 읽습니다.

1t은 1t 이라고 쓰고, 1 톤 이라고 읽습니다.

1 kg은 물 1 L, 1 g은 물 1 mL의 무게와 같아요.

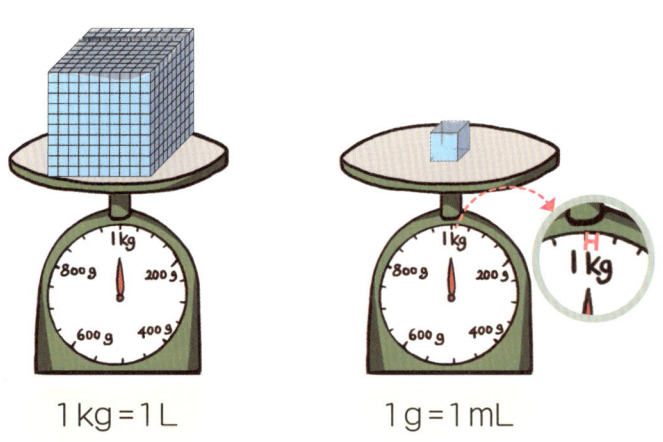

1 kg = 1 L   1 g = 1 mL

1 kg은 1000 g과 같고 1 t은 1000 kg과 같습니다.

1 kg = 1000 g   1000 kg = 1 t

무게 단위 사이의 관계를 알아볼까요?

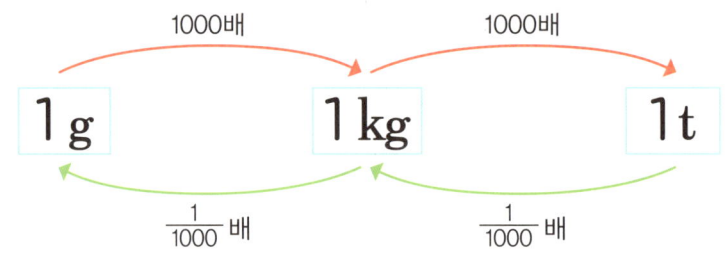

1 t = 1000 kg = 1000000 g

그렇다면 g, kg, t은 어떤 경우에 사용할까요?

g은 요리 재료 등 비교적 가벼운 물건을 잴 때 사용해요. kg은 사람의 몸무게나 TV, 세탁기와 같은 가전제품 등의 무게를 잴 때 사용하지요. t은 트럭과 같은 운송 수단에 싣는 물건의 무게를 나타낼 때 주로 사용한답니다.

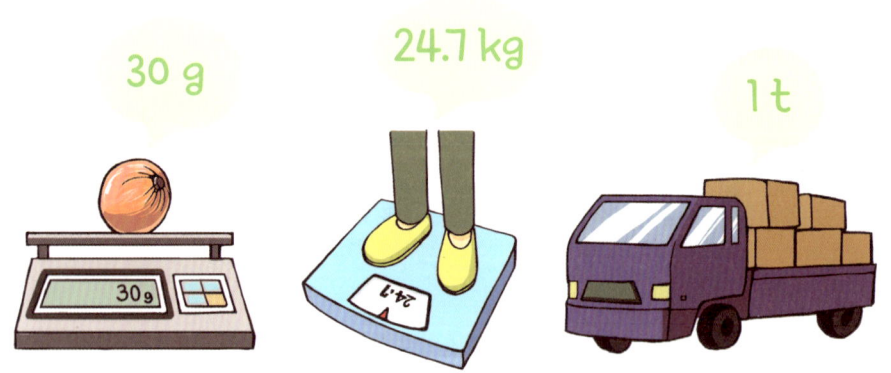

이번에는 무게의 합과 차를 알아보아요.

무게의 합이나 차를 구할 때는 mL, L와 마찬가지로 같은 단위끼리 계산해요. kg은 kg끼리, g은 g끼리 단위를 맞추어 계산해 보세요.

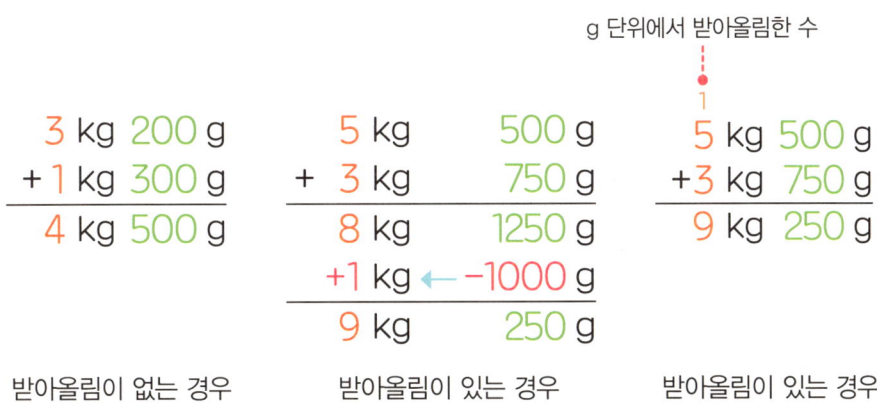

받아올림이 없는 경우 　　받아올림이 있는 경우 　　받아올림이 있는 경우

g끼리의 합이 1000g이거나 1000g을 넘을 경우
1000g을 1kg으로 받아올림하여 계산합니다.

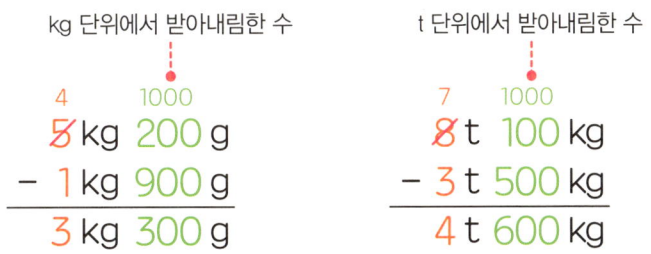

같은 단위끼리 뺄 수 없을 때에는 1 kg=1000 g,
1 t=1000 kg으로 받아내림하여 계산합니다.

등에 소금을 잔뜩 짊어진 당나귀의 출발 전 몸무게는 20 kg 200 g이었습니다. 그런데 길을 가다가 강물에 빠져 소금의 절반이 녹아 버리자 몸무게는 15 kg 800 g이 되었습니다. 그렇다면 원래 당나귀가 지고 있던 소금의 무게는 얼마일까요? 그리고 당나귀의 몸무게는 얼마일까요? 풀이 과정과 답을 쓰시오. (10점)

이렇게 문장이 길 때는 문제를 끊어 읽거나 그림을 그려 보면 훨씬 이해하기가 쉬워요.

문제를 끊어 읽기

소금을 잔뜩 등에 짊어진 당나귀의 출발 전 몸무게는 20 kg 200 g이었습니다.
→ 이때의 무게는 당나귀의 몸무게+소금의 무게겠지요?
길을 가다가 강물에 빠져 소금의 절반이 녹아 버린 뒤 몸무게는 15 kg 800 g이 되었습니다.
→ 이때의 무게는 당나귀의 몸무게+남은 소금의 무게예요.

그림으로 그려 보기

문제에 주어진 정보를 최대한 활용해요. 먼저 처음 무게에서 나중 무게를 빼면 강물에 녹아 버린 절반의 소금 무게가 나와요. 이것을 2번 더하면 소금의 무게이지요. 그다음 처음의 무게에서 소금의 무게를 빼면 당나귀의 몸무게만 남아요.

당나귀 몸무게+소금 무게
=20 kg 200 g

당나귀 몸무게+남은 소금 무게
=15 kg 800 g

모범 답안	채점 기준	점수
〈풀이 과정〉 소금의 $\frac{1}{2}$(절반)의 무게: 20 kg 200 g−15 kg 800 g=4 kg 400 g 소금의 무게: 4 kg 400 g+4 kg 400 g=8 kg 800 g 당나귀의 무게: 처음 소금을 지고 있던 당나귀의 무게−소금의 무게 =20 kg 200 g−8 kg 800 g=11 kg 400 g 〈정답〉 소금의 무게: 8 kg 800 g / 당나귀의 무게: 11 kg 400 g	풀이 과정과 답을 모두 맞힌 경우	10점
	풀이 과정만 맞고 답을 틀린 경우	6점
	풀이 과정은 틀렸으나 답을 맞힌 경우	4점
	무응답 또는 오답	0점

1 kg이 실제로 얼마나 무거운지 잘 모르겠어요.

많은 친구들이 무게를 공부하면서도 그것이 얼마나 무거운지 정확히 알지 못해요. 양감이 부족하기 때문이에요. 양감은 어떤 물건을 직접 들어 보고 무게를 어림하거나, 해당 무게의 물건을 짐작으로 알아맞히는 감각을 말해요. 양감은 우리 생활 곳곳에 있는 사물을 통해 기를 수 있어요.

주변에서 쉽게 구할 수 있는 생수병은 500 mL짜리 또는 1.5 L짜리가 있어요. 500 mL는 500 g으로 바꿀 수 있으므로 이 병에 담긴 물의 무게는 500 g이에요. 1.5 L에 담긴 물의 무게는 1.5 kg 즉, 1500 g이에요. 물론 이때 생수병의 무게는 빼고 생각해야겠지요.

종이 1장의 무게처럼 아주 작은 물체의 무게는 어떻게 알까요? 저울에 종이 1장을 올려놓아도 눈금이 변하지 않아요. 이럴 때는 종이를 100장 쌓아 놓고, 100장의 무게를 구한 다음 100으로 나누면 돼요.

이렇게 생활 속에서 쉽게 구할 수 있는 물건으로 양감을 익히면 단위 공부가 더욱 쉬울 거예요.

아이들은 물건의 부피가 크면 더 무거울 거라고 생각하지만 그렇지 않은 경우도 많습니다. 소금과 솜이 대표적이지요. 따라서 물체의 부피(공간에서 차지하는 양)가 크다고 해서 더 무거울 것이라는 편견을 갖지 않도록 지도해 주세요.

또한 똑같은 물건의 무게를 재는 데도 답이 달라지는 경우가 있습니다. 전자저울와 양팔 저울로 쟀을 때 무게가 다르게 나올 수 있지요. 이럴 때는 모두 다 맞다고 말해 주는 것이 좋습니다. 예를 들어 우리의 몸무게도 바늘 체중계로 잴 때와 전자저울로 잴 때 차이가 있어요. 저울이 고장 난 게 아니라 얼마나 작은 단위까지 잴 수 있느냐에 따라 달라집니다. 따라서 물건의 무게를 잴 때는 얼마나 정확하게 잴 것인지를 먼저 정하고 이에 맞는 저울을 선택하는 것이 좋다고 이야기해 주세요.

그림그래프

2학기 | 6단원 | 자료의 정리

선 표와 그래프　후 막대그래프

3학년 자료와 가능성

이것만은 꼭!

- 그림그래프: 조사한 수를 그림으로 나타낸 그래프

준석이네 반 아이들이 벼룩시장에 쓰려고 가져온 물건들이 어지럽게 쌓여 있어요. 이것을 한눈에 알아보기 쉽게 정리하려면 **표**나 **그림그래프**로 나타내면 돼요.

표

종류	학생 수
책	23
장난감	45
옷	65
학용품	25
합계	158

물건을 가져온 학생 수

표는 자료의 항목별 수와 전체 자료의 수를 살펴보는 데 편리하고, 그림그래프는 항목별 수의 크기를 한눈에 비교하기에 편리해요.

그럼 지금부터 그림그래프 그리는 방법을 알아봐요. 주어진 자료를 보고 어떤 그림으로 나타낼지 결정한 후 그래프로 표현하면 돼요.

좋아하는 과목	국어	수학	사회	과학	합계
학생 수	21	31	24	14	90

좋아하는 과목별 학생 수

주어진 표를 이용하여 순서에 맞게 그림그래프를 그려 볼까요?

그림그래프 그리는 방법
① 그림을 몇 가지로 나타낼지 정해요.
② 어떤 그림으로 나타낼지 정해요.
③ 조사한 수에 맞게 그림을 그려요.
④ 그림그래프에 알맞은 제목을 붙여요.

종류	학생 수
국어	21
수학	31
사회	24
과학	14
합계	90

좋아하는 과목별 학생 수

👤 : 10명, 👤 : 1명

사람 수를 나타내야 하므로 10명과 1명을 나타낼 수 있는 2가지 그림을 사용했어요. 그리고 자료의 특징이 잘 나타나도록 사람 모양으로 수를 표현했지요. 어때요? 표로 나타냈을 때보다 학생 수를 비교하기가 더 쉽죠?

도전! 서술형 문제

문구점별로 판매된 연필의 개수를 조사하여 나타낸 그림그래프입니다. ㉮, ㉯, ㉰, ㉱ 네 문구점에서 팔린 연필이 모두 200자루라면 ㉰ 문구점에서 팔린 연필은 몇 자루인지 풀이 과정을 쓰고, 그림그래프로 나타내시오. (7점)

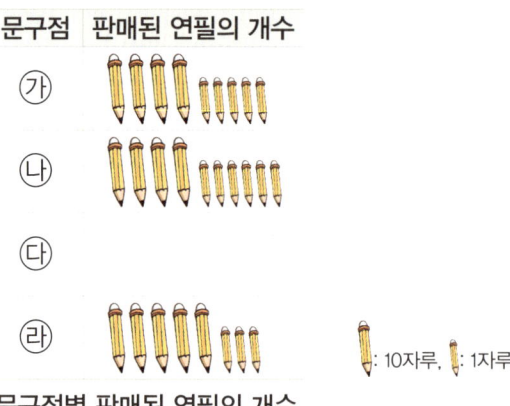

문구점별 판매된 연필의 개수

만점 팁!

먼저 그래프가 나타내는 것이 사람의 수인지, 물건의 개수인지를 정확하게 알아야 해요. 그리고 과 이 각각 어떤 숫자를 나타내는지 살펴봐요. 은 10자루, 은 1자루를 나타내므로, ㉮ 문구점은 45자루, ㉯ 문구점은 46자루, ㉱ 문구점은 53자루를 팔았어요. 그리고 이 세 문구점에서 팔린 연필의 개수는 45+46+53=144자루예요. 자, 이제 전체 200자루에서 144자루를 빼면 ㉰ 문구점에서 팔린 연필의 개수가 나오겠지요?

모범 답안	채점 기준	점수
〈풀이 과정〉 ㉮ 문구점 40+5=45 ㉯ 문구점 40+6=46 ㉱ 문구점 50+3=53 ㉰ 문구점에서 팔린 연필의 개수를 구하려면 네 문구점에서 팔린 연필의 개수에서 ㉮, ㉯, ㉱ 문구점에서 팔린 연필의 개수를 빼면 된다. 200-(45+46+53)=56 〈정답〉 56자루	㉰ 문구점에서 팔린 연필의 개수를 정확히 구하고, 그림그래프로 바르게 나타낸 경우	7점
	㉰ 문구점에서 팔린 연필의 개수를 구하는 과정이 다소 미흡하더라도 바르게 구하고 그림그래프로 바르게 나타낸 경우	4점
	풀이 과정은 틀렸으나 그림그래프로 바르게 나타낸 경우	3점
	무응답 또는 오답	0점

 그림그래프를 그릴 때, 어떤 그림을 몇 가지로 그릴지는 어떻게 정하면 좋을까요?

먼저 그림은 자료의 특징을 나타낼 수 있는 것으로 정해요. 그래야 한눈에 알아보기 쉽지요. 예를 들어 자료가 물건의 개수이면 그 물건을 그림으로 나타내고, 사람의 수이면 사람 모양으로 나타내요. 과일이 나오면 과일 그림으로 정하면 되지요. 아주 간단해요.

그림을 몇 가지로 나타낼지는 자료의 수를 보고 결정해요. 자료의 수가 두 자리 수이면 10과 1을 나타낼 수 있도록 2가지의 그림을 이용하면 돼요. 또 자료의 수가 몇 백, 몇 십으로 나온다면 100과 10을 나타내는 그림을 그려요. 이때 큰 자리 수를 나타내는 그림을 더 크게 그리고, 작은 자리 수를 나타내는 그림을 작게 그리면 훨씬 알아보기 쉬워요.

종류	개수
사과	23
귤	18
딸기	9
합계	50

→

종류	개수
사과	🍎🍎🍎🍎🍎
귤	🍊🍊🍊🍊🍊🍊🍊🍊🍊
딸기	🍓🍓🍓🍓🍓🍓🍓🍓🍓

십의 자리를 크게, 일의 자리를 작게 그려야지.

  부모님 톡!

그림그래프는 일상생활에서 많이 쓰이는 소재 중 하나이므로 실생활과 연결되는 활동을 해 보면 효과적입니다.
가정에서 쉽게 접할 수 있는 소재들, 예를 들어 집에 있는 과일의 종류, 책의 권수, 장난감의 개수 등을 아이와 함께 직접 조사하고 그림그래프로 나타내 보세요.
이 과정에서 아이는 그림그래프의 장점과 특징을 자연스럽게 알고 필요한 정보를 더욱 체계적으로 정리하는 방법을 터득합니다.

4학년 수학

4학년은 자연수의 사칙 연산이 마무리되는 시기입니다. 3학년 때 이미 곱셈과 나눗셈을 배웠지만 수가 커지면서 계산 중간에 실수를 하는 친구들이 많습니다. 또한 곱셈과 나눗셈의 의미를 잘 모르고 무조건 기계적으로 계산을 하기도 해요. 따라서 계산에만 치중하지 말고 큰 수의 곱셈과 나눗셈의 원리를 이해하고 말로 설명할 수 있도록 공부하는 과정이 필요합니다. 그리고 계산하기 전에 결과값을 어림하는 습관을 가지면 계산 과정에서 실수를 줄이는 데 도움이 되지요. 또한 여러 가지 새로운 도형을 배울 때 도형의 용어를 정확하게 사용하고, 정의를 익혀 두면 서술형 평가에서 수학적 과정을 설명하는 데 도움이 됩니다.

1학기

안녕하세요! 4학년 수학을 함께 공부할 한쌤이에요. 2015 개정 교육과정에서는 현재 4학년 1학기 5단원 〈혼합 계산〉과 2학기 4단원 〈어림하기〉, 2학기 6단원 〈규칙과 대응〉이 5·6학년군으로 올라가게 된답니다.

- 만 |수와 연산| ⋯266
- 억, 조 |수와 연산| ⋯272
- (세 자리 수)×(두 자리 수) |수와 연산| ⋯278
- (세 자리 수)÷(두 자리 수) |수와 연산| ⋯282
- 각도, 1° |측정| ⋯288
- 직각, 예각, 둔각 |도형| ⋯294
- 각 그리기, 각도의 합과 차 |측정| ⋯298
- 다각형의 내각의 합 |측정| ⋯304
- 직각삼각형, 예각삼각형, 둔각삼각형 |도형| ⋯310
- 이등변삼각형, 정삼각형 |도형| ⋯314
- 분모가 같은 두 분수의 덧셈과 뺄셈 |수와 연산| ⋯320
- 막대그래프 |자료와 가능성| ⋯326

2학기

- 소수 두 자리 수, 소수 세 자리 수, 소수의 덧셈과 뺄셈 |수와 연산| ⋯330
- 수직, 수선, 평행, 평행선 |도형| ⋯336
- 여러 가지 사각형 |도형| ⋯342
- 다각형, 정다각형, 대각선 |도형| ⋯348
- 꺾은선그래프 |자료와 가능성| ⋯352

1학기 1단원 ❶ | 큰 수

선 네 자리 수 후 억, 조

4학년 수와 연산

만

이것만은 꼭!
- 만: 1000이 10이면 10000, 1만
- 십만: 10000이 10이면 100000, 10만
- 백만: 10000이 100이면 1000000, 100만
- 천만: 10000이 1000이면 10000000, 1000만

10000이 넘어가는 큰 수를 셀 때 숫자가 많아서 헷갈리지요? 그런데 이렇게 큰 수도 규칙만 알면 쉽게 셀 수 있답니다. 큰 수는 주로 돈을 셀 때 많이 쓰이니까 돈을 예로 들어 볼게요.

1000원짜리 지폐 10장을 세어 봐요. 1000원, 2000원, 3000원, 4000원, 5000원, 6000원, 7000원, 8000원, 9000원, 10000원!

이렇게 1000원이 10장 모이면 단위가 바뀌어 10000원이 돼요. 10000은 4가지 의미가 있어요.

① 10000은 9000보다 1000 큰 수입니다.

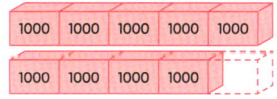

② 10000은 9900보다 100 큰 수입니다.

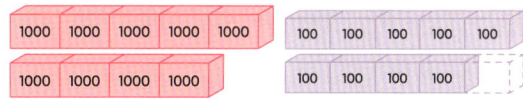

③ 10000은 9990보다 10 큰 수입니다.

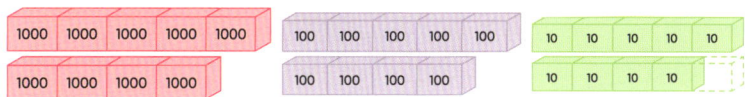

④ 10000은 9999보다 1 큰 수입니다.

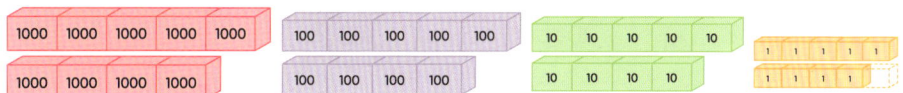

10000이 넘는 수는 자릿수가 5개이므로 **다섯 자리 수**라고 해요. 왼쪽의 운동화 가격도 다섯 자리 수인데요, 한번 읽어 볼까요?

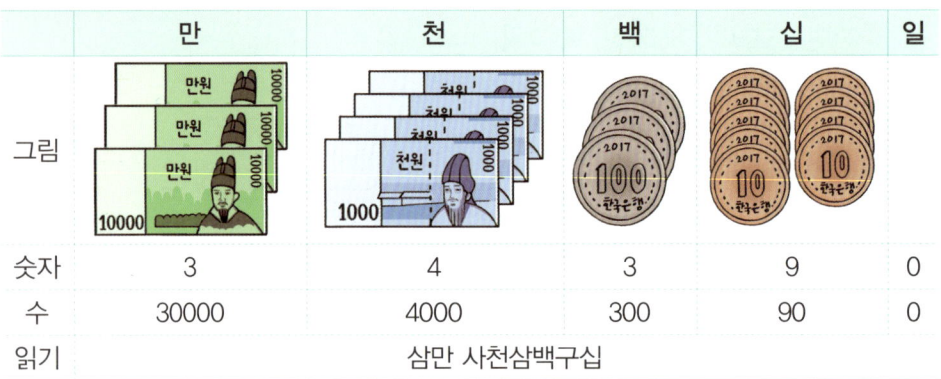

	만	천	백	십	일
그림					
숫자	3	4	3	9	0
수	30000	4000	300	90	0
읽기	삼만 사천삼백구십				

34390은 10000이 3, 1000이 4, 100이 3, 10이 9, 1이 0이고, 삼만 사천삼백구십이라고 읽습니다.

$$34390 = 30000 + 4000 + 300 + 90$$

여기서 **숫자**와 **수**를 구별하는 것이 중요해요. 숫자는 수를 나타낸 표시라고 할 수 있어요. 만의 자리에 있는 숫자 3은 30000이라는 수를 나타내고, 백의 자리에 있는 숫자 3은 300이라는 수를 나타내요. 모두 3이라는 숫자이지만 두 숫자가 가리키는 수의 크기는 전혀 다르지요.

이번에는 10만, 100만, 1000만을 알아보아요.

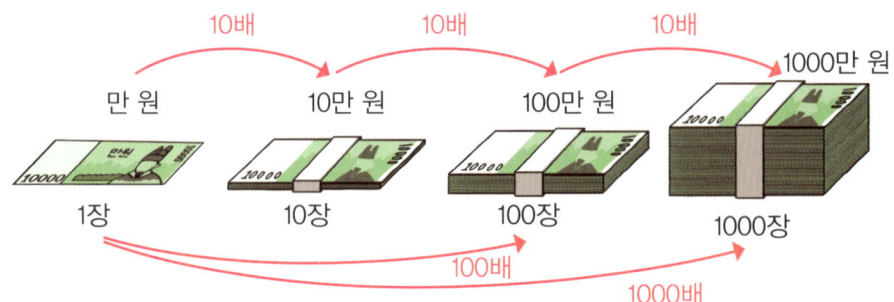

10000이 10이면 100000 또는 10만이라 쓰고, 십만이라고 읽습니다.

10000이 100이면 1000000 또는 100만이라 쓰고, 백만이라고 읽습니다.

10000이 1000이면 10000000 또는 1000만이라 쓰고, 천만이라고 읽습니다.

10000의 10배는 10만, 10만의 10배는 100만, 100만의 10배는 1000만입니다.

자, 그럼 75649258을 어떻게 읽을까요? 표로 만들면 수의 규칙을 쉽게 찾을 수 있어요.

	천	백	십	일 만	천	백	십	일
자리 숫자	7	5	6	4	9	2	5	8
자릿값	7	0	0	0	0	0	0	0
		5	0	0	0	0	0	0
			6	0	0	0	0	0
				4	0	0	0	0
					9	0	0	0
						2	0	0
							5	0
								8

75649258 = 70000000+5000000+600000+40000
+9000+200+50+8

어때요? 규칙이 보이나요? 만을 기준으로 일-십-백-천의 자릿수가 반복되지요? 일의 자리부터 네 자리씩 끊고, 만의 단위 네 자리, 일의 단위 네 자리를 왼쪽부터 차례대로 읽으면 돼요.

75649258은 1000만이 7, 100만이 5, 10만이 6, 1만이 4, 1000이 9, 100이 2, 10이 5, 1이 8이고, 칠천오백육십사만 구천이백오십팔이라고 읽습니다.

도전! 서술형 문제

친구들이 100000을 여러 가지 방법으로 설명했습니다. 잘못 설명한 친구를 모두 찾고 그 이유를 쓰시오. (6점)

선희 100000은 10000을 10배한 수야!
주원 100000은 90000보다 10000 큰 수이지.
태규 100000은 99900보다 1000 큰 수야.
윤서 100000은 1000을 100배한 수라고.
지민 100000은 99990을 10배한 수이지.

 **만점 팁!**

10만을 바르게 알고 있는지 묻는 문제예요. 먼저 알아보기 쉽도록 10만을 네 자리씩 끊어서 표시해 봐요.

10︎ˇ0000 또는 10│0000

그런데 보기의 '~보다 큰 수', '~배한 수'의 개념이 헷갈리지요? '~보다 큰 수'는 원래의 수에 주어진 수를 더하면 되고, '~배한 수'는 원래의 수에 주어진 수를 곱하면 돼요. 선희는 10000을 10배한 수라고 했으니 10000×10을 하면 100000이 돼요. 주원이는 90000보다 10000 큰 수라고 했으므로 90000+10000을 하면 되지요. 태규는 99900+1000으로, 윤서는 1000×100으로, 지민이는 99990×10으로 각각 10만을 설명했어요. 자, 이제 계산만 해 보면 누가 잘못 설명했는지 알 수 있겠지요?

모범 답안	채점 기준	점수
	잘못 설명한 두 사람을 모두 찾고, 그 이유를 모두 바르게 쓴 경우	6점
〈잘못 설명한 사람〉 태규, 지민 〈이유〉 태규: 99900보다 1000 큰 수는 100900이므로 잘못되었다. 99900보다 100 큰 수로 고쳐야 한다. 지민: 99990을 10배한 수는 999900이므로 잘못되었다. 99990보다 10 큰 수로 고쳐야 한다.	잘못 설명한 두 사람을 모두 찾았으나, 그 이유를 1가지만 바르게 쓴 경우	5점
	잘못 설명한 한 사람만 찾고 그 이유를 바르게 쓴 경우	3점
	잘못 설명한 두 사람을 모두 찾았으나, 이유는 쓰지 못한 경우	1점
	무응답 또는 오답	0점

 두 수를 비교할 때, 맨 앞에 있는 숫자가 크면 무조건 큰 수 아닌가요?

 17496325와 6892510의 크기를 비교할 때 맨 앞의 숫자 1이 6보다 작으니까 '<' 표시를 하면 될까요? 아니에요. 두 수의 크기를 비교할 때는 2가지를 생각해야 돼요.

먼저 자릿수를 살펴봅니다. 자릿수가 많은 쪽이 더 큰 수예요. 자릿수를 생각하지 않고 앞자리 수만 비교하면 틀릴 수밖에 없지요.

$$17496325 > 6892510$$
(8자리 수)   (7자리 수)

왼쪽의 수는 천만의 자리까지 있고, 오른쪽의 수는 백만의 자리까지 있으니 당연히 왼쪽의 수가 더 커요. 맨 처음 숫자를 비교하기 전에 꼭 자릿수의 많고 적음부터 살펴보세요. 다음으로 자릿수가 같을 때는 순서대로 숫자를 비교해요. 백만의 자리까지 같다면 십만의 자리, 만의 자리, 천의 자리, 백의 자리, 십의 자리, 일의 자리 순으로 비교하여 숫자가 큰 쪽이 더 큰 수이지요.

$$4208\mathbf{4}56 < 4208\mathbf{5}46$$
(7자리 수)   (7자리 수)

 **부모님 톡!**

동양의 명수법과 서양의 명수법은 조금 다릅니다. 동양은 '만', '억', '조'와 같이 네 자리를 한 단위로 하여 수를 셉니다. 그런데 서양은 이와 달리 천(thousand), 백만(million), 십억(billion)처럼 세 자리씩 구분하여 수를 셉니다. 오늘날엔 우리나라도 읽을 때는 네 자리씩 끊어 읽고, 쓸 때는 서양의 방식대로 세 자리마다 쉼표를 찍어요.

이러한 표기 방식은 1882년에 미국과 맺은 '조·미 수호통상조약'에서 시작되었지요. 또한 이 조약에서 처음으로 아라비아 숫자를 도입했습니다.

아이들에게 이러한 내용을 설명해 주면 동양과 서양의 수 세는 방법이 다르다는 것을 이해하고 혼동 없이 받아들일 거예요.

동양	서양
천억	hundred billion
백억	ten billion
십억	billion
억	hundred million
천만	ten million
백만	million
십만	hundred thousand
만	ten thousand
천	thousand
백	hundred
십	ten
일	one

1학기 1단원 ❷ | 큰 수

4학년 / 수와 연산

억, 조

이것만은 꼭!

- 억: 1000만이 10이면 100000000, 1억
- 조: 1000억이 10이면 1000000000000, 1조

억, 조 단위는 일상생활에서는 자주 쓰지 않지만, 아파트나 건물의 가격, 세계의 인구수, 우리나라의 1년 예산과 같이 아주 큰 규모의 수를 나타낼 때 흔히 사용해요.

우리나라는 수를 세는 단위가 네 자리씩 반복되므로 1000만 다음에 새로운 단위가 필요해요. 바로 억이랍니다.

1억 원은 1000만 원짜리 10장과 같아요. 1000만의 10배는 1억이지요.

100000000 또는 **1억**이라고 쓰고,
억 또는 **일억** 이라고 읽습니다.

1억의 10배는 10억, 10억의 10배는 100억, 100억의 10배는 1000억이에요.

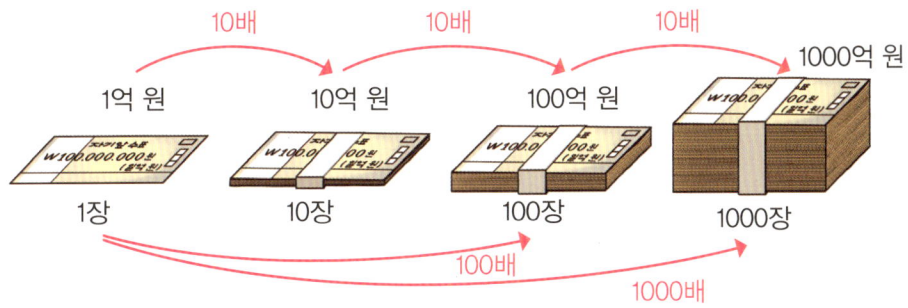

자, 규칙이 보이지요? 일, 십, 백, 천의 네 자리가 새로운 단위를 만나 계속 반복돼요.

그럼 758400000000은 어떻게 읽을까요?

	천	백	십	일 억	천	백	십	일 만	천	백	십	일
자리 숫자	7	5	8	4	0	0	0	0	0	0	0	0
자릿값	7	0	0	0	0	0	0	0	0	0	0	0
		5	0	0	0	0	0	0	0	0	0	0
			8	0	0	0	0	0	0	0	0	0
				4	0	0	0	0	0	0	0	0

758400000000 = 700000000000 + 50000000000
 + 8000000000 + 400000000

일의 자리부터 네 자리씩 끊어서 억의 단위 네 자리, 만의 단위 네 자리, 일의 단위 네 자리를 왼쪽부터 차례대로 읽어요. 칠천오백팔십사억이라고 읽습니다.

이번에는 조에 대해 알아볼까요? 1조는 1000억 원이 10장 있는 것과 같아요. 조는 억의 다음 단위이지요.

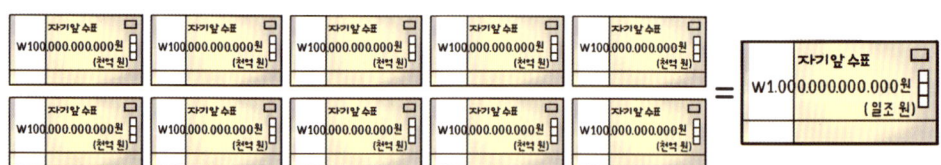

1000000000000 또는 1조 라고 쓰고,
조 또는 일조 라고 읽습니다.

1억과 마찬가지로 1조의 10배는 10조, 10조의 10배는 100조, 100조의 10배는 1000조예요.

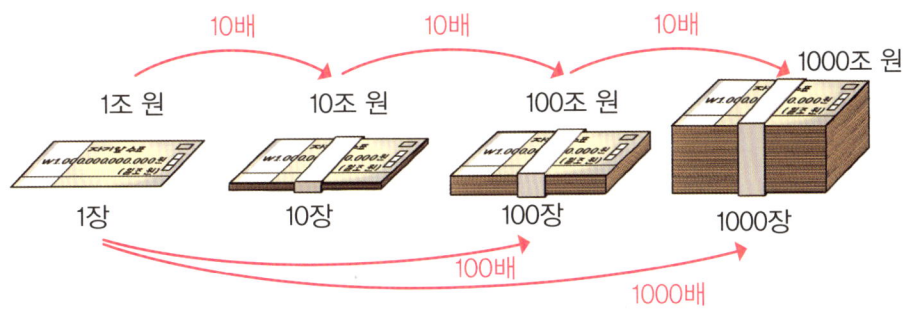

7584000000000000을 읽어 볼까요?

	천	백	십	일 조	천	백	십	일 억	천	백	십	일 만	천	백	십	일
자리 숫자	7	5	8	4	0	0	0	0	0	0	0	0	0	0	0	0
자릿값	7	0	0	0	0	0	0	0	0	0	0	0	0	0	0	0
		5	0	0	0	0	0	0	0	0	0	0	0	0	0	0
			8	0	0	0	0	0	0	0	0	0	0	0	0	0
				4	0	0	0	0	0	0	0	0	0	0	0	0

7584000000000000
= 7000000000000000 + 500000000000000
 + 80000000000000 + 4000000000000

만, 억의 자리와 마찬가지 방법으로 조의 단위 네 자리, 억의 단위 네 자리, 만의 단위 네 자리, 일의 단위 네 자리에서 끊고, 왼쪽부터 차례대로 읽어요. 칠천오백팔십사조라고 읽습니다.

큰 수를 읽을 때마다 표를 그리기는 어렵겠지요? 표 대신 네 자리마다 숫자 위에 표시를 하면서 읽어 보세요. 훨씬 알아보기 편할 거예요.

1234ˇ5678ˇ9123ˇ4567
1234조 5678억 9123만 4567
천이백삼십사조 오천육백칠십팔억 구천백이십삼만 사천오백육십칠

도전! 서술형 문제

다음 힌트에 해당하는 수를 알아맞히고, 그 수를 나타내는 다른 힌트 1가지를 더 적어 보시오. (8점)

- 힌트1 이 수는 억이 90개, 만이 547개인 수보다 큽니다.
- 힌트2 이 수는 95억보다 작습니다.
- 힌트3 이 수의 가장 높은 자리 숫자는 9이고, 가장 낮은 자리 숫자는 6입니다.
- 힌트4 이 수는 억의 자리 숫자가 3이고, 만은 547개입니다.
- 힌트5 이 힌트에서 주어진 숫자 외에 나머지 자리 숫자는 모두 0입니다.

 만점 팁!

문제가 너무 복잡하다고요? 그렇지 않아요. 힌트를 차근차근 읽으면 쉽게 해결할 수 있답니다. 큰 수를 쓸 때는 헷갈릴 수 있으니까 항상 10˅0000 이렇게 네 자리마다 표시를 해요. 힌트1이 조금 어려울 수 있는데, 먼저 억이 90개, 만이 547개라고 했으니까 90억 547만이에요. 이 수보다 크다고 했으니까 ☐ > 9054700000이지요. 이때 주의할 점 1가지! 9054700000이라고 쓰지 않도록 주의해요. 547만이라고 했으니 천만의 자리 숫자는 0이랍니다. 선생님이 파 놓은 함정에 걸려들면 안 되겠지요! 힌트3에서 가장 낮은 자리 숫자가 6이라고 했으니까 90054700006이 되고, 힌트4 로 93054700006이 됨을 알 수 있어요.

모범 답안	채점 기준	점수
〈힌트에 해당하는 수〉 9305470006 〈다른 힌트〉 ① 천만 자리 숫자는 0이다. ② 0은 모두 4개이다. ③ 0을 제외한 각 자리의 숫자들은 모두 다른 숫자들로 이루어져 있다. 등	힌트에 해당하는 수와 다른 힌트를 모두 바르게 적은 경우	8점
	힌트에 해당하는 수만 맞히고 다른 힌트를 적지 못했거나, 힌트에 오류가 있는 경우	4점
	힌트에 해당하는 수를 틀렸으나 다른 힌트를 바르게 적은 경우	4점
	무응답 또는 오답	0점

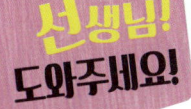

 수를 읽을 때 네 자리마다 끊어서 읽으니까 쓸 때도 93,0547,0006처럼 네 자리씩 끊어서 표기해야 하지 않나요?

그건 곤란해요. 왜냐하면 세계의 많은 나라에서 세 자리씩 끊어서 쉼표를 찍는 표기법을 쓰고 있거든요. 우리나라에서도 은행이나 기업, 나라에서 큰 수나 큰 돈을 표시할 때는 다른 나라들이 알아보기 쉽게 이 방법을 사용한답니다. 그러나 공부할 때 헷갈린다면 여러분만의 표기법을 만들어 활용해 보세요. 선생님이 알려 준 것처럼 네 자리마다 숫자 위에 꺾쇠(v)를 표시하는 것도 하나의 방법이에요.

나만의 표시를 해 두어요.

93ˇ0547ˇ0006

9,305,470,006

쓸 때는 세 자리씩 끊어서 표기해요.

네 자리씩 끊어 읽는 것에 익숙해졌다면 세 자리씩 끊어서 표기된 수 읽기도 연습해요.

 부모님 톡!

큰 수도 놀이로 하면 더욱 쉽게 익힐 수 있습니다. 엄마와 아이가 각자 종이에 수를 하나씩 적고, 한 사람은 그 수에 대해 설명하고 다른 한 사람은 맞히는 놀이를 해 보세요. 상대방이 생각한 수를 맞히는 up and down 놀이도 추천합니다. 문제를 내는 사람이 생각한 수를 상대방이 추측하여 말하면 문제를 내는 사람은 up 또는 down으로만 말하며 생각한 수에 대한 힌트를 주는 놀이입니다. 예를 들어 아이가 250억을 생각했을 때, 엄마가 500억이라고 말하면 아이는 down 이라고 해요. 이런 식으로 범위를 좁혀 가며 수를 유추하다 보면 자연스럽게 큰 수에 대한 개념을 형성하고 수의 크기를 직관적으로 비교하는 힘도 향상됩니다.

1학기 | 2단원 ❶ 곱셈과 나눗셈

선 (세 자리 수)×(한 자리 수), (두 자리 수)×(두 자리 수)
후 분수의 곱셈

4학년 수와 연산

(세 자리 수)×(두 자리 수)

이것만은 꼭!

- 곱하는 수를 일의 자리 수와 십의 자리 수로 분해하여 계산한 후, 두 수를 더한다.
  예) 164×28=(164×8)+(164×20)=1312+3280=4592

유진이는 어떻게 빨리 계산할 수 있었을까요? 3×4를 한 다음 곱하는 두 수의 0의 개수만큼 0을 붙였어요. 원리를 좀 더 자세히 살펴볼까요?

40은 4의 10배이니까 300을 4배한 다음 그 값에 10배를 하면 돼요. 먼저 300의 4배는 300+300+300+300=1200이에요. 그다음 1200에 10배를 하면 12000이지요. 결국 300×40은 3×4를 1000배한 것과 같답니다.

(몇백)×(몇십) 또는 (몇십)×(몇백)은 (몇)×(몇)을 계산한 다음, 그 값에 곱하는 두 수의 0의 수만큼 0을 붙이면 돼요.

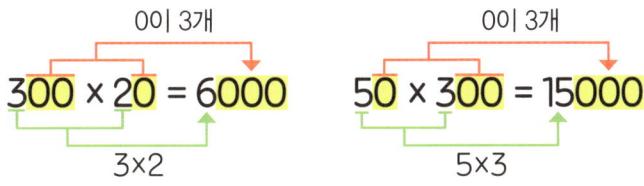

578×60은 578×6을 계산한 다음 10배를 해요. 세로셈을 할 때는 일의 자리를 0으로 채우고 십의 자리를 곱해요.

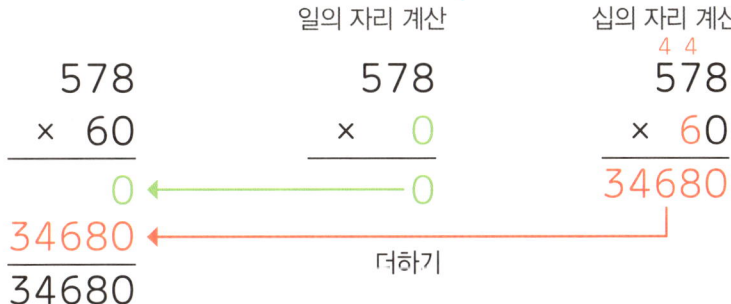

이번에는 134×23을 알아볼게요. (몇백 몇십 몇)×(몇십 몇)의 곱셈이지요. 세 자리 수와 (몇)을 곱하고, 세 자리 수와 (몇십)을 곱한 다음 더해요.

$$134 \times 23 = (134 \times 3) + (134 \times 20) = 402 + 2680 = 3082$$

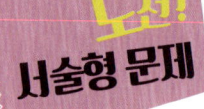

 234×47에 알맞은 문장제 문제를 만들고 이를 계산하시오.(5점)

 **만점 팁!**

곱셈은 '~배'의 의미이므로 구슬이 몇 개씩 담긴 박스가 몇 박스 있다거나, 책을 하루에 몇 쪽씩 며칠을 읽었다거나 하는 상황으로 문제를 만들면 돼요. 그런데 이때 덧셈과 헷갈리면 안 돼요. 예를 들어 '상자 안에 파란 구슬이 234개 있고, 빨간 구슬이 47개 있다면 구슬은 모두 몇 개인가?'라는 문제는 곱셈이 아니라 덧셈으로 계산해야 해요. 문제를 만든 다음 그림을 그려서 확인하면 더욱 정확하겠죠? 문제를 만든 후에는 세로식으로 정확히 계산하여 답을 구해요. 받아올림이 있는 곱셈이니 받아올림한 수를 더하는 것도 잊지 마세요.

$$
\begin{array}{r}
234 \\
\times47 \\
\hline
1638 \\
936 \\
\hline
10998
\end{array}
$$

← 234×7
← 234×40

모범 답안	채점 기준	점수
〈문장제 문제 예〉 ① 한 봉지에 234개씩 들어 있는 초콜릿이 모두 47봉지가 있습니다. 초콜릿은 모두 몇 개일까요?	곱셈식을 바르게 계산하고 곱셈식 문장제 문제를 알맞게 작성한 경우	5점
② 자동차 공장에서 자동차를 하루에 234대씩 생산한다고 하면 47일 동안 생산한 자동차는 모두 몇 대일까요?	곱셈식을 바르게 계산하고, 곱셈식 문장제 문제를 만들었으나 만든 문제가 다소 미흡한 경우	3점
③ 책을 하루에 234쪽씩 47일 동안 꾸준히 읽었다면, 모두 몇 쪽을 읽었을까요?	곱셈식 문장제 문제를 알맞게 만들었으나, 곱셈식 계산을 틀린 경우	3점
④ 한 박스에 구슬이 234개가 들어 있는 박스가 47개 있다면 구슬은 모두 몇 개일까요?	곱셈식을 바르게 계산했으나, 곱셈식 문장제 문제를 만들지 못한 경우	2점
〈계산〉 234×47=10998	무응답 또는 오답	0점

 받아올림이 있는 곱셈을 할 때 자꾸 실수를 해요.

 선생님이 실수를 줄이기 위해 쓰는 방법을 알려 줄게요.

① 234×17을 계산해 봅시다.

② 먼저 234×7을 계산해야 하니 십의 자리 1은 손가락으로 가려요. 그리고 234×7을 계산하는데, 이때 올림수를 각 자리 위에 작게 써요.

③ 그다음 수를 곱할 때, 조금 전에 올림한 것을 더해 줘요.

④ 이번에는 234×10을 계산할 차례예요. 이미 계산이 끝난 일의 자리 7과 올림수들은 계산하는 데 방해가 될 수 있으니 ×표를 해 버려요.

```
    234         234         234         234          234
  ×  17   →   ×  ⑦   →   ×  ⑦   →   ×  ⑦   →    ×   1⑦
                  2          22          22            ⍻⍻
              ─────       ─────       ─────         ─────
                  8          38         1638          1638
                                                      234
                                                    ─────
                                                     3978
```

이 방법대로 풀면 받아올림이 있는 곱셈도 실수 없이 풀 수 있답니다.

 부모님 톡!

곱셈하는 방법을 모르는 것 같지는 않은데, 계산에서 자꾸 실수를 하는 아이들이 있습니다. 이럴 때는 문제를 풀기 전에 답이 대략 얼마쯤 될지 어림하는 과정을 갖게 해 주세요. 흔히 곱셈의 자릿수를 잘못 써서 틀리는 경우가 많으므로 어림을 하여 대략적인 값을 미리 생각하면 실수를 줄일 수 있습니다. 예를 들어 99×18을 계산하기 전에 99는 100에 가까우므로 100에 18을 곱해 봅니다. 100×18=1800인데 99는 100보다 작으니까 99×18의 결과 값도 1800보다 작다는 것을 짐작할 수 있지요.
아이와 함께 곱셈 어림하기 놀이를 해 보는 것도 좋아요. 예를 들어 234×52를 각자 어림하여 계산하고 정답에 근접한 사람이 이기는 놀이입니다. 234는 약 200이고 52는 약 50이므로 234×52는 200과 50의 곱인 10000보다는 크다고 예상할 수 있습니다. 이렇게 말로 설명하는 과정을 반복하다 보면 수학적 의사소통 능력도 기를 수 있습니다.

(세 자리 수)÷(두 자리 수)

1학기 2단원 ❷ | 곱셈과 나눗셈 **선** (두 자리 수)÷(한 자리 수) **후** 분수의 나눗셈

4학년 수와 연산

이것만은 꼭!

- 몫이 두 자리 수인 경우 나누는 수의 10배, 20배……의 값을 이용하여 몫의 십의 자리 숫자를 예상한다.
- 검산: (나누어지는 수)=(나누는 수)×(몫)+(나머지)

나눗셈을 할 때는 **나머지가 나누는 수보다 크면 안 돼요**. 나머지가 나누는 수보다 크다는 것은 한 번 더 나눌 수 있다는 뜻이니까요.

(세 자리 수)÷(두 자리 수)의 나눗셈은 나머지가 없는 경우와 있는 경우가 있어요. 먼저 나머지가 0으로, 없는 경우를 살펴볼게요.

150÷30을 수 모형으로 나타냈어요.

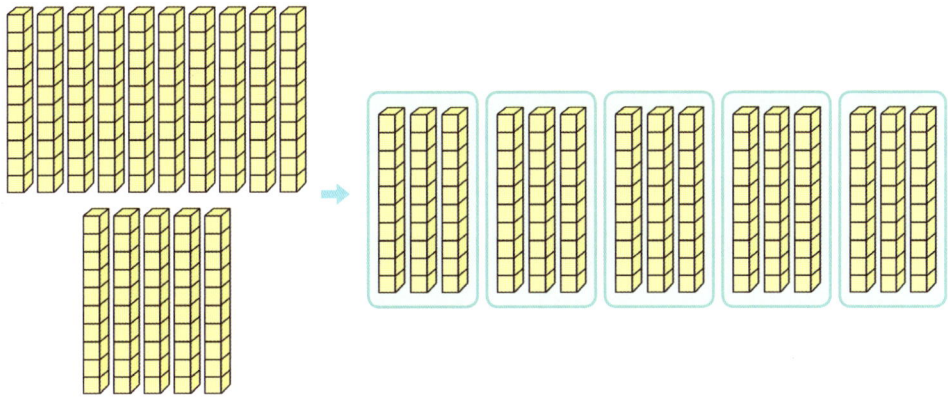

십 모형 15개를 3개씩 묶으면 모두 5묶음으로 나누어떨어져요. 이를 식으로 쓰면 15÷3=5예요. 그런데 십 모형이 실제 나타내는 수는 150이니까 150÷30=5이지요.

이와 같이 (몇백 몇십)÷(몇십)의 몫은 (몇십 몇)÷(몇)의 몫과 같아요.

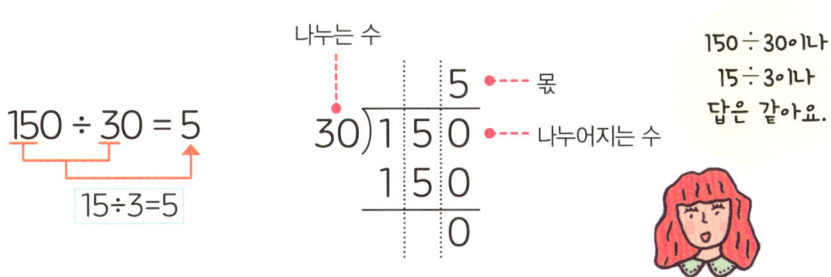

이번에는 나머지가 있는 159÷20을 계산해 보아요. 159÷20에서 159는 약 160이니까 160÷20으로 어림하여 계산하면 몫이 약 8이 나와요. 그런데 나누는 수 20과 몫 8의 곱인 160은 나누어지는 수인 159보다 커서 뺄 수가 없어요.

그래서 몫을 6으로 줄여 봤더니 이번에는 나누어지는 수에서 나누는 수와 몫을 곱한 값을 뺀 나머지가 39로 나누는 수 20보다 커요. 이 말은 한 번 더 나눌 수 있다는 뜻이니까 몫을 늘려야 해요.

6보다는 크고 8보다는 작은 수이므로 몫은 7이지요.

나눗셈을 계산하고 나서 검산을 하면 답을 바르게 구했는지 확인할 수 있어요. 맞아요, 3학년 때 배운 검산을 해 보면 되지요. 검산은 (나누는 수)×(몫)+(나머지)인데, 답이 (나누어지는 수)가 나오면 바르게 계산한 거예요.

검산: (나누는 수)×(몫)+(나머지)=(나누어지는 수)

159÷20을 검산해 볼까요?

$$20 \times 7 + 19 = 159$$

답을 바르게 구했네요!

마지막으로 217÷15를 계산해 볼게요.

나누어지는 수의 앞 두 자리(21)가 나누는 수(15)보다 크지요? 따라서 21 속에 15가 1번 포함된다는 것을 알 수 있어요. 물론 210 속에는 10번 포함된다는 뜻이지요.

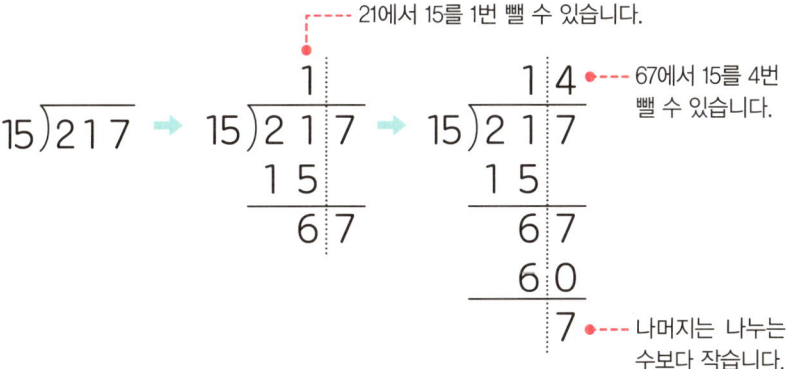

$$217 \div 15 = 14 \cdots 7$$

계산을 바르게 했는지 검산해 봐야겠지요?

$$15 \times 14 + 7 = 217$$

(세 자리 수)÷(두 자리 수)의 계산에서는 나누어지는 수의 앞 두 자리가 나누는 수보다 크면 몫이 두 자리 수가 된답니다.

 민수가 계산한 나눗셈식입니다. 틀린 부분을 바르게 고치고, 민수가 틀리지 않으려면 어떻게 해야 하는지 설명하시오. (5점)

$$\begin{array}{r} 1 \\ 25{\overline{\smash{\big)}\,258}} \\ \underline{25} \\ 8 \end{array}$$

 **만점 팁!**

나눗셈을 하기 전에 결과를 어림해 보세요. 25의 10배가 250이니까 258÷25는 몫이 10과 같거나 크겠지요? 그런데 민수는 몫을 1이라고 썼으니 몫의 자릿수를 잘못 썼다는 것을 알 수 있어요. 따라서 민수에게는 계산을 바르게 했는지 꼭 검산해 보라고 얘기해 주어야 해요. 민수의 계산을 검산하면 25×1+8=33이니 틀렸다는 것을 금세 알 수 있어요.

(세 자리 수)÷(두 자리 수)는 계산하기 전에 나누는 수의 10배, 20배…… 값을 이용하여 몫의 십의 자리 숫자를 예상해 본 후 계산하라는 조언도 도움이 될 거예요.

이 문제에서는 민수가 틀린 부분만을 짚으면 부분 점수를 받기 어려워요. 민수가 틀리지 않으려면 '어떻게 해야 하는지' 설명하라는 지시문을 놓치지 않도록 주의해요.

모범 답안	채점 기준	점수
〈계산〉 $\begin{array}{r}10\\25{\overline{\smash{\big)}\,258}}\\ \underline{25}\\8\end{array}$ 〈설명〉 ① 258÷25를 한 후 검산을 해서 확인해 보라고 말한다. ② 나누는 수의 10배, 20배…… 값을 이용하여 몫의 십의 자리 숫자를 예상해 본 후 계산하라고 말한다.	주어진 나눗셈을 바르게 계산하고, 민수에게 도움이 되는 방법을 바르게 설명한 경우	5점
	주어진 나눗셈을 바르게 계산했으나, 민수에게 도움이 되는 방법을 적절하게 설명하지 못한 경우	3점
	주어진 나눗셈을 바르게 계산하지 못했으나, 민수에게 도움이 되는 방법을 적절하게 설명한 경우	3점
	무응답 또는 오답	0점

 (세 자리 수)÷(두 자리 수)의 세로셈에서 몫의 자릿수를 맞추는 게 어려워요!

$$18\overline{)482}$$

선생님은 이런 문제를 계산할 때, 먼저 나누어지는 수의 맨 앞자리만 남겨 두고 나머지는 손가락으로 가려요. 그리고 나누어지는 수의 앞자리에 나누는 수가 몇 번 포함되는지 살펴봐요. '4 속에 18이 몇 번 포함되지?' 하고 말이에요. 당연히 4 속에 18이 들어갈 수 없지요. 그러면 그다음 숫자까지 보이게 손가락을 살짝 옮겨요. 그러고는 '48 속에는 18이 몇 번 포함되지?' 하고 다시 한 번 살펴봐요. 이때는 계산을 할 수 있으므로 계산을 해요. 마지막으로 손을 완전히 떼고 나머지를 계산해요.

단순해 보이지만 이 방법을 이용하면 몫의 자릿수를 잘못 써서 틀리는 실수를 줄일 수 있어요.

$$18\overline{)482} \rightarrow 18\overline{)4} \rightarrow 18\overline{)\begin{array}{r}2\\48\\\underline{36}\\12\end{array}} \rightarrow 18\overline{)\begin{array}{r}26\\482\\\underline{36}\\122\\\underline{108}\\14\end{array}}$$

 부모님 톡!

나머지가 있는 나눗셈 문제에서 아이들이 주로 틀리는 부분은 나머지가 나누는 수보다 큰 경우입니다. 나머지나 나누는 수의 의미를 생각하지 않고 기계적으로 계산을 하기 때문에 발생하는 실수이지요. 나머지가 나누는 수보다 크다는 것은 더 나눌 수 있다는 의미임을 알려 주세요. 그리고 계산을 한 다음 나머지와 나누는 수의 크기를 비교하여 '나머지＜나누는 수'임을 꼭 확인하도록 지도해 주세요. 나눗셈을 계산한 후 검산하는 습관을 갖는 것도 실수를 줄이는 좋은 방법입니다.

1학기 3단원 ❶ | 각도와 삼각형 선 각, 직각 후 직각, 예각, 둔각

4학년 측정

각도, 1°

이것만은 꼭!

- 각도: 각의 크기
- 1°(1도): 직각을 똑같이 90으로 나누었을 때의 하나

각과 **각도**가 같은 말이냐고요? 비슷해 보이지만 다른 말이에요. 먼저 3학년 때 배운 각에 대해 복습해 볼까요? 각은 한 점에서 그은 2개의 반직선으로 이루어진 도형이에요. 다시 말해서 각은 삼각형이나 사각형과 같은 도형의 한 종류이지요.

　그럼 **각도**는 뭘까요? 각도는 각의 꼭짓점을 중심으로 두 변이 얼마나 벌어졌는지를 나타내는 **각의 크기**예요. 그래서 도형이 아니라 길이를 재는 것과 같은 측정 활동에 속해요.

　아래 그림의 각도를 비교해 볼까요?

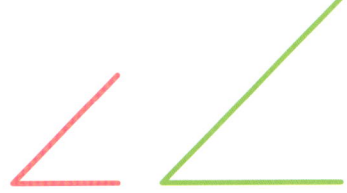

　두 각 중 어느 쪽이 각도가 더 클까요? 오른쪽 각이 변의 길이가 더 길어 각도가 클 것 같다고요? 정답은 '왼쪽과 오른쪽의 각도는 같다.'예요. 왜냐고요? 각도는 변의 길이와 전혀 관계없이 두 변이 얼마나 벌어졌는지를 나타내는 각의 크기이기 때문이지요.

　아래 그림처럼 두 각을 맞대어 보면 더욱 쉽게 확인할 수 있어요.

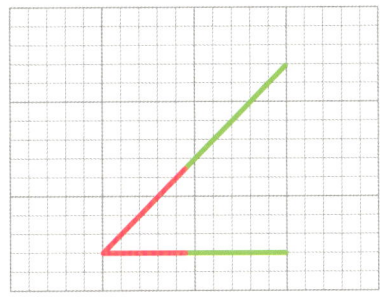

　어때요? 두 각의 벌어진 정도가 같으니, 각도도 같지요? 이처럼 각도를 비교할 때는 두 각을 맞대어 보면 된답니다.

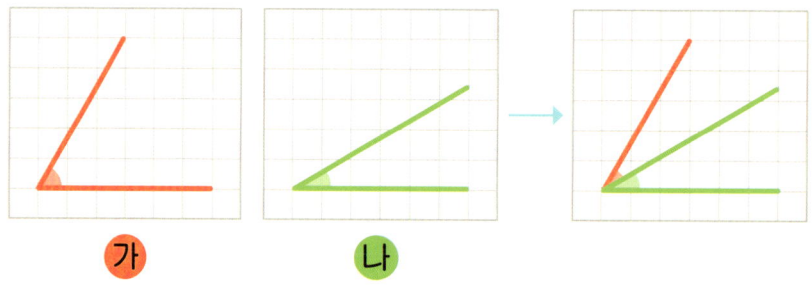

각 가는 각 나보다 큽니다.

- 각도는 변의 길이와 관계없이 두 변이 벌어진 정도가 클수록 큽니다.
- 두 각도를 비교하는 가장 좋은 방법은 두 각도를 맞대어 보는 것입니다.

각도를 좀 더 정확하게 비교하고 싶다면 각도기를 사용해서 재어 보세요.

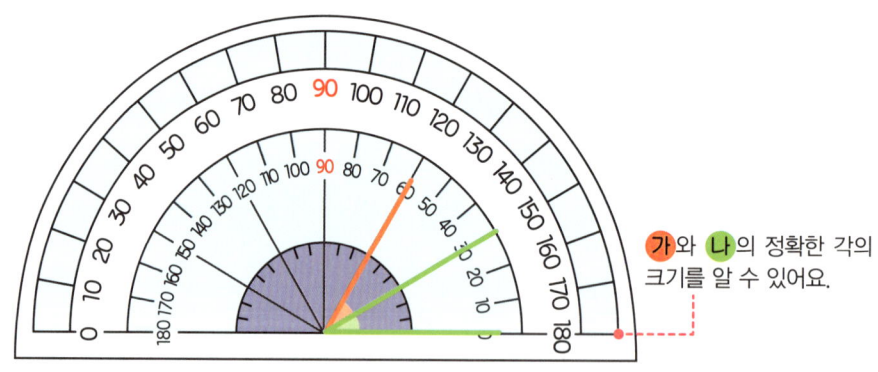

가와 나의 정확한 각의 크기를 알 수 있어요.

각도에 대해 좀 더 자세히 알아볼까요? 각도를 나타내는 단위에는 **1직각**과 **1°**가 있어요.

$$1직각 = 90°$$

1직각을 똑같이 90으로 나눈 것 중 하나를
1°라고 쓰고, **1도** 라고 읽습니다.

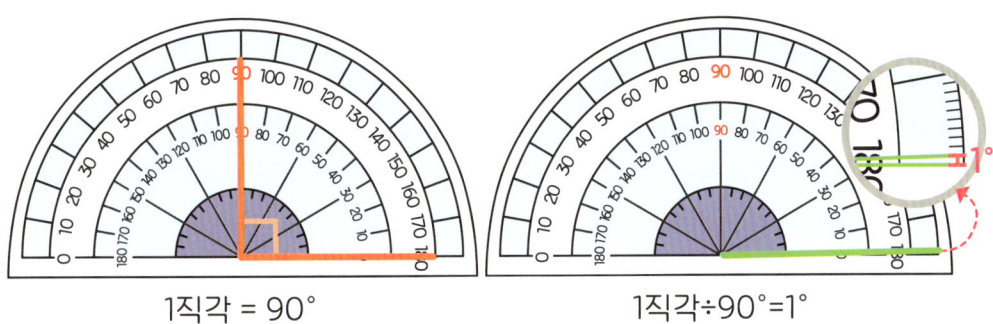

1직각 = 90°   1직각÷90°=1°

각도를 정확하게 비교하려면 먼저 각의 크기를 정확히 재야 해요. 각도기를 사용하는 방법을 살펴봐요.

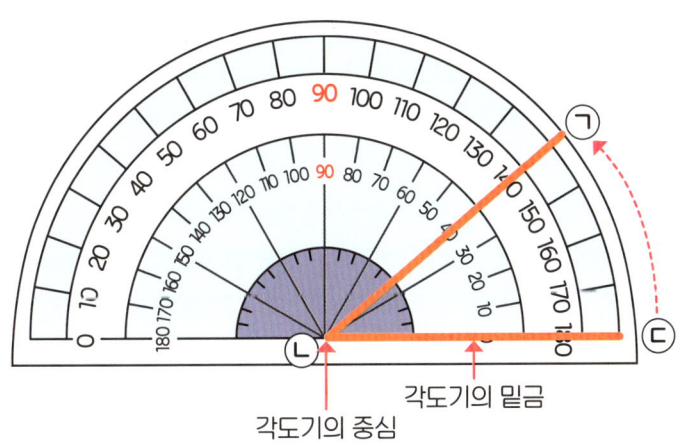

각도기의 중심
각도기의 밑금

1. 각의 꼭짓점 ㄴ에 각도기의 중심을 맞춘다.
2. 변 ㄴㄷ에 각도기의 밑금을 맞춘다.
3. 변 ㄴㄱ이 닿은 눈금을 읽는다.
4. 각 ㄱㄴㄷ의 각도는 40°이다.

각의 꼭짓점은 각도기의 중심에, 각의 한 변은 각도기의 밑금에 정확하게 맞춰요.

도전! 서술형 문제

지민이는 각도기를 이용해 주어진 각의 크기를 재고 있습니다. 지민이가 잘못한 점 2가지를 찾아 쓰시오. (4점)

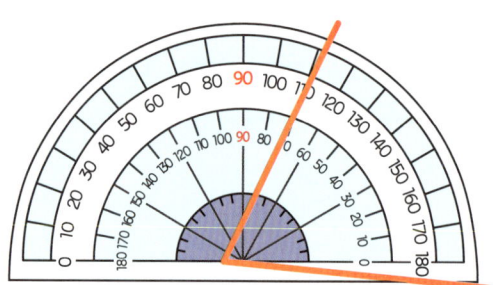

 만점 팁!

실제로 지민이처럼 각도기를 사용하는 친구들이 아주 많아요. 지민이가 잘못한 부분은 무엇일까요?

① 각도기의 중심을 각의 꼭짓점에 맞추지 않았어요.
② 각도기의 밑금을 각의 한 변에 맞추지 않았어요.

잘못된 부분을 찾았다면 이제 답을 써야 해요. 이때 주의할 점이 있어요. 각, 각도, 각의 꼭짓점, 각도기의 밑금 등 수학에서 사용하는 용어를 정확하게 써야 한답니다.

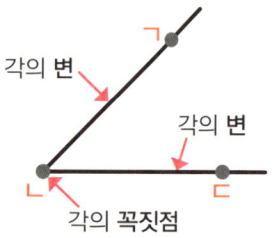

점 ㄴ을 각의 꼭짓점이라고 하고, 반직선 ㄴㄱ, 반직선 ㄴㄷ을 각의 변이라고 해요. 각도기의 중심과 각도기의 밑금은 수학 용어는 아니지만 교과서에 나온 대로 쓰면 좋겠죠?

모범 답안	채점 기준	점수
	잘못한 점 2가지를 모두 찾아 바르게 설명한 경우	4점
	잘못한 점 1가지를 찾아 바르게 설명한 경우	2점
① 각도기의 중심을 각의 꼭짓점에 정확히 맞추지 않았다. ② 각도기의 밑금을 각의 한 변에 정확히 맞추지 않았다.	잘못한 점 2가지를 모두 찾았으나 설명에서 용어를 바르게 쓰지 못한 경우	2점
	잘못한 점 1가지를 찾았으나 설명에서 용어를 바르게 쓰지 못한 경우	1점
	무응답 또는 오답	0점

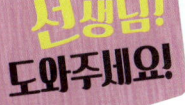

 이 각이 120° 맞지요? 분명히 각도기 중심과 밑금에 맞추어 바르게 쟀는데 틀렸어요.

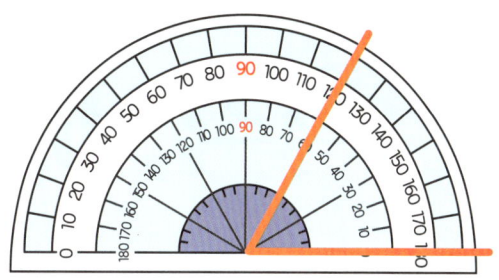

 각도기의 아래쪽 눈금은 오른쪽에서부터 0°가 시작되고, 위쪽 눈금은 왼쪽에서부터 0°가 시작돼요. 따라서 재려고 하는 각의 변을 어느 방향으로 두느냐에 따라 각의 크기가 달라진답니다.

왼쪽으로 벌어진 각을 잴 때는 왼쪽부터 0°가 시작되는 위쪽 눈금을 봐야 해요. 반대로 오른쪽으로 벌어진 각을 잴 때는 오른쪽부터 0°가 시작되는 아래쪽 눈금을 봐야 하지요. 다음 두 각을 보세요. 두 각의 크기는 벌어진 방향만 다를 뿐 모두 60°랍니다.

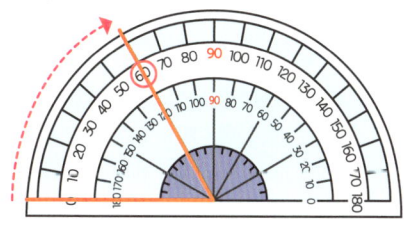 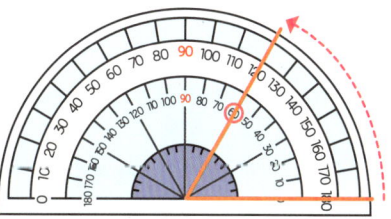

 **부모님 톡!**

각도에 관한 문제에서 180° 이상은 잘 출제되지 않지만 90°, 180°, 270°, 360°의 크기를 직관적으로 파악하고 알 수 있도록 연습하는 것은 매우 중요합니다.
360°로 펼쳐지는 부채를 이용해서 90°, 180°, 270°, 360° 네 가지 각도를 만들어 보세요. 이 활동을 통해 60°가 90°보다 작은 각임을 알고, 60°를 120°로 잘못 읽는 실수를 줄일 수 있습니다. 또한 앞으로 나올 삼각형이나 사각형의 내각의 합을 공부할 때도 도움이 됩니다.

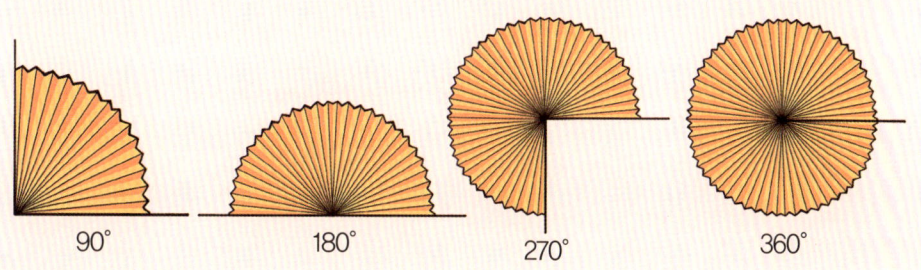

1학기 3단원 ❷ | 각도와 삼각형 선 각도, 1° 후 각 그리기, 각도의 합과 차

4학년 도형

직각, 예각, 둔각

이것만은 꼭!

- 직각: 두 직선이 만나서 이루는 각이 90°인 각
- 예각: 0°보다 크고 직각보다 작은 각
- 둔각: 직각보다 크고, 180°보다 작은 각

각은 크게 **직각, 예각, 둔각**으로 구분해요. 먼저 색종이나 수학책 등의 모서리처럼 두 직선이 90°를 이루는 각이 있어요. 이 각을 **직각**이라고 해요.

0°보다 크고 직각보다 작은 각은 **예각**이라고 해요. 예각의 '예(銳)'는 '날카롭다'라는 뜻이에요.

직각보다 크고 180°보다 작은 각은 **둔각**이에요. 둔각의 '둔(鈍)'은 '둔하다'라는 뜻이지요.

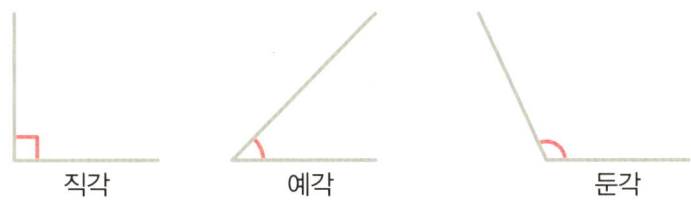

직각, 예각, 둔각의 크기를 부등호로 나타내 볼까요?

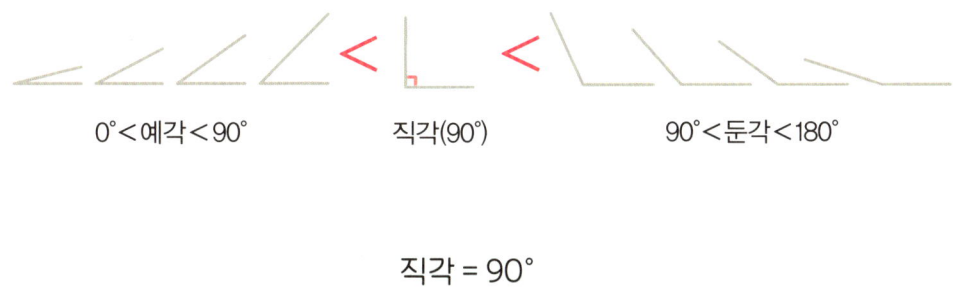

직각 = 90°
0° < 예각 < 90°
90° < 둔각 < 180°

180°는 **평각**이라고 해요. 평각의 '평(平)'은 '평평하다'라는 뜻이에요.

평각

각도기나 삼각자를 이용하면 예각, 직각, 둔각을 쉽게 구분할 수 있어요.

이 각이 직각처럼 보인다고요? 하지만 1°라도 차이가 나면 직각이 아니니까 반드시 각도기로 확인해 보세요. 재 보니까 95°예요. 직각보다 5°가 큰 둔각이네요!

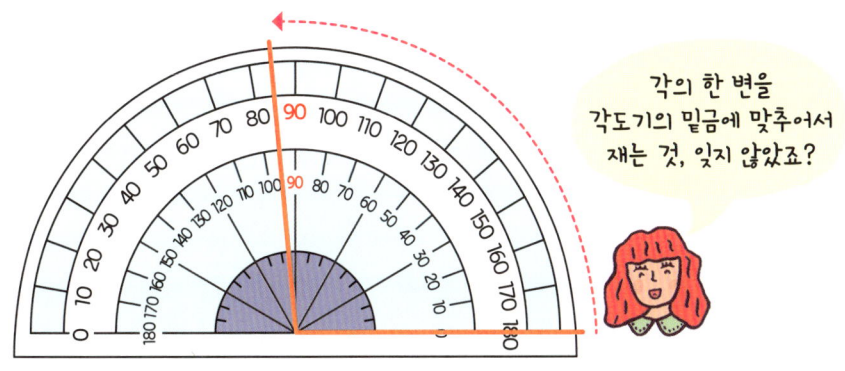

도전! 서술형 문제

 방학 기간 중 주원이의 하루 일과에서 중요한 일과 시간을 기록한 그림입니다. 시계의 긴 바늘과 짧은 바늘이 이루는 각을 각각 살펴보고, 각의 크기에 따라 3가지로 분류해 보시오. (6점)

① 아침 식사   ② 책 읽기   ③ 피아노 치기   ④ 자전거 타기   ⑤ 취침

 만점 팁!

이 문제는 먼저 시계의 긴 바늘과 짧은 바늘이 이루는 각을 어림해야 해요. 그런 다음 각의 크기를 직각, 예각, 둔각으로 분류해요. 각의 크기를 정확하게 재라는 문제가 아니니까 기준이 되는 직각부터 찾는 게 좋아요. 그런 다음 예각과 둔각으로 구별하면 되지요. 말로 풀어 쓰는 것도 좋지만 아래와 같이 표로 나타내면 한눈에 알아볼 수 있어요. 표를 만드는 습관을 들이면 빠뜨리는 부분 없이 모두 찾을 수 있답니다.

분류 기준	예각	직각	둔각
분류	①, ⑤	②	③, ④

그런데 혹시 시계의 긴 바늘과 짧은 바늘의 바깥쪽을 보고 모두 둔각이라고 생각하진 않았나요? 시곗바늘이 이루는 각을 묻는 문제가 나오면 두 바늘이 이루는 안쪽 각을 재야 한다는 것, 꼭 기억하세요!

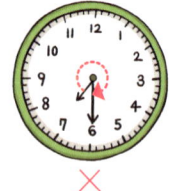 

✗   ○

모범 답안	채점 기준	점수
예각: ①, ⑤ 직각: ② 둔각: ③, ④	예각, 직각, 둔각 3가지로 분류 기준을 세워 바르게 분류한 경우	6점
	예각, 직각, 둔각 3가지로 분류 기준을 바르게 세웠으나, 1가지를 틀리게 분류한 경우	4점
	예각, 직각, 둔각 3가지로 분류 기준을 바르게 세웠으나, 2가지를 틀리게 분류한 경우	2점
	예각, 직각, 둔각 3가지 기준 중 1~2가지만 바르게 세우고 분류도 1~2가지만 바르게 한 경우	1점
	무응답 또는 오답	0점

 시험에 각을 분류하는 문제가 나오면 각도기로 잴 수가 없어 눈짐작으로 어림을 해야 하잖아요. 그게 너무 어려워요!

 각을 재는 연습을 많이 하면 눈짐작으로도 쉽게 구별할 수 있지만 처음 접하면 당연히 어려울 수 있어요. 그런 친구들을 위해 선생님이 비법을 하나 알려 줄게요.

A4 용지나 시험지, 문제집, 책 등은 모서리가 모두 90°예요. 그러니까 시험지의 귀퉁이를 조금 찢어서 주어진 각에 맞대어 봐요. 시험지 조각과 각의 크기가 같으면 당연히 90°일 테고, 그것보다 작다면 예각, 크다면 둔각이지요!

예각, 직각, 둔각을 구분할 때 친구들이 자주 헷갈리는 문제가 또 있어요. A와 같이 각의 한 변이 가로로 수평인 경우는 쉽게 구분하는데, B와 같이 변이 수평이 아닐 때는 구분을 잘 못해 틀리곤 하지요.

각을 잴 때 각이 비스듬히 놓여 있어도 무조건 한 변에 맞추어 재면 돼요. 위에 있는 각을 A4 용지를 이용해서 재어 보고 예각, 직각, 둔각으로 분류해 보세요. 어때요? 여러분이 생각한 것과 같나요?

분류 기준	예각	직각	둔각
분류	①	④	②, ③, ⑤, ⑥

 부모님 톡!

아이와 함께 색종이로 각을 분류하는 놀이를 해 보세요. 먼저 색종이를 반으로 접어 자릅니다. 그러면 색종이의 밑변의 각은 180°로 평각입니다. 이제 반으로 접었다가 폅니다. 그러면 직각인 90°가 생깁니다. 이번에는 가운데 선에서 오른쪽, 왼쪽 대각선 방향으로 반듯하게 잘라 보세요. 예각과 둔각이 나오지요. 이렇게 각을 어림해 보면 각에 대한 감각을 키울 수 있습니다. 색종이를 잘랐을 때 한쪽이 둔각이면 나머지 각은 예각이에요. 이러한 사실을 이해하면 각도의 합과 차를 배울 때 좀 더 쉽게 이해할 수 있습니다.

1학기 3단원 ❸ | 각도와 삼각형

<선> 직각, 예각, 둔각 <후> 다각형의 내각의 합

4학년 측정

각 그리기, 각도의 합과 차

이것만은 꼭!
- 각도의 합과 차는 자연수의 덧셈과 뺄셈처럼 계산한다.

그림을 보니 각 ㄱㄴㄷ이 아니라 각 ㄱㄷㄴ을 그렸네요. 다음 순서를 따라 직접 각 ㄱㄴㄷ을 그려 봐요.

각 ㄱㄴㄷ 그리는 방법

1. 각의 한 변 ㄴㄷ을 그립니다.

2. 각도기의 중심과 각의 꼭짓점 ㄴ을 맞추고, 각도기의 밑금과 각의 한 변인 ㄴㄷ을 나란히 맞춥니다.

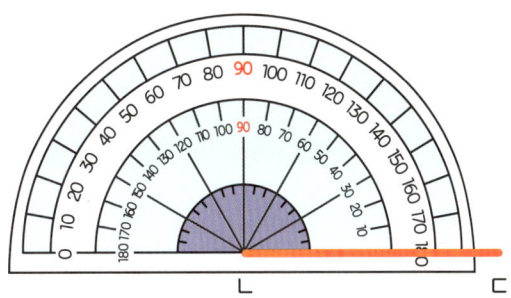

3. 각도기의 중심에서 시작하여 크기가 60°인 눈금에 점 ㄱ을 표시합니다.

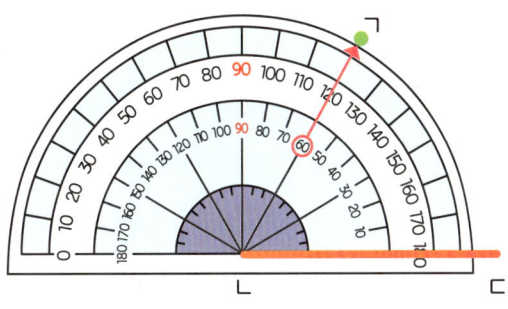

4. 각도기를 떼고 꼭짓점 ㄴ과 점 ㄱ을 연결하면 크기가 60°인 각 ㄱㄴㄷ이 완성됩니다.

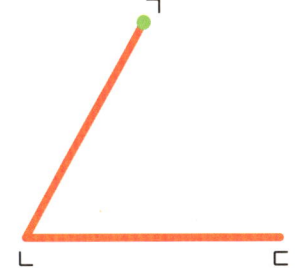

299

5. 다시 각도기의 밑금과 변 ㄴㄷ을 나란히 맞춰 60°가 맞는지 재 봅니다.

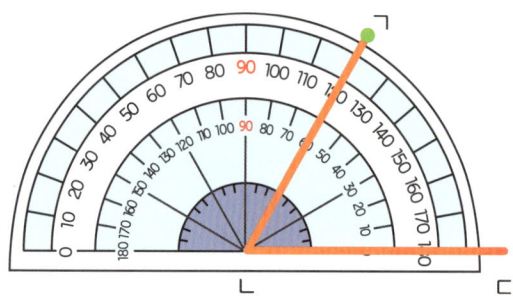

각의 이름을 붙일 때는 꼭짓점을 가운데에 두어요. 예를 들어 각 ㄱㄷㄴ은 ㄷ이 꼭짓점이 되도록 그려야 하지요.

이번에는 두 각의 합과 차를 구해 볼게요. 자, 아래의 칠교판을 보세요. 파란색 선으로 표시된 도형 마와 도형 바가 이루는 각을 구하려면 어떻게 해야 할까요? 또 도형 마와 도형 바의 각 중 어느 것이 더 클까요?

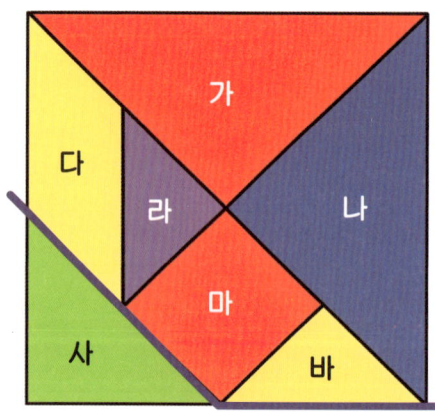

도형 마와 도형 바가 이루는 각을 구하라는 것은 두 각의 합을 구하라는 것과 같아요. 두 각의 합을 구하려면 두 각의 크기를 알아야겠죠? 두 각을 각각 각도기로 재 보세요. 도형 마는 90°, 도형 바는 45°예요.

각도의 합을 구할 때는 자연수의 덧셈을 하듯 더하면 돼요. 따라서 두 각도의 합은 90°+45°=135°이지요.

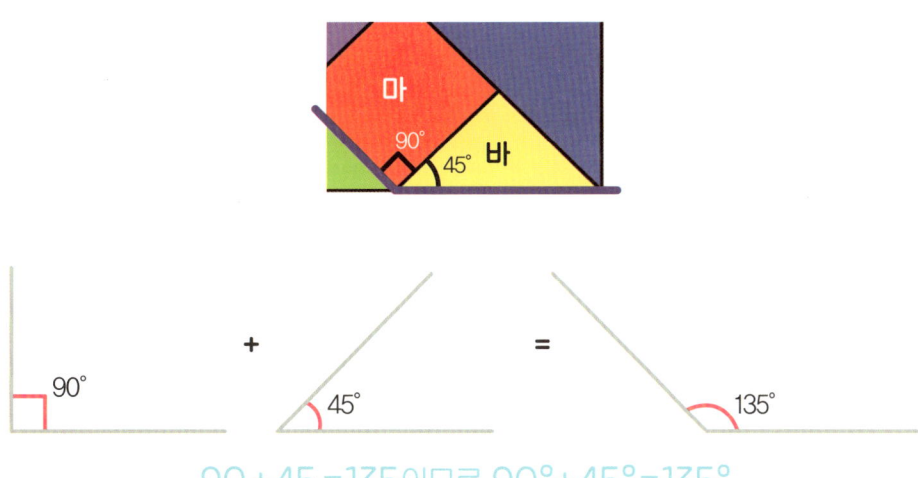

90＋45＝135이므로 90°＋45°＝135°

각도기 없이 두 각의 크기를 비교하려면 어떻게 해야 할까요? 두 각을 겹쳐 보면 쉽게 알 수 있어요. 도형 마와 도형 바의 각을 비교하면 도형 마가 더 크지요.

이번에는 두 각의 차를 구해 볼까요? 두 각의 차를 구하면 한 각이 다른 각에 비해 얼마나 큰지 알 수 있어요. 차를 구할 때는 큰 각에서 작은 각을 빼요.

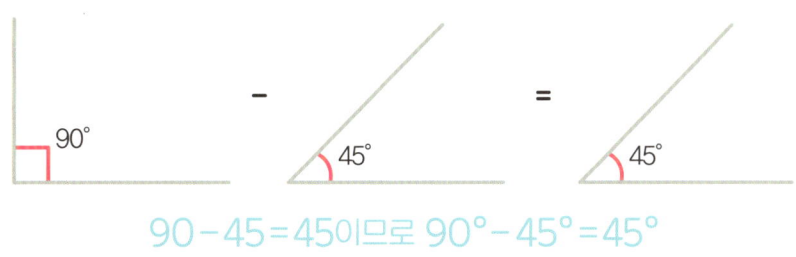

90－45＝45이므로 90°－45°＝45°

두 각도의 차를 구할 때도 자연수의 뺄셈처럼 계산하면 된답니다.

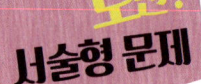

 다음 보기 를 각도가 70°인 각 ㄱㄴㄷ을 그리는 순서에 맞게 쓰고, 주어진 변을 이용하여 각도가 70°인 각 ㄱㄴㄷ을 그려 보시오. (6점)

ㄷ ———————— ㄴ

보기

㉮ 각도기의 밑금에서 시작하여 크기가 70°인 눈금에 점 ㄱ을 표시한다.
㉯ 각도기를 떼고 변 ㄱㄴ을 그어 크기가 70°인 각 ㄱㄴㄷ을 완성한다.
㉰ 각의 한 변 ㄴㄷ을 그린다.
㉱ 각도기의 중심과 각의 꼭짓점 ㄴ을 맞추고, 각도기의 밑금과 각의 한 변인 ㄴㄷ을 나란히 맞춘다.

 만점 팁!

이미 각의 한 변이 나와 있으니까 각도기의 중심을 각의 꼭짓점인 ㄴ에 맞춰요. 이때 함정이 있어요. 보통 꼭짓점이 왼쪽에 있는 것이 익숙해서 오른쪽 그림처럼 그리는 거예요. 이것은 각 ㄱㄷㄴ이랍니다.
각을 잴 때는 각의 꼭짓점을 각도기의 중심에 맞추어야 한다는 것, 꼭 기억하세요. 마지막으로 점 ㄱ을 표시하면 끝!
각을 그린 다음에는 바르게 그렸는지 각도기로 재어 보세요. 선생님도 채점할 때 각도기로 직접 재어 본답니다.

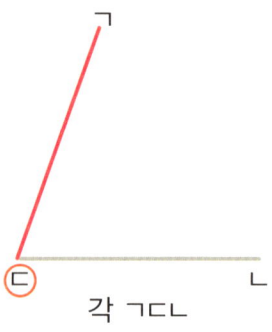

각 ㄱㄷㄴ

모범 답안	채점 기준	점수
1. ㉰→㉱→㉮→㉯	그리는 순서를 정확히 쓰고, 70°를 바르게 작도한 경우	6점
2.	그리는 순서는 정확하지 않지만, 70°를 바르게 작도한 경우	4점
	그리는 순서는 정확하나, 70°를 바르게 작도하지 못한 경우	2점
	무응답 또는 오답	0점

 각을 그릴 때, 밑변이 가로로 평행하면 그리기 쉬운데, 비스듬하면 그리기가 어려워요. 이럴 때 좀 더 쉽게 그릴 수 있는 방법은 없나요?

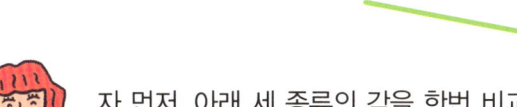

자 먼저, 아래 세 종류의 각을 한번 비교해 봐요. 이 각들은 어떤 특징이 있을까요? 각의 꼭짓점의 위치가 모두 다르고 각의 방향도 제각각이에요. 하지만 각도는 모두 같아요.

아래 두 각은 어떤가요? 각의 꼭짓점의 위치는 같은데 왼쪽은 각을 아래로, 오른쪽은 각을 위로 그렸어요. 물론 두 각의 각도도 같아요.

그러니까 한 변이 비스듬하게 주어졌더라도 각의 꼭짓점을 정하고, 각도기의 중심과 각의 꼭짓점, 한 변과 각도기의 밑금만 잘 맞추면 된답니다.

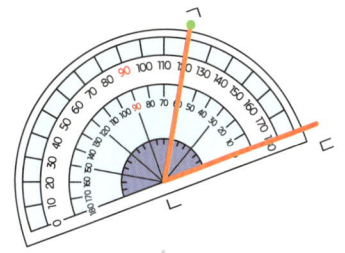

 **부모님 톡!**

아이와 함께 색종이로 칠교 조각을 만들어 보세요. 종이를 접으며 다양한 각의 크기를 알 수 있고, 각의 합과 차를 계산하는 연습도 할 수 있습니다. 먼저 종이를 접으면서 각 조각들의 크기를 어림해 보고, 각도기로 각의 크기를 직접 재어 봅니다. 그다음 두 조각을 붙여 각의 합과 차를 계산해 봅니다.
이때 칠교 조각을 접는 방법을 설명해 주기보다 칠교 조각을 그린 그림이나 실물을 제공하여 아이가 직접 접는 방법을 탐구할 수 있게 해 주는 것이 좋습니다.

1학기 3단원 ❹ | 각도와 삼각형　선 각 그리기, 각도의 합과 차　후 다각형, 정다각형, 대각선

4학년 측정

다각형의 내각의 합

이것만은 꼭!

- 삼각형의 세 각의 크기의 합=180°
- 사각형의 네 각의 크기의 합=360°

둔각이 있는 삼각형의 세 각의 합이 더 크다는 말, 어때요? 그럴듯하다고요? 그럼 정말인지 삼각형의 세 각의 합을 구하는 방법을 살펴볼까요?

방법1 삼각형을 아래와 같이 잘라서 세 각의 꼭짓점을 이어 붙여요.

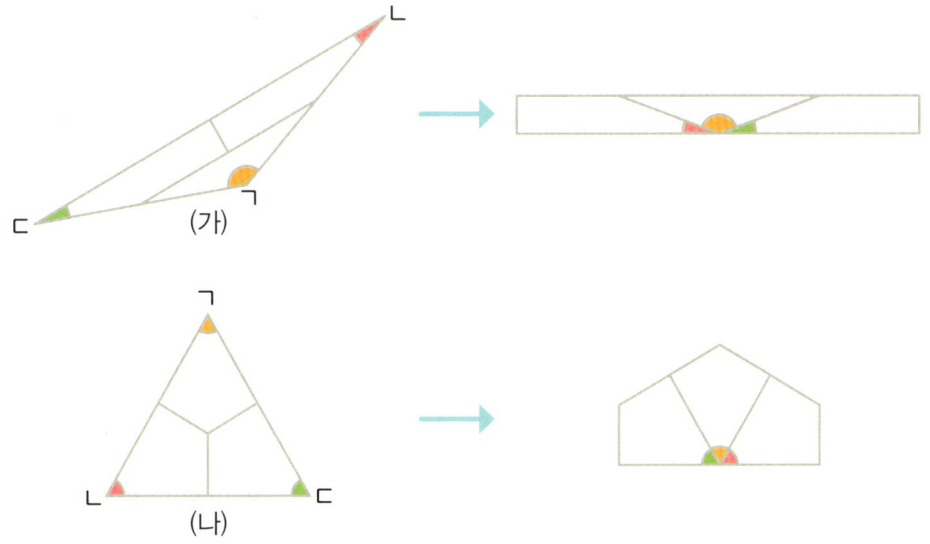

두 삼각형 모두 세 각의 크기의 합이 180°가 되었어요.

방법2 똑같은 3개의 삼각형의 각각 다른 꼭짓점을 이어 붙여요.

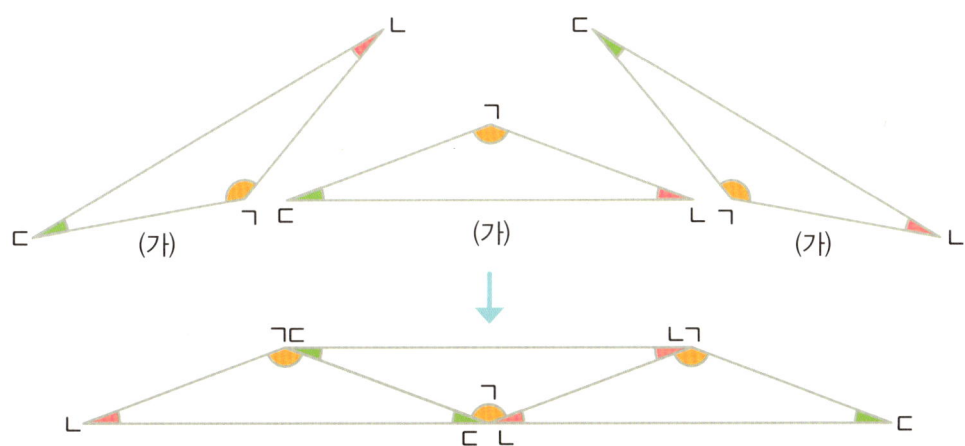

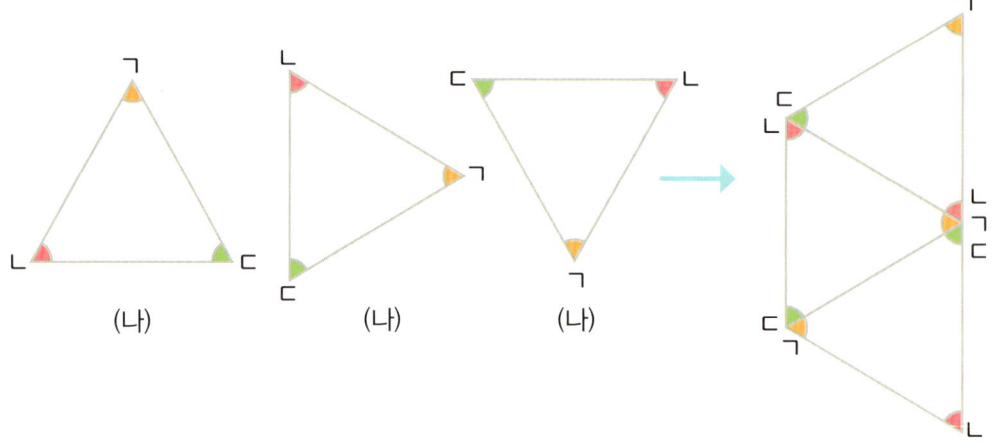

어? 이번에도 세 각의 크기의 합이 180°가 되었네요!

방법 3 두 삼각형의 세 각을 직접 재어서 더해요.

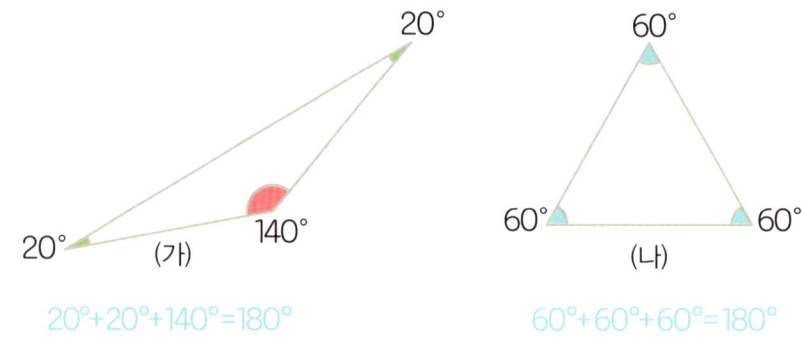

두 삼각형 모두 세 각의 크기의 합이 180°예요.

자, 둔각이 있는 삼각형이 예각이 있는 삼각형보다 세 각의 크기의 합이 더 크다는 말은 그럴듯하지만 확인해 보니 틀렸어요. 삼각형의 세 각의 크기의 합은 삼각형의 모양에 상관없이 모두 **180°**이지요.

삼각형의 세 각의 크기의 합은 삼각형의 모양에 상관없이 **180°**입니다.

이번에는 사각형의 네 각의 크기의 합을 구하는 방법을 알아보아요.

방법1 사각형 ㄱㄴㄷㄹ을 잘라서 네 각의 꼭짓점을 이어 붙여요.

사각형의 네 각을 겹치지 않게 한 점에 모을 수 있는 것으로 보아 사각형의 네 각의 크기의 합은 360°임을 알 수 있어요.

방법2 사각형의 마주 보는 두 꼭짓점을 선분으로 이어 2개의 삼각형을 만들어요.

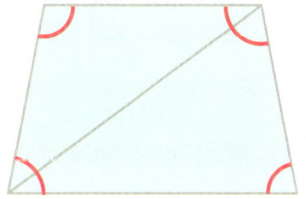

(사각형의 네 각의 크기의 합) = (삼각형의 세 각의 크기의 합) × 2
= 180° × 2 = 360°

앞서 삼각형의 세 각의 합이 180°라고 했지요. 사각형은 삼각형 2개로 이루어져 있으므로 180°×2=360°예요. 이처럼 사각형의 네 각의 크기의 합은 모두 360°랍니다.

사각형의 네 각의 크기의 합은 사각형의 모양에 상관없이 **360°**입니다.

도전! 서술형 문제

사각형의 네 각의 크기의 합이 360°임을 2가지 방법으로 설명하시오. (6점)

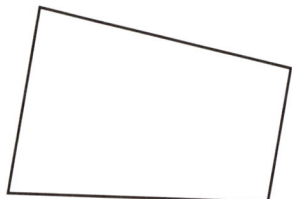

 만점 팁!

이 문제는 사각형의 네 각의 합이 360°라는 것을 그냥 외우고만 있다면 해결하기 힘들어요. 수학은 외워서 계산하는 것보다 왜 그런지 원리를 파악하는 것이 더욱 중요하답니다.

만약 원리는 알겠는데 말로써 설명하기가 어려우면 그림으로 설명해도 좋아요. 〈방법 1〉은 다음과 같이 그림으로 나타낼 수 있어요.

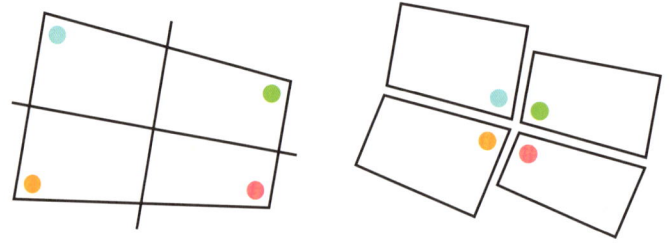

〈방법 2〉는 2개의 삼각형으로 나누어 사각형의 네 각의 크기의 합을 구한다는 말이 들어가면 맞아요. 이것을 식과 함께 쓰면 더욱 좋겠지요?

모범 답안	채점 기준	점수
〈방법 1〉 사각형의 네 각을 잘라서 꼭짓점끼리 이어 붙이면 한 바퀴가 되므로 360°임을 알 수 있다.	사각형의 네 각의 크기의 합을 2가지 방법으로 모두 바르게 설명한 경우	6점
〈방법 2〉 사각형은 대각선을 그으면 2개의 삼각형으로 나뉘는데, 삼각형의 세 각의 크기의 합이 180°이므로 180°+180°=360°가 된다.	사각형의 네 각의 크기의 합을 1가지 방법으로만 설명한 경우	3점
	무응답 또는 오답	0점

 삼각형, 사각형 말고 오각형이나 육각형의 내각의 크기의 합은 몇 도인가요?

사각형의 네 각의 크기의 합을 구할 때 삼각형을 이용했지요? 오각형이나 육각형도 마찬가지예요. 오각형은 삼각형 3개로 나눌 수 있고, 육각형은 삼각형 4개로 나눌 수 있어요. 이것을 간단하게 식으로 정리하면 다음과 같아요.

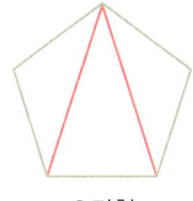 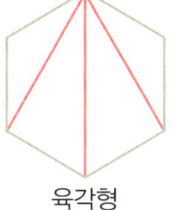

오각형 　　육각형

(오각형의 내각의 합)=(삼각형의 내각의 합)×3=180°×3=540°
(육각형의 내각의 합)=(삼각형의 내각의 합)×4=180°×4=720°

어때요? 규칙이 보이지요? 조금 어렵긴 하지만 이렇게도 쓸 수 있어요.

(오각형의 내각의 합)=180°×(5−2)=540°
(육각형의 내각의 합)=180°×(6−2)=720°

이 공식에서 규칙을 찾았나요? 잘 모르겠다면 다음 식으로 확인해 보세요.

다각형의 내각의 합 = 180°×(다각형 변의 수−2)

이 식을 이용한다면 칠각형, 팔각형, 구각형…… 어떤 다각형이 나와도 내각의 크기의 합을 너끈히 구할 수 있지요!

 **부모님 톡!**

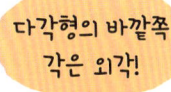

아이들이 '네 각'과 '내각'을 혼동하는 경우가 많습니다. '네 각'은 말 그대로 4개의 각을 뜻합니다. 4개의 각이 있는 도형은 사각형뿐이지요. 반면에 '내각'은 다각형의 내부 즉, 안쪽의 각을 가리키는 말입니다. 반대말은 '외각'으로 바깥쪽의 각을 뜻하지요. 내각은 사각형뿐 아니라 삼각형, 오각형, 육각형 등 모든 다각형에 해당하는 말입니다.

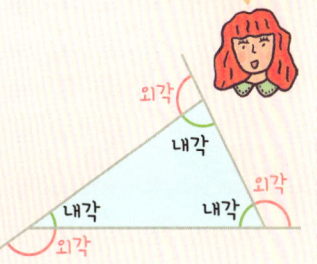

직각삼각형, 예각삼각형, 둔각삼각형

1학기 3단원 ⑤ | 각도와 삼각형

선 직각, 예각, 둔각 **후** 이등변삼각형, 정삼각형

4학년 도형

이것만은 꼭!

- 직각삼각형: 한 각이 직각인 삼각형
- 예각삼각형: 세 각이 모두 예각인 삼각형
- 둔각삼각형: 한 각이 둔각인 삼각형

예각삼각형은 세 각이 모두 예각인 삼각형이에요.

그렇다면 **직각삼각형**은 세 각이 모두 직각일까요? 직각삼각형은 한 각이 무조건 직각인 90°예요. 그리고 나머지 두 각은 모두 예각이지요.

삼각형의 세 각의 크기의 합이 180°이고 한 각이 90°이니까 나머지 두 각은 합했을 때 90°가 되지요.

둔각삼각형은 어떨까요? 삼각형에 둔각이 2개, 3개일 수 있을까요?

둔각은 90°보다 큰 각인데 삼각형 하나에 90°보다 큰 각이 2개가 있다면 두 각만 더해도 180°가 넘으니 말이 안 돼요. 따라서 둔각삼각형도 한 각이 둔각이고 나머지 두 각이 예각인 삼각형이랍니다.

삼각형의 세 각 중 한 각이 직각이면 직각삼각형, 한 각이 둔각이면 둔각삼각형이에요. 그러므로 예각삼각형은 세 각이 모두 예각이랍니다.

도전! 서술형 문제

 만약 어떤 삼각형의 두 각이 45°, 40°일 때, 이 삼각형은 둔각삼각형, 예각삼각형, 직각삼각형 중 어떤 삼각형인지 쓰고, 그 이유를 설명하시오. (4점)

만점 팁!

이런 문제는 먼저 삼각형을 그리고 주어진 각을 표시해 보는 게 좋아요. 그러면 구해야 할 각이 한눈에 보이지요.

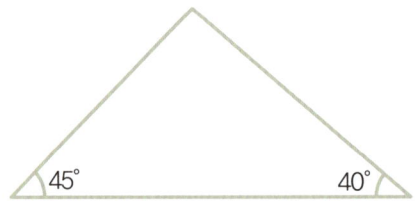

나머지 한 각을 구할 때 간혹 이렇게 식을 쓰는 친구들이 있어요.
나머지 한 각=180−45+40=175 또는 나머지 한 각=180−45+40=95라고요.
180에서 45+40을 빼야 하는데, 첫 번째는 180에서 45만 빼고 40을 더해서 식도 잘못되었고, 답도 틀렸어요. 두 번째는 괄호를 사용하지 않아서 식은 틀리고 답만 맞았어요. 이 두 경우 모두 문제를 푸는 과정이 틀렸으므로 감점이 된답니다.
반드시 괄호를 사용해서 식을 써야 한다는 걸 기억하세요!

모범 답안	채점 기준	점수
〈정답〉 둔각삼각형 〈풀이 과정〉 삼각형은 세 각의 크기의 합이 180°이므로 나머지 한 각 =180°−(45°+40°)=95°이다. 따라서 이 삼각형의 세 각은 45°, 40°, 95°인데, 이 중 한 각인 95°가 둔각이므로 둔각삼각형이다.	풀이 과정이 모두 맞고 둔각삼각형으로 바르게 쓴 경우	4점
	풀이 과정에 오류가 있으나, 둔각삼각형으로 바르게 쓴 경우	2점
	풀이 과정은 모두 맞지만, 둔각삼각형으로 쓰지 못한 경우	2점
	무응답 또는 오답	0점

 주어진 삼각형의 특징을 바르게 설명한 것을 고르라는 문제가 나오면 매번 틀려요. 잘 푸는 방법이 없나요?

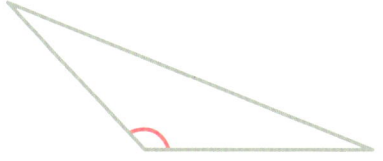

㉠ 한 각이 직각입니다.
㉡ 세 각이 모두 예각입니다.
㉢ 예각인 각이 있습니다.
㉣ 세 변의 길이가 같습니다.
㉤ 세 각이 모두 둔각입니다.

 자, 이런 문제를 풀 때 기억해야 할 점이 1가지 있어요. 모든 삼각형에는 예각이 적어도 하나 이상은 있다는 거예요. 왜 그런지 볼까요?

1. 한 각이 둔각이라면 나머지 각은 모두 예각이에요.
2. 한 각이 직각이라면 나머지 각은 모두 예각이에요.
3. 예각삼각형은 세 각이 모두 예각이에요.

따라서 세 각이 모두 둔각이라거나 직각이라는 말은 일단 무조건 틀린 거예요. 선생님이 일부러 파 놓은 함정이니 주의해야겠죠.
이제 주어진 삼각형을 봐요. 둔각삼각형이지요? 둔각삼각형의 특징은 한 각이 둔각이고, 나머지 두 각은 예각이에요. 또 각의 크기에 따라 분류하는 문제이므로 변의 길이는 상관이 없어요.
이렇게 보기를 하나하나 짚으면서 틀린 것을 지워 나가면 정답을 쉽게 찾을 수 있답니다!

정답: ㉢

 **부모님 톡!**

아이들은 여러 가지 모양의 삼각형이 뒤섞여 있으면 직관적으로 분류하는 데 어려움을 겪습니다. 이때는 직각삼각형을 기준으로 정한 다음 분류하도록 지도해 주세요. 직각삼각형은 한 각이 직각인 삼각형이므로, 삼각자나 A4 용지 한쪽 끝을 삼각형에 대어 보는 것만으로도 쉽게 찾을 수 있습니다. 그런 다음 한 각이라도 직각보다 크면 둔각삼각형, 세 각이 모두 직각보다 작으면 예각 삼각형으로 분류하면 됩니다.

이등변삼각형, 정삼각형

1학기 3단원 ❻ | 각도와 삼각형
선: 직각삼각형, 예각삼각형, 둔각삼각형
후: 여러 가지 사각형

4학년 도형

이것만은 꼭!

- 이등변삼각형: 두 변의 길이가 같은 삼각형
- 정삼각형: 세 변의 길이가 모두 같고, 모든 내각의 크기가 60°인 삼각형

삼각형은 각의 크기뿐만 아니라 변의 길이에 따라서도 분류할 수 있어요. 두 변의 길이가 같은 삼각형, 세 변의 길이가 같은 삼각형 그리고 세 변의 길이가 모두 다른 삼각형으로 분류할 수 있지요.

자, 먼저 두 변의 길이가 같은 삼각형은 **이등변삼각형**(二等邊三角形)이라고 해요. '이등변(二等邊)'이라는 말은 두 변의 길이가 같다는 뜻이에요.

세 변의 길이가 같은 삼각형은 **정삼각형**(正三角形)이라고 해요.

그러니까 변의 길이에 따라 분류하면 이 삼각자는 두 변의 길이가 같은 이등변삼각형이에요. 또한 각의 크기에 따라 분류하면 한 각이 직각이니까 직각삼각형이지요.

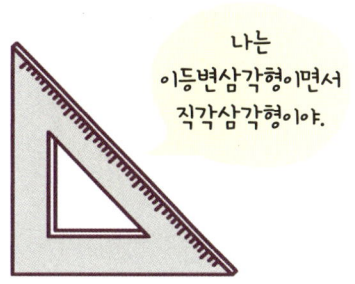

나는 이등변삼각형이면서 직각삼각형이야.

각의 크기에 따른 분류

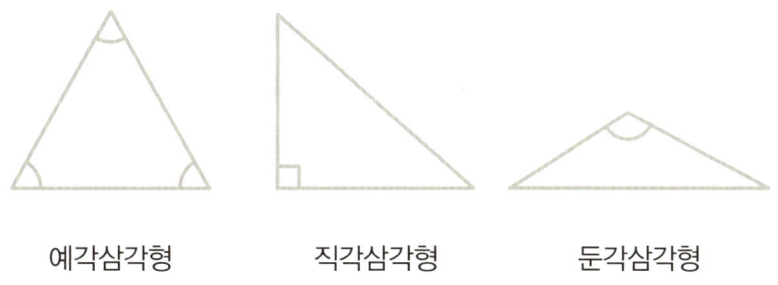

예각삼각형　　　직각삼각형　　　둔각삼각형

변의 길이에 따른 분류

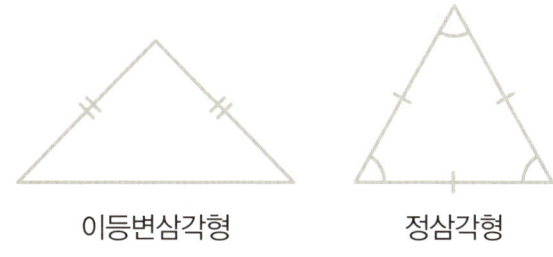

이등변삼각형　　　정삼각형

정삼각형은 각의 크기에 따라 분류하면 예각삼각형이에요.

이번에는 이등변삼각형을 색종이로 직접 만들어 볼까요?

색종이로 이등변삼각형 만들기

1. 색종이를 반으로 접어요.
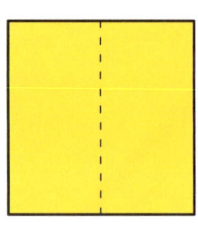

2. 반으로 접은 색종이를 그림과 같이 잘라요.
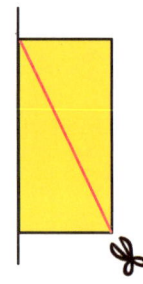

3. 색종이를 펼치면 이등변삼각형 완성!
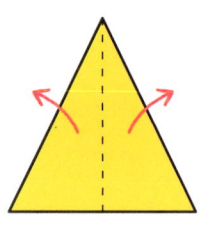

색종이를 접어서 똑같이 잘랐으니 두 변의 길이와 두 각의 크기가 같아요. 여기서 이등변삼각형의 성질을 알 수 있어요.

이등변삼각형의 성질

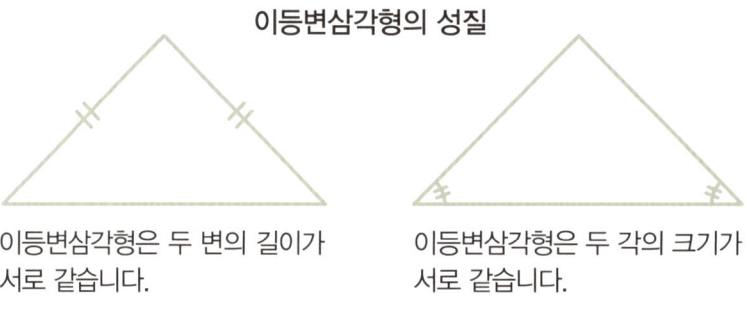

이등변삼각형은 두 변의 길이가 서로 같습니다.

이등변삼각형은 두 각의 크기가 서로 같습니다.

이번에는 컴퍼스를 이용해서 정삼각형을 직접 그려 보아요. 그런데 왜 컴퍼스를 사용하느냐고요? 자로는 세 변의 길이를 똑같이 맞추기가 좀 어렵기 때문이에요. 그래서 반지름이 모두 같은 '원'을 이용하지요.

컴퍼스로 정삼각형 그리기

1. 길이가 3 cm인 선분을 그려요.

2. 한 끝점에서 반지름의 길이가 3 cm인 원의 일부분을 그려요.

3. 다른 한 끝점에서 반지름의 길이가 3 cm인 원의 일부분을 그려요.

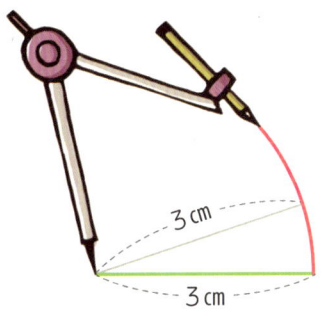

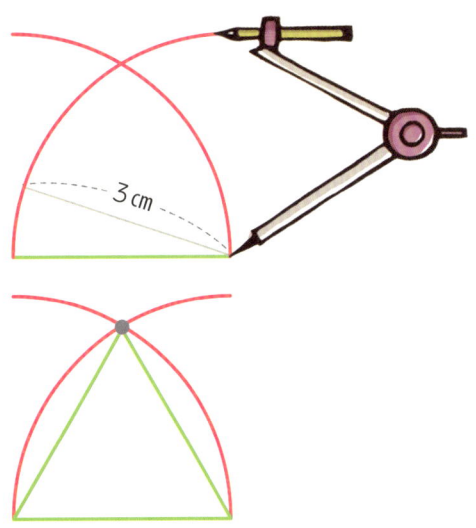

4. 두 원의 일부분이 만난 점과 선분의 양끝을 이으면 정삼각형 완성!

이번에는 완성된 정삼각형의 세 각을 각도기로 재어 봐요. 모두 60°이지요? 여기서 정삼각형의 성질을 알 수 있어요.

정삼각형의 성질

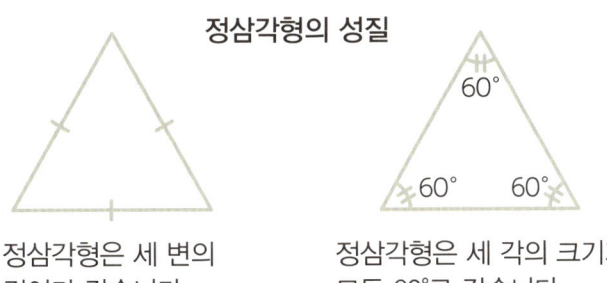

정삼각형은 세 변의 길이가 같습니다.

정삼각형은 세 각의 크기가 모두 60°로 같습니다.

정삼각형의 성질을 이용하면 각도기로도 정삼각형을 그릴 수 있어요.

각도기로 정삼각형 그리기

1. 자를 사용하여 한 변을 그립니다.
2. 양 끝 각을 60°로 그립니다.
3. 두 각이 만나는 점과 밑변의 양 끝을 연결합니다.

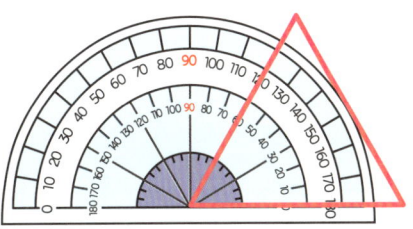

도전! 서술형 문제

지민이는 미술 시간에 철사로 아래와 같은 이등변삼각형을 만들었습니다. 그 철사를 그대로 사용해서 이번에는 정삼각형을 만들려고 합니다. 한 변의 길이는 몇 cm로 정해야 하는지 구하고, 풀이 과정을 쓰시오.(4점)

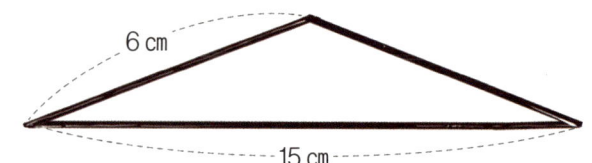

만점 팁!

도형 문제는 그림을 그려서 푸는 것이 좋아요. 머릿속으로 도형을 상상하기가 쉽지 않을뿐더러, 계산을 하다가 실수할 수도 있으니까요. 먼저, 주어진 그림은 이등변삼각형이므로 오른쪽 한 변의 길이가 6 cm라는 것을 알 수 있어요.

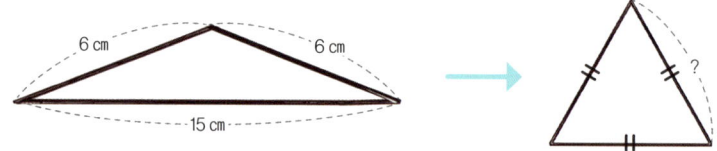

정삼각형은 세 변의 길이가 같은 삼각형이니까 주어진 삼각형의 변의 길이를 모두 더한 다음 3으로 나누어요. 세 변의 길이를 모두 더하면 6+6+15=27이고, 27÷3=9이므로, 한 변의 길이를 9 cm로 하면 되지요. 이 문제는 다음과 같이 나오기도 해요.

문제) 철사로 한 변의 길이가 9 cm인 정삼각형을 만들었는데, 이 철사로 다시 변의 길이가 15 cm인 이등변삼각형을 만들려고 합니다. 이때 이등변삼각형의 다른 두 변의 길이를 구하시오.

이 문제에서 주의할 점은 15 cm, 15 cm, ( ) cm인 이등변삼각형일 수도 있고, 15 cm, ( ) cm, ( ) cm인 이등변삼각형일 수도 있다는 거예요. 그런데 15 cm, 15 cm, ( ) cm인 경우, 이미 두 변의 길이의 합이 30 cm로 27 cm를 넘기 때문에 정답이 될 수 없지요.

모범 답안	채점 기준	점수
〈정답〉 9 cm	풀이 과정과 답을 모두 맞힌 경우	4점
〈풀이 과정〉 지민이가 만든 이등변삼각형은 밑변이 15 cm, 두 변이 각각 6 cm이므로, 철사의 총 길이는 6+6+15=27 (cm)이다. 이것을 다시 정삼각형으로 만들려면 세 변의 길이를 같게 해야 하기 때문에 27 cm를 3으로 나눈다. 정삼각형의 한 변의 길이는 9 cm가 된다.	풀이 과정은 정확하나 계산 과정에서 답을 틀린 경우	2점
	풀이 과정은 정확하지 않으나 답을 맞힌 경우	2점
	무응답 또는 오답	0점

 이등변삼각형을 정삼각형이라고 할 수 있나요? 아니면 정삼각형은 이등변삼각형인가요?

 정삼각형은 세 변의 길이가 모두 같은 삼각형이므로 두 변의 길이는 당연히 같아요. 따라서 모든 정삼각형은 이등변삼각형이라고 할 수 있지요.

그런데 이등변삼각형은 두 변의 길이가 같고 나머지 한 변의 길이는 다를 수 있어요. 따라서 이등변삼각형은 정삼각형이라고 할 수 없답니다.

 **부모님 톡!**

색종이와 A4 용지로 세 변의 길이가 같은 정삼각형의 성질을 이해할 수 있습니다.

1. 색종이로 정삼각형 접기

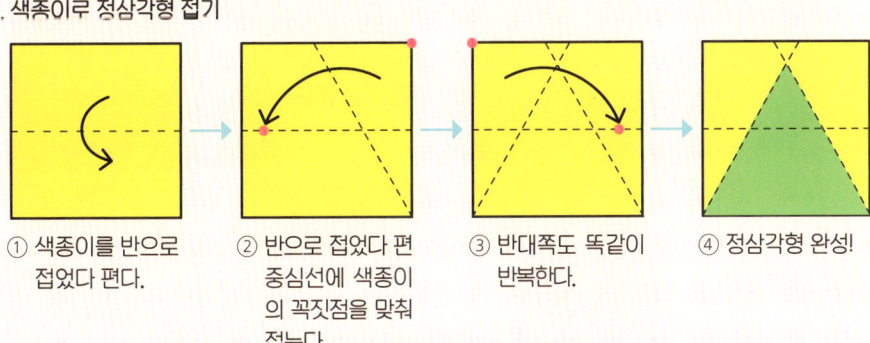

① 색종이를 반으로 접었다 편다.
② 반으로 접었다 편 중심선에 색종이의 꼭짓점을 맞춰 접는다.
③ 반대쪽도 똑같이 반복한다.
④ 정삼각형 완성!

2. A4 용지로 정삼각형 접기

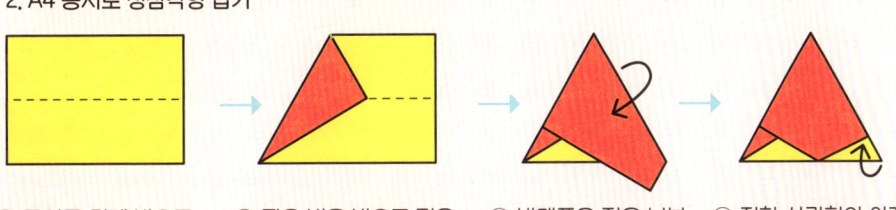

① 종이를 길게 반으로 접는다.
② 짧은 변을 반으로 접은 중점에 맞춰 접는다.
③ 반대쪽은 접은 부분에 맞춰 접는다.
④ 접힌 삼각형의 아래쪽 변에 맞춰 종이를 접어 올린다.

1학기 4단원 | 분수의 덧셈과 뺄셈 선 분수의 종류 후 분모가 다른 두 분수의 덧셈과 뺄셈

4학년 수와 연산

분모가 같은 두 분수의 덧셈과 뺄셈

이것만은 꼭!

- 분모가 같은 진분수는 분모는 그대로 두고 분자끼리 더하거나 뺀다.
- 분모가 같은 대분수는 자연수는 자연수끼리, 분수는 분수끼리 더하거나 뺀다.

분모가 같은 진분수의 덧셈을 할 때는 분자끼리 더해요. 분수에서 분모는 전체를 나타내는 양이고, 분자는 부분을 나타내는 양이지요. $\frac{2}{4}$는 전체를 4로 나눈 것 중에 2만큼이고, $\frac{1}{4}$은 전체를 4로 나눈 것 중에 1만큼이에요. 그러므로 둘을 더하면 전체를 4로 나눈 것 중에 3만큼인 $\frac{3}{4}$이 돼요.

$$\frac{2}{4} + \frac{1}{4} = \frac{3}{4}$$

분모가 같은 진분수의 덧셈은 **분모는 그대로 두고 분자끼리 더합니다.**

이번에는 분모가 같은 대분수의 덧셈을 살펴봐요. $1\frac{3}{5} + 2\frac{4}{5}$를 계산해 볼까요? 대분수는 자연수는 자연수끼리, 진분수는 진분수끼리 계산하면 돼요.

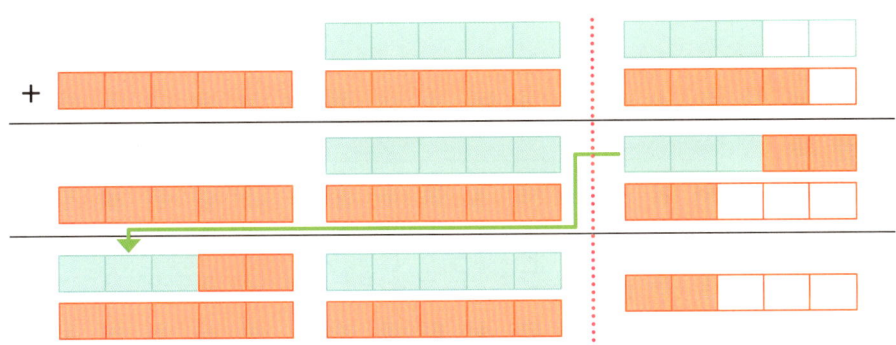

$$1\frac{3}{5} + 2\frac{4}{5} = (1+2) + (\frac{3}{5} + \frac{4}{5}) = 3 + \frac{3+4}{5} = 3 + \frac{7}{5} = 3\frac{7}{5} = 3 + (1+\frac{2}{5}) = 4\frac{2}{5}$$

분모가 같은 진분수의 덧셈에서도 답이 가분수이면 대분수로 고쳐요.

대분수의 덧셈은 자연수는 **자연수끼리, 진분수는 진분수끼리 더합니다.** 그 후, 그 결과가 가분수이면 대분수로 고칩니다.

자, 이번에는 뺄셈이에요. $\frac{4}{5}$에서 $\frac{3}{5}$만큼을 빼 보아요.

$$\frac{4}{5} - \frac{3}{5} = \frac{1}{5}$$

분모가 같은 진분수의 뺄셈은 덧셈과 마찬가지로 분모는 그대로 두고, 분자끼리만 뺄셈을 하면 돼요.

분모가 같은 진분수의 뺄셈은 분모는 그대로 두고 분자끼리 뺍니다.

$2-\frac{1}{3}$처럼 자연수에서 분수를 뺄 때는 어떻게 계산할까요? 자연수 1만큼을 1과 크기가 같은 분수로 바꿔요. 빼는 수가 $\frac{1}{3}$이니 분모를 같게 하여 자연수 1을 $\frac{3}{3}$으로 바꾸어요.

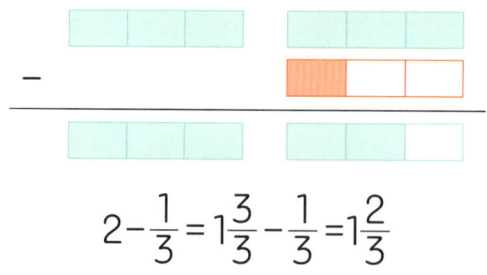

$$2 - \frac{1}{3} = 1\frac{3}{3} - \frac{1}{3} = 1\frac{2}{3}$$

자연수와 분수의 뺄셈은 자연수 중에서 1만큼을 분수로 바꾸어 계산합니다.

마지막으로 대분수의 뺄셈을 계산해 봐요. 덧셈과 마찬가지로 뺄셈도 자연수는 자연수끼리, 진분수는 진분수끼리 계산해요.

$3\frac{2}{7}-1\frac{5}{7}$를 계산해 볼까요? $\frac{2}{7}$에서 $\frac{5}{7}$를 뺄 수 없으므로 자연수 중에서 1만큼을 1과 크기가 같은 분수로 나타내서 계산해요.

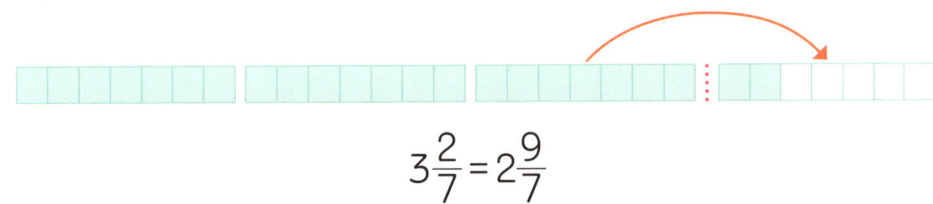

$$3\frac{2}{7}=2\frac{9}{7}$$

$2\frac{9}{7}$와 $1\frac{5}{7}$의 차를 계산하는 과정을 그림과 식으로 나타내면 다음과 같아요.

$$3\frac{2}{7}-1\frac{5}{7}=2\frac{9}{7}-1\frac{5}{7}=(2-1)+\left(\frac{9}{7}-\frac{5}{7}\right)=1+\frac{9-5}{7}=1+\frac{4}{7}=1\frac{4}{7}$$

대분수의 뺄셈은 **자연수는 자연수끼리, 진분수는 진분수끼리** 계산합니다.

분모가 같은 분수의 덧셈과 뺄셈에서는 분자끼리만 계산하고, 분모는 변하지 않아요.

도전! 서술형 문제

아래의 게임 방법에 따라 이 게임에서 이길 수 있는 뺄셈식을 만들고, 풀이 과정이 드러나게 계산하시오. (6점)

게임 방법
① 1~8까지의 숫자 카드를 뒤집어 놓습니다.
② 한 사람이 4장씩 뽑아 $\bigcirc\frac{\bigcirc}{10} - \bigcirc\frac{\bigcirc}{10}$와 같은 대분수의 뺄셈식을 만듭니다.
③ 계산 결과가 가장 큰 뺄셈식을 만든 사람이 이깁니다.

 **만점 팁!**

계산 결과가 가장 큰 뺄셈식을 만들려면 가장 큰 수에서 가장 작은 수를 빼야 해요. 주어진 카드로 만들 수 있는 가장 큰 수는 $8\frac{7}{10}$이고, 가장 작은 수는 $1\frac{2}{10}$이지요.
풀이 과정을 쓸 때, 꼭 식으로 나타내야만 점수를 받을 수 있는 건 아니에요.
아래와 같이 그림으로 나타내서 $7\frac{1}{2}$이라고 써도 정답으로 인정된답니다.

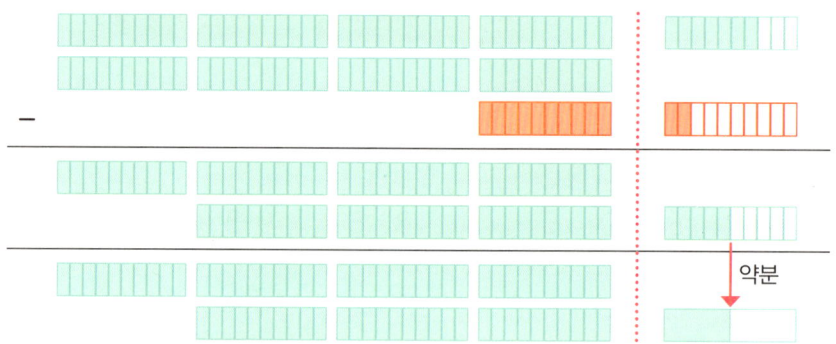

분수의 덧셈과 뺄셈에서 답을 쓸 때는 가분수는 반드시 대분수로, 약분을 할 수 있으면 약분을 해서 간단하게 나타내야 해요. 그렇지 않으면 틀리거나 감점이 된답니다.

모범 답안	채점 기준	점수
〈뺄셈식〉 $8\frac{7}{10} - 1\frac{2}{10}$ 〈풀이 과정〉 가장 큰 수에서 가장 작은 수를 빼야 한다. ① 가장 큰 대분수는 자연수가 8이어야 하고, 분자는 그 다음으로 큰 7이어야 하므로 $8\frac{7}{10}$이다. ② 가장 작은 대분수는 자연수가 1이어야 하고, 분자는 그 다음으로 작은 수인 2이므로 $1\frac{2}{10}$이다. ③ $8\frac{7}{10} - 1\frac{2}{10} = (8-1) + (\frac{7}{10} - \frac{2}{10}) = 7 + \frac{5}{10} = 7\frac{5}{10} = 7\frac{1}{2}$	뺄셈식을 바르게 구하고, 풀이 과정과 답을 바르게 쓴 경우	6점
	뺄셈식을 바르게 구하고, 계산을 바르게 하였으나, 약분을 하지 않은 경우	4점
	뺄셈식을 바르게 구했으나, 풀이 과정이 바르지 않아 답을 틀린 경우 (또는 풀이 과정은 맞았으나 답을 틀린 경우)	2점
	무응답 또는 오답	0점

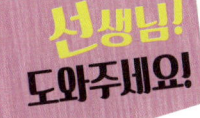

 대분수의 뺄셈에서 받아내림하는 게 너무 어려워요!

 분모가 같은 대분수의 뺄셈은 자연수는 자연수끼리, 분자는 분자끼리 빼요. 그런데 분자끼리 뺄 수 없을 경우 받아내림을 해야 돼요.

$1=\frac{2}{2}=\frac{3}{3}=\frac{4}{4}=\cdots\cdots$라는 것을 알고 있지요? 자연수 1은 분모와 분자가 같은 분수로 나타내면 돼요. 이것만 기억하면 그리 어렵지 않아요.

예를 들어 $3\frac{1}{6}-1\frac{5}{6}$를 계산하라는 문제가 나오면 $\frac{1}{6}$에서 $\frac{5}{6}$를 뺄 수 없으므로 $3\frac{1}{6}$의 자연수에서 받아내림을 해요. 3에서 1만큼 덜어 내어 분수로 바꾸면 $\frac{6}{6}$이 되지요. $\frac{6}{6}$에 원래 있던 $\frac{1}{6}$을 더하면 $\frac{7}{6}$이 되어 뺄셈을 할 수 있어요.

$$3\frac{1}{6}-1\frac{5}{6}=2\frac{7}{6}-1\frac{5}{6}=(2-1)+\left(\frac{7}{6}-\frac{5}{6}\right)=1\frac{2}{6}=1\frac{1}{3}$$

자연수 1 → 받아내림
자연수끼리 빼기
분자끼리 빼기

 부모님 톡!

칠교판을 총 16개의 조각으로 나눈 후, 각 조각을 분수로 나타내면 오른쪽 그림과 같습니다. 아이와 함께 이 조각을 이용하여 분수의 덧셈 또는 뺄셈식을 만들고, 계산해 보세요.
엄마가 고른 조각과 아이가 고른 조각의 합 또는 차를 구하는 활동을 하면 전체에 대한 부분의 양을 이해하는 데 큰 도움이 됩니다. 또한 앞으로 배울 다각형의 넓이와도 연결이 됩니다.

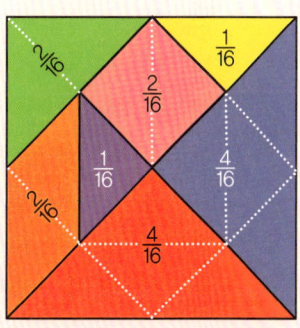

예) 노란색 삼각형 + 초록색 삼각형 $= \frac{1}{16}+\frac{2}{16}=\frac{3}{16}$

4학년 | 자료와 가능성

1학기 6단원 | 막대그래프

선 그림그래프 · 후 꺾은선그래프

막대그래프

이것만은 꼭!

- 막대그래프: 조사한 수를 막대 모양으로 나타낸 그래프

친구들이 활동하고 싶어 하는 동아리를 붙임 딱지를 붙여서 조사했어요. 그런데 막대그래프 세로축의 최대 눈금을 잘못 정해서 축구와 배드민턴을 원하는 학생이 그래프에 똑같은 수로 나타났네요. 막대그래프 만드는 법을 알면 이런 실수는 하지 않겠지요? 지금부터 막대그래프 만드는 법을 알려 줄게요.

먼저 붙임 딱지 내용을 표로 나타내 볼까요? 표로 나타내면 각 항목별 개수와 합계를 쉽게 알아볼 수 있어요.

동아리 명	배드민턴	수영	축구	줄넘기	기타	합계
희망 학생 수(명)	16	13	23	6	2	60

이제 항목들의 수량을 한눈에 비교할 수 있는 막대그래프를 그려 봐요.

막대그래프 그리는 방법

① 가로와 세로 가운데 조사한 수를 나타낼 쪽을 정합니다.
② 눈금 한 칸의 크기를 정하고, 조사한 수에서 가장 큰 수가 포함되도록 눈금의 수를 정합니다.
③ 조사한 수에 맞게 막대를 그립니다.
④ 막대그래프에 알맞은 제목을 붙입니다.

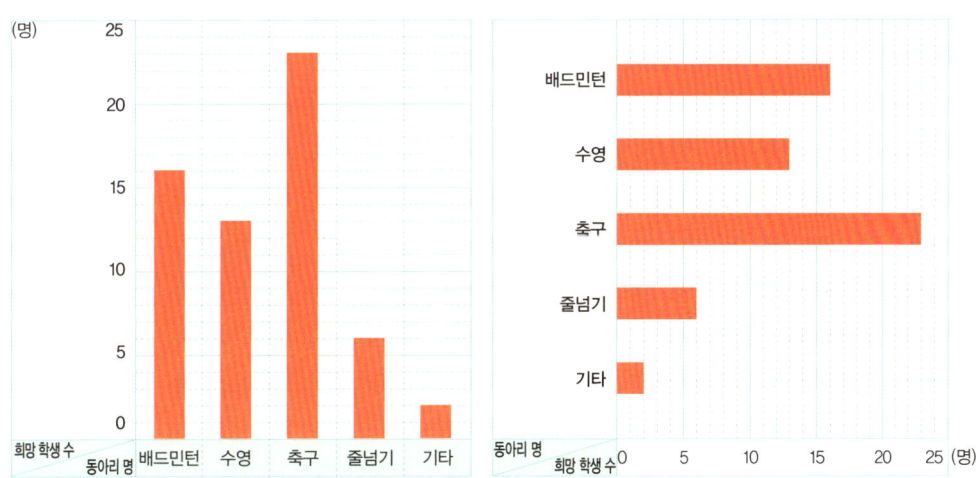

학생들이 선호하는 동아리

막대그래프를 통해 다음과 같은 사실을 확인할 수 있어요.

 축구 동아리가 가장 인기 있어!

 축구 동아리에 들고 싶어 하는 학생 수는 23명이지.

 수영 동아리가 줄넘기 동아리보다 인기가 많아.

 동아리 인기 순위는 축구, 배드민턴, 수영, 줄넘기 순이야.

도전! 서술형 문제

월별 도서 대출 권수를 나타낸 표와 막대그래프를 보고 다음 문제를 푸시오. (6점)

① 3월의 도서 대출 권수를 표와 막대그래프에 채워 넣으시오. (2점)
② 월별 도서 대출 권수에 뚜렷한 차이가 없어 보이는 이유를 쓰시오. (4점)

월	대출 권수
3	
4	18
5	21
6	18
합계	81

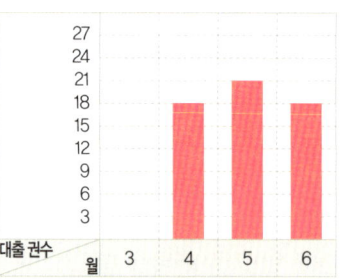

월별 도서 대출 권수

만점 팁!

3월의 도서 대출 권수는 합계에서 4월, 5월, 6월의 도서 대출 권수를 빼면 돼요.

$$81-18-21-18=24$$

이제 막대그래프의 세로 눈금 한 칸을 1권으로 잡아서 다시 그려 보세요. 또 세로 눈금 한 칸을 10으로 잡아서 그려 보고요. 어때요? 1권으로 잡았을 때는 월별로 차이가 뚜렷하지만 10권으로 잡으니 비슷하지요? 이처럼 막대그래프는 세로 눈금 한 칸을 어떻게 잡느냐에 따라 그래프의 모양이 다르게 나타난답니다.

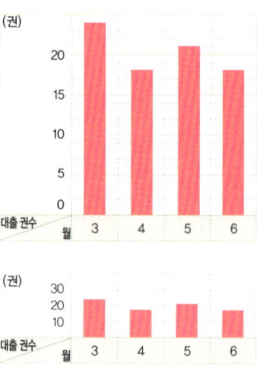

모범 답안	채점 기준	점수
① 월: 3, 4, 5, 6, 합계 / 대출 권수: 24, 18, 21, 18, 81 (막대그래프에 3월 24권 표시)	3월의 도서 대출 권수를 표와 막대그래프에 바르게 쓴 경우	2점
	3월의 도서 대출 권수를 표나 막대그래프 중 1가지에만 바르게 쓴 경우	1점
② 세로 눈금 한 칸의 크기가 커서 차이가 없어 보인다.	막대그래프에 뚜렷한 차이가 없어 보이는 이유를 세로 눈금 한 칸의 크기와 관련지어 타당하게 설명한 경우	4점
	막대그래프에 뚜렷한 차이가 없어 보이는 이유를 세로 눈금 한 칸의 크기와 관련지었으나 설명이 다소 미흡한 경우	2점
	무응답 또는 오답	0점

 우리 반 친구들이 좋아하는 계절을 남학생, 여학생으로 각각 나눠 그래프 하나에 나타내고 싶어요. 어떻게 해야 하나요?

봄, 여름, 가을, 겨울의 계절을 가로축에 놓고, 각 계절을 좋아하는 학생 수를 세로축에 그려요. 이때 남학생, 여학생을 구분해서 나타내고 싶다는 거지요? 방법이 있어요. 아래 그래프처럼 2개의 막대로 나타내고 색깔을 다르게 해서 구분하면 돼요.

학생들이 좋아하는 계절

신문이나 뉴스에 나오는 그래프를 스크랩하여 아이들과 함께 이야기해 보세요. 어린이 통계 동산 홈페이지를 방문하여 다양한 통계 자료를 접하고 그것이 실생활에 어떻게 활용되는지 살펴보는 것도 생생한 공부가 됩니다.

2학기 | 1단원 | 소수의 덧셈과 뺄셈　　**선** 소수의 개념과 크기 비교　**후** 소수의 곱셈

4학년 수와 연산

소수 두 자리 수, 소수 세 자리 수, 소수의 덧셈과 뺄셈

이것만은 꼭!

- 0.01: 분수 $\frac{1}{100}$을 소수로 나타낸 수, '영점 영일'이라고 읽는다.
- 0.001: 분수 $\frac{1}{1000}$을 소수로 나타낸 수, '영점 영영일'이라고 읽는다.
- 소수의 크기는 먼저 자연수 부분을 비교하고 자연수가 같으면 소수점 아래 자릿수를 차례대로 비교한다.
- 소수의 덧셈과 뺄셈을 할 때는 소수점의 자리를 맞추고, 소수점을 그대로 내려 적는다.

이런! 자연수와 소수의 자릿수를 헷갈렸군요. 자연수는 자릿수가 많을수록 더 큰 수이지만 소수는 소수점 아래 자릿수가 많다고 해서 더 큰 수가 아니랍니다.

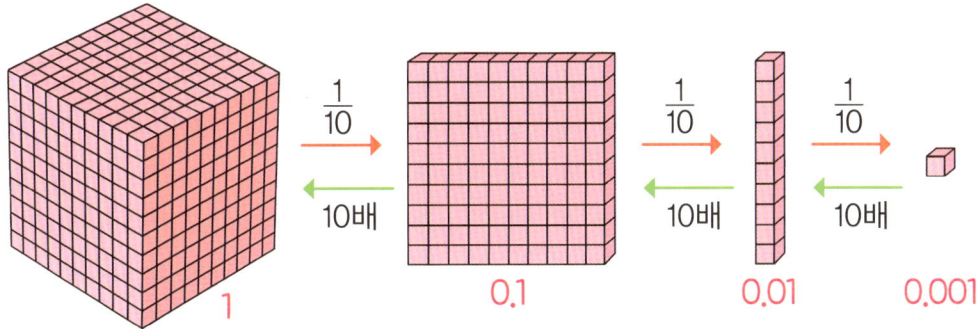

- 1은 0.1의 10배, 0.01의 100배, 0.001의 1000배
- 0.1은 0.01의 10배, 0.001의 100배

소수는 자연수와 달리 소수점 아래 자릿수가 많아진다고 해서 수가 커진다고 할 수 없어요.

그럼 2와 2.0을 비교해 볼까요? 두 수 중 어떤 수가 더 클까요? 두 수의 크기는 같답니다. 2.0에서 소수 첫째 자리인 0은 아무것도 없다는 뜻이므로 생략할 수 있어요. 2.5와 2.50도 마찬가지예요. 소수 둘째 자리의 0을 생략할 수 있으므로 2.5와 2.50은 같은 수예요.

2=2.0
2.5=2.50

소수에서 오른쪽 끝자리에 있는 숫자 0은 생략할 수 있습니다.

소수의 크기는 어떻게 비교할까요? 우선 자연수 부분을 비교해요. 만약 자연수가 같다면 소수점 아래 자릿수를 차례대로 비교합니다.

1. 자연수 부분이 큰 쪽이 더 큰 소수
2. 자연수 부분이 같으면 소수 첫째 자리의 수가 큰 쪽이 더 큰 소수
3. 소수 첫째 자리 수까지 같으면 소수 둘째 자리의 수가 큰 쪽이 더 큰 소수
4. 소수 둘째 자리 수까지 같으면 소수 셋째 자리의 수가 큰 쪽이 더 큰 소수

0.43과 0.345를 비교해 볼까요? 자연수가 0이므로 소수점 아래 첫째 자리 수를 비교해요.

$$0.43 > 0.345$$

소수 첫째 자리 수가 더 크니까 둘째, 셋째 자리까지 비교할 필요가 없어요. 자릿수가 달라 헷갈린다고요? 그럴 때는 자릿수가 적은 수 뒤에 생략했던 0을 다시 붙이면 돼요. 0.43을 0.430으로 만들면 되겠죠?

$$0.430 > 0.345$$

이번엔 소수의 덧셈을 알아보아요. 소수의 덧셈은 자연수의 덧셈과 똑같아요. 다만 소수점의 자리를 맞추어야 한다는 게 다르지요. 소수점의 자리를 맞추어 적고 계산한 다음 소수점을 그대로 내려서 찍으면 된답니다.

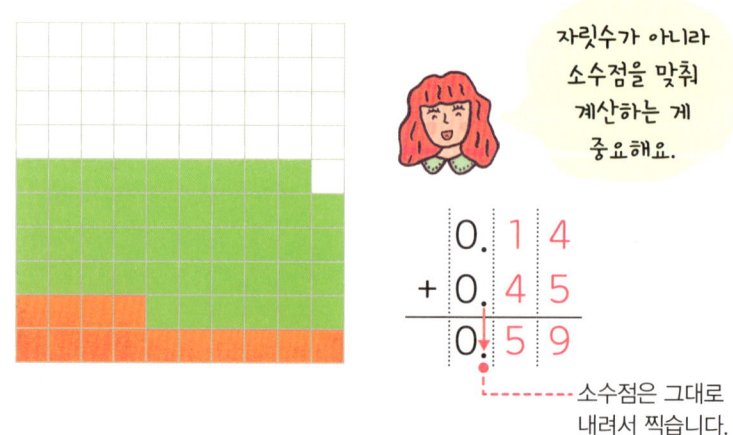

자릿수가 아니라 소수점을 맞춰 계산하는 게 중요해요.

소수점은 그대로 내려서 찍습니다.

이번에는 1.09+4.63을 계산해 볼까요?

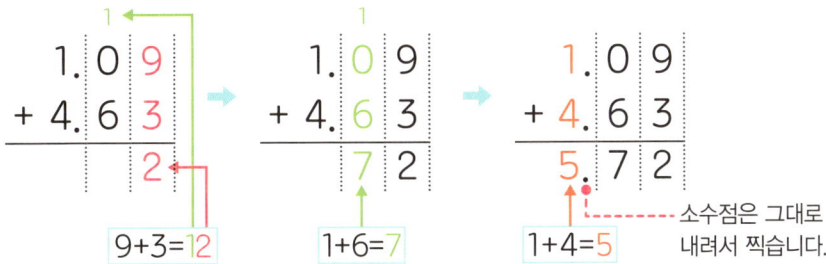

소수의 뺄셈도 마찬가지예요. 소수점의 자리를 맞추어 계산한 다음 자연수의 뺄셈과 같은 방법으로 계산해요.

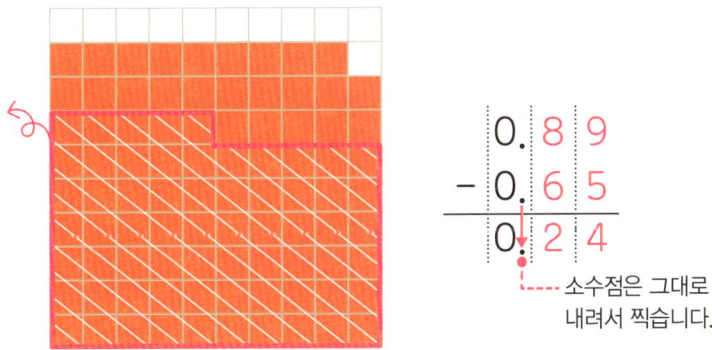

6.12에서 4.79를 빼 보세요. 소수점의 자리를 맞춰 적으면 어렵지 않게 풀 수 있어요.

 □ 안에 들어갈 수 있는 숫자의 개수를 구하고 그 이유를 쓰시오. (5점)

$$3.831 > 3.\boxed{}2$$

 **만점 팁!**

실제 □ 안에 0부터 수를 하나씩 넣어 보면 쉽게 해결할 수 있어요.
3.831의 소수 첫째 자리가 8이니까 일단 3.□2의 □ 안에 들어갈 수 있는 수는 0부터 7까지예요. 그러면 0, 1, 2, 3, 4, 5, 6, 7 모두 8개네요.
여기까지 구해서 8개라고 쓴 친구들도 있을 텐데 □ 안에 8이 들어갈 수 있는지까지 확인해야 돼요. 소수 첫째 자리 숫자가 8로 같을 때 등호가 성립되는지 보려면 소수 둘째 자리를 비교해야 하지요. 3.831의 소수 둘째 자리 숫자는 3이고, 3.82의 소수 둘째 자리 숫자는 2이니까 3.831>3.82로 이 부등식도 맞아요.
만약 □ 안에 9를 넣으면 3.831>3.92로 부등식이 성립하지 않아요.
따라서 □에 들어갈 수 있는 숫자는 0, 1, 2, 3, 4, 5, 6, 7, 8 모두 9개랍니다. 그런데 이런 문제를 채점하다 보면 정답을 0, 1, 2, 3, 4, 5, 6, 7, 8로 적는 친구들이 꽤 있어요. 문제는 □ 안에 들어갈 수 있는 숫자를 모두 쓰라는 것이 아니라, 숫자의 개수를 구하라는 거예요. □ 안에 들어갈 숫자를 모두 찾아 놓고, 아깝게 틀리지 않도록 주의해요.

모범 답안	채점 기준	점수
〈정답〉 9개 〈이유〉 3.831>3.□2에서 자연수가 같으므로 소수 첫째 자리를 비교하면, 먼저 8보다 작은 수 0, 1, 2, 3, 4, 5, 6, 7은 모두 들어갈 수 있다. 8을 넣으면 소수 첫째 자리 숫자가 8로 같으므로, 소수 둘째 자리를 비교해야 한다. 3.831>3.82로 3.831의 소수 둘째 자리 숫자는 3이고, 3.82의 소수 둘째 자리 숫자는 2이므로 □ 안에 8도 들어갈 수 있다. 마지막으로 □ 안에 9를 넣어 보면 3.831>3.92로 부등식이 성립하지 않는다. 따라서 □ 안에 들어갈 수 있는 숫자는 0, 1, 2, 3, 4, 5, 6, 7, 8로 모두 9개이다.	답을 맞히고, 그 이유를 바르게 설명한 경우	5점
	답을 맞히고, 그 이유를 완벽하지는 않지만 의미가 통하도록 설명한 경우	3점
	답을 맞혔으나, 이유를 바르게 설명하지 못한 경우	2점
	답은 틀렸으나, 소수 자릿수를 비교하며 이유를 바르게 설명한 경우	1점
	무응답 또는 오답	0점

 소수의 덧셈을 자연수처럼 자릿수를 맞췄더니 틀렸어요. 왜 그런가요?

```
  0.3 5 4
+   1.2 7
  0.4 8 1
```

 자연수의 덧셈과 헷갈려서 이런 실수를 하는 친구들이 더러 있어요. 자, 먼저 0.354는 약 0.3이고 1.27은 1이 넘으니까 두 수를 더하면 일단 1.3보다 커야 해요. 그런데 계산한 값은 1이 채 안 되지요.

소수의 덧셈과 뺄셈에서는 소수의 자릿수가 아니라 소수점의 자리를 맞추어야 해요. 0.354는 소수 셋째 자리까지 있고, 1.27은 소수 둘째 자리까지 있어서 자릿수가 안 맞아 보이지만 소수점이 같은 자리에 오도록 기준을 잡고 계산해야 한답니다. 그래도 헷갈리면 0을 붙여서 자릿수를 맞춘 다음 계산해요. 뺄셈도 같은 방식으로 풀면 틀리지 않을 거예요.

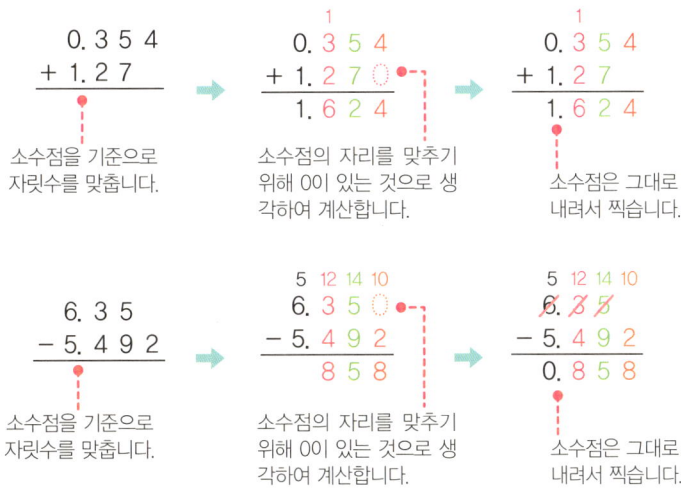

 **부모님 톡!**

일상생활에서 소수는 주로 측정의 단위와 함께 쓰입니다.
3학년까지 길이, 무게, 들이의 단위를 모두 배웠으므로 이제까지 배운 단위를 이용하여 소수로 나타내는 연습을 해 보세요. 실생활에서 양감을 기르는 것이 소수를 이해하는 데 큰 도움이 됩니다.

단위		단위 사이의 관계	
길이	mm, cm, m, km	1 mm = 0.1 cm 1 cm = 0.01 m 1 m = 0.001 km	1 cm = 10 mm 1 m = 100 cm 1 km = 1000 m
무게	g, kg	1 g = 0.001 kg	1 kg = 1000 g
들이	mL, L	1 mL = 0.001 L	1 L = 1000 mL

4학년 도형

2학기 2단원 | 수직과 평행

선 직각, 예각, 둔각 후 여러 가지 사각형

수직, 수선, 평행, 평행선

이것만은 꼭!

- 수직: 두 직선(또는 두 면)이 만나서 직각을 이루는 것
- 수선: 두 직선이 서로 수직으로 만날 때, 한 직선을 다른 직선에 대한 수선이라고 한다
- 평행: 한 평면 위의 두 직선이나 두 평면이 서로 만나지 않는 것(나란한 것)
- 평행선: 평면 위에서 서로 만나지 않는 두 직선

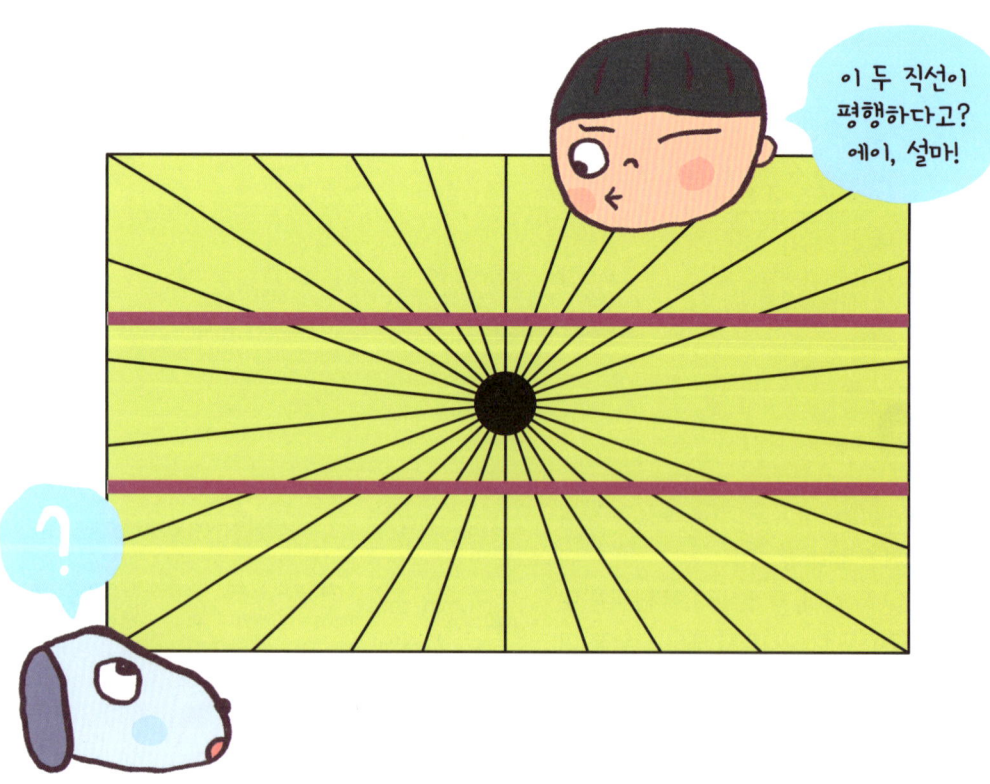

아무리 봐도 두 직선이 휘어져 보인다고요? 그러나 두 직선은 **평행**이에요. 이처럼 실제와 다르게 보이는 것을 '착시'라고 해요. 두 직선이 평행인지 아닌지는 자를 대어 보거나, **수선**을 그어 보면 알 수 있어요. 수선을 그어 **수직**이면 평행이지요.

먼저 수직과 수선에 대해 살펴봐요. 수직이란 두 직선이 만나서 이루는 각이 직각일 때를 말해요. 이때 두 직선을 서로 수직이라고 하지요. 두 직선이 서로 수직일 때, 한 직선을 다른 직선에 대한 수선이라고 해요.

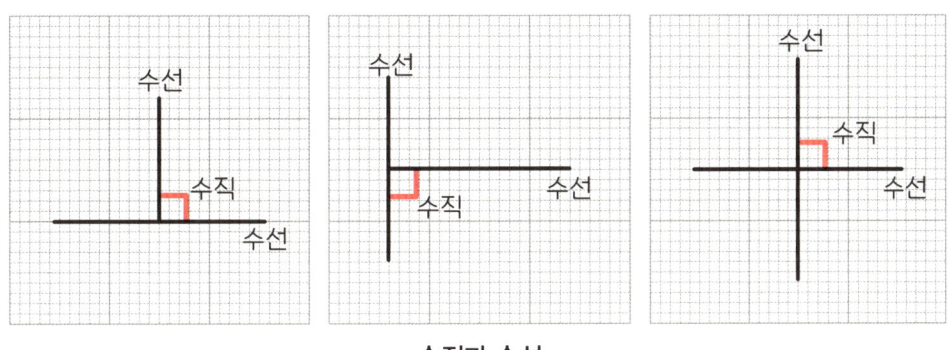

수직과 수선

두 직선이 만나서 이루는 각이 직각인지 알아보려면 모눈종이나 모눈자의 눈금, 공책, A4 용지와 같이 직각인 물건을 이용해요. 직각 삼각자를 이용하면 가장 쉽겠지요. 직각 삼각자와 각도기로 수선을 그어 볼까요?

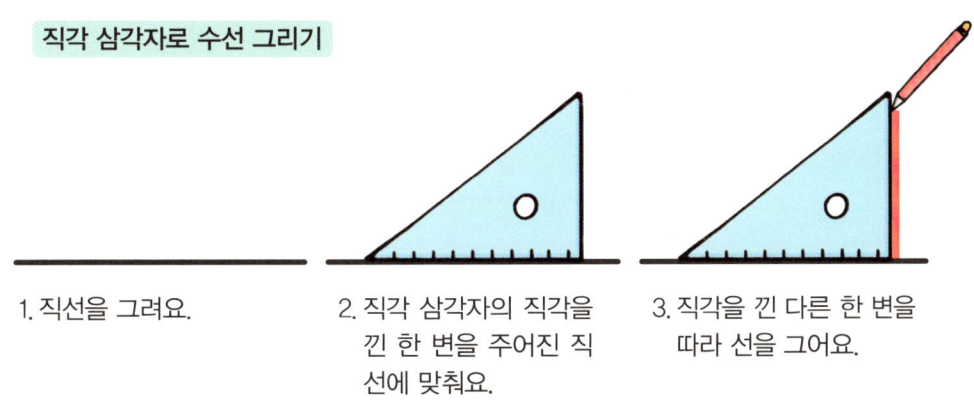

337

각도기로 수선 그리기

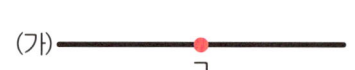

1. 직선 (가) 위에 점 ㄱ을 찍어요.

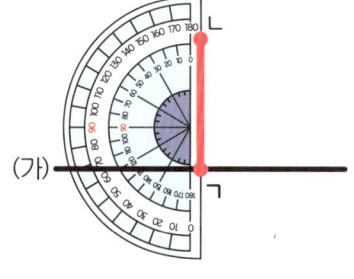

2. 각도기의 중심을 점 ㄱ에 맞추고 각도기의 밑금을 직선 (가)와 일치하도록 놓아요.

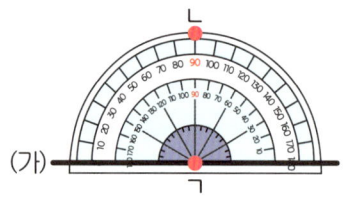

3. 90°가 되는 눈금 위에 점 ㄴ을 찍어요.

4. 점 ㄱ과 ㄴ을 선으로 이어요.

이번엔 평행과 **평행선**에 대해 알아보아요. 한 직선에 수직인 두 직선을 그었을 때, 그 두 직선은 서로 만나지 않아요. 이때 서로 만나지 않는 두 직선을 '**평행하다**'라고 해요. 평행한 두 직선은 평행선이라고 하지요.

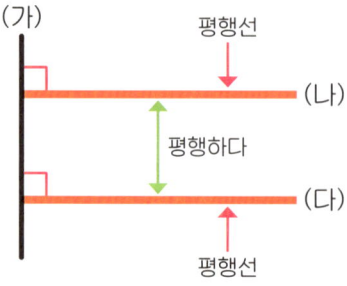

직선 (나)와 직선 (다)는 직선 (가)와 수직으로 만나요. 직선 (나)와 직선 (다)는 계속 늘여도 만나지 않으므로 두 직선은 평행하고, 평행선이에요.

직각 삼각자를 사용해서 평행선을 그어 볼까요?

직각 삼각자 2개로 평행선 그리기

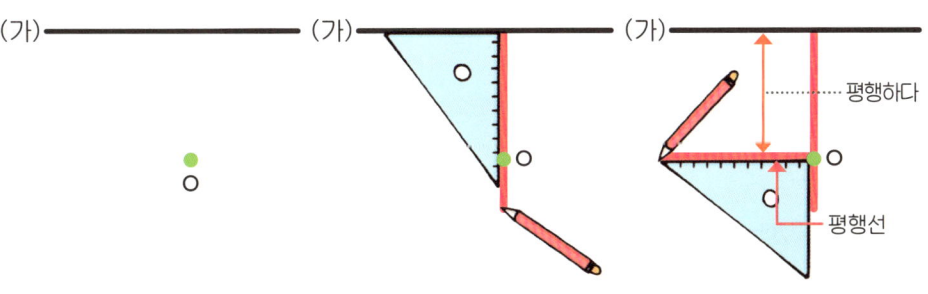

1. 직선을 그린다.
2. 직각 삼각자 2개를 위와 같이 놓는다.
3. 직각 삼각자 1개는 고정시키고 다른 삼각자를 움직여 가며 평행선을 긋는다.

직각 삼각자 1개로 평행선 그리기

1. 직선 (가)를 그리고 반대편에 점 ㅇ을 찍는다.
2. 점 ㅇ을 지나도록 직선 (가)에 수직인 직선을 긋는다.
3. 점 ㅇ에 직각 삼각자의 꼭짓점을 댄 후, 직선 (가)와 평행이 되도록 직선을 긋는다.

두 평행선 사이에 선분을 여러 개 긋고 길이를 비교해 보세요. 어느 선분이 가장 짧을까요? 바로 수선이에요. 평행선 사이의 수선의 길이를 **평행선 사이의 거리**라고 합니다.

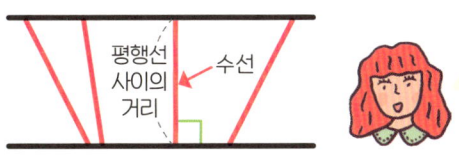

평행선 사이의 수선은 길이가 모두 같고, 평행선 사이의 선분 중에서 길이가 가장 짧아요.

다음 도형에 대해 잘못 말한 친구를 찾고 그 이유를 쓰시오. (5점)

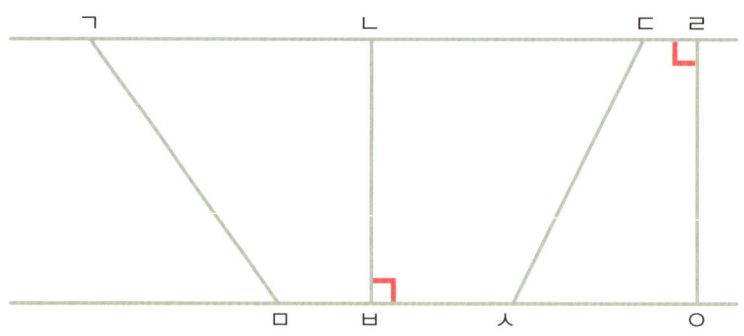

지수 선분 ㄴㅂ과 선분 ㄹㅇ은 서로 평행이야.
휘서 선분 ㄹㅇ은 선분 ㄱㄹ에 대한 수선이야.
윤서 선분 ㄴㅂ과 선분 ㅁㅅ은 수직인 관계야.
현정 선분 ㄱㅁ과 선분 ㄷㅅ은 서로 평행이야.

 만점 팁!

이런 도형 문제는 용어를 정확히 아는 게 가장 중요해요. 두 직선이 만나서 이루는 각이 직각일 때, 두 직선은 서로 수직이고, 이때 한 직선을 다른 직선에 대한 수선이라고 한다는 것, 한 직선에 수직인 두 직선을 그었을 때 서로 만나지 않으면 평행하다는 것을 알아야겠지요?

그리고 또 하나, 왜 잘못되었는지 이유를 쓸 때는 평행과 평행선을 혼동하지 않도록 주의해요. 한 직선에 평행한 두 직선을 평행선이라 하고, 서로 만나지 않는 두 직선을 '평행하다'라고 한답니다.

모범 답안	채점 기준	점수
〈정답〉 현정 〈이유〉 두 직선이 서로 만나지 않아야 평행인데, 선분 ㄱㅁ과 선분 ㄷㅅ을 계속 늘이면 서로 만나게 되므로 평행이 아니다.	정답을 맞히고, 그 이유를 바르게 설명한 경우	5점
	정답을 맞히고, 그 이유가 완벽하지는 않지만 충분히 의미가 통하는 경우	3점
	무응답 또는 오답	0점

 비스듬하게 그려진 직선에도 평행선을 그릴 수 있나요?

 평행선을 그릴 때, 삼각자 대신 모눈자를 이용하면 좀 더 쉽게 그릴 수 있어요.

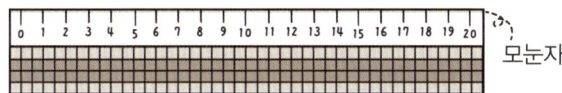
모눈자

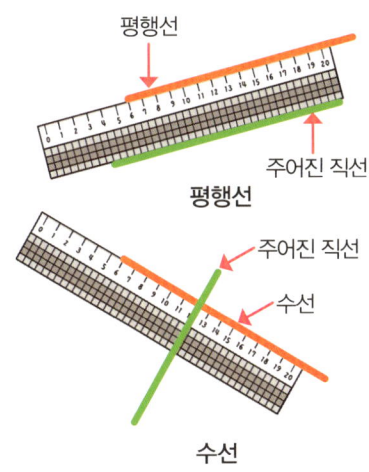

이 모눈자의 격자들은 모두 서로 평행과 수직인 관계예요. 따라서 주어진 직선에 평행한 직선을 그리라고 하면 바로 모눈자의 격자에 반듯하게 맞추면 돼요.

이때 모눈 한 칸의 간격은 보통 0.5 cm예요. 그러니까 만약 2 cm 간격으로 평행선을 그리라고 하면 모눈 4칸 간격을 두고 그리면 돼요.

수선도 이 방법을 이용하면 그리기 쉬워요. 주어진 직선을 모눈의 세로 눈금에 평행하게 맞추고 선을 그으면 된답니다.

 **부모님 톡!**

이 단원은 앞으로 배울 여러 가지 평면도형과 연결되므로 개념을 정확하게 형성하고 넘어가야 합니다. 예를 들어 한 쌍의 마주 보는 변이 평행한 사각형을 사다리꼴, 두 쌍의 마주 보는 변이 평행한 사각형을 평행사변형이라고 하는데, 평행의 개념을 모르면 사다리꼴이나 평행사변형을 찾기가 어렵지요.

수선과 평행선은 생활 속에서도 쉽게 찾아볼 수 있습니다. 칠판, 창문, 교과서나 공책의 가로·세로선, 바둑판의 격자 등이 수선입니다. 기찻길이나 축구 골대의 기둥, 정글짐, 공책의 가로줄 등은 평행선에 해당합니다.

만약 공책의 가로줄이 평행선이 아니라면 글씨를 반듯하게 쓸 수가 없습니다. 기찻길도 마찬가지입니다. 기찻길이 평행하지 않다면, 기차의 바퀴가 선로를 벗어나 사고가 날 수 있지요.

이렇게 일상생활에서 수선과 평행선으로 이루어진 물건을 찾아보고, 수선과 평행선이 왜 필요한지 아이 스스로 답을 찾을 수 있도록 이끌어 주세요.

여러 가지 사각형

2학기 3단원 ❶ | 다각형

선 이등변삼각형, 정삼각형　후 다각형, 정다각형, 대각선

4학년 도형

이것만은 꼭!

- 사다리꼴: 마주 보는 한 쌍의 변이 서로 평행인 사각형
- 평행사변형: 마주 보는 두 쌍의 변이 서로 평행인 사각형
- 마름모: 네 변의 길이가 모두 같은 사각형
- 직사각형: 네 각이 모두 직각인 사각형
- 정사각형: 네 각이 모두 직각이고, 네 변의 길이가 모두 같은 사각형

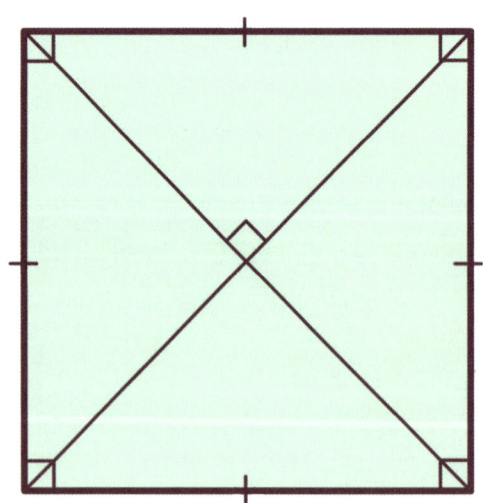

□은 직사각형이면서, 정사각형이에요. 그러나 □은 직사각형이지만 정사각형은 아니에요. 왜냐고요? 사각형에 대해 차근차근 살펴보며 그 이유를 알아봐요.

사다리꼴은 마주 보는 한 쌍의 변이 서로 평행한 사각형이에요. 한 쌍의 변이 평행하기만 하면 모두 사다리꼴이지요.

사다리꼴의 예

평행사변형은 마주 보는 두 쌍의 변이 서로 평행한 사각형이에요. 두 쌍의 변이 모두 평행해야 평행사변형이라고 할 수 있어요.

정사각형이나 직사각형도 평행사변형에 속해요.

평행사변형의 예

- **평행사변형의 성질**
1. 마주 보는 두 변의 길이가 같습니다.
2. 마주 보는 각의 크기가 같습니다.
3. 이웃한 두 각의 합은 180°입니다.

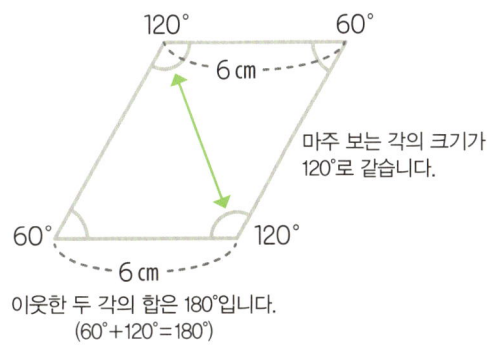

마주 보는 각의 크기가 120°로 같습니다.

이웃한 두 각의 합은 180°입니다.
(60°+120°=180°)

마름모는 네 변의 길이가 모두 같은 사각형이에요. 네 변의 길이가 모두 같은 사각형은 마주 보는 두 쌍의 변이 서로 평행해요. 그러니까 평행사변형 중에서 네 변의 길이가 같다면 마름모라고 할 수 있지요.

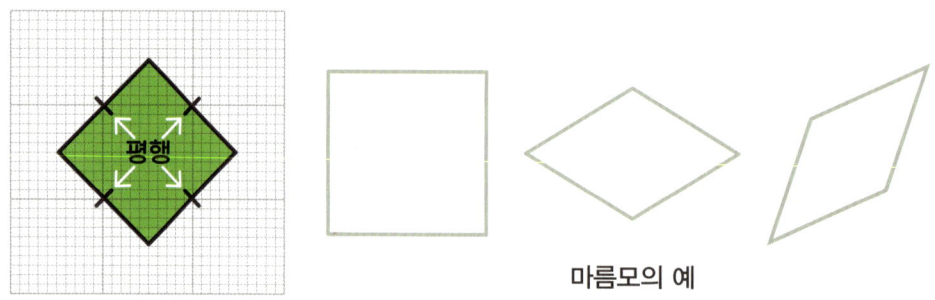

마름모의 예

- **마름모의 성질**

1. 마주 보는 두 쌍의 변이 서로 평행합니다.
2. 마주 보는 각의 크기가 같습니다.
3. 마주 보는 꼭짓점끼리 이은 선분이 서로 수직으로 만나고 서로 이등분합니다.

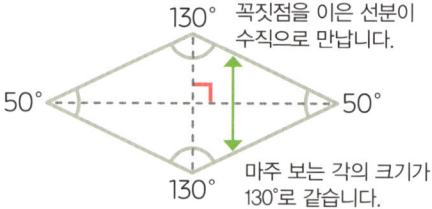

직사각형은 네 각이 모두 직각인 사각형이에요. 네 각이 모두 직각인 사각형은 마주 보는 두 쌍의 변이 서로 평행하다는 것을 알 수 있어요. 그러니까 평행사변형 중에서 네 각이 모두 직각이면 직사각형이라고 할 수 있지요.

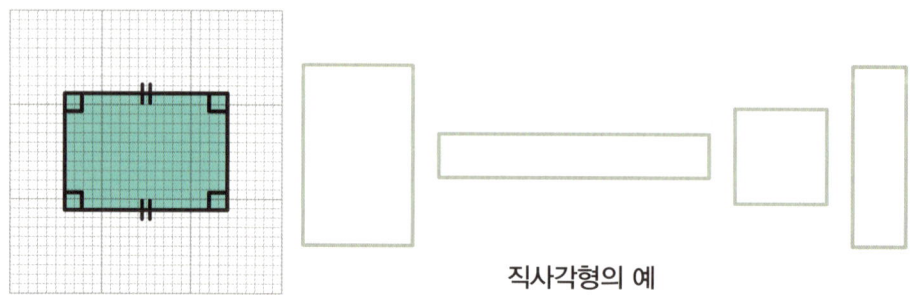

직사각형의 예

- **직사각형의 성질**

1. 마주 보는 두 쌍의 변이 서로 평행하고, 마주 보는 두 변의 길이가 같습니다.
2. 네 각의 크기가 모두 직각입니다.

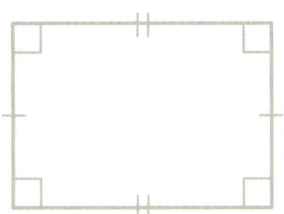

정사각형은 네 각이 모두 직각이고, 네 변의 길이가 모두 같은 사각형이에요.

- **정사각형의 성질**

1. 마주 보는 두 쌍의 변이 서로 평행합니다.
2. 네 변의 길이가 모두 같습니다.
3. 네 각의 크기가 모두 직각입니다.

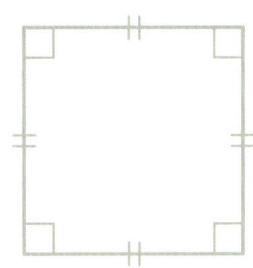

정사각형은 마름모 또는 직사각형이라고도 할 수 있어요.

지금까지 배운 여러 가지 사각형들의 관계를 정리해 볼게요.

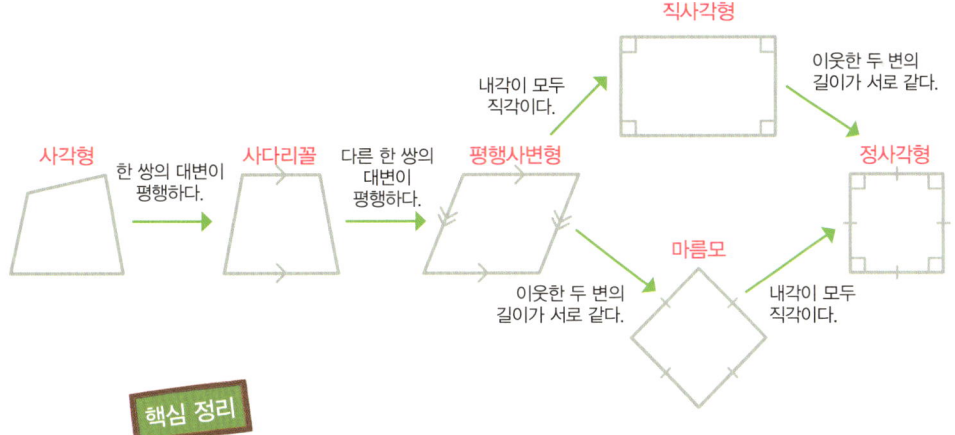

> **핵심 정리**
>
> 사각형에서 한 쌍의 대변이 평행하면 **사다리꼴**
> 두 쌍의 대변이 평행하면 **평행사변형**
> 내각이 모두 직각이면 **직사각형**
> 네 변의 길이가 같으면 **마름모**
> 내각이 모두 직각이면서 네 변의 길이가 같으면 **정사각형**

도전! 서술형 문제

서정이가 친구들 앞에서 오늘 배운 평행사변형에 대해 설명하고 있습니다. 서정이의 설명에서 잘못된 부분을 찾아 번호를 쓰고, 바르게 고치시오. (4점)

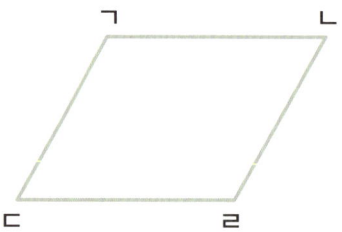

① 서로 평행인 변이 두 쌍입니다.
② 변 ㄱㄷ과 변 ㄱㄴ의 길이가 같습니다.
③ 각 ㄱㄷㄹ과 각 ㄱㄴㄹ의 크기가 같습니다.
④ 마주 보는 두 변의 길이가 같습니다.
⑤ 이 도형은 사다리꼴이라고 할 수 있습니다.

 만점 팁!

평행사변형의 정의와 성질에 대해 정확하게 알고 있는지를 묻는 문제예요. 평행사변형은 두 쌍의 변이 서로 평행한 사각형이지요? 그리고 마주 보는 두 변의 길이와 마주 보는 각의 크기가 같아요. 이웃한 두 각의 합은 180°라는 것까지 생각하면서 하나씩 살펴보도록 해요.

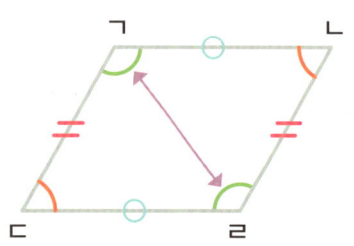

①, ③, ④는 평행사변형의 성질이 맞지만, ②는 틀렸어요. 평행사변형은 이웃한 변의 길이가 꼭 같지는 않아요.
⑤는 조금 헷갈릴 수 있어요. 모든 사다리꼴이 평행사변형인지 또는 모든 평행사변형이 사다리꼴인지를 알아야 해요. 사다리꼴은 한 쌍의 변이 평행하면 되니까 한 쌍의 변만 평행인 경우도 있고, 두 쌍 모두 평행인 경우도 있어요. 그런데 평행사변형은 무조건 두 쌍 모두 평행이어야 하므로 모든 사다리꼴이 평행사변형이라고 할 수는 없어요. 그러면 모든 평행사변형은 사다리꼴일까요? 네, 평행사변형은 두 쌍의 변이 모두 평행이니까 한 쌍의 변만 평행해도 되는 사다리꼴이라고 할 수 있지요.

모범 답안	채점 기준	점수
〈정답〉②	답을 바르게 찾고, 틀린 부분을 바르게 고쳐 쓴 경우	4점
〈올바른 설명〉 변 ㄱㄷ과 변 ㄴㄹ의 길이가 같다. 또는 변 ㄱㄴ과 변 ㄷㄹ의 길이가 같다.	답을 바르게 찾았으나, 틀린 부분을 고쳐 쓰지 못한 경우	2점
	무응답 또는 오답	0점

 이 도형도 사각형인가요? 사각형이 맞다면, 무슨 사각형이라고 해야 하나요?

변이 4개이고, 각이 4개이므로 사각형이 맞아요. 그런데 한 쌍 또는 두 쌍의 변이 평행하지 않고, 네 변의 길이가 같지도 않고, 네 각이 직각도 아니므로 사다리꼴, 평행사변형, 마름모, 직사각형, 정사각형이라고는 할 수 없어요. 이런 도형을 **오목 사각형**이라고 해요.

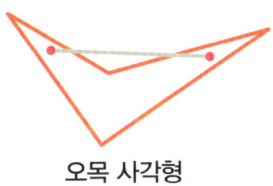

오목 사각형

오목 사각형은 사각형 내부의 두 점을 연결했을 때, 그 선분이 사각형 안에 완전히 속하지 않는 사각형이에요.

이제까지 우리가 배운 사각형들은 **볼록 사각형**이랍니다. 사각형 내부의 두 점을 연결했을 때, 그 선분이 사각형 안에 완전히 속하지요.

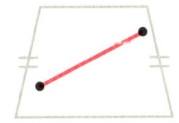 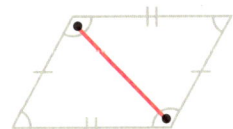 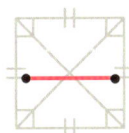 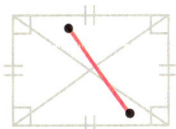

볼록 사각형

 **부모님 톡!**

오른쪽의 점판 위에 사다리꼴, 평행사변형, 마름모, 직사각형, 정사각형을 이어 그리는 놀이를 해 보세요. 한 명씩 번갈아 가며 선분을 하나씩 그으면서 사각형을 완성해 보는 것도 좋은 방법입니다.

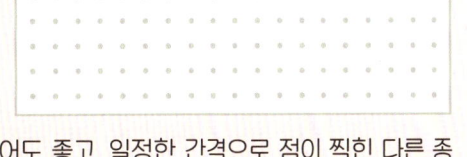

점판에 고무줄을 걸어 다양한 사각형을 만들어도 좋고, 일정한 간격으로 점이 찍힌 다른 종이에 연필과 자로 선을 그으며 만들어 보는 것도 좋습니다.

아이는 사각형을 그릴 때마다 사각형의 성질을 떠올려야 하기 때문에 다양한 사각형의 정의와 성질을 익히는 데 도움이 됩니다.

2학기 3단원 ❷ | 다각형

선 여러 가지 사각형 후 직육면체와 정육면체

4학년 도형

다각형, 정다각형, 대각선

이것만은 꼭!

- 다각형: 3개 이상의 선분으로 둘러싸인 도형
- 정다각형: 변의 길이와 각의 크기가 모두 같은 다각형
- 대각선: 다각형에서 이웃하지 않은 두 꼭짓점을 이은 선분

다각형은 선분으로만 둘러싸인 도형을 말해요. 변의 수에 따라 변이 3개이면 삼각형, 변이 4개이면 사각형, 변이 5개이면 오각형이지요.

반원, 원, 부채꼴 등은 곡선 또는 선분과 곡선으로 이루어져 있는 도형이므로 다각형이라고 할 수 없어요.

변의 길이와 각의 크기가 모두 같은 다각형은 **정다각형**이라고 해요.

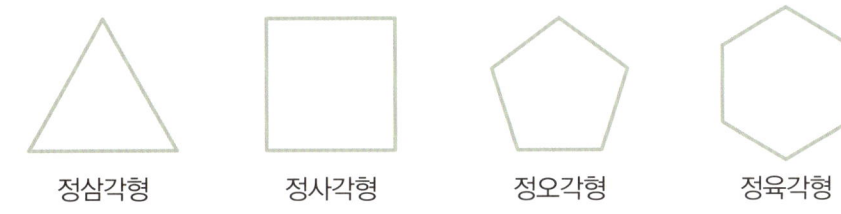

정다각형은 주위에서 쉽게 찾아볼 수 있어요. 축구공, 나사의 머리 부분, 교통 표지판, 벌집 등이 정다각형 모양이지요.

대각선은 다각형에서 이웃하지 않은 두 꼭짓점을 이은 선분이에요.

다각형	삼각형	사각형	오각형	육각형
대각선의 수	0	2	5	9

사각형에서 두 대각선이 어떻게 만나는지 살펴볼까요?

사각형		두 대각선의 길이가 같다	두 대각선이 서로 수직으로 만난다
평행사변형		✕	✕
마름모		✕	○
직사각형		○	✕
정사각형		○	○

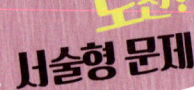

 주원이는 삼각형의 세 각의 합이 180°라는 것을 이용하여 사각형의 내각의 크기의 합을 다음과 같이 구하였습니다. 주원이가 쓴 방법을 이용하여 육각형의 내각의 합을 구하고 풀이 과정을 쓰시오.(6점)

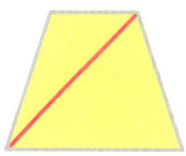   (사각형의 내각의 크기의 합)
=(삼각형의 내각의 크기의 합)×2=180°×2=360°

 만점 팁!

육각형의 내각의 크기의 합도 삼각형의 내각의 크기의 합을 활용하여 구할 수 있어요. 자, 도형 문제를 풀 때는 그림을 그려 보세요. 확실히 실수를 줄일 수 있답니다.

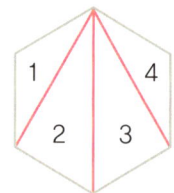   (육각형의 내각의 크기의 합)
=(삼각형의 내각의 크기의 합)×4
=180°×4
=720°

정답은 아니지만 육각형의 내각의 크기의 합은 육각형을 사각형 2개로 나누어서 구할 수도 있어요. 사각형의 내각의 크기의 합은 360°이지요.

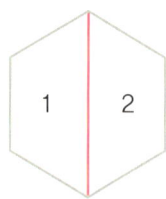   (육각형의 내각의 크기의 합)
=(사각형의 내각의 크기의 합)×2
=360°×2=720°

모범 답안	채점 기준	점수
〈정답〉720° 〈풀이 과정〉 육각형은 삼각형 4개로 나눌 수 있다. 삼각형의 내각의 크기의 합이 180°이므로 여기에 4를 곱하면 육각형의 내각의 크기의 합을 구할 수 있다. (육각형의 내각의 크기의 합) =(삼각형의 내각의 크기의 합)×4=180°×4=720°	답을 맞히고, 삼각형의 내각의 크기의 합을 이용하여 풀이 과정을 바르게 설명한 경우	6점
	답을 맞혔으나, 풀이 과정이 다소 미흡한 경우. 또는 계산 과정에서 약간의 오류가 있는 경우	3점
	답을 맞혔으나, 풀이 과정에서 삼각형의 내각의 크기의 합을 이용하지 않았거나, 풀이 과정을 잘못 설명한 경우	2점
	무응답 또는 오답	0점

 마름모는 정다각형이 아닌가요?

 물론 정다각형인 마름모도 있어요. 네 변의 길이가 같고 네 각의 크기가 같은 마름모 말이에요. 이런 마름모는 정사각형이기도 하지요.

그런데 정다각형은 변의 길이가 모두 같고 각의 크기도 모두 같아야 해요. 변의 길이만 같거나, 각의 크기만 같아서는 정다각형이라고 할 수 없지요.

마름모는 변의 길이는 같지만 각의 크기가 다른 경우도 있어요. 직사각형도 마찬가지랍니다. 모든 각이 90°로 같지만 변의 길이는 다른 경우가 있지요. 그러므로 정다각형이 될 수 없어요. 정리해 보면 사각형 중에서는 네 변의 길이와 네 각의 크기가 같은 정사각형만 정다각형이라고 할 수 있어요.

 **부모님 톡!**

다각형은 변의 개수에 따라 이름이 붙습니다. 변이 3개면 삼각형, 4개면 사각형, 5개면 오각형 등이지요. 이렇게 다각형의 이름은 어렵지 않지만 아이들은 종종 정다각형만을 다각형으로 생각하곤 합니다. 아래 도형에서 첫 번째 도형만 육각형이라고 말하는 아이들이 많습니다. 따라서 기하판을 이용하여 다양한 다각형을 만들면서 익숙해지도록 해야 합니다.

| 2학기 | 5단원 | 꺾은선그래프 | 선 막대그래프 후 띠그래프, 원그래프

4학년 자료와 가능성

꺾은선그래프

이것만은 꼭!

- 꺾은선그래프: 연속적으로 변화하는 양을 점으로 찍고 그 점들을 선분으로 연결하여 나타낸 그래프

그림그래프, 막대그래프에 이어 이번에는 **꺾은선그래프**에 대해 알아봐요. 꺾은선그래프는 키나 몸무게처럼 계속해서 변화하는 양을 점으로 찍고 그 점들을 선분으로 연결하여 나타낸 그래프랍니다. 실제로는 40 ㎝나 컸는데, 그래프에는 왜 변화가 없어 보일까요? 막대그래프에서도 배웠듯이 세로 눈금의 간격을 너무 크게 잡았기 때문이에요.

그럼 지금부터 꺾은선그래프 그리는 방법을 자세히 살펴봐요.

꺾은선그래프 그리는 방법

세로 눈금의 크기를 정할 때 변화의 정도를 더 뚜렷하게 나타내기 위해서는 **물결선**을 사용해요. 물결선은 필요 없는 부분을 줄이기 위해 나타내는 선이지요. 예를 들어 키의 변화를 나타낼 때 세로 눈금을 0부터 150 cm까지 나타내는 것이 아니라 물결선을 그려 110 cm부터 표시하는 거예요. 물결선을 이용하니까 키의 변화가 훨씬 더 뚜렷하게 나타나지요?

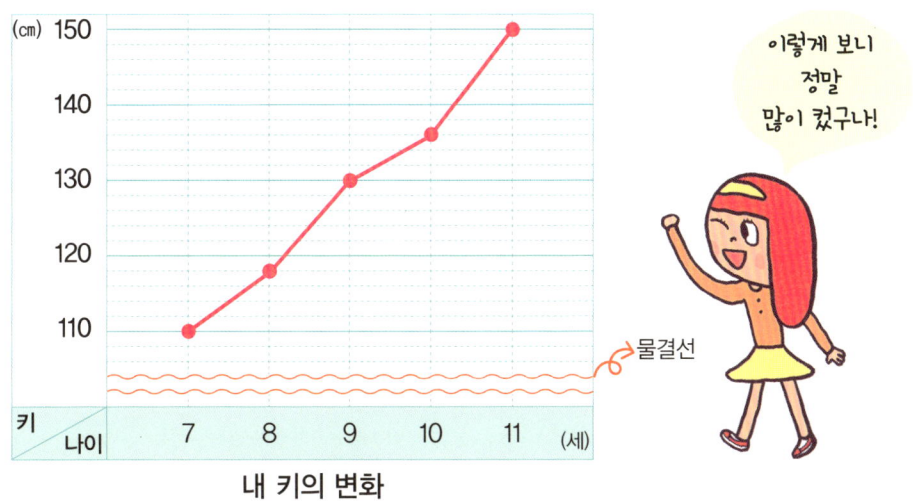

도전! 서술형 문제

수빈이는 키우고 있는 강아지의 몸무게를 조사하여 다음과 같이 표로 나타내었습니다. 이것을 막대그래프와 꺾은선그래프 중 어떤 그래프로 나타내야 하는지 쓰고, 그 이유를 설명하시오. (5점)

월	3	4	5	6	7
몸무게(kg)	2	3	5	8	12

 만점 팁!

표를 보니 시간의 흐름에 따라 몸무게가 변화하는 양을 알 수 있지요? 따라서 이 표는 꺾은선그래프로 나타내야 해요. 만일 여러 종류의 강아지 몸무게를 조사한 결과라면 막대그래프로 나타내는 것이 맞아요.

이유를 쓰라는 문제가 나오면 어떻게 써야 할지 몰라 겁부터 먹는 친구들이 있어요. 꼭 들어가야 하는 말만 정확히 쓰면 정답으로 인정되니까 너무 긴장하지 말고 문제를 풀도록 해요. 이 문제에서는 '시간의 흐름에 따른 변화'라는 말이 꼭 들어가야 한답니다.

5개월 동안 몸무게가 10 kg이나 늘었어. 에구, 다이어트를 해야겠군.

모범 답안	채점 기준	점수
〈정답〉 꺾은선그래프	알맞은 그래프를 선택하고 이유를 정확하게 쓴 경우	5점
	알맞은 그래프만 선택한 경우	3점
〈이유〉 시간의 흐름에 따른 변화이므로 꺾은선그래프로 나타내야 한다.	이유만 정확하게 쓴 경우	3점
	무응답 또는 오답	0점

 어떤 자료를 막대그래프로 나타내고, 어떤 자료를 꺾은선그래프로 나타내야 하는지 잘 모르겠어요.

 온도나 시간의 흐름에 따라 변화하는 양을 나타낼 때는 꺾은선그래프를 사용해요. 예를 들어 '나의 나이별 키 변화', '아기의 월별 몸무게 변화', '오늘 하루 동안의 기온 변화', '연도별 인구 변화'와 같이 자료에서 하나의 주제가 지속적으로 변화하는 경우 꺾은선그래프를 사용해요.

반대로 여러 가지 주제나 종류를 비교할 때는 막대그래프로 나타내는 것이 효과적이에요. '반별 학생 수', '우리 반 친구들이 좋아하는 색깔', '반별 안경을 쓴 학생의 수', '우리 반 친구들이 좋아하는 애완동물' 등이 이에 해당하지요. 막대그래프와 꺾은선그래프의 특징을 알면 좀 더 구별하기가 쉽겠지요?

막대그래프와 꺾은선그래프의 특징

막대그래프	꺾은선그래프
① 각 항목들 간의 크기 비교가 쉽다. ② 수의 크기를 정확하게 나타낸다. ③ 조사하지 않은 중간 값을 알기 어렵다.	① 시간에 따른 연속적인 변화를 알아보기 쉽다. ② 변화하는 모양을 알아보기 쉽다. ③ 조사하지 않은 중간 값을 예상할 수 있다.

여러 주제를 비교할 때는 막대그래프!

시간의 흐름에 따라 하나의 주제가 변화하는 것은 꺾은선그래프!

 부모님 톡!

일상생활에서 꺾은선그래프를 활용할 수 있는 예는 많습니다. 콩나물이나 강낭콩 같은 식물의 성장 추이, 키 또는 몸무게의 변화, 하루 동안의 기온 변화 등이지요.
이때 이미 정리된 자료를 제시하여 그래프를 그리고 해석하게 하기보다는, 아이가 직접 주제를 정하고 자료를 수집하여 그래프로 나타내는 전 과정을 경험하도록 해 주는 것이 더욱 좋습니다.

5학년 수학

5학년 때는 분수의 성질을 제대로 알아야 합니다. 분수의 덧셈과 뺄셈을 할 때 공통분모를 왜 만들어야 하는지, 분수의 곱셈과 나눗셈의 원리가 무엇인지를 알면 친구들이 가장 어려워하는 분수의 덧셈과 뺄셈, 분수의 곱셈과 나눗셈을 척척 해결할 수 있어요.

약수와 배수, 약분과 통분은 공통분모를 만들고 분수의 사칙 연산을 하는 데 꼭 필요한 과정입니다. 십진분수의 하나인 소수의 곱셈과 나눗셈도 분수의 곱셈과 나눗셈을 이용하여 해결할 수 있지요.

분수의 연산뿐만 아니라 약수와 배수, 통분과 약분, 분수의 곱셈과 나눗셈, 소수의 곱셈과 나눗셈의 유기적인 관계를 확실히 이해하여 5학년 수학을 다잡기 바랍니다.

1학기

- 약수와 배수 |수와 연산| ···358
- 직육면체와 정육면체 |도형| ···366
- 크기가 같은 분수 만들기 |수와 연산| ···372
- 분모가 다른 두 분수의 덧셈과 뺄셈 |수와 연산| ···378
- 직사각형의 둘레와 넓이 |측정| ···384
- 다각형의 넓이 |측정| ···390
- 분수의 곱셈 |수와 연산| ···400
- 자연수의 혼합 계산 |수와 연산| ···406

2학기

- 소수의 곱셈 |수와 연산| ···412
- 도형의 합동 |도형| ···418
- 선대칭도형과 점대칭도형 |도형| ···424
- 분수의 나눗셈 |수와 연산| ···430
- 소수의 나눗셈 |수와 연산| ···436
- 평균 |자료와 가능성| ···442
- 이상, 이하, 미만, 초과 |측정| ···448
- 올림, 버림, 반올림 |측정| ···454
- 대응 관계 |규칙성| ···460

> 안녕하세요! 5학년 수학을 맡은 민쌤이에요! 교육과정이 개정되면서 4학년 1학기 5단원 〈혼합 계산〉, 4학년 2학기 4단원 〈어림하기〉, 4학년 6단원 〈규칙과 대응〉이 5학년에 수록되었어요. 그리고 일상생활에서 잘 쓰지 않는 단위인 a(아르)와 ha(헥타르)는 배우지 않아요. 그럼 5학년 수학을 차근치근 공부해 볼까요?

1학기 1단원 | 약수와 배수

선 곱셈구구 후 크기가 같은 분수 만들기

5학년 수와 연산

약수와 배수

이것만은 꼭!

- 약수: 어떤 수를 나누어떨어지게 하는 수
- 공약수: 공통인 약수
- 최대공약수: 공약수 중에서 가장 큰 수
- 배수: 어떤 수를 1배, 2배, 3배……한 수
- 공배수: 공통인 배수
- 최소공배수: 공배수 중에서 가장 작은 수

공약수와 공배수를 알기 전에 알아야 할 용어가 있어요. 바로 **약수**와 **배수**예요. 약수는 어떤 수를 나누었을 때 나누어떨어지게 하는 수예요. 나머지가 0이라는 말이지요.

8의 약수는 1, 2, 4, 8이에요.

$$8÷8=1$$
$$8÷4=2$$
$$8÷2=4$$
$$8÷1=8$$

이때 1과 어떤 수는 항상 그 수의 약수입니다.

6의 약수: 1, 2, 3, 6
7의 약수: 1, 7
9의 약수: 1, 3, 9

배수는 말 그대로 어떤 수를 1배, 2배, 3배……한 수예요. 8의 배수를 구하려면 8에 어떤 수를 곱하면 되지요. 어떤 수의 배수는 무수히 많답니다.

$$8×1=8 \quad 8×2=16 \quad 8×3=24$$
$$8×4=32 \quad 8×5=40 \quad ……$$

이번에는 아래의 식을 보며 약수와 배수의 관계를 알아보아요.

$$8÷1=8 \rightarrow 1×8=8 \qquad 8÷2=4 \rightarrow 2×4=8$$
$$8÷4=2 \rightarrow 4×2=8 \qquad 8÷8=1 \rightarrow 8×1=8$$

어때요? 규칙이 보이나요? 1, 2, 4, 8은 8의 약수이고, 8은 1, 2, 4, 8의 배수예요.

- 2와 4는 8의 약수입니다.
- 8은 2와 4의 배수입니다.

자, 그런데 이때 8은 자기 자신의 배수예요. 배수는 어떤 수를 1배, 2배, 3배……한 수라고 했지요? 8의 1배는 8이기 때문에 자신도 자신의 배수랍니다. 이 사실을 잊어버리는 친구들이 많으니까 꼭 기억하도록 해요.

이번에는 **공약수**와 **최대공약수**를 알아볼까요? 공약수는 공통된 약수이고, 그중에서 가장 큰 수가 최대공약수예요.

- 공약수: 공통된 약수
- 최대공약수: 공약수 중에서 가장 큰 수

12와 16의 공약수와 최대공약수를 찾아봅시다.

방법1 표를 그려 알아봐요.

12의 약수	1	2	3	4	6	12
16의 약수	1	2	4	8	16	

12의 약수는 6개이고 16의 약수는 5개예요. 수가 크다고 해서 약수의 개수가 항상 많은 것은 아니랍니다.

12의 약수는 1, 2, 3, 4, 6, 12이고, 16의 약수는 1, 2, 4, 8, 16이에요. 12와 16의 공약수는 무엇일까요? 12와 16의 약수에 공통으로 포함된 1, 2, 4예요. 이 중에서 최대공약수는 가장 큰 수인 4이지요.

12와 16의 공약수: 1, 2, 4
12와 16의 최대공약수: 4

방법2 곱셈식으로 알아봐요.

$$12 = 2 \times 2 \times 3$$
$$16 = 2 \times 2 \times 2 \times 2$$

12와 16을 가장 작은 수의 곱으로 나타낸 식에서 공통인 부분 2×2 즉, 4가 최대공약수이지요.

방법3 두 수의 공약수로 나누어 구해요.

```
12와 16의 공약수 →  2 ) 12  16
 6과 8의 공약수  →  2 )  6   8
                      3   4   •--- 1 이외의 공약수가
                                   없을 때까지 나눕니다.
```

12와 16의 최대공약수: $2 \times 2 = 4$

그럼 12와 16의 최대공약수인 4의 약수를 살펴볼까요? 4의 약수는 1, 2, 4예요. 어때요? 12와 16의 공약수와 같지요.

> 두 수의 공약수는 두 수의 최대공약수의 약수와 같습니다.

이번에는 **공배수**와 **최소공배수**를 알아봐요. 공배수는 공통인 배수예요. 최소공배수는 공배수 중에서 가장 작은 수예요.

- 공배수: 공통인 배수
- 최소공배수: 공배수 중에서 가장 작은 수

12와 16의 공배수와 최소공배수를 찾아봅시다.

방법1 표를 그려 알아봐요.

12의 배수	12	24	36	48	60	72	84	96	......
16의 배수	16	32	48	64	80	96	112	128	......

12의 배수는 12, 24, 36, 48, 60……이고, 16의 배수는 16, 32, 48, 64……예요. 12와 16의 공배수는 두 수의 배수 중에 공통으로 포함된 48, 96……이고, 최소공배수는 공배수 중 가장 작은 수이므로 48이에요.

12와 16의 공배수: 48, 96 ……
12와 16의 최소공배수: 48

방법2 여러 수의 곱으로 나타낸 곱셈식으로 알아봐요.

$12 = 2 \times 2 \times 3$
$16 = 2 \times 2 \times 2 \times 2$
12와 16의 최소공배수: $2 \times 2 \times 2 \times 2 \times 3 = 48$

12와 16을 가장 작은 수들의 곱으로 나타내면 $12 = 2 \times 2 \times 3$, $16 = 2 \times 2 \times 2 \times 2$ 이지요. 이 식에서 최소공배수는 공통인 부분과 나머지 부분을 곱하여 구해요. 즉 $2 \times 2 \times 2 \times 2 \times 3 = 48$입니다.

방법3 두 수의 공약수로 나누어 구해요.

12와 16의 공약수 → 2) 12 16
6과 8의 공약수 → 2) 6   8
                       3   4 ←── 1 이외의 공약수가 없을 때까지 나눕니다.

12와 16의 최소공배수: $2 \times 2 \times 3 \times 4 = 48$
$2 \times 2 \times 2 \times 2 \times 3 = 48$

이번에는 12와 16의 최소공배수인 48의 배수를 살펴볼까요? 48의 배수는 48, 96, 144……예요. 이것은 12와 16의 공배수와 같답니다.

48의 배수: 48, 96, 144, 192, 240……
12와 16의 공배수: 48, 96, 144……

| 12의 배수 | 12 | 24 | 36 | 48 | 60 | 72 | 84 | 96 | 108 | 120 | 132 | 144 | 156 | …… |
| 16의 배수 | 16 | 32 | 48 | 64 | 80 | 96 | 112 | 128 | 144 | 160 | 176 | 192 | 208 | …… |

두 수의 공배수는 두 수의 최소공배수의 배수와 같습니다.

도전! 서술형 문제

12의 배수는 모두 3의 배수인지 아닌지 ○, ×로 표시하고, 그 이유를 설명하시오.(6점)

① 12의 배수는 모두 3의 배수이다. (○, ×)
② 이유:

 만점 팁!

배수와 공배수를 정확히 이해하고 있다면 쉽게 해결할 수 있는 문제예요. 먼저 12의 배수가 모두 3의 배수인지 아닌지 확인해서 답안지에 표시한 후 이유를 생각해요. 간혹 이유를 쓰는 데에만 집중하느라 ①번 문제를 놓치는 친구들이 있어요. 문제를 제대로 확인하는 것이 무엇보다 중요하답니다.

이유를 쓸 때는 개념을 쓰고 나서 설명을 하는 것이 좋아요. 예를 들어 '12의 배수는 12, 24, 36, 48……이다.'라고 쓰기보다 '12의 배수는 12의 1배, 2배, 3배……한 수이다.'라는 개념을 먼저 쓰면 훨씬 더 논리 정연한 설명이 될 거예요. 물론 개념을 쓰지 않았다고 해서 틀린 것은 아니지만요!

이 문제는 3의 배수를 구체적으로 나열하고, 12의 배수 12, 24, 36, 48……은 모두 3의 배수가 됨을 나타내면 돼요.

'12=3×4이고, 12×어떤 수=3×4×어떤 수이므로 12의 배수는 모두 3의 배수이다.'라고 해도 맞아요.

모범 답안	채점 기준	점수
① ○ ② 12의 배수는 12의 1배, 2배, 3배……한 수이다. 따라서 12, 24, 36, 48……이다. 3의 배수는 3의 1배, 2배, 3배……한 수이므로 3, 6, 9, 12, 15, 18, 21, 24……이다. 12의 배수인 12, 24, 36, 48……은 모두 3의 배수이므로, 12의 배수는 모두 3의 배수이다.	○ 표시를 하고 이유를 바르게 쓴 경우	6점
	○ 표시를 했으나, 이유에 대한 설명이 미흡한 경우	4점
	○ 표시를 했으나, 이유를 틀리게 쓴 경우	2점
	무응답 또는 오답	0점

 3의 배수는 0, 6, 9…… 아닌가요? 왜 0을 빼나요?

3의 배수는 3에 어떤 수를 1배, 2배, 3배……한 수예요. 3은 3을 1배한 수이기 때문에 배수라고 할 수 있고, 6은 3의 2배, 9는 3의 3배인 수이니까 3의 배수가 맞아요. 그러면 0은 어떨까요? 0은 3의 0배일까요? 맞아요. 그런데 정답은 3, 6, 9라고 쓰지요.

왜냐하면 0은 자연수가 아니기 때문이에요. 초등학교 교과 과정에서는 자연수 범위 안에서 약수와 배수를 배운답니다. 수에는 우리가 흔히 사용하는 자연수 외에도 0, 음의 정수 등이 있어요. 우리가 일상에서 쓰는 수는 정확히 말하면 '0과 자연수'이지요. 따라서 초등학교에서는 0을 뺀 3, 6, 9……라고 써야 정답이에요.

 부모님 톡!

약수와 배수, 공약수와 공배수는 잘 구하는데, 최대공약수와 최소공배수를 헷갈려 하는 아이들이 많습니다. '최대'와 '최소'라는 단어 때문에 의미를 혼동하는 것이지요. 일반적으로 최대는 가장 큰 수, 최소는 가장 작은 수라고 생각하므로 18과 24의 최대공약수 6을 최소공배수로, 최소공배수 72를 최대공약수로 생각하곤 합니다.

최대(最大)라는 단어 뒤에 공약수가 있음을 확인시켜 주고, 공약수 중에서 가장 큰 수임을 강조해 주세요. 마찬가지로 최소(最小)라는 단위 뒤에는 공배수가 있고, 공배수 중에서 가장 작은 수라는 것을 알려 주세요. 공약수는 숫자가 정해져 있으니까 최대를 알 수 있지만, 공배수는 무한하므로 최대를 알 수 없다고 설명해 주셔도 좋습니다.

직육면체와 정육면체

1학기 2단원 | 직육면체

선 다각형, 정다각형, 대각선 후 각기둥과 각기둥의 전개도

5학년 도형

이것만은 꼭!

- 직육면체: 직사각형 모양의 면 6개로 둘러싸인 입체도형
- 정육면체: 정사각형 모양의 면 6개로 둘러싸인 입체도형

직육면체와 **정육면체**는 모두 **입체도형**이에요. 입체도형이 뭐냐고요? 여러 개의 평면이나 곡면으로 둘러싸인 도형을 말해요. 1학년과 2학년 때 여러 가지 입체도형을 생활에서 자주 접하는 물건들과 연결 지어 배웠어요. 우리 주변의 많은 물건들이 입체도형으로 이루어져 있었지요.

삼각형, 사각형, 오각형 등과 같은 평면도형은 **각**을 기준으로 구분했지만, 입체도형은 **면의 모양**이 중요한 기준이에요.

먼저 입체도형을 이루는 요소를 알아봅시다.

입체도형은 **면, 모서리, 꼭짓점**을 가지고 있어요.

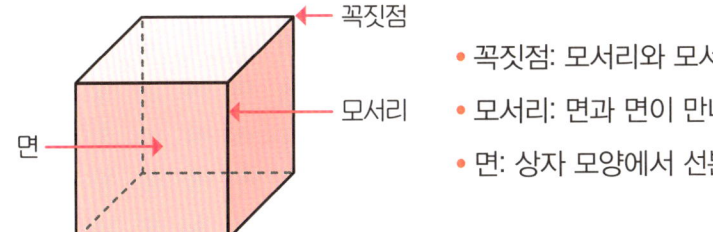

- 꼭짓점: 모서리와 모서리가 만나는 점
- 모서리: 면과 면이 만나는 선분
- 면: 상자 모양에서 선분으로 둘러싸인 부분

입체도형의 요소와 각각의 특징을 알았다면, **직육면체**와 **정육면체**를 비교해 볼까요? 먼저 직육면체는 직사각형 모양의 면 6개, 모서리 12개, 꼭짓점 8개로 이루어졌어요. 서로 마주 보는 평행한 면이 3쌍이고, 밑면이 2개, 옆면이 4개예요. 옆면은 밑면에 수직이지요.

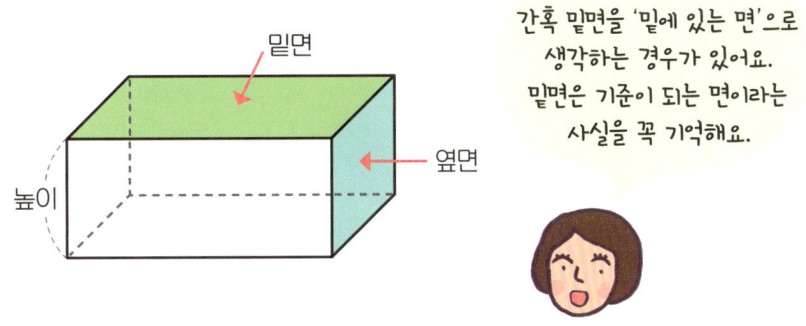

간혹 밑면을 '밑에 있는 면'으로 생각하는 경우가 있어요. 밑면은 기준이 되는 면이라는 사실을 꼭 기억해요.

기준이 되는 면인 밑면이 정해지면 마주 보는 평행한 면도 밑면이 돼요. 밑면에 수직인 4개의 면은 옆면이 되지요.

정육면체도 직육면체와 마찬가지로 면 6개, 모서리 12개, 꼭짓점 8개로 이루어져 있어요. 다만, 6개의 면이 모두 정사각형이지요.

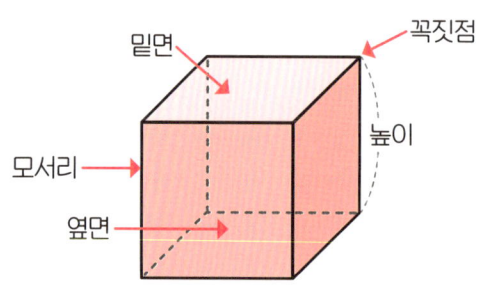

도형의 특징	면의 수	모서리의 수	꼭짓점의 수	한 면의 모양	모서리의 길이
직육면체	6	12	8	직사각형	마주 보는 3쌍이 같음
정육면체	6	12	8	정사각형	모두 같음

직육면체와 정육면체의 차이를 확실히 알았나요? 그럼 이번에는 직육면체의 **겨냥도**에 대해 알아보아요. 직육면체의 겨냥도란 직육면체의 모양을 잘 알 수 있게 하려고 눈에 보이는 모서리는 실선으로, 보이지 않는 모서리는 점선으로 그린 그림을 말해요.

겨냥도를 그리면 직육면체에서 눈에 띄지 않는 곳에 있는 꼭짓점의 위치를 쉽게 알 수 있어요. 직육면체 외의 다른 입체도형도 같은 방법으로 겨냥도를 그리면 돼요.

> 정사각형은 직사각형이라고 할 수 있어요. 따라서 정육면체는 직육면체라고 할 수 있답니다. 하지만 직사각형은 정사각형이라고 할 수 없으므로 직육면체는 정육면체가 아니에요.

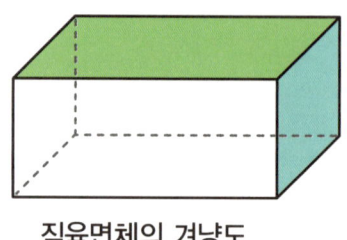

직육면체의 겨냥도

일반적으로 겨냥도는 위에서 보이는 면을 먼저 그리고, 옆면의 모서리를 세로 방향으로 평행이 되게 그리면 돼요.

이번에는 직육면체의 **전개도**에 대해 알아봅시다. 직육면체의 전개도는 직육면체나 정육면체의 모서리를 잘라서 하나로 펼쳐 놓은 그림을 말해요. 이때 잘리지 않은 모서리는 점선, 잘린 모서리는 실선으로 나타낸답니다. 겨냥도와 마찬가지로 다른 입체도형도 같은 방법으로 전개도를 만들 수 있어요.

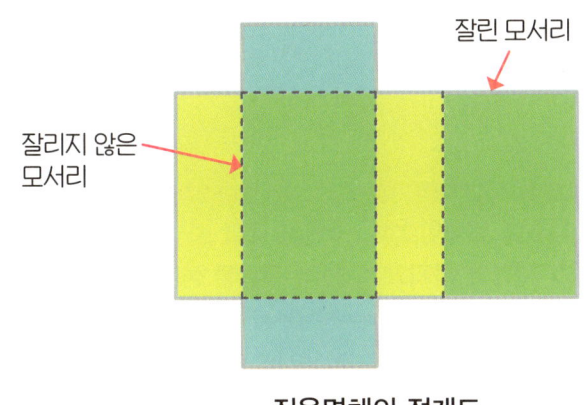

직육면체의 전개도

직육면체의 전개도를 보면 평행한 3쌍의 면은 각각 모양과 크기가 같아요. 또 만나는 모서리의 길이가 서로 같지요.

전개도는 같은 도형이라도 어느 모서리를 잘라서 펼치느냐에 따라 여러 모양이 나올 수 있어요. 정육면체의 전개도를 11가지 방법으로 그릴 수 있답니다.

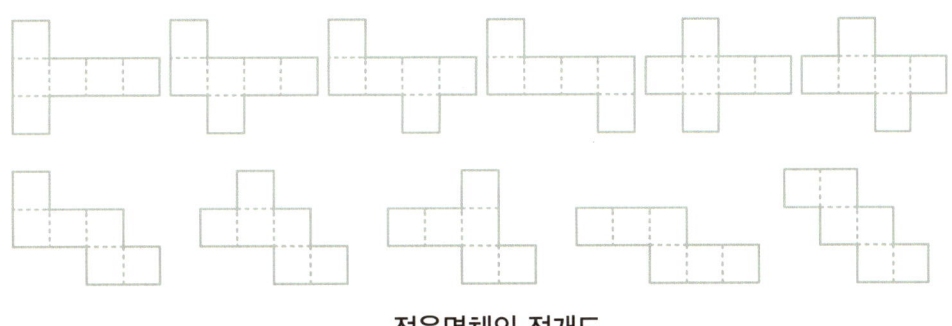

정육면체의 전개도

서술형 문제

다음 전개도로 정육면체를 만들 수 없는 이유를 설명하고, 전개도를 바르게 그려 보시오. (6점)

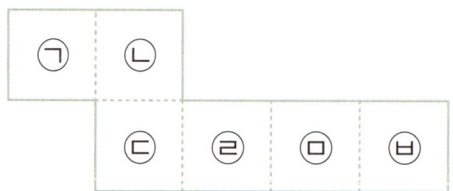

만점 팁!

먼저 정육면체 전개도의 특징을 알아야 해요. 3쌍의 면이 서로 평행해야 하고, 접었을 때 만나는 모서리의 길이가 같아야 하지요. 그런데 주어진 전개도는 서로 평행한 면이 2쌍밖에 없어요. 그렇기 때문에 이 전개도로는 정육면체를 만들 수 없지요.

전개도를 바르게 그릴 때 잘리지 않은 모서리를 점선이 아닌 실선으로 그려서 틀리는 경우가 꽤 많아요. 잘린 모서리는 실선으로, 잘리지 않은 모서리는 점선으로 그려야 한다는 것을 꼭 기억하세요. 그리고 도형 문제는 반드시 '자'를 사용하여 반듯하게 선을 그리고, 직각과 정사각형도 정확하게 표현해야 한답니다.

모범 답안	채점 기준	점수
〈이유〉 정육면체는 3쌍의 밑면이 서로 평행하다. 면 ㄷ과 면 ㅁ은 서로 평행하다. 또, 면 ㄹ과 면 ㅂ도 서로 평행하다. 그러나 면 ㄱ과 면 ㄴ은 서로 평행하지 않다. (또는 서로 수직이다.) 따라서 위의 전개도로 정육면체를 만들 수 없다. 〈전개도〉 다음 11가지 방법 중 1가지로 그리면 정답 	정육면체를 만들 수 없는 이유를 타당하게 제시하고 전개도를 점선과 실선을 구분하여 바르게 그린 경우	6점
	정육면체를 만들 수 없는 이유를 타당하게 제시했으나, 전개도를 바르게 그리지 못한 경우	3점
	정육면체를 만들 수 없는 이유를 타당하게 제시하지 못했으나, 전개도를 점선과 실선을 구분하여 바르게 그린 경우	3점
	무응답 또는 오답	0점

 직육면체에 선이 그어진 부분을 전개도에 나타내기가 어려워요.

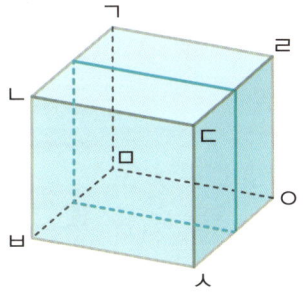

이런 문제를 풀 때는 꼭짓점과 모서리의 위치를 아는 것이 가장 중요해요. 이 그림의 경우 모서리 ㄱㄹ, 모서리 ㄴㄷ과 평행한 선이 그어져 있지요. 모서리 ㄱㄹ과 모서리 ㄴㄷ은 아래 전개도에서 선분 ㄱㄹ과 선분 ㄴㄷ이에요. 이 선분들과 평행이 되도록 선을 그어 주면 돼요. 다음으로, 직육면체의 모서리 ㄹㅇ과 모서리 ㄷㅅ에 해당하는 부분을 전개도에서 찾아 평행이 되도록 선을 이어요. 이 선은 앞서 그린 선과 수직인 관계이므로 전개도에서도 확인을 하는 것이 좋아요. 다음으로 직육면체의 모서리 ㅂㅅ, ㅁㅇ을 전개도에서 찾아 평행한 선을 그어요. 마지막으로 직육면체의 모서리 ㄴㅂ, ㄱㅁ과 평행한 선을 전개도에 그리면 되지요. 꼭짓점끼리 선이 연결된 경우도 마찬가지예요. 어떤 꼭짓점들이 연결되었는지 확인하고 전개도에 똑같이 연결해 주면 된답니다.

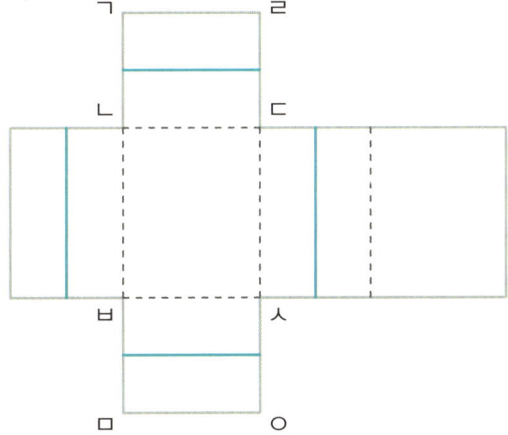

많은 아이들이 직육면체의 전개도 그리는 걸 어려워합니다. 이럴 때는 생활 속에서 쉽게 구할 수 있는 상자를 직접 잘라 보게 해 주세요. 이때 상자를 여러 개 준비하여 각각 다른 모서리를 자릅니다. 이렇게 하면 자른 곳에 따라 다양한 모양의 전개도가 생긴다는 것을 알 수 있습니다. 또한 '만나는 모서리의 길이가 같다.'라는 것과 '평행인 면은 모양과 크기가 같다.'라는 사실까지 눈으로 직접 확인할 수 있어 전개도를 이해하는 데 큰 도움이 됩니다.

크기가 같은 분수 만들기

1학기 3단원 | 약분과 통분

선 약수와 배수 후 분모가 다른 두 분수의 덧셈과 뺄셈

5학년 수와 연산

이것만은 꼭!

- 약분: 분모와 분자를 공약수로 나누어 간단히 하는 것
- 통분: 분수의 분모를 같게 하는 것
- 기약분수: 분모와 분자의 공약수가 1뿐인 분수

$\frac{1}{3}$과 $\frac{6}{18}$ 중 어떤 분수가 더 클까요? 그림으로 나타내면 한눈에 확인할 수 있어요.

자, 어때요? $\frac{1}{3}$과 $\frac{6}{18}$은 크기가 똑같지요? $\frac{6}{18}$의 분모와 분자에 0이 아닌 같은 수를 나누어 보면 $\frac{1}{3}$이 된답니다.

$$\frac{6}{18} = \frac{6 \div 6}{18 \div 6} = \frac{1}{3}$$

크기가 같은 분수는 그림으로 나타냈을 때 색칠된 부분의 크기가 같아요.

분모와 분자의 숫자는 다르지만 나타내는 양은 모두 같답니다.

373

크기가 같은 분수를 만드는 방법은 2가지가 있어요.

방법1 분모와 분자에 0이 아닌 같은 수를 곱해요.

$$\frac{1}{6} = \frac{1 \times 2}{6 \times 2} = \frac{1 \times 3}{6 \times 3} = \frac{1 \times 4}{6 \times 4} = \frac{1 \times 5}{6 \times 5} = \frac{1 \times 6}{6 \times 6} \cdots\cdots$$

⬇

$$\frac{1}{6} = \frac{2}{12} = \frac{3}{18} = \frac{4}{24} = \frac{5}{30} = \frac{6}{36} \cdots\cdots$$

방법2 분모와 분자를 0이 아닌 같은 수로 나누어요.

$$\frac{18}{60} = \frac{18 \div 2}{60 \div 2} = \frac{18 \div 3}{60 \div 3} = \frac{18 \div 6}{60 \div 6}$$

⬇

$$\frac{18}{60} = \frac{9}{30} = \frac{6}{20} = \frac{3}{10}$$

방법2에서 분자와 분모를 나눈 수는 2, 3, 6이에요. 이 수들은 18과 60의 공약수라는 공통점이 있어요. 이렇게 공약수로 나누어 분수를 간단하게 만드는 것을 **약분**이라고 해요.

$\frac{24}{36}$를 약분해 볼까요? 우선 분자 24와 분모 36의 공약수를 찾아야 해요. 24와 36의 공약수는 1, 2, 3, 4, 6, 12예요. 따라서 분자와 분모를 공약수인 2, 3, 4, 6, 12로 나누면 되지요.

$$\frac{24}{36} = \frac{24 \div 2}{36 \div 2} = \frac{24 \div 3}{36 \div 3} = \frac{24 \div 4}{36 \div 4} = \frac{24 \div 6}{36 \div 6} = \frac{24 \div 12}{36 \div 12}$$

⬇

$$\frac{24}{36} = \frac{12}{18} = \frac{8}{12} = \frac{6}{9} = \frac{4}{6} = \frac{2}{3}$$

그런데 $\frac{2}{3}$는 더 이상 약분할 수가 없어요. 이처럼 더 이상 약분되지 않는 분수를 **기약분수**라고 해요. 기약분수는 분자와 분모의 공약수가 1뿐인 분수예요.

이제 아래의 방법1 을 보세요. 분자와 분모에 같은 수를 곱했지요? 이렇게 해서 원래의 분수와 크기가 같은 분수를 만드는 것을 **통분**이라 하고, 통분한 분모를 **공통분모**라고 해요. 통분을 하면 분모가 다른 분수의 크기를 비교할 수 있답니다.

$\frac{7}{12}$과 $\frac{5}{8}$를 통분하는 방법은 2가지가 있어요.

방법1 두 분모의 곱을 공통분모로 하여 통분해요.

$$\left(\frac{7}{12}, \frac{5}{8}\right) = \left(\frac{7\times 8}{12\times 8}, \frac{5\times 12}{8\times 12}\right) = \left(\frac{56}{96}, \frac{60}{96}\right)$$

분모를 같게 했으므로 $\frac{7}{12}$과 $\frac{5}{8}$의 크기를 비교할 수 있어요.

$$\frac{56}{96} < \frac{60}{96} \rightarrow \frac{7}{12} < \frac{5}{8}$$

방법2 두 분모의 최소공배수를 공통분모로 하여 통분해요.

$$\left(\frac{7}{12}, \frac{5}{8}\right) = \left(\frac{7\times 2}{12\times 2}, \frac{5\times 3}{8\times 3}\right) = \left(\frac{14}{24}, \frac{15}{24}\right)$$

$$\frac{14}{24} < \frac{15}{24} \rightarrow \frac{7}{12} < \frac{5}{8}$$

12와 8의 최소공배수는 24예요. 두 분모의 최소공배수를 공통분모로 통분하면 두 분모의 곱을 공통분모로 통분할 때보다 좀 더 간단히 나타낼 수 있어요.

이렇게 통분한 두 분수의 크기를 비교할 때는 분자의 크기를 비교하면 돼요.

 성준이와 예진이 중 누구의 말이 옳은지 쓰고, 그 이유를 설명하시오. (6점)

성준 분자가 분모보다 1 작은 분수는 분모가 클수록 크기가 더 커.
예진 $\frac{18}{36}$은 분모를 18로 나누면 크기가 같은 수를 만들 수 있어.

 만점 팁!

위의 문제는 통분을 하면 결과를 쉽게 알 수 있어요. 먼저 성준이의 말이 맞는지 확인하려면 몇 가지 예를 들어 생각해 봐야 해요. 분자가 분모보다 1 작은 분수는 $\frac{1}{2}, \frac{2}{3}, \frac{3}{4}$ 등이지요. $\frac{1}{2}, \frac{2}{3}$를 두 분모의 최소공배수 6으로 통분하여 크기를 비교해요.
$(\frac{1}{2}, \frac{2}{3}) = (\frac{1\times3}{2\times3}, \frac{2\times2}{3\times2}) = (\frac{3}{6}, \frac{4}{6})$이고, $\frac{3}{6} < \frac{4}{6}$이므로 $\frac{1}{2} < \frac{2}{3}$라는 것을 확인했어요.
이제 $\frac{2}{3}, \frac{3}{4}$을 두 분모의 최소공배수 12로 통분하여 크기를 비교해 봐요.
$(\frac{2}{3}, \frac{3}{4}) = (\frac{2\times4}{3\times4}, \frac{3\times3}{4\times3}) = (\frac{8}{12}, \frac{9}{12})$이고, $\frac{8}{12} < \frac{9}{12}$이므로 $\frac{2}{3} < \frac{3}{4}$이에요.
즉 $\frac{1}{2} < \frac{2}{3} < \frac{3}{4}$이지요. 성준이가 말한 대로 분자가 분모보다 1 작은 분수는 분모가 클수록 더 커요. 물론 세 분수의 분모를 모두 곱한 값을 분모로 통분하여 한꺼번에 비교하거나, 그림으로 나타내 비교해도 돼요. 예진이는 분모만 나눈다고 해서 틀렸어요. 같은 크기의 분수를 만들려면 분모와 분자에 0이 아닌 같은 수를 곱하거나, 0이 아닌 같은 수로 나눠야 해요. 이것만 기억하면 어려울 게 없어요.

모범 답안	채점 기준	점수
〈정답〉 성준 〈이유〉 분자가 분모보다 1 작은 분수를 예로 들면 $\frac{1}{2}, \frac{2}{3}, \frac{3}{4}, \frac{4}{5}$ 등이 있다. 이 분수를 그림으로 나타내면 다음과 같다. $\frac{1}{2}$ $\frac{2}{3}$ $\frac{3}{4}$ $\frac{4}{5}$ $\frac{1}{2} < \frac{2}{3} < \frac{3}{4} < \frac{4}{5}$ 이므로, 분자가 분모보다 1 작은 분수는 분모가 클수록 크기가 더 크다. 따라서 성준이의 말은 옳다. 같은 크기의 분수를 만들려면 분모와 분자에 0이 아닌 같은 수를 나누어야 하는데, 예진이는 분자는 나누지 않고, 분모만 18로 나눈다고 하였으므로 틀렸다.	성준이가 옳고, 예진이가 틀렸음을 찾고, 그 이유를 적절하게 설명한 경우	6점
	성준이가 옳고, 예진이가 틀렸음을 찾았으나, 이유가 적절하지 않은 경우	4점
	성준이가 옳고, 예진이가 틀렸음을 찾았으나, 이유를 제시하지 못한 경우	2점
	무응답 또는 오답	0점

$\frac{1}{2}$과 크기가 같은 분수를 만들 때 왜 0을 곱하면 안 되나요?

만약 분모와 분자에 0을 곱하면 어떻게 될까요?

$$\frac{1}{2} = \frac{1 \times 0}{2 \times 0} = \frac{0}{0}$$

$\frac{1}{2} = \frac{0}{0}$이 되므로 등식이 성립하지 않아요. 분모와 분자를 0으로 나누어도 마찬가지예요.

$$\frac{1}{2} = \frac{1 \div 0}{2 \div 0} = \frac{0}{0}$$

따라서 크기가 같은 분수를 만들 때에는 분모와 분자에 0이 아닌 같은 수를 곱하거나 0이 아닌 같은 수로 나누어야 해요.

0이 아닌 같은 수로 곱하거나 나누거나!

 **부모님 톡!**

크기가 같은 분수를 만들 때 실수를 하는 이유는 2가지입니다. 곱셈이나 나눗셈 과정에서 실수를 하거나, 약분을 잘못하는 것이지요. 예전에는 4학년 때 자연수의 덧셈, 뺄셈, 곱셈, 나눗셈의 혼합 계산을 능숙하게 완성해야 했습니다. 그런데 2015 개정 교육과정에서 혼합 계산 단원이 5학년 1학기로 옮겨졌습니다. 따라서 5학년 1학기 초에 자연수의 덧셈, 뺄셈, 곱셈, 나눗셈의 계산을 실수하지 않도록 많이 연습해야 합니다.

약분까지는 잘했는데, 기약분수로 나타내지 않아 틀리는 경우도 있으니 문제를 주의 깊게 읽고 풀도록 지도해 주세요.

또 공약수를 찾지 못해서 기약분수로 나타내지 못하는 경우에는 공약수가 더 있는지 확인하는 습관을 길러야 합니다. 예를 들어 $\frac{26}{286}$이라는 분모가 큰 수에서 2가 약수라는 것은 아이들이 쉽게 찾아냅니다. 그런데 $\frac{26}{286} = \frac{26 \div 2}{286 \div 2} = \frac{13}{143}$으로 계산을 끝내는 경우가 많습니다. 이때 $\frac{13}{143}$은 13으로 한 번 더 약분할 수 있다는 것을 강조해 주세요. 정답은 $\frac{1}{11}$이지요.

1학기 | 4단원 | 분수의 덧셈과 뺄셈   선 분모가 같은 두 분수의 덧셈과 뺄셈   후 분수의 곱셈

5학년 수와 연산

분모가 다른 두 분수의 덧셈과 뺄셈

이것만은 꼭!

- (진분수)+(진분수), (진분수)−(진분수): 두 분모의 곱이나 최소공배수로 통분하여 계산한다.
- (대분수)+(대분수), (대분수)−(대분수): 자연수는 자연수끼리 분수는 분수끼리 계산하거나, 대분수를 가분수로 고쳐 계산한다.

분모가 다른 분수를 더하거나 뺄 때는 분모를 같게 만든 다음 계산해요. 앞에서 배운 통분을 하면 되지요. 분모가 다른 (진분수)+(진분수)인 $\frac{1}{3}+\frac{2}{5}$를 계산해 봐요. 그림으로 나타내면 아주 쉬워요.

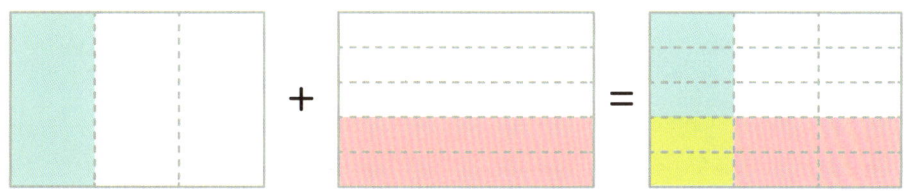

■은 ■과 ■이 겹치는 부분이에요. 전체는 15칸으로 나눠서 생각할 수 있어요.

■ 은 ■ 과 같아요.   ■ 은 ■ 과 같아요.

■ 은 전체를 15칸으로 나눈 것 중 5칸으로, 분수로는 $\frac{5}{15}$입니다.

■ 은 전체를 15칸으로 나눈 것 중 6칸으로, 분수로는 $\frac{6}{15}$입니다.

이를 더하면 5칸+6칸은 11칸이므로 전체를 15칸으로 나눈 것 중 11칸인 $\frac{11}{15}$이에요. 색칠된 칸은 9칸이지만, 2칸이 중복되었으니 2칸을 더한 $\frac{11}{15}$이 맞아요.

이것을 식으로 나타내 볼게요. 분모 3과 5를 두 분모를 곱한 15로 통분한 후에 더하면 됩니다.

$$\frac{1}{3}+\frac{2}{5}=\frac{1\times 5}{3\times 5}+\frac{2\times 3}{5\times 3}=\frac{5}{15}+\frac{6}{15}=\frac{11}{15}$$

분모 3과 5의 최소공배수를 이용하여 구할 수도 있어요. 3과 5의 최소공배수도 15네요!

$$\frac{1}{3}+\frac{2}{5}=\frac{1\times 5}{3\times 5}+\frac{2\times 3}{5\times 3}=\frac{5}{15}+\frac{6}{15}=\frac{11}{15}$$

뺄셈도 같은 방법으로 계산하면 돼요.

(진분수)+(진분수), (진분수)-(진분수)의 계산 방법은 2가지예요.

방법1 분모의 곱을 공통분모로 하여 통분한 후 계산해요.

- $\dfrac{3}{4}+\dfrac{1}{6}=\dfrac{3\times6}{4\times6}+\dfrac{1\times4}{6\times4}=\dfrac{18}{24}+\dfrac{4}{24}=\dfrac{22}{24}\cdot\dfrac{11}{12}=\dfrac{11}{12}$

- $\dfrac{3}{4}-\dfrac{1}{6}=\dfrac{3\times6}{4\times6}-\dfrac{1\times4}{6\times4}=\dfrac{18}{24}-\dfrac{4}{24}=\dfrac{14}{24}\cdot\dfrac{7}{12}=\dfrac{7}{12}$

답은 꼭 기약분수로 나타내요.

방법2 분모의 최소공배수를 공통분모로 하여 통분한 후 계산해요.

- $\dfrac{3}{4}+\dfrac{1}{6}=\dfrac{3\times3}{4\times3}+\dfrac{1\times2}{6\times2}=\dfrac{9}{12}+\dfrac{2}{12}=\dfrac{11}{12}$

- $\dfrac{3}{4}-\dfrac{1}{6}=\dfrac{3\times3}{4\times3}-\dfrac{1\times2}{6\times2}=\dfrac{9}{12}-\dfrac{2}{12}=\dfrac{7}{12}$

분모를 4와 6의 최소공배수인 12로 통분해요.

이번엔 대분수의 덧셈과 뺄셈을 알아봐요. $1\dfrac{3}{4}+2\dfrac{1}{7}$을 그림으로 나타내요.

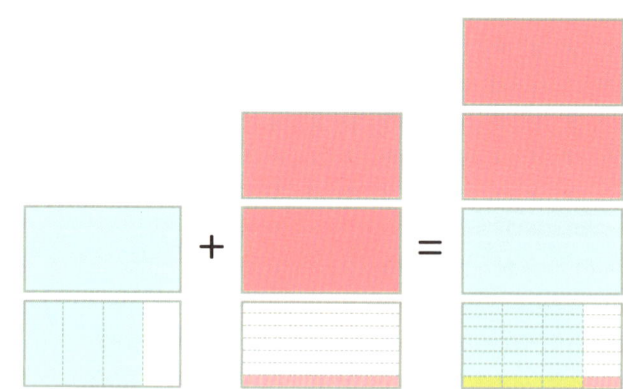

🟨 은 🟦 과 🟥 이 겹친 부분으로, 전체 28칸 중 3칸입니다.

먼저 대분수끼리 더하면 ⬜ + 🟥🟥 이니까 3이에요.

▦ 은 전체를 28칸으로 나눈 것 중 21칸으로, 분수로는 $\dfrac{21}{28}$입니다.

은 전체를 28칸으로 나눈 것 중 4칸으로, 분수로는 $\frac{4}{28}$입니다.

21칸+4칸은 25칸이므로 전체를 28칸으로 나눈 것 중 25칸은 $\frac{25}{28}$입니다. 색칠된 칸은 22칸이지만 중복된 3칸을 더하니 $\frac{25}{28}$가 맞아요. 여기에 앞서 계산했던 자연수를 더하면 ▢ + ▢ = $3\frac{25}{28}$입니다.

이것을 식으로 나타내 볼게요. 자연수는 자연수끼리, 분수는 분수끼리 계산하고 분모를 통분하면 됩니다.

$$1\frac{3}{4} + 2\frac{1}{7} = (1+2) + \left(\frac{3}{4} + \frac{1}{7}\right) = 3 + \left(\frac{3\times7}{4\times7} + \frac{1\times4}{7\times4}\right) = 3 + \left(\frac{21}{28} + \frac{4}{28}\right) = 3\frac{25}{28}$$

어때요? 그림과 결과가 같죠? 대분수를 가분수로 고쳐서 구할 수도 있어요.

$$1\frac{3}{4} + 2\frac{1}{7} = \frac{7}{4} + \frac{15}{7} = \frac{7\times7}{4\times7} + \frac{15\times4}{7\times4} = \left(\frac{49}{28} + \frac{60}{28}\right) = \frac{109}{28} = 3\frac{25}{28}$$

(대분수)+(대분수), (대분수)−(대분수)의 계산 방법은 2가지예요.

방법1 자연수는 자연수끼리, 분수는 분수끼리 계산해요.

분수끼리의 합이 가분수이면 대분수로 고친 다음 자연수끼리의 합과 더해요.

- $1\frac{5}{6} + 1\frac{3}{5} = (1+1) + \left(\frac{5}{6} + \frac{3}{5}\right) = 2 + \left(\frac{5\times5}{6\times5} + \frac{3\times6}{5\times6}\right)$
  $= 2 + \left(\frac{25}{30} + \frac{18}{30}\right) = 2\frac{43}{30} = (2+1) + \frac{13}{30} = 3\frac{13}{30}$

- $1\frac{5}{6} - 1\frac{3}{5} = (1-1) + \left(\frac{5}{6} - \frac{3}{5}\right) = 0 + \left(\frac{5\times5}{6\times5} - \frac{3\times6}{5\times6}\right) = \frac{25}{30} - \frac{18}{30} = \frac{7}{30}$

방법2 대분수를 가분수로 고쳐서 계산해요.

답은 기약분수나 대분수로 나타내요.

- $1\frac{5}{6} + 1\frac{3}{5} = \left(\frac{11}{6} + \frac{8}{5}\right) = \frac{11\times5}{6\times5} + \frac{8\times6}{5\times6} = \frac{55}{30} + \frac{48}{30} = \frac{103}{30} = 3\frac{13}{30}$

- $1\frac{5}{6} - 1\frac{3}{5} = \left(\frac{11}{6} - \frac{8}{5}\right) = \frac{11\times5}{6\times5} - \frac{8\times6}{5\times6} = \frac{55}{30} - \frac{48}{30} = \frac{7}{30}$

도전! 서술형 문제

다음 □ 안에 들어갈 수 있는 자연수 중에서 가장 작은 수는 얼마인지 구하고 풀이 과정을 쓰시오. (6점)

$$\frac{1}{9} + \frac{2}{3} < \frac{\square}{6}$$

 만점 팁!

분모가 다르니까 통분을 한 후에 크기를 비교해야 해요. 통분을 하기 전에 $\frac{1}{9}+\frac{2}{3}$의 결과가 얼마나 될지 미리 어림해 보는 것도 좋아요.

문제를 푸는 방법은 2가지예요. 세 분수의 최소공배수를 구하여 분모를 같게 한 다음 크기를 비교하거나, 두 분수의 최소공배수를 구하여 덧셈을 먼저 하고 그 값과 $\frac{\square}{6}$의 분모를 같게 하여 크기를 비교하는 것이지요.

이때 $(\frac{1}{9}+\frac{2}{3})=(\frac{1}{9}+\frac{6}{9})=\frac{7}{9}<\frac{\square}{6}$라고 쓰지 않도록 주의해야 해요. '같다'라는 뜻의 '=' 기호는 오른쪽과 왼쪽이 똑같을 때 사용하거든요. 이런 실수는 자연수의 계산에서도 종종 나오곤 해요. '5+6×7=42=5+42=47'은 6과 7을 먼저 곱하여 42를 쓴 다음 5를 더했다는 뜻으로 보이지만 이렇게 쓰면 42=47이 되므로 틀린 계산식이에요. '5+6×7=5+42=47'이라고 써야 옳지요.

모범 답안	채점 기준	점수
〈풀이 과정〉 $\frac{1}{9}+\frac{2}{3}<\frac{\square}{6}$의 식에서 분모를 9, 3, 6의 최소공배수인 18로 통분하면 $\frac{2}{18}+\frac{12}{18}<\frac{\square\times3}{18}=\frac{14}{18}<\frac{\square\times3}{18}$이 된다. 분모가 같으므로 분자의 크기를 비교하면 14<□×3이므로 □는 5, 6, 7······이다. 문제에서 가장 작은 □를 구하라고 하였으므로 □=5이다. 〈정답〉 5	분모를 18 또는 18의 배수로 통분하여 $\frac{14}{18}<\frac{\square\times3}{18}$ 또는 14<□×3이라는 식을 세우고, 답을 바르게 구한 경우	6점
	분모를 18 또는 18의 배수로 통분하여 $\frac{14}{18}<\frac{\square\times3}{18}$ 또는 14<□×3이라는 식을 세웠으나, 답을 바르게 구하지 못한 경우	4점
	분모를 8 또는 18의 배수로 통분했으나, $\frac{14}{18}<\frac{\square\times3}{18}$ 또는 14<□×3의 식을 세우지 못하고 답도 틀린 경우	2점
	무응답 또는 오답	0점

$\frac{1}{2} + \frac{3}{5} = \frac{1+3}{2+5} = \frac{4}{7}$ 라고 했더니 틀렸어요. 왜 그런가요?

이 문제는 물 $\frac{1}{2}$과 물 $\frac{3}{5}$을 합한다고 생각하면 돼요. 그림으로 그려 볼게요.

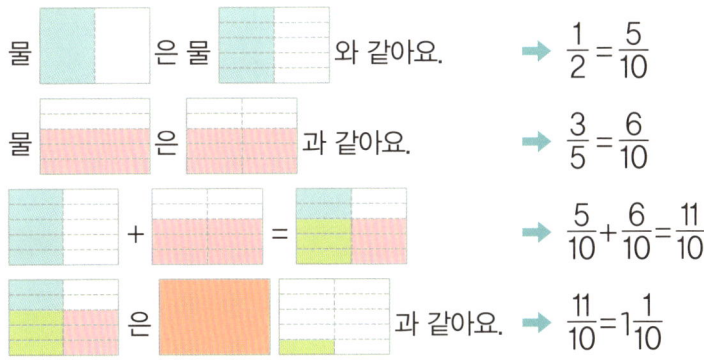

답은 $\frac{11}{10} = 1\frac{1}{10}$이에요. 그럼 분모는 분모끼리, 분자는 분자끼리 그냥 더했을 때 나온 값인 $\frac{4}{7}$를 그림으로 나타내 볼까요?

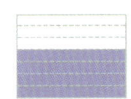

어때요? 전혀 다르지요? 따라서 $\frac{1}{2} + \frac{3}{5} = \frac{1+3}{2+5}$은 잘못된 계산 방식이에요. 계산식으로 나타내기가 어려우면 그림으로 그려 보세요. 왜 잘못되었는지 쉽게 알 수 있을 거예요.

 부모님 톡!

분모가 다른 분수의 덧셈과 뺄셈에서는 최소공배수를 잘 구하는 것이 중요합니다. 최소공배수를 구하지 못할 경우 통분을 할 수가 없고, 통분을 하지 못하면 덧셈과 뺄셈을 할 수 없습니다. 아이가 문제를 틀렸다면 최소공배수를 잘 구했는지, 통분을 바르게 했는지를 먼저 점검해 보세요.

최소공배수로 통분하는 것이 어렵다면 두 분모의 곱으로 통분하는 방법을 사용해도 됩니다. 다만 최소공배수로 통분을 하면 분자의 숫자가 작아서 곱셈이나 덧셈을 하기에 편리합니다. 그러니 어렵더라도 최소공배수를 구하는 연습을 꾸준히 하도록 지도해 주세요.

1학기 5단원 ❶ | 다각형의 넓이

선 다각형, 정다각형, 대각선 후 다각형의 넓이

5학년 측정

직사각형의 둘레와 넓이

이것만은 꼭!

- 직사각형의 둘레=(가로)+(세로)+(가로)+(세로) 또는 {(가로)+(세로)}×2
- 직사각형의 넓이=(가로)×(세로)
- 정사각형의 넓이=(한 변)×(한 변)

둘레는 같지만 자신이 더 크다는 정사각형의 말이 맞는지 확인하려면 둘레와 넓이를 구해 봐야 해요. 그럼 지금부터 사각형의 둘레와 넓이 구하는 법을 알아봐요.

둘레는 도형의 가장자리 또는 테두리를 말해요. 즉 도형의 바깥 선 부분으로, 길이를 뜻하지요. 예를 들어 직사각형 모양의 철사를 잘라 쫙 펴서 길이를 재면 그것이 바로 둘레예요. 모눈종이 위에 사각형을 그리면 길이를 더욱 쉽게 알 수 있어요.

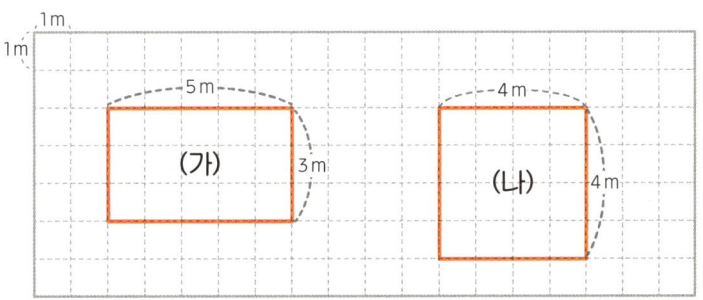

직사각형의 둘레는 (가로)+(세로)+(가로)+(세로)의 길이예요. 정사각형의 둘레는 모든 변의 길이가 같으므로 (한 변)+(한 변)+(한 변)+(한 변)의 길이이지요.

도형 (가)의 둘레는 5+3+5+3=16 (m)이고, 도형 (나)의 둘레는 4+4+4+4=16 (m)예요.

둘레는 가로와 세로를 더한 길이에 2배를 해도 돼요. 정사각형은 한 변의 길이를 4배하면 더 쉽게 구할 수 있어요.

- (직사각형의 둘레)=(가로)+(세로)+(가로)+(세로) 또는 {(가로)+(세로)}×2
- (정사각형의 둘레)=(한 변)+(한 변)+(한 변)+(한 변) 또는 (한 변)×4

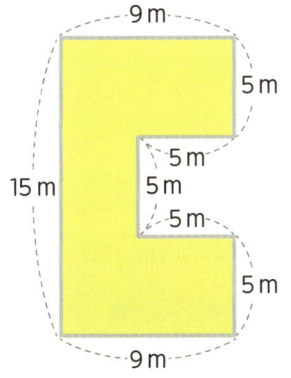

오른쪽 그림과 같이 직각으로 이루어진 도형의 둘레는 어떻게 구할까요?

모양이 복잡해 보이지만 어려울 것 없어요. 직사각형의 둘레를 구하듯이 도형의 가장자리 변을 모두 더하면 되지요. 9+5+5+5+5+5+9+15=58 (m) 입니다.

이제 직사각형의 넓이를 비교해 봅시다. 넓이를 비교하려면 **단위넓이**에 대해 알아야 해요. 단위넓이란 넓이를 잴 때 기준이 되는 넓이를 말합니다.

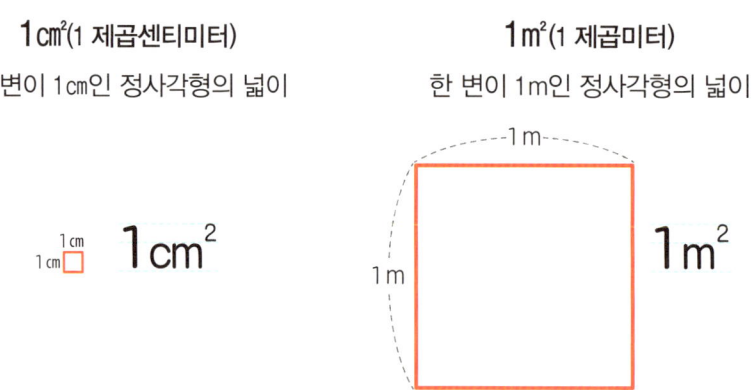

$1m^2$는 몇 cm^2일까요? 1 m=100 cm이기 때문에 가로 1 m, 세로 1 m로 이루어진 정사각형은 가로 100 cm, 세로 100 cm인 정사각형과 크기가 같습니다. 따라서 가로 1 m, 세로 1 m인 정사각형의 넓이 $1m^2$는 가로 100 cm, 세로 100 cm인 정사각형의 넓이 $100 \times 100 = 10000 cm^2$와 같습니다.

$$1 m^2 = 10000 cm^2$$

그런데 단위넓이는 왜 $1cm^2$인 정사각형일까요? 만약 단위넓이가 원이나 삼각형, 오각형이라면 남는 공간이 많이 생겨요. 또한 단위넓이가 너무 크면 단위넓이보다 작은 도형들의 넓이를 재기가 힘들지요. 그래서 가로세로 1 cm인 $1 cm^2$로 정했어요.

직사각형의 넓이를 구하는 방법은 2가지가 있어요.

방법1 단위넓이를 이용해요.

모눈종이에 도형을 그리고, 단위넓이가 몇 칸을 차지하는지 세어 봅니다. 도형 (가)는 단위넓이 $1cm^2$로 15칸이고, 도형 (나)는 단위넓이 $1cm^2$로 16칸입니다. 따라서 도형 (나)가 도형 (가)보다 $1cm^2$만큼 더 넓어요.

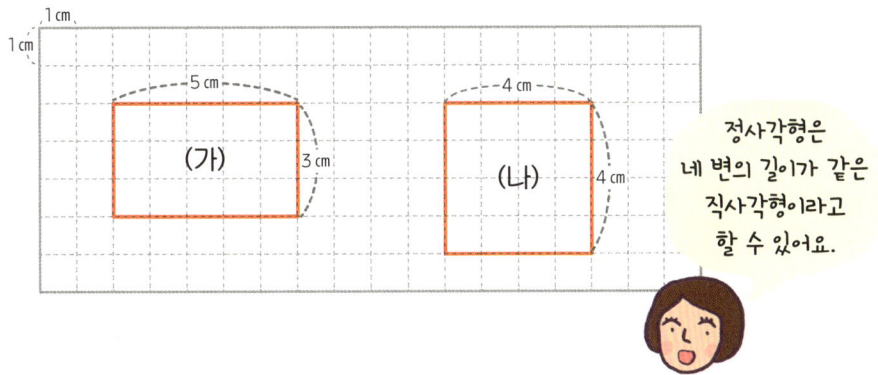

정사각형은 네 변의 길이가 같은 직사각형이라고 할 수 있어요.

방법2 곱셈식을 이용해요.

도형 (가)는 가로 5칸, 세로 3줄이므로 5×3=15칸입니다. 한 칸은 단위넓이가 1 ㎠이므로 도형 (가)의 넓이는 15 ㎠입니다. 도형 (나)는 가로 4칸, 세로 4줄이므로 4×4=16칸입니다. 따라서 도형 (나)의 넓이는 16 ㎠예요.

- (직사각형의 넓이)=(가로)×(세로)
- (정사각형의 넓이)=(한 변)×(한 변)

직각으로 이루어진 도형의 넓이는 다양한 방향으로 보조선을 그어서 도형을 나누면 쉽게 구할 수 있어요.

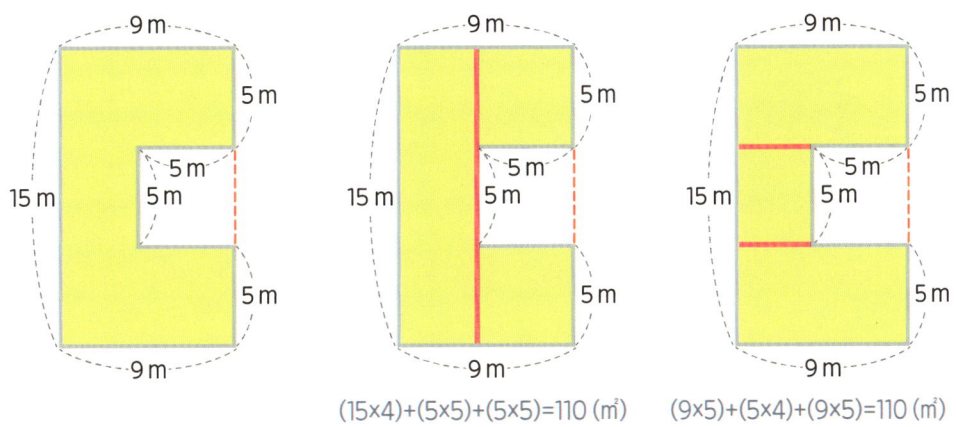

또는 전체 직사각형에서 비어 있는 정사각형의 넓이를 빼요. ⊏ = ▢ − ☐ 로, 넓이는 (9×15)−(5×5)=135−25=110 (㎡)입니다.

도전! 서술형 문제

다음 중 잘못 말한 사람의 이름을 쓰고, 왜 잘못되었는지 이유를 설명하시오. (6점)

- **혜원** 정사각형의 넓이는 직사각형의 넓이 공식을 이용하면 쉽게 구할 수 있어.
- **성준** 직사각형의 둘레의 길이가 같다고 넓이도 같은 것은 아니야.
- **아연** 직사각형 2개의 둘레의 길이가 같다면, 정사각형에 가까울수록 넓이가 더 작아져.
- **승우** 넓이가 같을 때 정사각형보다 직사각형이 둘레가 더 길어.

 만점 팁!

이 문제는 직사각형의 둘레와 넓이 구하는 방법을 모두 알아야 풀 수 있어요.
혜원이부터 살펴볼게요. 정사각형은 직사각형이기도 하므로 직사각형의 넓이 공식을 이용해 구할 수 있어요. 성준이의 말도 맞아요. 직사각형의 둘레의 길이와 넓이가 꼭 같지는 않죠. 승우의 말을 확인하기 위해 넓이가 16 ㎠로 같은 직사각형과 정사각형을 살펴봐요. 가로 1 ㎝, 세로 16 ㎝인 직사각형의 둘레는 34 ㎝, 가로 2 ㎝, 세로 8 ㎝인 직사각형의 둘레는 20 ㎝, 가로 4 ㎝, 세로 4 ㎝인 정사각형의 둘레는 16 ㎝로 정사각형의 둘레가 가장 짧아요. 아연이의 말은 아래와 같이 둘레가 모두 24 ㎝인 직사각형의 넓이를 표로 만들어 비교해 봅시다. 어때요? 정사각형에 가까울수록 넓이가 더 커지지요?

						정사각형				
가로(㎝)	1	2	3	4	5	6	7	8	9	10	11
세로(㎝)	11	10	9	8	7	6	5	4	3	2	1
넓이(㎠)	11	20	27	32	35	36	35	32	27	20	11

모범 답안	채점 기준	점수
〈잘못 말한 사람〉 아연 〈이유〉 가로 3 ㎝, 세로 9 ㎝인 직사각형 (가)와 가로 6 ㎝, 세로 6 ㎝인 직사각형 (나)가 있다고 할 때, 2개의 직사각형의 둘레는 모두 24 ㎝이다. 이때 직사각형 (가)의 넓이는 3×9=27 (㎠)이고, 정사각형 (나)의 넓이는 6×6=36 (㎠)이다. 따라서 둘레의 길이가 24 ㎝로 같을 때, 정사각형의 넓이가 더 크므로 아연이의 말은 잘못되었다.	잘못 말한 사람의 이름을 바르게 찾고, 잘못된 이유를 예를 들어 논리적으로 설명한 경우	6점
	잘못 말한 사람의 이름을 바르게 찾았으나, 잘못된 이유를 논리적으로 설명하지 못한 경우	4점
	잘못 말한 사람의 이름만 바르게 찾은 경우	2점
	무응답 또는 오답	0점

 정사각형의 한 변의 길이를 몰라도 직사각형과 둘레가 같은 정사각형의 넓이를 구할 수 있나요? 또 길쭉한 직사각형의 넓이와 정사각형의 넓이가 같을 수도 있나요?

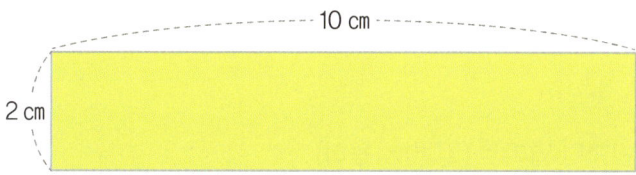

 네, 구할 수 있어요. 직사각형과 둘레가 같은 정사각형의 넓이는 직사각형의 둘레를 이용해 구하면 돼요.

위의 직사각형의 둘레는 10+2+10+2=(10+2)×2=24 (cm)입니다.

정사각형과 직사각형은 둘레가 같다고 했으므로 정사각형의 둘레 역시 24 cm이지요. 정사각형은 네 변의 길이가 모두 같으니까 24를 4로 나누면 한 변의 길이는 6 cm예요. 한 변의 길이가 6 cm인 정사각형의 넓이는 6×6=36 (cm²)입니다.

길쭉한 직사각형과 정사각형의 넓이도 같을 수 있어요. 예를 들어 가로 8 cm, 세로 2 cm인 직사각형의 넓이는 8×2=16 (cm²)입니다. 이것은 한 변의 길이가 4 cm인 정사각형의 넓이와 같아요. 4×4=16 (cm²)이니까요.

> 도형의 넓이를 구한 후에는 반드시 단위를 쓰도록 지도해 주세요. 보통 답을 쓰는 칸 옆에 단위가 제시되어 있지만, 아무런 표시가 없다면 반드시 단위를 써야 합니다. 단위는 정확하게 쓰는 것이 중요합니다. 7×3=21이라고 직사각형의 넓이를 구했을 때, 21 cm²인지 21 m²인지를 정확하게 쓰지 않으면 엄청나게 큰 차이가 생기게 됩니다.
>
> 정사각형의 넓이는 공식을 외우기보다 직사각형의 넓이를 구할 때처럼 단위넓이나, 곱셈식을 이용하면 더욱 쉽게 이해할 수 있습니다.
>
> 둘레가 같아도 넓이는 다른 경우도 있고, 넓이는 같아도 둘레가 다른 경우가 있으므로 무엇을 비교하는 문제인지 정확히 인지한 후에 해결하는 것이 좋습니다.
>
> 일상생활에서 단위넓이에 대한 양감을 형성하는 것도 중요합니다. 1 cm² 단위넓이와 비슷한 크기로는 손톱이나 공깃돌의 밑면, 낱개 모형, 큐브 1개 등이 있습니다. 요즘 아파트의 넓이는 평형이 아닌 m²로 나타냅니다. 1 m²가 어느 정도 크기인지 인식한다면 방이나 집의 넓이에 대해서도 정확한 양감을 가질 수 있습니다.

1학기 5단원 ❷ | **다각형의 넓이**

선 직사각형의 둘레와 넓이 후 원의 넓이

5학년 측정

다각형의 넓이

이것만은 꼭!

- 평행사변형의 넓이 = (밑변)×(높이)
- 삼각형의 넓이 = (밑변)×(높이)÷2
- 사다리꼴의 넓이 = {(윗변)+(아랫변)}×(높이)÷2
- 마름모의 넓이 = (한 대각선)×(다른 대각선)÷2

평행사변형, 삼각형, 사다리꼴, 마름모와 같은 다각형의 넓이는 어떻게 구할까요? 직사각형이나 정사각형처럼 (가로)×(세로)로는 구할 수 없답니다. 단위넓이를 이용하거나 다른 도형으로 변신시켜야 해요.

평행사변형의 넓이를 구해 볼까요?

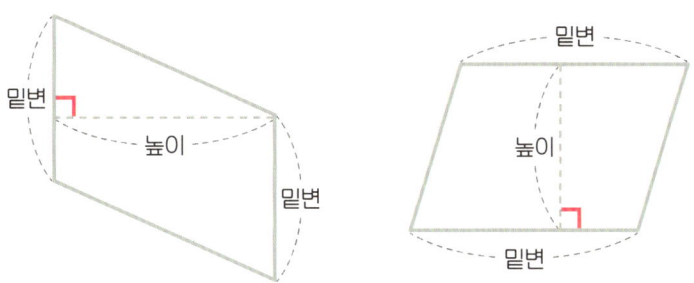

우선 평행사변형의 구성 요소를 알아야 해요. 평행사변형에서 평행한 두 변을 **밑변**이라고 하고, 두 밑변 사이의 거리를 **높이**라고 합니다. 클립을 사용하여 평행사변형의 높이를 찾을 수도 있어요. 두 밑변과 수직인 실의 길이를 재면 되지요. 그럼 이제 평행사변형의 넓이를 구해 봅시다.

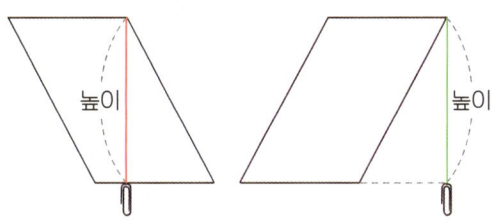

방법1 단위넓이를 이용해요.

모눈 한 칸의 길이는 1cm이므로 단위넓이 ▨는 1cm²입니다. 단위넓이 1cm²로 이루어진 정사각형을 모두 색칠하면 8칸입니다. 나머지 ◢(또는 ◣)의 넓이는 ▨의 절반이므로 ◢(또는 ◣)의 넓이는 1cm²입니다. ◢(또는 ◣)으로 이루어진 도형이 모두 4개이므로, 평행사변형의 넓이는 8+4=12 (cm²)입니다.

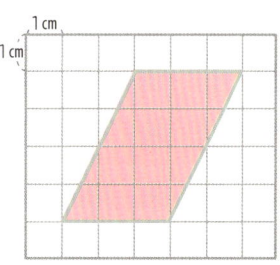

방법2 평행사변형을 직사각형으로 변형해요.

평행사변형의 밑변에 수직인 선(높이)을 그은 후, 가위로 잘라요. 자른 도형 중 작은 삼각형 모양을 옆으로 이동하여 붙이면 직사각형이 돼요.

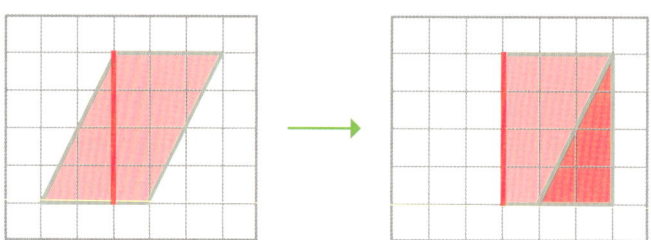

이제 직사각형의 넓이를 구하는 공식을 이용하여 넓이를 구합니다. 자르는 위치에 따라서 아래 그림과 같은 모양도 만들 수 있어요. 이렇게 보니 직사각형의 세로가 평행사변형의 높이와 같지요. 따라서 직사각형의 (가로)×(세로)=평행사변형의 (밑변)×(높이)입니다.

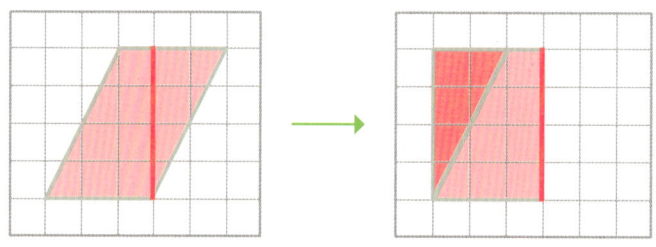

(평행사변형의 넓이)=(밑변)×(높이)=직사각형의 (가로)×(세로)

이번에는 삼각형의 넓이를 구해 볼까요?

삼각형에도 **밑변**과 **높이**가 있어요. 삼각형에서 한 변을 밑변이라고 하면, 밑변과 마주 보는 꼭짓점에서 밑변에 수직으로 그은 선분을 높이라고 해요.

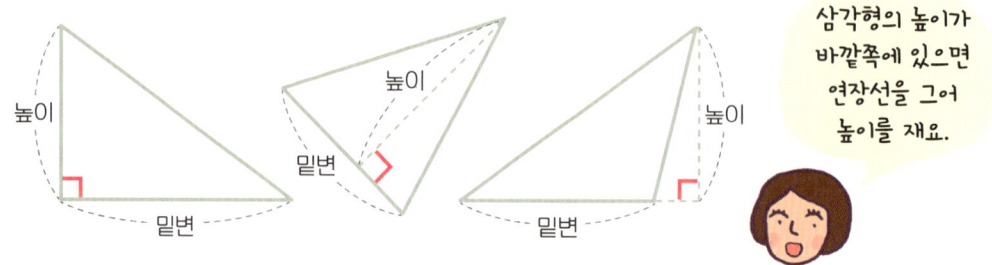

삼각형의 높이가 바깥쪽에 있으면 연장선을 그어 높이를 재요.

> **방법 1** 단위넓이를 이용해요.

모눈 한 칸의 길이는 1 cm이므로 단위넓이 ■는 1 cm²입니다. 단위넓이 1 cm²로 이루어진 정사각형은 모두 6칸입니다.

그리고 ◣의 넓이는 ■의 절반입니다. 따라서 ◣의 넓이는 $\frac{1}{2}$ cm²입니다. ◣으로 이루어진 도형이 모두 4개이므로 삼각형의 넓이는 $6+(\frac{1}{2}×4)=8$ (cm²)입니다.

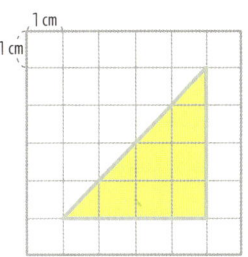

> **방법 2** 삼각형을 정사각형·직사각형·평행사변형으로 변형해요.

모양과 크기가 같은 삼각형을 돌려서 이어 붙여 보세요. 정사각형이 나오지요? 즉 삼각형의 넓이는 정사각형의 절반이므로 (삼각형의 넓이)=정사각형의 (한 변)×(한 변)÷2예요.

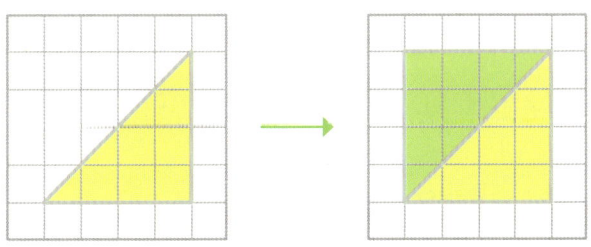

크기가 같은 두 직각삼각형을 이어 붙이면 직사각형이 돼요. 이때는 (직사각형의 넓이)=(가로)×(세로)를 이용하면 되지요.

예각삼각형과 둔각삼각형은 평행사변형으로 만들 수 있어요. 이때는 평행사변형의 넓이를 구하는 식인 (밑변)×(높이)를 이용하면 됩니다.

그런데 이때 직사각형(또는 평행사변형)은 삼각형 2개의 넓이와 같으므로, 삼각형 1개의 넓이를 구하려면 2로 나누어야 합니다.

(삼각형의 넓이) = 정사각형의 {(한 변)×(한 변)}÷2
             = 직사각형의 {(가로)×(세로)}÷2
             = 평행사변형의 {(밑변)×(높이)}÷2

사다리꼴의 넓이를 구해 볼까요?

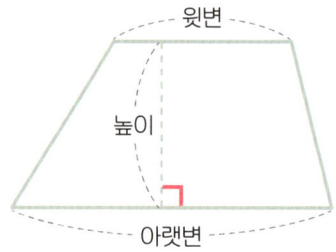

사다리꼴의 밑변은 위치에 따라 **윗변**, **아랫변**이라고 해요. 두 밑변 사이의 거리는 높이이지요. 사다리꼴의 넓이를 구해 볼까요?

방법1 단위넓이를 이용해요.

모눈 한 칸의 길이는 1 cm이므로 단위넓이 ☐는 1 cm²입니다.

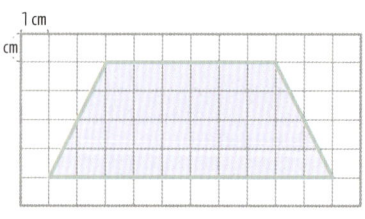

단위넓이 1 cm²로 이루어진 정사각형은 모두 28칸입니다.

◸(또는 ◹)의 넓이는 ☐의 절반이에요. 따라서 ◸(또는 ◹)의 넓이는 1 cm²입니다. ◸(또는 ◹)으로 이루어진 도형을 색칠하면 모두 4개입니다.

따라서 평행사변형의 넓이는 28 + 4 = 32 (cm²)입니다.

방법2 사다리꼴을 평행사변형으로 변형해요.

모양과 크기가 같은 사다리꼴 2개를 이어 붙이면 다음과 같이 커다란 평행사변형이 돼요.

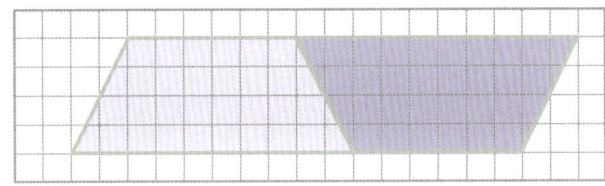

사다리꼴 1개의 넓이는 평행사변형의 절반이므로, 평행사변형의 넓이 공식 (밑변)×(높이)를 이용하면, 사다리꼴의 넓이는 {(밑변)×(높이)}÷2입니다.

(사다리꼴의 넓이)={(밑변)×(높이)}÷2

방법3 사다리꼴을 여러 모양으로 나누어요.

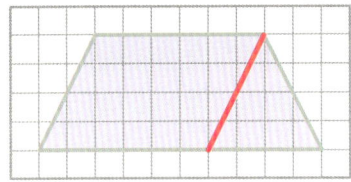 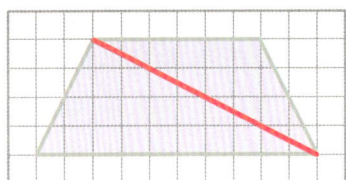

사다리꼴의 한 변에 평행한 선을 그어서 평행사변형과 삼각형으로 나누어요. 또는 삼각형 2개로 나누어 구할 수도 있지요. 이렇게 하면 평행사변형의 넓이인 (밑변)×(높이)를 이용하여 구할 수 있어요.

다음으로 마름모의 넓이 구하는 방법을 알아볼게요.

방법1 단위넓이를 이용해요.

모눈 한 칸의 길이는 1 cm이므로 단위넓이 ▨는 1 cm²입니다. 단위넓이 1 cm²로 이루어진 정사각형은 모두 4칸입니다.

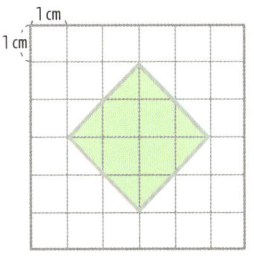

◢(또는 ◣)의 넓이는 ▨의 절반입니다. 따라서 ◢(또는 ◣)의 넓이는 $\frac{1}{2}$ cm²예요. ◢(또는 ◣)으로 이루어진 도형은 모두 8개이므로, 평행사변형의 넓이는 4+4=8 (cm²)예요.

방법2 마름모를 삼각형으로 변형해요.

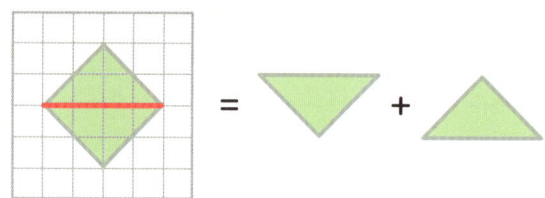

마름모의 넓이는 삼각형 2개의 넓이와 같아요. 그러므로 삼각형의 넓이를 구하는 공식인 (밑변)×(높이)÷2를 이용해요. 삼각형이 2개이므로 {(밑변)×(높이)÷2}×2=(밑변)×(높이)가 돼요.

삼각형의 밑변은 마름모의 한 대각선의 길이이고, 높이는 다른 대각선의 길이의 $\frac{1}{2}$입니다.

따라서 마름모의 넓이를 구하는 공식은 {(한 대각선의 길이)×(다른 대각선의 길이×$\frac{1}{2}$)÷2}×2=(한 대각선의 길이)×(다른 대각선의 길이)×$\frac{1}{2}$이 돼요.

> (마름모의 넓이)=(한 대각선의 길이)×(다른 대각선의 길이)×$\frac{1}{2}$

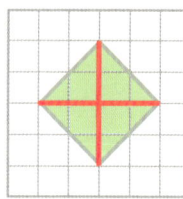 마름모는 나누는 방향에 따라 여러 가지 삼각형을 만들 수 있어요. 그림과 같이 자르면 작은 삼각형 4개가 만들어지므로, 마름모의 넓이는 ▲(또는 ▲)넓이의 4배입니다.

> (마름모의 넓이)={(▲의 밑변의 길이)×(높이)÷2}×4
> =(▲의 밑변의 길이)×(높이)×2

여기서 ▲의 밑변의 길이는 마름모의 한 대각선 길이의 $\frac{1}{2}$이고, 높이는 다른 대각선 길이의 $\frac{1}{2}$이므로, 마름모의 넓이는 {(한 대각선의 길이의 $\frac{1}{2}$)×(다른 대각선의 길이의 $\frac{1}{2}$)}÷2×4={(한 대각선의 길이의 $\frac{1}{2}$)×(다른 대각선의 길이의 $\frac{1}{2}$)}×2가 됩니다. 따라서 마름모의 넓이는 (한 대각선의 길이)×(다른 대각선의 길이)×$\frac{1}{2}$=(한 대각선의 길이)×(다른 대각선의 길이)÷2입니다.

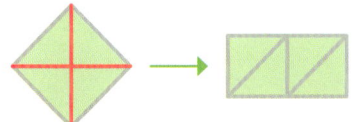 4개로 쪼갠 삼각형을 직사각형으로 만들어서 넓이를 구할 수도 있어요.

방법3 마름모를 2배 더 크게 변경해요.

마름모 ◇ 는 ■ 의 절반입니다. 그러므로 직사각형의 넓이를 구하는 식인 (가로)×(세로)를 이용해 마름모의 넓이를 구할 수 있지요.

직사각형의 가로는 마름모의 한 대각선의 길이와 같고, 세로는 마름모의 다른 대각선의 길이와 같습니다. 따라서 마름모의 넓이는 (한 대각선의 길이)×(다른 대각선의 길이)÷2예요.

이번에는 마름모보다 2배 큰 삼각형을 생각해 봅시다. 마름모의 넓이는 (삼각형의 넓이)÷2입니다. 즉, {(밑변)×(높이)÷2}÷2와 같지요.

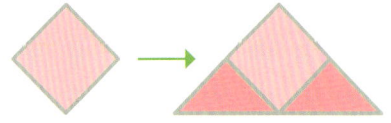

평행사변형을 이용하여 마름모의 넓이를 구할 수도 있어요. 마름모를 대각선 방향으로 자른 다음 뒤집어 옮겨 붙이면 평행사변형이 됩니다.

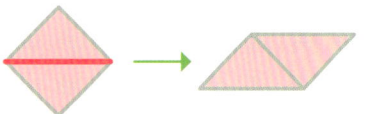

평행사변형의 넓이는 (밑변)×(높이)예요. (밑변)은 (한 대각선의 길이)이고, (높이)는 (다른 대각선의 길이의 $\frac{1}{2}$)이지요. 따라서 마름모의 넓이는 (한 대각선의 길이)×(다른 대각선의 길이)÷2입니다.

(마름모의 넓이)=(한 대각선의 길이)×(다른 대각선의 길이)÷2

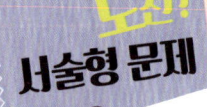

 다음 그림을 보고 알게 된 점을 이야기해 보시오. 단, 넓이는 구하지 않아도 됩니다.(5점)

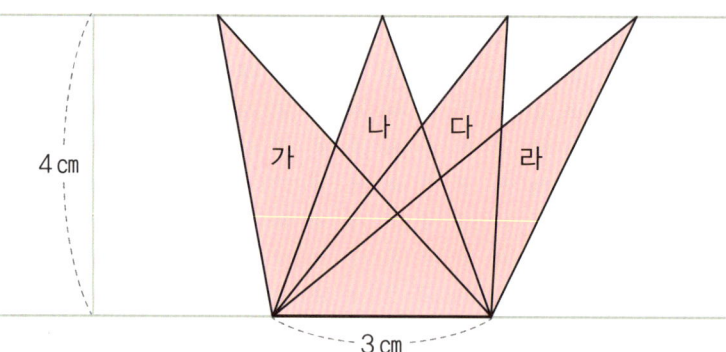

 만점 팁!

삼각형의 밑변과 높이, 그리고 넓이의 관계를 묻는 문제예요. 그림을 보니 모양이 제각각인 삼각형이 4개 있어요. 그런데 삼각형 가, 나, 다, 라의 밑변과 높이는 모두 같아요. 삼각형의 넓이는 (밑변)×(높이)÷2예요. 따라서 네 삼각형의 넓이가 모두 같다는 것을 알 수 있어요.

그런데 간혹 삼각형 가, 나, 다, 라 각각의 넓이만 구하는 친구들이 있어요. 문제의 핵심은 넓이를 구하는 것이 아니라 삼각형의 밑변과 높이, 넓이의 관계를 아는 것이므로 넓이만 구하면 감점이 돼요. 만점을 받기 위해서는 문제를 정확히 파악하는 것이 무엇보다 중요하답니다. 참고로 삼각형뿐만 아니라 평행사변형, 사다리꼴, 마름모도 밑변과 높이가 같으면 넓이가 같아요.

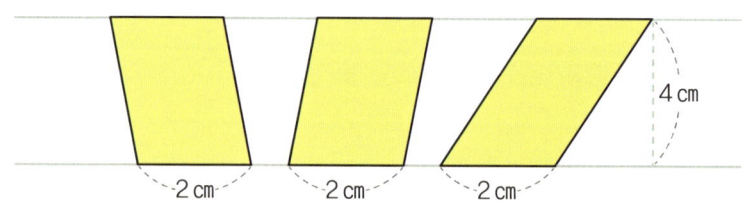

모범 답안	채점 기준	점수
	밑변과 높이가 같으면 넓이가 같다는 점을 바르게 찾은 경우	5점
삼각형의 밑변과 높이가 같으면 넓이는 같다.	각 삼각형의 넓이만 바르게 구하고, 삼각형의 밑변과 높이, 넓이의 관계를 제대로 설명하지 않은 경우	3점
	무응답 또는 오답	0점

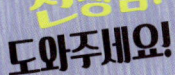

 삼각형 안의 높이 ㉠을 구하는 문제는 어떻게 푸나요?

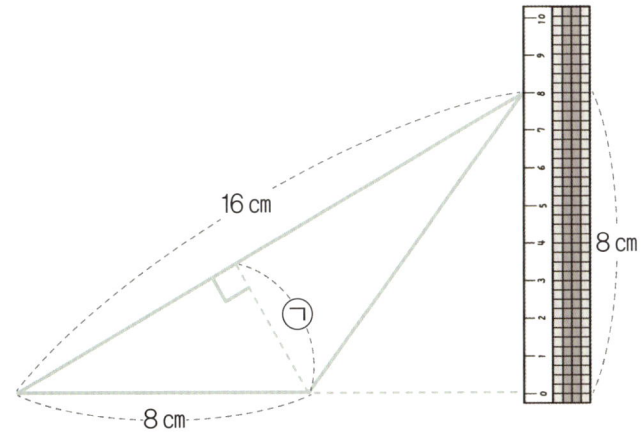

 삼각형의 밑변에서 연장선을 그어 자로 재면 높이가 8 ㎝임을 알 수 있어요. 그럼 삼각형의 넓이를 구해 볼까요?

밑변이 8 ㎝, 높이가 8 ㎝인 삼각형의 넓이는 8×8÷2=32 (㎠)입니다. 밑변이 16 ㎝, 높이가 ㉠인 삼각형의 넓이도 마찬가지로 32 ㎠이지요.

이제 삼각형 안에 있는 높이 ㉠을 구해 봅시다. 삼각형의 넓이는 16×㉠÷2=32 (㎠)입니다. 이것은 16×㉠×$\frac{1}{2}$=32 (㎠)로 나타낼 수 있어요. 즉 $\frac{16}{2}$×㉠=8×㉠=32 (㎠)예요. 따라서 ㉠은 4 ㎝입니다.

다각형의 넓이를 구할 때, 단순히 공식을 외워서 풀기보다는 공식이 나온 원리를 아는 것이 더 중요합니다. 그러나 그림으로 설명하면 어려워하는 아이들이 많습니다. 특히 공간 감각이 부족하면 더욱 이해를 못하지요. 이럴 때는 아이와 함께 조작 활동을 해 보세요. 평행사변형, 삼각형, 사다리꼴, 마름모를 직접 잘라서 붙여 보는 활동을 통해 다각형의 넓이 구하는 원리를 쉽게 터득할 수 있습니다.

분수의 곱셈

1학기 6단원 | 분수의 곱셈
선: 분모가 다른 두 분수의 덧셈과 뺄셈 후: 분수의 나눗셈

5학년 수와 연산

이것만은 꼭!

- (진분수)×(자연수): 진분수의 분자와 자연수를 곱하고 약분이 가능하면 약분한다.
- (대분수)×(자연수), (자연수)×(대분수): 대분수를 자연수 부분과 진분수 부분으로 나누어 계산하거나 대분수를 가분수로 고쳐 계산한다.
- (자연수)×(진분수): 자연수와 진분수의 분자를 곱하고 약분이 가능하면 약분한다.
- (분수)×(분수): 분모는 분모끼리, 분자는 분자끼리 곱하고 약분이 가능하면 약분한다.
- (대분수)×(대분수): 대분수를 반드시 가분수로 고친 뒤 계산한다.

무작정 공식만 외우면 쉽게 잊어버리거나, 다른 공식들과 헷갈릴 수 있어요. 따라서 무조건 외우지 말고 개념을 이해하도록 노력해요. 분수의 곱셈은 어떤 개념일까요? 자연수는 곱셈을 하면 수가 커졌지요. 분수도 그럴까요?

(진분수)×(자연수)부터 살펴봅시다. $\frac{5}{8} \times 2$는 어떻게 계산할까요? $\frac{5}{8} \times 2$는 $\frac{5}{8}$가 2개 있다는 뜻이에요. 덧셈으로 나타내면 $\frac{5}{8} + \frac{5}{8}$이지요.

$$\frac{5}{8}+\frac{5}{8}=\frac{10}{8}=1\frac{2}{8}=1\frac{1}{4}$$

이것을 그림으로도 나타낼 수 있어요.

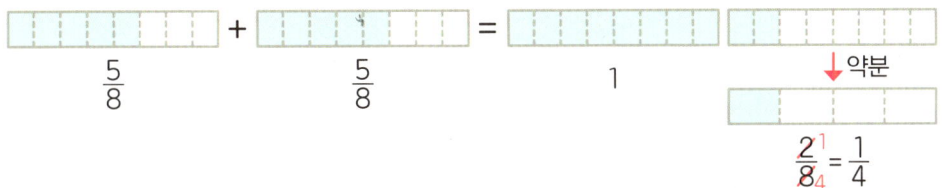

곱셈식으로 풀 때는 진분수의 분자와 자연수를 곱한 것과 같아요. 계산 과정에서 약분을 하면 좀 더 간단히 나타낼 수 있어요. 또한 약분하는 위치에 따라 여러 가지 방법으로 계산할 수 있어요.

$$\frac{5}{8}\times 2=\frac{5\times 2}{8}=\frac{10}{8}=\frac{5}{4}=1\frac{1}{4} \qquad \frac{5}{8}\times 2=\frac{5\times 2}{8}=\frac{5}{4}=1\frac{1}{4} \qquad \frac{5}{8}\times 2=\frac{5}{4}=1\frac{1}{4}$$

(대분수)×(자연수)는 다음 2가지 방법으로 계산해요.

방법1 대분수를 자연수 부분과 진분수 부분으로 나누어 계산해요.
$$1\frac{1}{4}\times 4=(1\times 4)+(\frac{1}{4}\times 4)=4+1=5$$

방법2 대분수를 가분수로 고쳐서 계산해요.
$$1\frac{1}{4}\times 4=\frac{5}{4}\times 4=5$$

$1\frac{1}{4}\times 4$는 $1\frac{1}{4}$이 4개 있다는 뜻이에요. 즉 $1\frac{1}{4}$을 4번 더한 것과 같지요.

이것을 그림으로 나타내면 아주 쉬워요.

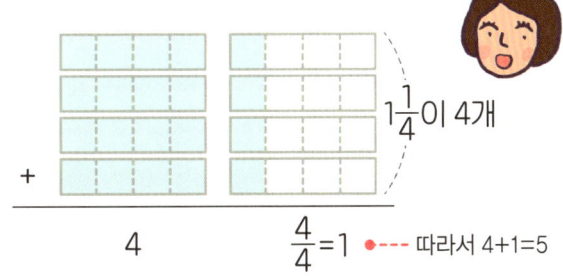

(자연수)×(진분수)를 알아봐요. $12 \times \frac{3}{8}$은 12의 $\frac{3}{8}$배라는 뜻이에요.

$12 \times \frac{3}{8}$ → 12의 $\frac{1}{8}$배가 3번

다시 말해서 자연수와 진분수의 분자를 곱한 것과 같아요.

$12 \times \frac{3}{8} = \frac{12 \times 3}{8} = \frac{36}{8} = 4\frac{4}{8} = 4\frac{1}{2}$ $12 \times \frac{3}{8} = \frac{9}{2} = 4\frac{1}{2}$ $12 \times \frac{3}{8} = \frac{36}{8} = \frac{9}{2} = 4\frac{1}{2}$

(자연수)×(대분수)는 다음 2가지 방법으로 계산해요.

방법1 대분수를 자연수 부분과 진분수 부분으로 나누어 계산해요.

$5 \times 1\frac{2}{3} = (5 \times 1) + (5 \times \frac{2}{3}) = 5 + \frac{10}{3} = 5 + 3\frac{1}{3} = 8\frac{1}{3}$

방법2 대분수를 가분수로 고쳐서 계산해요.

$5 \times 1\frac{2}{3} = 5 \times \frac{5}{3} = \frac{25}{3} = 8\frac{1}{3}$

(분수)×(분수)를 계산해 봅시다. 2가지 방법으로 계산할 수 있어요.

방법1 (단위분수)×(단위분수)는 분자는 그대로 두고 분모끼리 곱해요.

$\frac{1}{5} \times \frac{1}{9}$을 그림으로 살펴봐요. $\frac{1}{5} \times \frac{1}{9}$은 $\frac{1}{5}$ 중에서 $\frac{1}{9}$이라는 뜻이에요.

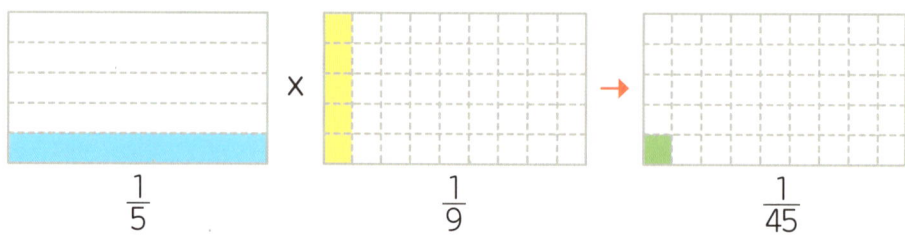

이것을 곱셈식으로 만들면 분자는 그대로 두고 분모끼리 곱해요.

$$\frac{1}{5} \times \frac{1}{9} = \frac{1}{5 \times 9} = \frac{1}{45}$$

방법2 (진분수)×(진분수)는 분자는 분자끼리, 분모는 분모끼리 곱해요.
$\frac{3}{8} \times \frac{2}{7}$를 그림으로 알아보아요. $\frac{3}{8} \times \frac{2}{7}$는 $\frac{3}{8}$ 중에서 $\frac{2}{7}$라는 뜻이에요.

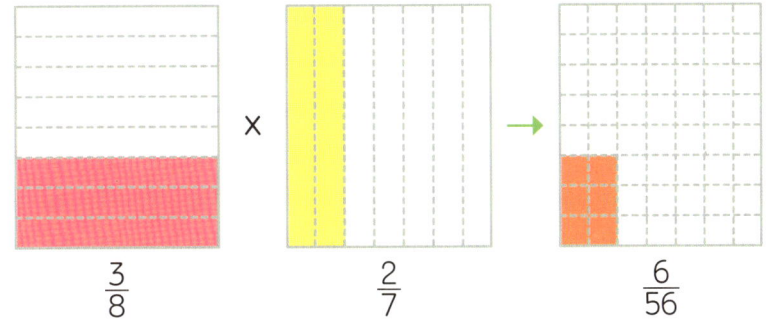

이것을 곱셈식으로 만들면 분자는 분자끼리, 분모는 분모끼리 곱합니다.

$$\frac{3}{8} \times \frac{2}{7} = \frac{3 \times 2}{8 \times 7} = \frac{\overset{3}{\cancel{6}}}{\underset{28}{\cancel{56}}} = \frac{3}{28}$$

(대분수)×(대분수)는 대분수를 가분수로 고친 뒤, 분자는 분자끼리 분모는 분모끼리 곱합니다.

$$3\frac{1}{5} \times 1\frac{3}{4} = \frac{16}{5} \times \frac{7}{4} = \frac{16 \times 7}{5 \times 4} = \frac{\overset{28}{\cancel{112}}}{\underset{5}{\cancel{20}}} = \frac{28}{5} = 5\frac{3}{5}$$

세 분수의 곱셈은 앞에서부터 차례로 계산하거나 세 분수를 한꺼번에 계산합니다.

$$\frac{1}{5} \times \frac{2}{9} \times \frac{5}{6} = \frac{2}{45} \times \frac{5}{6} = \frac{\overset{1}{\cancel{10}}}{\underset{27}{\cancel{270}}} = \frac{1}{27} \qquad \frac{1}{5} \times \frac{2}{9} \times \frac{5}{6} = \frac{1 \times 2 \times 5}{5 \times 9 \times 6} = \frac{\overset{1}{\cancel{10}}}{\underset{27}{\cancel{270}}} = \frac{1}{27}$$

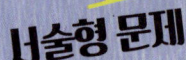

 $\frac{3}{5} \times \frac{1}{2} \times \frac{2}{3}$ 와 관련된 문제를 만들고 풀이 과정을 쓰시오. (5점)

 **만점 팁!**

문장제 문제를 만들라는 뜻이네요. 세 분수의 곱셈이니까 곱셈을 2번 해야 하는 상황을 생각해 봐야겠지요. 전체의 $\frac{3}{5}$에서 $\frac{1}{2}$에 해당하는 양을 구하고, 그 값에서 다시 $\frac{2}{3}$만큼을 차지하는 양을 구하면 돼요.

그림으로 그리면 좀 더 이해하기가 쉬워요. 풀이를 식으로 나타내는 대신, 그림으로 그리는 것도 좋은 방법이랍니다.

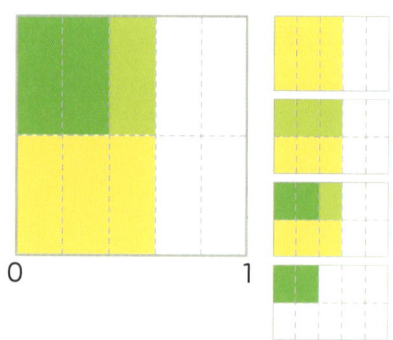

전체 1에서 $\frac{3}{5}$은 노란색 부분이에요.

노란색 부분의 $\frac{1}{2}$은 연두색 부분이고요.

연두색 부분의 $\frac{2}{3}$는 녹색 부분이지요.

녹색 부분은 전체의 $\frac{2}{10}$이므로 약분하면 $\frac{1}{5}$이 돼요.

모범 답안	채점 기준	점수
〈예시 문제〉 준우네 집의 책꽂이에는 준우의 책이 $\frac{3}{5}$만큼 꽂혀 있습니다. 준우의 책 중에서 $\frac{1}{2}$은 동화책이고, 그중에서 $\frac{2}{3}$는 전래 동화책입니다. 책꽂이에 있는 책 중 전래 동화책은 전체 책의 몇 분의 몇입니까? 〈풀이 과정〉 $\frac{3}{5} \times \frac{1}{2} \times \frac{2}{3} = \frac{3}{10} \times \frac{2}{3} = \frac{6}{30} = \frac{1}{5}$ 또는 $\frac{3}{5} \times \frac{1}{2} \times \frac{2}{3} = \frac{6}{30} = \frac{1}{5}$ 또는 $\frac{\cancel{3}^1}{5} \times \frac{1}{\cancel{2}_1} \times \frac{\cancel{2}^1}{\cancel{3}_1} = \frac{1}{5}$	식에 어울리는 문제를 제시하고, 풀이 과정을 바르게 쓴 경우	5점
	식에 어울리는 문제를 제시했으나, 풀이 과정을 잘못 쓴 경우	3점
	식에 어울리는 문제를 제시하지 못했으나 풀이 과정을 바르게 쓴 경우	2점
	무응답 또는 오답	0점

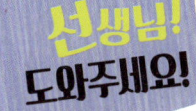

 대분수의 곱셈을 자꾸 틀려요. $2\frac{1}{7} \times 1\frac{3}{4} = 2\frac{3}{28}$ 이라고 했는데 틀렸어요. 무엇이 문제인가요?

$$2\frac{1}{7} \times 1\frac{3}{4} = (2 \times 1) + \left(\frac{1 \times 3}{7 \times 4}\right) = 2\frac{3}{28}$$

 자연수는 자연수끼리, 분수는 분수끼리 곱해서 틀렸군요. (자연수)×(대분수)는 이렇게 계산하면 되지만 (대분수)×(대분수)는 반드시 대분수를 가분수로 고친 다음 계산해야 돼요.

$$2\frac{1}{7} \times 1\frac{3}{4} = \frac{15}{\cancel{7}_{1}} \times \frac{\cancel{7}^{1}}{4} = \frac{15}{4} = 3\frac{3}{4}$$

대분수를 가분수로 바꿔서 계산을 했는데도 틀렸다면 곱셈을 제대로 했는지, 약분을 알맞게 했는지, 답이 가분수가 나왔을 경우 대분수로 고쳤는지도 확인해 보세요.

핵심 정리!

- (진분수)×(자연수): 진분수의 분자와 자연수를 곱한다.
- (자연수)×(진분수): 자연수와 진분수의 분자를 곱한다.
- (대분수)×(자연수), (자연수)×(대분수): 대분수를 자연수 부분과 진분수 부분으로 나누어 계산하거나 대분수를 가분수로 고쳐 계산한다.
- (진분수)×(진분수): 분모는 분모끼리, 분자는 분자끼리 곱한다.
- (대분수)×(대분수): 대분수를 반드시 가분수로 고친 뒤 계산한다.

분수의 곱셈을 계산할 때 대분수를 가분수로 바꾸지 않거나, 자연수끼리의 곱셈이나 약분 과정에서 실수를 해 틀리는 경우가 자주 있습니다. 원리를 완전히 알고 있어도 이 부분을 틀리면 만점을 맞지 못해요. 그러니 평소에 문제를 풀고 나서 답이 가분수인지, 약분을 제대로 했는지 살펴보는 습관을 길러야 합니다.

자연수의 혼합 계산을 잘해야 분수와 소수의 곱셈, 분수와 소수의 나눗셈에서 실수를 줄일 수 있습니다. 자연수끼리의 곱셈이나 약분에서 자꾸 실수를 한다면 계산기를 사용하지 않고 계산하는 연습을 하는 것도 좋은 방법입니다. 또 약분과 최대공약수에 대해서 다시 한번 공부하고 자연수끼리의 곱셈과 나눗셈 연습도 충분히 해야 합니다. 그렇지만 아이가 곱셈을 자꾸 틀려 의기소침해 있다면 한두 번 정도는 계산기를 사용해서 동기를 부여하는 것도 괜찮습니다. 분수의 곱셈 원리를 이해하는 것이 더욱 중요하기 때문입니다.

2015 개정 교육과정 | **혼합 계산**

선 (세 자리 수)÷(두 자리 수) 후 분수의 곱셈

자연수의 혼합 계산

이것만은 꼭!

- 혼합 계산: 하나의 식에 덧셈, 뺄셈, 곱셈, 나눗셈 등이 섞여 있는 계산이다.
- 계산 방법
  ① 덧셈·뺄셈만 있거나, 곱셈·나눗셈만 있는 식은 왼쪽부터 차례대로 계산한다.
  ② 덧셈·뺄셈, 곱셈·나눗셈이 섞여 있는 식은 곱셈 또는 나눗셈을 먼저 계산하고, 그 결과에 대하여 덧셈 또는 뺄셈을 왼쪽부터 차례대로 계산한다.
  ③ 괄호가 있는 식은 괄호 안을 먼저 계산하고, 괄호가 여러 개 있는 식은 안쪽의 괄호부터 계산한다.

뺄셈과 곱셈이 섞여 있는 식의 계산 방법이 틀려 엉뚱한 결과가 나왔네요. 이 식에서는 곱셈을 먼저 풀고 뺄셈을 해야 돼요.

$$2000-300\times2=2000-600=1400$$

이처럼 덧셈, 뺄셈, 곱셈, 나눗셈이 섞여 있는 **혼합 계산**은 어떻게 풀어야 할까요?

먼저 덧셈과 뺄셈이 섞여 있는 식을 알아볼게요. 43−6+9는 왼쪽에서부터 차례대로 계산하면 됩니다. 43−6을 먼저 계산하고, 그 결과에 9를 더해요. 순서를 나타내면 다음과 같습니다.

$$43-6+9=46$$

괄호가 있는 경우에는 괄호 안을 먼저 계산합니다.

$$43-(6+9)=28$$

어때요? 같은 식이라도 무엇을 먼저 계산하느냐에 따라 답이 달라지죠? 그런데 43−6+9와 (43−6)+9는 값이 46으로 같아요. 수학에서는 간단히 표현하는 것이 더 좋답니다. 그래서 이때는 굳이 괄호를 사용하지 않아요.

이번에는 곱셈과 나눗셈이 섞여 있는 식을 알아봐요. 16÷4×2는 어떻게 계산할까요? 괄호가 없는 덧셈과 뺄셈의 혼합 계산을 할 때처럼 왼쪽에서부터 차례대로 계산하면 돼요. 16÷4를 먼저 계산하고, 그 결과에 2를 곱하면 되지요.

순서를 나타내면 다음과 같습니다.

$$16 \div 4 \times 2 = 8$$

이때도 괄호가 있는 경우에는 괄호 안을 먼저 계산합니다.

$$16 \div (4 \times 2) = 2$$

이번에는 덧셈, 뺄셈, 곱셈이 섞여 있는 115−10×3+7을 계산해 보아요.

곱셈과 덧셈, 뺄셈이 함께 있을 때는 곱셈을 먼저 계산한 다음, 왼쪽에서부터 차례대로 계산하면 됩니다. 즉, 10×3을 먼저 계산하고, 그 값을 115에서 빼야 하지요.

순서를 나타내면 다음과 같습니다.

$$115 - 10 \times 3 + 7 = 92$$

곱셈이 있는 식에서도 괄호가 있는 경우에는 괄호 안을 먼저 계산합니다.

$$(115 - 10) \times 3 + 7 = 322 \qquad 115 - 10 \times (3 + 7) = 15$$

덧셈, 뺄셈, 나눗셈이 섞여 있는 식도 곱셈이 섞여 있는 식과 같이 나눗셈을 먼저 계산하고, 왼쪽부터 차례대로 계산해요. 괄호가 있는 경우에는 괄호 안을 먼저 계산하지요.

그럼 이번에는 덧셈, 뺄셈, 곱셈, 나눗셈이 섞여 있는 식을 계산해 봐요.

45÷(2+7)×6−24는 다음과 같은 순서로 계산합니다.

$$45 \div (2+7) \times 6 - 24 = 6$$

덧셈, 뺄셈, 곱셈, 나눗셈이 섞여 있는 식은 곱셈이나 나눗셈을 먼저 계산해요. 이때 곱셈과 나눗셈 중에서는 왼쪽부터 계산하고, 괄호가 있는 경우는 괄호 안부터 계산합니다.

혼합 계산의 계산 순서를 다시 한번 정리해 볼게요.

> 1. 괄호 안을 계산한다.
> 2. 곱셈과 나눗셈을 왼쪽부터 순서대로 계산한다.
> 3. 덧셈과 뺄셈을 왼쪽부터 순서대로 계산한다.

이 순서만 알고 있으면 계산할 때 헷갈리지 않을 거예요.

괄호는 **소괄호**( ), **중괄호**{ }, **대괄호**[ ]가 있어요. 여러 괄호가 하나의 식에 함께 나올 때는 소괄호를 가장 먼저 계산하고, 그다음 중괄호, 대괄호 순서로 계산합니다.

$$54 \div \{(2+4) \times 6 - 30\} = 9$$

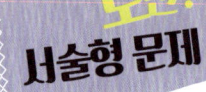

다음 계산 순서에서 잘못된 것을 찾아 바르게 고치고, 정답을 구하시오. (6점)

$$4 \div 2 + (7 \times 6) - 24 = 30$$

 만점 팁!

혼합 계산을 하는 순서를 알아야 풀 수 있는 문제예요. 혼합 계산을 할 때 가장 먼저 괄호를 계산하고, 그다음에 곱셈이나 나눗셈을 계산하지요. 그리고 덧셈과 뺄셈을 가장 마지막에 계산해요.

문제에 주어진 식에서는 괄호 안에 있는 식 (7×6)을 먼저 계산하고, 그다음에 나눗셈인 4÷2를 계산해요. 나눗셈, 곱셈, 괄호가 섞여 있어서 계산하기 힘들면, 먼저 계산했던 값을 숫자로 바꿔 계산식을 다시 써 보세요. '4÷2+42-24=2+42-24'라고요. 이제 덧셈과 뺄셈의 혼합 계산이니까 왼쪽부터 순서대로 계산하면 돼요.

괄호 안부터 계산하고,
곱셈과 나눗셈을 왼쪽에서부터,
마지막으로 덧셈과 뺄셈을
왼쪽에서부터 순서대로 계산하기!
이제 확실히 알겠지요?

모범 답안	채점 기준	점수
〈계산 순서〉 4÷2+(7×6)-24=20 　② ① 　　③ 　　　④ 〈정답〉 20	계산 순서를 바르게 표시하고, 답을 맞힌 경우	6점
	답을 맞혔으나, 계산 순서를 잘못 표시한 경우	3점
	무응답 또는 오답	0점

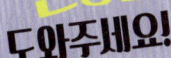

 문장으로 된 문제의 계산식을 세우기가 어려워요.

> 풍선이 모두 50개가 있습니다. 여학생 2명, 남학생 2명으로 이루어진 6개 모둠의 모둠원에게 풍선을 각자 1개씩 나눠 주고, 칠판에 4개를 붙였습니다. 사용하지 않은 풍선은 모두 몇 개입니까?

 문장으로 되어 있다고 해서 겁먹을 필요 없어요. 차근차근 식을 세우면 문제를 풀 수 있지요. 문장으로 된 문제를 풀 때는 문장을 끊어 보고 해결 과제별로 간단히 정리하는 게 도움이 돼요.

이때 괄호를 꼭 넣어야 해요.

1. 처음 있던 풍선은 50개입니다.
2. 여학생 2명과 남학생 2명으로 이뤄진 6모둠: (2+2)×6
3. 처음 있던 풍선 50개에서 학생들에게 나눠 준 풍선 (2+2)×6을 빼고, 칠판에 붙인 풍선 4개를 차례로 빼요.
   식을 완성하면 '50−{(2+2)×6}−4=22'로 남은 풍선은 22개입니다.

어때요? 문제를 끊어서 읽으니 식을 쉽게 세울 수 있지요?

식을 세울 때 괄호를 왜 해야 하는지 이해하지 못하는 아이들이 있습니다. 괄호는 먼저 풀어야 하는 계산식에 사용하는 것이므로, 괄호를 하지 않으면 계산 결과가 달라진다는 것을 알려 주세요. 괄호의 유무에 따라 값이 달라지는 것을 확인하면 괄호의 중요성을 알게 될 것입니다.

혼합 계산을 어려워하는 아이들에게는 복잡한 계산식을 간단하게 나타낼 수 있는 것이 혼합 계산이라는 점을 이야기해 주세요. 그러고 나서 덧셈이나 뺄셈만으로 세웠던 식을 곱셈과 나눗셈을 이용하여 다시 세워 봅니다.

물건을 구입하고 남은 돈을 계산해 보는 것은 일상생활에서 혼합 계산식을 세우고 직접 계산해 보며 혼합 계산의 필요성을 체감할 수 있는 좋은 기회입니다.

소수의 곱셈

2학기 1단원 | 소수의 곱셈

선: 소수 두 자리 수, 소수 세 자리 수, 소수의 덧셈과 뺄셈
후: 소수의 나눗셈

5학년 수와 연산

이것만은 꼭!

- (소수)×(자연수), (자연수)×(소수), (소수)×(소수)
  ① 분수의 곱셈으로 고쳐서 계산한다.
  ② 자연수의 곱셈을 이용하여 계산한다.
  ③ 곱의 소수점의 위치를 이용하여 계산한다.

0.5×3으로 식은 잘 세웠는데, 답을 엉뚱하게 구했군요. 어림해도 0.5 L보다는 많으니까 0.15 L는 답이 될 수 없어요. 0.5×3을 덧셈식으로 나타내면 원리를 쉽게 이해할 수 있답니다.

$$0.5 \times 3 = 0.5 + 0.5 + 0.5 = 1.5$$

(소수)×(자연수)의 계산 방법은 모두 3가지예요.

방법1 수직선을 그려 계산해요.

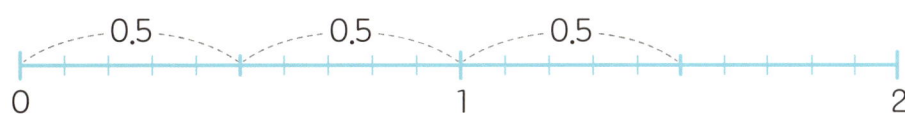

방법2 분수의 곱셈으로 고쳐서 계산해요.

$$0.5 \times 3 = \frac{5}{10} \times 3 = \frac{5 \times 3}{10} = \frac{15}{10} = 1.5$$

방법3 자연수의 곱셈을 이용하여 계산해요.

- 자연수의 곱셈: 5×3=15
- 소수점 위치: 0.5×3=1.5

곱해지는 수의 소수점 위치에 맞추어 곱의 결과에 소수점을 찍어요.

이번에는 (자연수)×(소수)예요. 2×0.6을 계산해 봅시다.

0.6이 2개 있다는 의미예요.

방법1 막대 그림을 그려 계산해요.

방법2 분수의 곱셈으로 고쳐서 계산해요.

$$2 \times 0.6 = 2 \times \frac{6}{10} = \frac{2 \times 6}{10} = \frac{12}{10} = 1.2$$

방법3 자연수의 곱셈을 이용해요.

- 자연수의 곱셈: $2 \times 6 = 12$
- 소수점 위치: $2 \times 0.6 = 1.2$

$$\begin{array}{r} 2 \\ \times\ 6 \\ \hline 1\,2 \end{array} \qquad \begin{array}{r} 2 \\ \times\ 0.6 \\ \hline 1.2 \end{array}$$

소수의 곱셈에서 소수점의 위치를 알아볼까요?

$2.35 \times 10 = 23.5$ $235 \times 0.1 = 23.5$

$2.35 \times 100 = 235$ $235 \times 0.01 = 2.35$

$2.35 \times 1000 = 2350$ $235 \times 0.001 = 0.235$

소수점을 옮길 자리가 없으면 오른쪽에 0을 쓰면서 옮겨요.

소수점을 옮길 자리가 없으면 왼쪽에 0을 쓰면서 옮겨요.

(소수)×(소수)는 어떻게 계산할까요? 0.3×0.6을 계산해 봐요.

방법1 그림을 그려 해결해요.

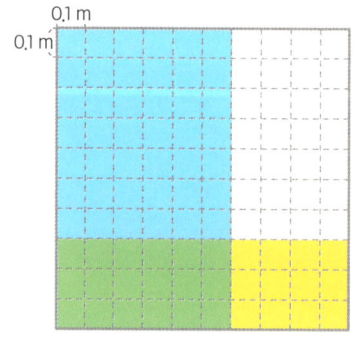

가로로 3줄, 세로로 6줄을 칠했을 때 겹치는 부분은 총 18칸이에요. 한 칸의 넓이는 0.01이므로 이 부분의 넓이는 3×6=18 앞에 소수점을 붙여서 0.18이 돼요. 이때 소수 한 자리 수와 소수 한 자리 수를 곱하면 소수 두 자리 수가 된다는 것을 알 수 있어요.

방법2 분수의 곱셈으로 고쳐서 계산해요.

$$0.3 \times 0.6 = \frac{3}{10} \times \frac{6}{10} = \frac{3 \times 6}{10 \times 10} = \frac{18}{100} = 0.18$$

방법3 자연수의 곱셈을 이용해요.

자연수의 곱을 계산한 후 곱하는 두 소수의 소수점 아래 자릿수의 합만큼 소수점을 왼쪽으로 이동하면 돼요.

- 자연수의 곱셈: 3×6=18
- 소수점 이동: 0.3×0.6=0.18

소수점 아래 자릿수
1+1=2

$$\begin{array}{r} 3 \\ \times\ 6 \\ \hline 18 \end{array} \qquad \begin{array}{r} 0.3 \\ \times\ 0.6 \\ \hline 0.18 \end{array}$$

0.3 ←--- 소수 한 자리 수
0.6 ←--- 소수 한 자리 수
0.18 ←--- 소수 두 자리 수

소수점을 두 자리 왼쪽으로 이동

자연수의 곱셈을 이용할 때는 소수가 자연수의 몇 배인지를 생각하여 계산해요.

3.5×2.3은 35×23의 0.01배입니다. 따라서 3.5×2.3=8.05입니다.

$$3.5 \times 2.3 = 35 \times 23 \times 0.01 = 8.05$$

도전! 서술형 문제

23×4를 계산했더니 처음 수 23보다 큰 수인 92가 나왔습니다. 23×0.4의 결과는 처음 수 23보다 더 클지, 작을지 예측하고, 23×0.4의 결과 값을 이용하여 그 이유를 설명해 보시오. (6점)

 만점 팁!

이 문제는 자연수에 1보다 작은 소수를 곱하면 처음 수보다 결과가 작아진다는 것을 알고 있는지 확인하는 문제예요. '23×0.4의 결과는 처음 수 23보다 더 클지, 작을지 예측하고'라는 문구가 있지요? 따라서 처음 수와 결과 값을 비교해서 설명하는 것이 중요해요. 이런 문제는 세 단계로 나눠 답을 쓰면 더욱 좋아요.

첫 번째 단계에서는 23×0.4의 결과를 예측해요. 23×0.4는 23×4를 한 뒤 소수점을 붙여야 하므로 어림해도 23보다 작아요.

두 번째 단계에서는 23×0.4의 결과값을 구해요.

세 번째 단계에서는 23×0.4의 값을 이용하여 이유를 설명해요. 0.4와 같이 <u>1보다 작은 소수나 분수를 곱하면 처음 수보다 작아진다</u>는 것이 핵심이에요.

그런데 이때 '소수점 한 자리를 곱해서 답도 소수점 한 자리로 나온다. 또는 소수점 한 칸을 이동하므로 처음 수 23보다 작다.'라고 설명하면 문제에서 원하는 답으로는 조금 부족해요. 23×0.4도 9.2가 되고, 2.3×4도 9.2가 되거든요. 둘 다 소수점 한 자리와 자연수를 곱한 것으로 소수점 한 자리인 수가 나와요. 따라서 소수점의 이동만을 이유로 쓰는 것은 옳지 않으니 주의해요.

모범 답안	채점 기준	점수
〈정답〉 23×0.4는 23보다 더 작다. 〈이유〉 ① 23×0.4=9.2이다. ② 23×0.4는 23의 $\frac{4}{10}$배로 1보다 작은 수를 곱하기 때문에 처음 수인 23보다 작다. 1보다 작은 소수나 분수를 곱하면 처음 수보다 작아진다.	23보다 더 작다고 예측하고, 23×0.4=9.2를 구하여, 이유를 바르게 설명한 경우	6점
	23보다 더 작다고 예측하고, 23×0.4=9.2를 구했으나, '소수점 한 자리를 곱해서 답도 소수점 한 자리로 나온다. 또는 소수점 한 칸을 이동하므로 처음 수보다 더 작다.'라고 이유를 쓴 경우	4점
	23보다 더 작다고 예측하고, 23×0.4=9.2는 구했으나, 이유를 논리적으로 제시하지 못한 경우	3점
	23보다 더 작다고 예측했거나 23×0.4=9.2 중 1가지만 쓴 경우	1점
	무응답 또는 오답	0점

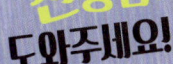

 0.7×0.8=0.56에서 7×8=56이므로 소수점 두 자리를 옮겨 0.56이 된다는 것은 알겠어요. 그런데 그림으로 나타내면 5.6인 것 같아요.

(소수)×(소수)를 간편하게 소수점의 자릿값을 이동하여 구하기도 하지만, 정확한 원리는 몇 배가 되는지를 알아보는 거예요. 7×8=56이고 0.7×0.8은 56의 0.01배이므로 0.56이 된다는 걸 이해해야 하지요. 만약 7×0.8이라면 0.8은 8의 0.1배이므로 5.6이 돼요. 이것을 그림으로 나타내면 더욱 이해하기가 쉬워요.

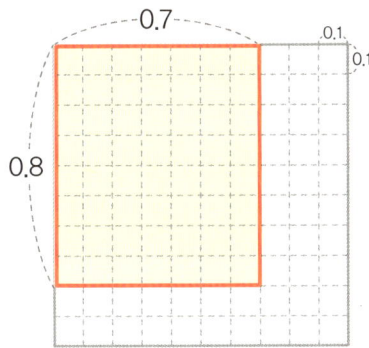

전체 큰 정사각형은 1이고 한 칸의 가로세로 크기는 각각 0.1이에요. 따라서 한 칸의 넓이는 0.1×0.1=0.01입니다. 그럼 0.01이 몇 칸 칠해져 있는지 볼까요? 가로 7칸, 세로 8칸이니까 모두 56칸(7×8=56)이에요. 0.01이 56칸 있으므로 0.01×56=0.56입니다. 다시 말해서 0.7×0.8=0.56이지요.
소수의 곱셈을 할 때 단순히 소수점의 위치를 이동하는 것이 아니라 0.7×0.8은 7×8의 0.01배가 된다는 곱셈의 원리를 기억하면 헷갈리지 않을 거예요.

 부모님 톡!

소수의 곱셈을 하기 위해서는 분수를 소수로, 소수를 분수로 바꾸는 것에 능숙해야 합니다. 특히 1.05를 분수로 고치는 과정에서 $1\frac{5}{100}$가 아닌 $1\frac{5}{10}$로 잘못 쓰는 친구들이 많습니다. 1.05는 자연수 1과 소수 0.05를 더한 수입니다. 따라서 0.05를 분수로 바꾸어야 하므로 $\frac{5}{100}$가 됨을 알려 주세요.

2학기 2단원 ① | **합동과 대칭**　　선 밀기, 뒤집기, 돌리기, 뒤집고 돌리기　　후 선대칭도형, 점대칭도형

5학년 도형

도형의 합동

이것만은 꼭!

- 합동: 모양과 크기가 같아서 포개었을 때 완전히 겹쳐지는 두 도형

합동인 도형은 모양이 같아야 해요. 그런데 모양만 같다고 모두 합동은 아니랍니다. 크기도 같아야 하지요. 모양과 크기가 같다면, 색깔이 다르거나 재질이 달라도 합동이에요. 그러니까 '가'와 '다'는 합동이 맞네요.

합동인 두 도형을 포개었을 때, 겹쳐지는 점을 **대응점**, 겹쳐지는 변을 **대응변**, 겹쳐지는 각을 **대응각**이라고 해요. 이때 대응변의 길이와 대응각의 크기는 서로 같지요.

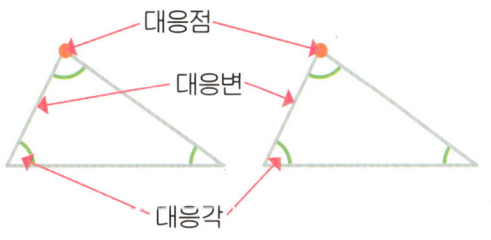

한눈에 합동인지 아닌지 구별하기 어렵다면 도형 가를 오려서 겹쳐 봐요. 도형을 오릴 수 없을 때는 투명 종이에 본을 떠서 겹쳐 보면 돼요. 도형 가를 본떠서 각각의 도형과 겹쳐 보세요.

그런데 도형 가는 도형 라와 포개져요. 지금 모양대로는 포개지지 않지만 도형 라를 돌려서 뒤집으면 포개져요. 이렇게 도형을 돌리거나 뒤집어서 포개지는 경우도 모두 합동이랍니다.

만약 본을 뜨기가 어렵다면 합동인 삼각형의 조건을 이용해요. 대응점을 확인한 후에 대응각의 크기와 대응변의 길이를 비교합니다. 앞서 말했듯이 합동인 삼각형은 대응각의 크기와 대응변의 길이가 같아요.

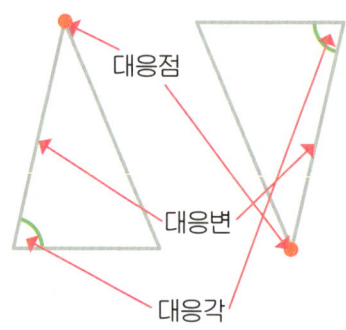

이제 자와 컴퍼스, 각도기를 이용해서 합동인 삼각형을 직접 그려 봅시다. 세 변의 길이를 알거나, 두 변의 길이와 그 사잇각의 크기를 알거나, 한 변의 길이와 그 양 끝 각의 크기를 알면 그릴 수 있어요.

세 변이 5 cm, 3 cm, 4 cm인 삼각형과 합동인 삼각형 그리기

1. 길이가 5 cm인 선분 ㄴㄷ을 그린다.

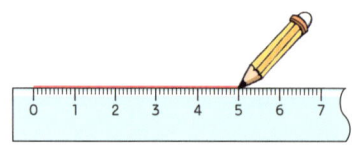

2. 점 ㄴ을 중심으로 반지름이 4 cm인 원을 그린다.

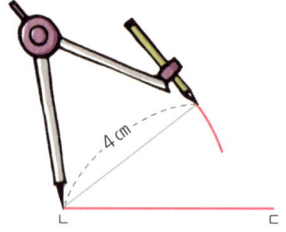

3. 점 ㄷ을 중심으로 반지름이 3 cm인 원을 그린다.

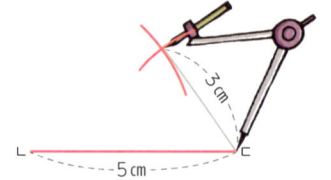

4. 두 원이 만난 점 ㄱ과 점 ㄴ, 점 ㄷ을 잇는다.

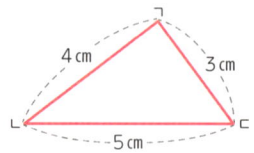

두 변이 각각 6 cm, 4 cm이고, 그 사잇각이 50°인 삼각형과 합동인 삼각형 그리기

1. 길이가 6 cm인 선분 ㄴㄷ을 그린다.

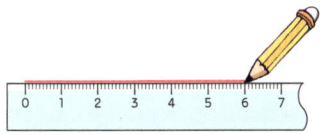

2. 점 ㄴ을 꼭짓점으로 하여 각도기로 50°인 각을 그린다.

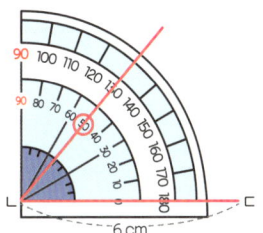

3. 점 ㄴ에서 4 cm 거리에 점 ㄱ을 찍는다.

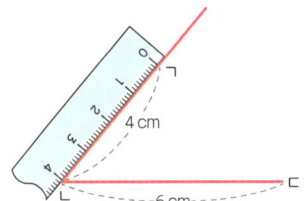

4. 점 ㄱ과 점 ㄷ을 잇는다.

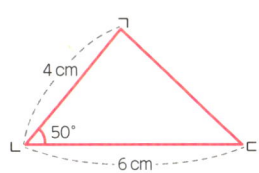

한 변의 길이가 3 cm이고, 그 양 끝 각이 30°, 50°인 삼각형과 합동인 삼각형 그리기

1. 길이가 3 cm인 선분 ㄴㄷ을 그린다.

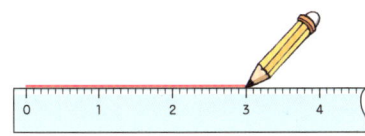

2. 점 ㄴ을 꼭짓점으로 하여 각도기로 30°인 각을 그린다.

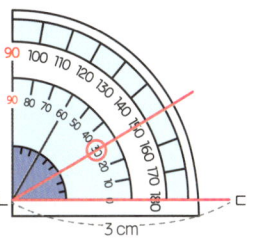

3. 점 ㄷ을 꼭짓점으로 하여 각도기로 50°인 각을 그린다.

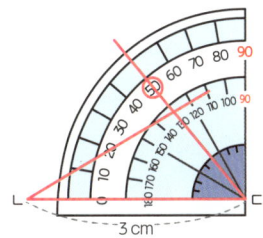

4. 두 선이 만난 점에 점 ㄱ을 표시한다.

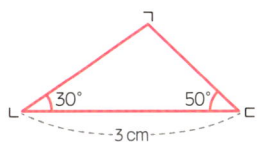

도전! 서술형 문제

다음 4개의 도형 중 합동이 아닌 도형을 찾고, 그 이유를 설명하시오. (6점)

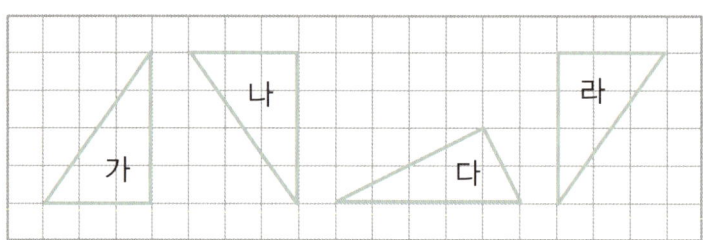

🙂 만점 팁!

합동이 아닌 도형을 찾기 위해서는 반대로 합동인 도형을 먼저 찾아야 해요.
합동인 삼각형은 모양과 크기가 같아서 포개었을 때 완전히 겹쳐져요. 모눈 칸의 수를 이용하여 변의 길이를 비교해요. 다음으로 합동이 아닌 삼각형은 왜 합동이 아닌지를 설명해요. 그런데 혹시 정답을 이렇게 쓰지 않았나요?

① 삼각형 가, 나, 라와 삼각형 다의 길이가 달라서 삼각형 다는 합동이 아니다.
먼저 용어부터 잘못 썼어요. 삼각형의 길이가 아니라, '변의 길이'라고 써야 해요. 그리고 변의 길이가 어떻게 다른지 구체적으로 비교해야 하는데 그것이 빠졌어요.

② 삼각형 가, 나, 라와 삼각형 다의 넓이가 달라서 삼각형 다는 합동이 아니다.
넓이는 삼각형의 합동 조건이 아니에요. 모양과 크기가 같으므로 넓이가 같다고 설명할 수는 있지요. '삼각형 가, 나, 라의 넓이는 3×4÷2=6(칸)이고, 삼각형 다의 넓이는 5×2÷2=5(칸)이므로, 정답은 삼각형 다이다.'라고 해도 역시 문제가 있어요. 넓이가 같다고 반드시 합동인 것은 아니니까요. 예를 들어 밑변이 6 cm이고 높이가 4 cm인 삼각형과 밑변이 8 cm이고 높이가 3 cm인 삼각형은 넓이가 12 cm²로 같지만 모양이 달라요.

모범 답안	채점 기준	점수
〈정답〉 삼각형 다 〈이유〉 ① 삼각형 가, 나, 라는 두 변의 길이가 각각 모눈 칸 3칸과 4칸이고 그 사이의 각이 90°로 모양과 크기가 같다. 따라서 삼각형 가, 나, 라는 합동이다. ② 삼각형 다는 모눈 칸 3칸의 길이보다 더 긴 변이 2개, 3칸의 길이보다 짧은 변이 1개이다. 따라서 삼각형 가, 나, 라와 변의 길이가 다르므로 합동이 아니다.	합동의 조건을 이용하여 합동이 아닌 도형을 찾고, 이유를 바르게 제시한 경우	6점
	합동이 아닌 도형은 찾았으나, 합동이 아닌 이유를 다소 미흡하게 설명한 경우	4점
	합동이 아닌 도형만 찾은 경우	2점
	무응답 또는 오답	0점

 합동인 두 도형에서 대응각을 못 찾겠어요. 각 ㄱㄴㄷ은 60°인가요?

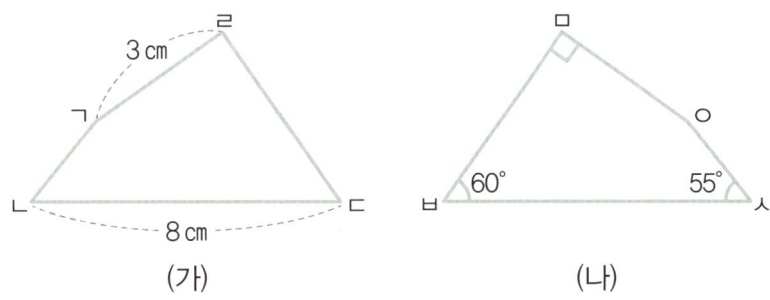

 두 도형이 합동이더라도 뒤집어졌거나 돌려져 있으면 헷갈릴 수 있어요. 이럴 때는 두 도형을 비교해서 어떻게 이동했는지 잘 살펴봐야 해요.

(가)와 (나)의 경우 좌우로 뒤집어져 있어요. 이제 도형의 꼭짓점을 비교하면서 대응점과 대응변, 대응각을 찾아보세요.

혹시 뒤집어져 있다는 걸 알아차리지 못했다면 각의 크기와 변의 길이를 비교해요. 가장 뾰족하거나 직각에 가까운 부분을 찾으면 대응각을 찾는 데 도움이 돼요. 직각인 각 ㅁ과 크기가 비슷한 것은 각 ㄹ이에요. 변의 길이도 비교해 볼까요? 변 ㄴㄷ과 변 ㅂㅅ의 길이가 가장 길고, 변 ㄱㄴ과 변 ㅇㅅ의 길이가 가장 짧아요. 이렇게 비교하다 보면 각 ㄱㄴㄷ의 대응각이 각 ㅇㅅㅂ임을 알 수 있어요. 각 ㅇㅅㅂ의 크기가 55°이므로 대응각인 각 ㄱㄴㄷ의 크기도 55°랍니다.

조작 활동은 도형 감각을 기르는 데 매우 도움이 됩니다. 정사각형 색종이나 직사각형 색지를 이용해서 여러 가지 방법으로 합동인 도형을 만들어 보세요. 만든 도형을 맞대어 겹쳐 보면 두 도형이 합동인지 아닌지 쉽게 알 수 있습니다. 이 과정을 반복하면 대응점, 대응변, 대응각을 찾는 능력이 훨씬 좋아집니다.

두 조각으로 나누기   네 조각으로 나누기

5학년 도형

2학기 2단원 ❷ | 합동과 대칭

선: 밀기, 뒤집기, 돌리기, 뒤집고 돌리기 후: 원뿔, 구

선대칭도형과 점대칭도형

이것만은 꼭!

- 선대칭도형: 한 직선을 따라 접었을 때 완전히 겹쳐지는 도형
- 점대칭도형: 한 도형을 어떤 점을 중심으로 180° 돌렸을 때 처음 도형과 완전히 겹쳐지는 도형

대칭이란 하나의 점이나 직선 등을 사이에 두고 같은 거리에 마주 놓여 있는 것을 말해요. 점을 사이에 두었을 때는 **점대칭**, 직선을 사이에 두었을 때는 **선대칭**이라고 하지요. 물론 선대칭도형이면서 점대칭도형일 수도 있어요.

  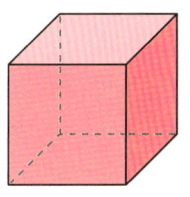 

선대칭도형에 대해 알아봅시다. 선대칭도형은 한 직선을 따라 접었을 때 완전히 겹쳐져요. 이때 그 직선을 **대칭축**이라고 해요.

정다각형인 정삼각형, 정사각형에서 대칭축의 수는 변의 수와 같아요.

선대칭도형의 대칭축은 여러 개일 수 있어요.

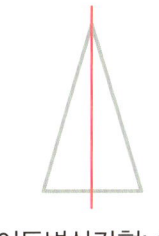 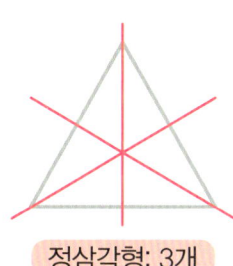 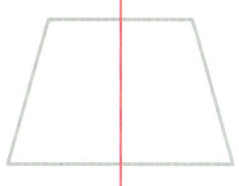

이등변삼각형: 1개   정삼각형: 3개   사다리꼴: 1개

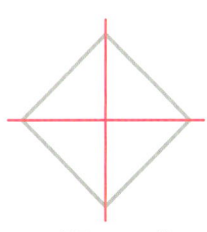 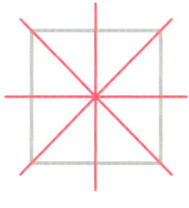 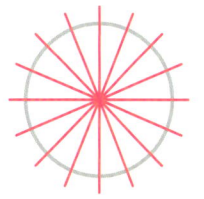

마름모: 2개   정사각형: 4개   원: 무수히 많음

대칭축의 개수

선대칭도형의 성질은 다음과 같아요.

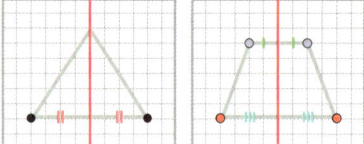 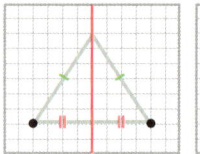 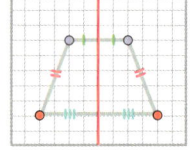

1. 대응점은 대칭축을 중심으로 같은 거리에 있습니다.

2. 대응변의 길이는 서로 같습니다.

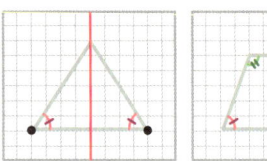 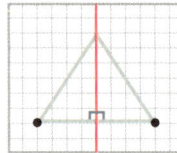 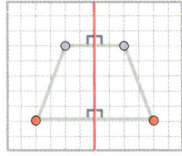

3. 대응각의 크기는 서로 같습니다.

4. 대응점끼리 이은 선분은 대칭축과 수직(90°)으로 만납니다.

선대칭도형을 그리는 방법은 다음과 같아요.

선대칭도형 그리는 방법

1. **대응점을 정확하게 찾아 모두 표시합니다.**
- 한 점에서 대칭축에 수선을 긋고, 대칭축과 만나는 점을 찾습니다.
- 대응변의 길이가 같도록 대응점을 표시합니다.

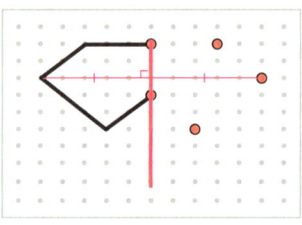

2. **자를 사용하여 대응점을 차례로 이어 선대칭도형을 완성합니다.**
- 대칭축에 있는 점은 그 점이 대응점이에요.

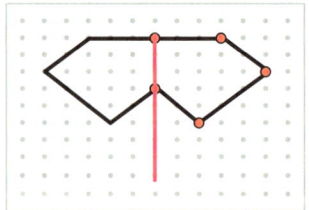

3. **선대칭도형을 그리고 나면 도형을 맞게 그렸는지 확인합니다.**
- 대칭축에 있지 않은 점은 대응점을 이은 선분이 대칭축과 수직으로 만나고, 각각의 대응점에서 대칭축까지의 거리가 같습니다.

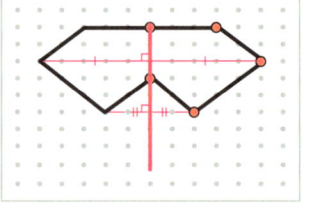

점대칭도형은 한 도형을 어떤 점을 중심으로 180° 돌렸을 때, 처음 도형과 완전히 겹쳐져요. 이때 그 점을 **대칭의 중심**이라고 합니다. 점대칭도형에서 대칭의 중심은 항상 1개예요.

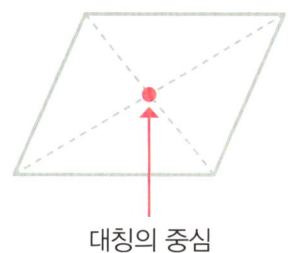

대칭의 중심

점대칭도형의 성질을 알아볼까요?

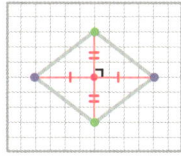 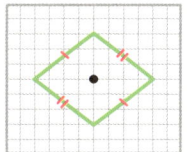 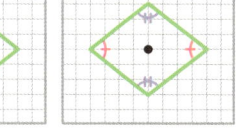

1. 대응점은 대칭의 중심에서 같은 거리만큼 떨어져 있고, 대응점을 이은 선분은 대칭의 중심에 의해 이등분됩니다.

2. 대응변의 길이와 대응각의 크기는 서로 같습니다.

점대칭도형을 그리는 방법은 다음과 같아요.

대칭의 중심이 대응점끼리 이은 선분을 둘로 똑같이 나눈다는 성질을 이용합니다.

점대칭도형 그리는 방법

1. 대칭의 중심을 이용하여 180° 회전한 대응점을 찾아 모두 표시합니다.
- 한 점에서 대칭의 중심인 점을 지나도록 직선을 긋습니다.
- 대응변의 길이가 같도록 대응점을 표시합니다.

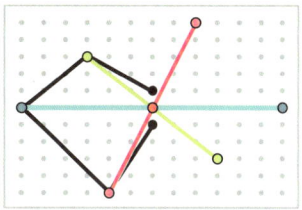

2. 자를 사용하여 대응점을 차례로 이어 점대칭 도형을 완성합니다.

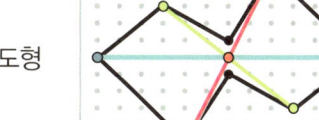

3. 투명 종이에 본을 떠서 180° 돌려 보며 맞게 그렸는지 확인합니다.

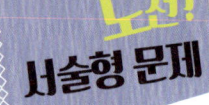

 점 O을 대칭의 중심으로 하는 점대칭도형입니다. 각 ㄱㄴㄷ의 크기를 구하는 풀이 과정과 답을 쓰시오. (6점)

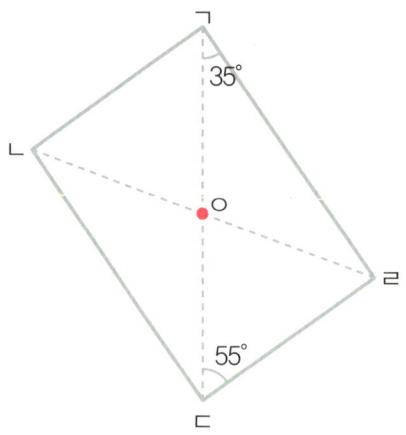

 **만점 팁!**

이 문제는 점대칭도형의 성질을 알아야 풀 수 있어요. 점대칭도형은 대응각의 크기가 같고, 대응변의 길이가 같아요. 또 180° 회전했을 때 처음의 모양과 완전히 겹쳐지지요. 삼각형의 세 각의 합이 180°라는 것도 알고 있다면 각 ㄹㄷㄴ과 각 ㄱㄷㄹ의 크기가 주어졌으므로 각 ㄱㄹㄷ의 크기도 알 수 있어요. 그러면 대응각인 ㄱㄴㄷ의 크기도 알 수 있겠지요? 그런데 이때 ㄱㄴㄷ의 대응각이 각 ㄱㄹㄷ임을 정확하게 써 주어야 해요. 단순히 '대응각이 같기 때문에'라고 쓰면 감점이 되니 주의하세요.

모범 답안	채점 기준	점수
〈풀이 과정〉 ① 삼각형 ㄱㄷㄹ의 세 각의 크기의 합은 180°이다. 그러므로 각 ㄱㄹㄷ은 180°-35°-55°=90°이다. ② 위의 도형은 점대칭도형이므로, 대응각의 크기는 서로 같다. 즉, 각 ㄱㄹㄷ과 각 ㄱㄴㄷ의 크기는 같다. 각 ㄱㄹㄷ의 크기가 90°이므로, 각 ㄱㄴㄷ의 크기도 90°이다. 〈정답〉 90°	삼각형의 세 각의 크기의 합이 180°임과, 점대칭도형의 대응각의 크기가 서로 같음을 이용하여 풀이 과정을 알맞게 쓰고 답을 바르게 제시한 경우	6점
	삼각형의 세각의 크기의 합이 180°임과, 점대칭도형의 대응각의 크기가 서로 같음을 제시하였으나, 각 ㄱㄹㄷ과 각 ㄱㄴㄷ의 크기가 같다는 것을 제시하지 않은 경우	4점
	답을 바르게 제시했으나, 이유가 논리적이지 않은 경우	2점
	무응답 또는 오답	0점

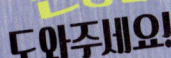

 점대칭도형에서 어떻게 하면 대응점을 쉽게 찾을 수 있나요?

 점대칭도형에서 대응점을 쉽게 찾으려면, 대칭의 중심에서 가로와 세로로 얼마만큼 떨어져 있는지를 살펴봐요.

다음 도형에서 ㄱ은 대칭의 중심에서 왼쪽으로 4칸, 위로 2칸을 올라간 위치에 있어요. 대응점은 대칭의 중심에서 같은 거리만큼 떨어져 있고 180° 회전한 위치에 있으므로 대칭의 중심에서 오른쪽으로 4칸, 아래로 2칸 내려간 위치에 대응점 가를 표시해요. 어때요? 이제 점대칭도형에서 대응점을 쉽게 찾을 수 있겠지요?

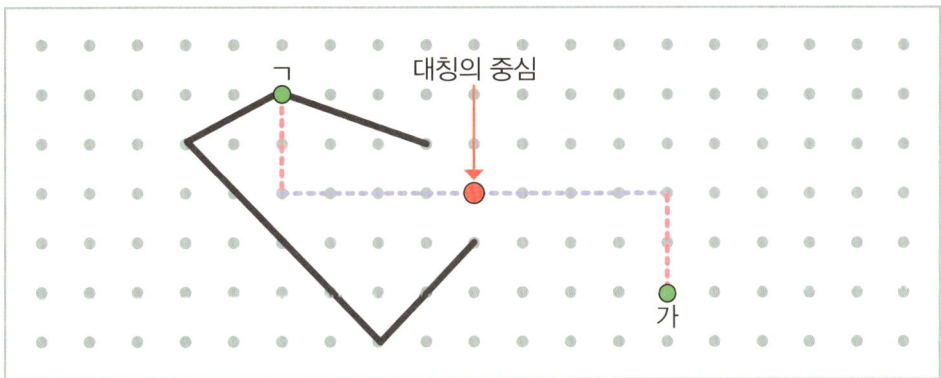

학생들이 선대칭도형은 쉽게 그리면서 점대칭도형은 그리기를 어려워합니다. 점대칭도형은 도형을 실제로 돌려 보는 활동에서 시작해야 합니다. 주어진 도형을 얼마만큼 돌려야 처음 도형과 완전히 겹쳐지는지를 생각한 뒤 실제로 180°만큼 돌려 봅니다. 또 주어진 점 말고 다른 점에 핀을 꽂고 돌려도 완전히 겹쳐지는지 생각해 보는 것도 좋습니다.

대칭의 중심과 180° 회전에 대해 어느 정도 익혔다면, 이번에는 점대칭도형에서 대응점을 찾아보는 연습을 반복합니다. 이때 대응변의 길이가 같다는 것을 알려 주어야 합니다.

5학년 | **수와 연산**

2학기 3단원 | 분수의 나눗셈   선 분수의 곱셈   후 자릿수가 달라지는 소수의 나눗셈

분수의 나눗셈

이것만은 꼭!

- (자연수)÷(자연수): (자연수)×$\dfrac{1}{(자연수)}$
- (진분수)÷(자연수), (가분수)÷(자연수): 분수의 나눗셈을 분수의 곱셈으로 바꾸어 계산한다.
- (대분수)÷(자연수): 대분수를 가분수로 고친 뒤 분수의 나눗셈을 분수의 곱셈으로 바꾸어 계산한다.

$2 \div 6 = \dfrac{6}{2}$

분수를 쓸 때 분모부터 쓰니까 앞에 나온 수인 2를 분모에 쓰면 되겠지?

$\dfrac{6}{2}$이 아니라 $\dfrac{2}{6}$인 것 같은데?

(**자연수**)÷(**자연수**)의 의미를 이해하면 이런 혼동은 피할 수 있어요. (자연수)÷(자연수)를 분수로 바꾸면 나누어지는 수가 분자, 나누는 수는 분모가 된답니다.

$$(\text{자연수}) \div (\text{자연수}) = \frac{\text{나누어지는 수}}{\text{나누는 수}}$$

왜 그런지 살펴볼까요? 2÷6을 봅시다.

막대 2개를 각각 똑같이 6칸으로 나누고 한 칸씩 색칠합니다. 그 후 색칠한 부분을 모아 막대 하나와 크기를 비교해 보세요.

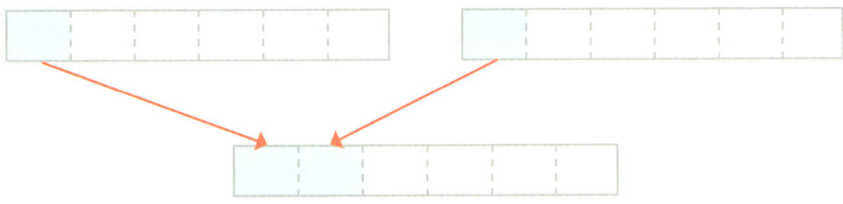

이것을 분수로 표현하면, 막대 1개를 6개로 나눈 것 중 2칸이므로 $\frac{2}{6}$(또는 $\frac{1}{3}$)예요. 자, 2가 분자, 6이 분모에 있지요?

자연수의 나눗셈을 분수의 곱셈으로 바꿔 계산할 수도 있어요.

$$2 \div 6 = 2 \times \frac{1}{6} = \frac{2}{6} \left(\text{또는 } \frac{1}{3}\right)$$

6으로 나눈다는 것은 6칸 중 1칸을 뜻해요.

정리하면 (자연수)÷(자연수)는 (자연수)×$\frac{1}{(\text{자연수})}$로 바꾸어 계산합니다.

$$(\text{자연수}) \div (\text{자연수}) = (\text{자연수}) \times \frac{1}{(\text{자연수})} = \frac{(\text{자연수})}{(\text{자연수})}$$

(자연수)÷(자연수)의 몫은 분수로 다음과 같이 표현할 수도 있어요.

$$4\overline{)7} \quad \begin{array}{l}1 \leftarrow \text{몫} \\ \underline{4} \\ 3 \leftarrow \text{나머지}\end{array} \qquad 7 \div 4 = 7 \times \frac{1}{4} = \frac{7}{4} \text{(또는 } 1\frac{3}{4}\text{)}$$

(분수)÷(자연수)는 어떻게 계산할까요? 먼저 **(진분수)÷(자연수)**를 알아봐요.

방법1 분수의 나눗셈을 분수의 곱셈으로 바꿔서 해결해요.

$$\frac{4}{7} \div 3 = \frac{4}{7} \times \frac{1}{3} = \frac{4}{21}$$

방법2 그림을 그려서 해결해요.

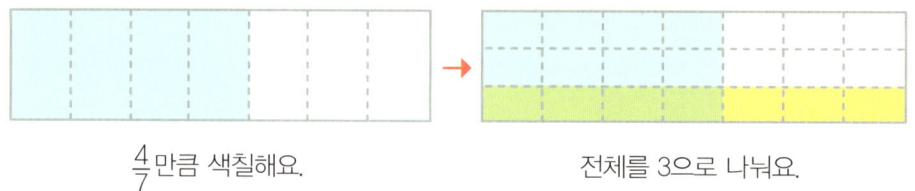

$\frac{4}{7}$만큼 색칠해요.   전체를 3으로 나눠요.

전체 21칸 중 두 번 칠한 곳 ▨ 은 4칸이에요. 따라서 $\frac{4}{7} \div 3$은 $\frac{4}{21}$가 됩니다.

(가분수)÷(자연수)는 이렇게 계산해요.

방법1 분수의 곱셈으로 바꿔서 해결해요.

$$\frac{9}{5} \div 2 = \frac{9}{5} \times \frac{1}{2} = \frac{9}{10}$$

방법2 그림을 그려서 해결해요.

$\frac{5}{5}$ $\frac{4}{5}$

$\frac{9}{5}$는 $\frac{5}{5}+\frac{4}{5}$라고 할 수 있어요. 따라서 5조각으로 나눈 막대 2개를 하나는 5칸, 나머지 하나는 4칸, 모두 9칸을 색칠해요.

$\frac{9}{5}$를 2로 나누면 막대 1개마다 10칸씩이 되고 이 중 2번 칠한 곳 은 9칸이에요. 따라서 $\frac{9}{5} \div 2$는 $\frac{9}{10}$가 됩니다.

막대 1개를 10개로 나눈 것 중에 5개, 막대 1개를 10개로 나눈 것 중에 4개를 더하므로 $\frac{5}{10}+\frac{4}{10}=\frac{9}{10}$예요.

(대분수)÷(자연수)는 이렇게 풀어요.

방법1 분수의 곱셈으로 바꿔서 해결해요.

$$1\frac{7}{8} \div 4 = \frac{15}{8} \times \frac{1}{4} = \frac{15}{32}$$

방법2 그림을 그려서 해결해요.

$1\frac{7}{8}$을 가분수로 바꾼 $\frac{15}{8}$만큼 색칠해요. 이제 수평으로 4칸을 나누어요.

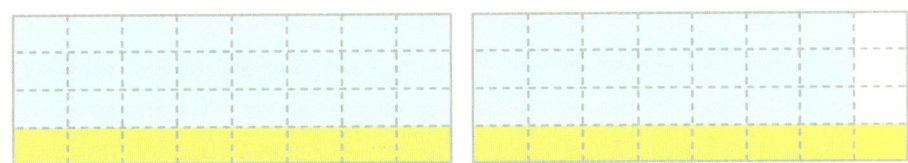

$\frac{15}{8}$를 4로 나누면 32칸 중 2번 칠한 곳 ■은 15칸이에요. 따라서 $1\frac{7}{8} \div 4$는 $\frac{15}{8} \div 4$와 같고, 결과는 $\frac{15}{32}$입니다.

도전! 서술형 문제

넓이가 $8\frac{4}{7}$ ㎡인 직사각형 모양의 꽃밭이 있습니다. 꽃밭의 가로의 길이는 5 m입니다. 세로의 길이는 몇 m인지 구하는 풀이 과정을 쓰고 답을 구하시오. (5점)

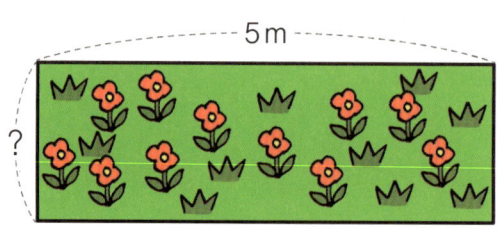

 만점 팁!

세로의 길이는 꽃밭이 직사각형 모양이라는 것을 이용하여 구하면 돼요. (직사각형의 넓이)=(가로)×(세로)이지요. 꽃밭의 넓이가 $8\frac{4}{7}$ ㎡이고 가로의 길이는 5 m이므로, 세로의 길이를 구하는 식은 $8\frac{4}{7} \div 5$가 돼요.

그런데 문제에서 풀이 과정을 쓰라고 했지요? 풀이 과정과 식은 조금 다르답니다. 식은 $8\frac{4}{7} \div 5$와 같이 쓰면 되지만, 풀이 과정은 단계별로 좀 더 자세한 설명을 해 주어야 해요. 꽃밭의 모양이 직사각형이라는 것을 밝히고 직사각형의 넓이를 구하는 방법을 활용해 설명하면 만점을 받을 수 있어요.

모범 답안	채점 기준	점수
〈풀이 과정〉 꽃밭의 모양은 직사각형이다. 직사각형의 넓이를 구하는 공식은 (가로)×(세로)이다. 문제에서 꽃밭의 넓이는 $8\frac{4}{7}$ ㎡이고, 가로의 길이는 5 m 이므로, 세로의 길이를 구하는 식은 $8\frac{4}{7} \div 5$이다. 식을 계산하면 $8\frac{4}{7} \div 5 = \frac{60}{7} \times \frac{1}{5} = \frac{60}{35} = \frac{25}{35} = 1\frac{5}{7}$ 이다. 〈정답〉 꽃밭의 세로의 길이는 $1\frac{5}{7}$ m이다.	직사각형의 넓이 구하는 방법을 이용하여 풀이 과정을 쓰고 계산을 바르게 한 경우	5점
	직사각형의 넓이 구하는 방법을 이용하여 식을 세우고 계산을 바르게 하여 답을 찾았으나, 풀이 과정을 제대로 쓰지 못한 경우	3점
	직사각형의 넓이 구하는 방법을 이용하여 식을 바르게 세웠으나, 계산 과정에서 실수로 답을 틀린 경우	2점
	무응답 또는 오답	0점

선생님! 도와주세요!

 나눗셈의 몫이 1보다 큰 것을 빨리 찾을 수 있는 방법이 있나요?

① $2\frac{7}{8} \div 4$ ② $1\frac{6}{11} \div 2$ ③ $3\frac{3}{14} \div 3$

 계산하지 않아도 정답은 ③ $3\frac{3}{14} \div 3$입니다. 정말 그런지 알아볼까요?

① $2\frac{7}{8} \div 4 = \frac{23}{8} \times \frac{1}{4} = \frac{23}{32}$

② $1\frac{6}{11} \div 2 = \frac{17}{11} \times \frac{1}{2} = \frac{17}{22}$

③ $3\frac{3}{14} \div 3 = \frac{45}{14} \times \frac{1}{3} = \frac{45}{42} = 1\frac{3}{42}$ (또는 $1\frac{1}{14}$)

이런 문제는 나누는 수와 나누어지는 수의 크기를 비교하면 쉽게 해결할 수 있어요.

① $2\frac{7}{8}$과 4를 비교하면, $2\frac{7}{8} < 4$입니다.

② $1\frac{6}{11}$과 2를 비교하면, $1\frac{6}{11} < 2$입니다.

③ $3\frac{3}{14}$과 3을 비교하면, $3\frac{3}{14} > 3$입니다.

이처럼 나누어지는 수가 나누는 수보다 크면 답이 1보다 커요. 1을 2로 나누면 나눗셈의 몫은 1보다 작아요. 빵 1개를 친구랑 둘이서 나눠 먹으면 내가 먹을 수 있는 빵의 양이 1개보다 적은 것처럼요. 분수도 마찬가지예요. $2\frac{7}{8} \div 4$에서 $2\frac{7}{8}$은 2보다는 크고 3보다는 작은 수예요. 이것을 4로 나누면 몫은 1보다 작아지지요. 하지만 $3\frac{3}{14}$은 3보다 크고 4보다 작은 수이니, 3으로 나눠도 1보다 큰 수가 된답니다.

 부모님 톡!

분수의 사칙 연산을 기계적으로 하다 보면 아이들은 헷갈려 합니다. 따라서 개념을 충분히 이해한 후에 계산 연습을 하는 것이 중요합니다. 대분수와 자연수의 나눗셈은 분배 법칙이 가능하지만, 초등학교에서는 대분수를 가분수로 고쳐서 계산하는 방법으로만 지도합니다. 아울러 분수의 나눗셈에서 역수를 곱하는 이유는 다음과 같이 설명해 주세요.

$\frac{4}{7} \div 3 = \square$

① 양변에 똑같이 3을 곱하면 $\frac{4}{7} \div 3 \times 3 = \square \times 3 \Rightarrow \frac{4}{7} = \square \times 3$

② $\frac{4}{7} = \square \times 3$의 양변에 똑같이 $\frac{1}{3}$을 곱하면 $\frac{4}{7} \times \frac{1}{3} = \square \times 3 \times \frac{1}{3} \Rightarrow \frac{4}{7} \times \frac{1}{3} = \square$

따라서 $\frac{4}{7} \div 3 = \square = \frac{4}{7} \times \frac{1}{3}$이므로, $\frac{4}{7} \div 3 = \frac{4}{7} \times \frac{1}{3}$이 됩니다.

2학기 4단원 | 소수의 나눗셈 　선 소수의 곱셈　후 나머지가 있는 소수의 나눗셈

소수의 나눗셈

이것만은 꼭!

- (소수)÷(자연수), (자연수)÷(자연수):
  ① 분수의 나눗셈으로 고쳐서 계산한다.
  ② 자연수의 나눗셈을 이용하여 계산한다.
  ③ 세로로 계산한다.

소수의 나눗셈을 자연수의 나눗셈을 이용하여 계산한 것까지는 좋았는데, 다시 소수로 바꾸지 않았네요. 143에 소수점을 찍은 14.3이 정답이지요. 그럼 지금부터 소수의 나눗셈을 살펴봅시다.

(소수)÷(자연수)는 이렇게 계산해요.

방법1 소수를 분수로 고쳐서 계산해요.

$$5.6 \div 4 = \frac{\overset{14}{\cancel{56}}}{10} \times \frac{1}{\underset{1}{\cancel{4}}} = \frac{14}{10} = 1.4$$

이렇게 계산할 수도 있어요.

$$5.6 \div 4 = \frac{56}{10} \div 4 = \frac{56 \div 4}{10} = \frac{14}{10} = 1.4$$

방법2 자연수의 나눗셈을 이용해요.

$$56 \div 4 = 14 \quad 5.6 \div 4 = 1.4$$

나누어지는 수가 $\frac{1}{10}$배가 되면 나눗셈의 결과도 $\frac{1}{10}$배가 되므로 5.6÷4는 14의 $\frac{1}{10}$배인 1.4입니다.

방법3 세로로 계산해요.

$$
\begin{array}{r}
4 \overline{)5.6}
\end{array}
\rightarrow
\begin{array}{r}
1. \\
4 \overline{)5.6} \\
\underline{4} \\
1\,6
\end{array}
\rightarrow
\begin{array}{r}
1.4 \\
4 \overline{)5.6} \\
\underline{4} \\
1\,6 \\
\underline{1\,6} \\
0
\end{array}
$$

소수의 나눗셈에서는 몫이 소수점 아래 두 자리일 때도 있어요.

$$5.84 \div 4 = \frac{584}{100} \div 4 = \frac{\cancel{584}^{146}}{100} \times \frac{1}{\cancel{4}_1} = \frac{146}{100} = 1.46$$

584÷4=146
58.4÷4=14.6
5.84÷4=1.46

$$4 \overline{)5.84} \rightarrow 4\overline{)5.84}^{\,1.} \rightarrow 4\overline{)5.84}^{\,1.4} \rightarrow 4\overline{)5.84}^{\,1.46}$$

몫이 1보다 작을 때도 있어요.

$$19.6 \div 28 = \frac{196}{10} \div 28 = \frac{\cancel{196}^{7}}{10} \times \frac{1}{\cancel{28}_1} = \frac{7}{10} = 0.7$$

196÷28=7
19.6÷28=0.7

(자연수)÷(자연수)는 이렇게 계산해요.

방법1 소수를 분수로 고쳐서 계산해요.

분모를 10의 배수인 분수로 바꾸면 결과를 소수로 쉽게 나타낼 수 있어요.

$$7 \div 5 = \frac{7 \times 2}{5 \times 2} = \frac{14}{10} = 1.4$$

[방법2] 세로로 계산해요.

나누어지는 수의 끝자리 아래에 0이 있다고 생각하고 0을 내려서 계산해요.

$$5 \overline{)7} \quad \Rightarrow \quad 5 \overline{)\begin{array}{r} 1.4 \\ 7.0 \\ \underline{5} \\ 2\,0 \\ \underline{2\,0} \\ 0 \end{array}}$$

[방법3] 자연수로 나누어떨어지도록 한 뒤 계산해요.

나누어지는 수를 10배, 100배……한 뒤 소수점을 옮겨 풀어요. 7÷5는 7에 10배한 70으로 계산해요.

$$70 \div 5 = 14$$

답을 적을 때는 7은 70의 $\frac{1}{10}$이므로 14에 $\frac{1}{10}$배한 1.4로 나타냅니다.

$$14 \times \frac{1}{10} = 1.4$$

도전! 서술형 문제

어떤 수를 7로 나누어야 하는데 잘못하여 곱했더니 25.83이 되었습니다. 어떤 수를 구하고, 바르게 계산하면 얼마인지 풀이 과정을 쓰시오. 또한 바르게 계산한 답을 반올림하여 소수 둘째 자리까지 나타내시오. (6점)

 **만점 팁!**

문제에서 소수 둘째 자리까지 나타내라는 말은 나누어떨어지지 않는다는 뜻이고, 분수가 아닌 소수로 계산하라는 의미예요.

어떤 수와 7을 곱해서 25.83이 나왔으므로 어떤 수는 25.83을 7로 나누면 구할 수 있어요. 어떤 수를 구한 뒤 바르게 계산하기 위해 어떤 수를 7로 나눌 때에는 소수 둘째 자리까지 반올림하는 것을 놓치면 안 돼요. 그런데 이때 반올림을 어디서 해야 하는지 헷갈릴 수 있어요. 반올림하여 소수 둘째 자리까지 나타내라고 했으므로 소수 셋째 자리에서 반올림해야 한답니다.

☐ × 7 = 25.83 ➡ ☐ = 25.83 ÷ 7

```
       3.69
    ┌──────
  7 )25.83
     21
     ──
     48
     42
     ──
      63
      63
      ──
       0
```

어떤 수만 구하고 바르게 계산한 값을 구하지 않으면 감점이 되니 주의해요!

모범 답안	채점 기준	점수
〈어떤 수〉 3.69 〈풀이 과정〉 ① 어떤 수를 구하면 25.83÷7=3.69이다. ② 바르게 계산하면 3.69÷7=0.527…이다. 　　　0.527 　7)3.69 　　 35 　　 ── 　　 19 　　 14 　　 ── 　　 50 　　 49 　　 ── 　　　1 ③ 소수 셋째 자리 수인 7에서 반올림하면 0.530이 된다. 〈바르게 계산한 답〉 0.53	어떤 수를 구하고, 바른 식을 세워 계산한 다음 소수 둘째 자리까지 나타낸 경우	6점
	어떤 수를 구하고, 바른 식을 세워 계산했으나, 반올림을 잘못한 경우	4점
	어떤 수를 구했으나, 바르게 계산하는 과정에서 틀린 경우	2점
	무응답 또는 오답	0점

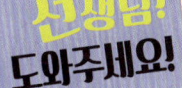

6.9÷5를 계산하니 나머지 '4'가 생겼어요. 어떻게 해야 하나요?

```
      1.3
   ┌─────
 5 )6.9
    5
   ──
    19
    15
   ──
     4
```

소수의 나눗셈을 세로로 계산하면서 0을 내리지 않았군요. 세로로 계산할 때는 소수점 아래에 0을 내려 계산해야 한답니다. 분수로 계산할 때는 분모를 10의 배수인 100으로 맞추면 돼요.

세로로 계산할 때

```
             1.38
  ┌─────    ┌─────
5 )6.9  →  5 )6.90
             5
            ──
             19
             15
            ──
             40
             40
            ──
              0
```

분수로 계산할 때

$$6.9 \div 5 = \frac{69}{10} \times \frac{1}{5} = \frac{69}{50} = \frac{69 \times 2}{50 \times 2} = \frac{138}{100} = 1.38$$

┊---- 분모를 10의 배수로 맞추기 위해서
     분모와 분자에 각각 2를 곱합니다.

 부모님 톡!

소수의 나눗셈에서는 소수점의 위치를 찾는 것이 매우 중요합니다. 나눗셈 계산은 바르게 했는데 소수점을 잘못 찍어 틀리는 경우가 꽤 많습니다. 실수를 줄이기 위해서는 나눗셈의 몫을 어림해 보는 것도 한 방법입니다. 예를 들어 6.9÷5는 7÷5에 가까운 값이 나오지요. 6.9÷5의 결과 값이 1.38과 13.8 중 혼동된다면 7÷5의 값이 1.2라는 것을 감안하여 1.38임을 확신할 수 있습니다.

5학년 | 자료와 가능성

2학기 6단원 | 자료의 표현
선 꺾은선그래프 후 대푯값과 산포도(중등)

평균

이것만은 꼭!

- 평균: 각 자료의 값을 모두 더하여 자료의 수로 나눈 값. 그 자료를 대표하는 값으로 사용한다.
- (평균)=(자료 값의 합)÷(자료의 수)

월요일부터 금요일까지 피자를 주문한 사람 수: 48명
하루 평균: 9.6명

피자를 주문한 사람이 하루 평균 9.6명이라고?

도대체 몇 명이라는 소리지?

평균은 전체를 대표하여 그 자료 전체의 특징을 하나의 수로 나타낼 때 사용하는 개념이에요. 9.6명과 같이 현실에서는 있을 수 없는 숫자로 표현되기도 한답니다.

그럼 지금부터 평균을 구하는 방법에 대해 알아볼게요. 평균을 구하려면 먼저 자료 값을 모두 더해야 합니다. 그런 다음 자료의 수로 나누면 돼요.

평균 = (자료 값의 합) ÷ (자료의 수)

아래의 표를 보며 직접 평균을 구해 볼까요?

공을 넣은 사람	혜원	성준	서연	서진
공을 넣은 횟수	5	7	5	3

자료의 값인 공을 넣은 횟수를 모두 더하면 5+7+5+3=20이지요. 공을 넣은 사람은 모두 4명이니 20을 4로 나눠야겠죠? 계산을 하면 공을 넣은 평균 횟수는 5회입니다. 이것을 식으로 써 볼까요?

$$\frac{5+7+5+3}{4} = \frac{20}{4} = 5$$

평균을 잘 구했는지 확인하려면 다음의 식을 이용합니다.

(자료 값의 합) = (평균) × (자료의 수)

20 = 5 × 4이므로 평균을 맞게 구했네요.

이번에는 다른 방법으로 평균을 구해 볼까요? 공을 넣은 횟수를 살펴보면 혜원이는 5번, 성준이는 7번, 서연이는 5번, 서진이는 3번입니다. 성준이는 혜원이보다 2번 더 넣었고, 서진이는 혜원이보다 2번 적게 넣었어요. 혜원이와 서연이는 둘 다 5번으로 같고요.

　이때 자료들 중 하나를 **기준 수**로 정하고, 나머지 수들을 기준 수에서 가르기, 옮기기를 하면 기준 수와 동일하게 맞출 수 있어요. 이 기준 수가 바로 평균이지요.

또 다른 방법도 있어요. 공을 넣은 횟수를 1 cm로 하여 색 테이프로 나타냅니다.

이 색 테이프를 모두 모아 하나로 연결해 보세요. 20 cm의 긴 테이프가 되었어요.

위의 색 테이프를 같은 크기로 4등분하면 다음의 2가지 방법으로 나타낼 수 있습니다.

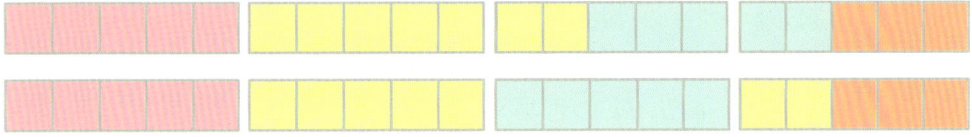

4등분한 각각의 색 테이프의 길이는 5 cm입니다. 따라서 평균은 5이지요.

구슬이나 연결 큐브 등 다양한 구체물을 가르고 옮기며 평균을 구하는 연습을 해 보세요. 평균의 개념이 쉽게 이해될 거예요. 아래의 구슬은 기준 수가 14이므로 평균은 14이지요.

자료의 수가 많으면 색 테이프나 구슬 등의 구체물을 이용해 평균을 구하기가 번거로우니 식을 세워 구해요.

도전! 서술형 문제

다음 자료의 평균을 2가지 방법으로 구하시오. (6점)

$$22,\ 9,\ 17,\ 16$$

 **만점 팁!**

이 문제는 평균을 구하는 다양한 방법을 알고 있는지 묻는 문제예요. 평균은 자료 값의 합을 자료의 수로 나눠 구하거나, 기준 수를 정해서 해결하거나, 색 테이프 또는 구슬 등을 이용해서 구할 수 있어요. 그런데 색 테이프와 구슬 등은 자료의 수가 많을 때는 이용하기가 조금 번거롭다고 했지요. 따라서 앞의 2가지 방법으로 구하면 돼요.

문제를 푼 뒤에는 (자료 값의 합)=(평균)×(자료의 수)에 대입하여 답이 맞는지 꼭 확인해 보세요.

평균을 구하는 방법 3가지를 꼭 알아두세요!

평균을 구하는 방법

- 자료 값의 합을 자료의 수로 나눈다.

$$평균 = \frac{자료\ 값의\ 합}{자료의\ 수}$$

- 기준 수를 정해서 구한다.
- 구체물을 활용하여 그림으로 나타낸다.

모범 답안	채점 기준	점수
〈방법 1〉 $\dfrac{22+9+17+16}{4} = \dfrac{64}{4} = 16$	2가지 방법으로 평균을 알맞게 구한 경우	6점
〈방법 2〉 기준 수를 16으로 하면 22는 16보다 6이 더 많다. 17은 16보다 1이 더 많다. 9는 16보다 7이 적다. 따라서 기준 수 16은 평균이 된다.	1가지 방법으로 평균을 알맞게 구한 경우	3점
	무응답 또는 오답	0점

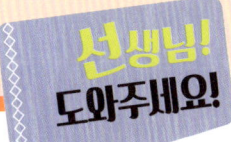

자료의 값이 모두 나와 있지 않은 문제는 어떻게 풀어야 하나요?

> 영주네 모둠의 단체 줄넘기 평균 횟수와 진수네 모둠의 단체 줄넘기 평균 횟수가 같을 때 진수네 모둠의 2회 단체 줄넘기 횟수를 구하시오.

영주네 모둠의 단체 줄넘기 횟수	
1회	11
2회	25
3회	36

진수네 모둠의 단체 줄넘기 횟수	
1회	20
2회	?
3회	22
4회	38

자료가 다 주어지지 않았다고 해서 평균을 구할 수 없는 것은 아니에요. 다른 힌트를 활용하면 되지요. 이 문제에서는 두 모둠의 단체 줄넘기 평균 횟수가 같다는 것을 이용하면 돼요. 먼저 영주네 모둠의 단체 줄넘기 평균 횟수를 구해 볼까요?

$$\frac{11+25+36}{3} = \frac{72}{3} = 24$$

영주네 모둠의 평균은 24회입니다. 이것을 이용하여 진수네 모둠의 단체 줄넘기 평균을 구하는 식을 써 볼까요?

$$\frac{20+?+22+38}{4} = \frac{?+80}{4} = 24$$

?+80=96이므로 ?는 16이에요. 즉 진수네 모둠의 2회 단체 줄넘기 횟수는 16번이지요.

기준 수 정하는 것을 어려워하는 아이들이 있습니다. 가장 쉬운 방법은 주어진 자료 값 중 가운데 수를 기준 수로 정하는 것입니다. 기준 수보다 얼마나 더 크고 작은지를 살펴보면 기준 수가 평균인지, 기준 수를 조정해야 하는지를 알 수 있습니다.

기준 수를 정할 때는 어림하는 능력이 필요합니다. 문제를 풀기 전에 평균이 얼마나 되는지 어림해 보도록 지도해 주세요. 어림하는 활동을 많이 할수록 기준 수를 찾는 능력이 향상됩니다.

이상, 이하, 미만, 초과

2015 개정 교육과정 | 어림하기 ❶　　후 올림, 버림, 반올림

5학년 측정

이것만은 꼭!

- 이상: 어떤 수보다 크거나 같은 수
- 이하: 어떤 수보다 작거나 같은 수
- 초과: 어떤 수보다 큰 수
- 미만: 어떤 수보다 작은 수

이상과 **이하**는 기준이 되는 수를 포함하고 **미만**과 **초과**는 기준이 되는 수를 포함하지 않아요. 따라서 140 ㎝ 이하에는 140 ㎝도 포함이 된답니다. 민수는 140 ㎝이기 때문에 범퍼카에 탑승할 수 없어요.

이상과 초과는 기준이 되는 수보다 더 큰 수를 찾아야 하고, 이하와 미만은 기준이 되는 수보다 작은 수를 찾아야 한답니다.

그럼 지금부터 이상, 이하, 미만, 초과에 대해 좀 더 자세히 알아봐요.

우선 이상과 이하를 살펴볼까요?

이상은 그 수보다 크거나 같은 수를 말합니다. 따라서 그 수가 포함돼요. **이하**는 그 수보다 작거나 같은 수를 말합니다. 이상과 마찬가지로 그 수가 포함되지요.

한자로 살펴보면 더욱 쉽게 이해할 수 있어요. '이상(以上)'과 '이하(以下)'에 공통으로 들어가는 '以(이)'는 '~부터', '~에서'라는 의미가 있답니다.

이번에는 초과와 미만에 대해 알아보아요.

초과는 그 수보다 큰 수를 말합니다. 따라서 그 수는 포함되지 않아요. **미만**은 그 수보다 작은 수를 말해요. 초과와 마찬가지로 그 수는 포함되지 않아요.

'미만(未滿)'에 쓰인 한자 '未(미)'는 '아니다'라는 뜻이고, '滿(만)'은 '가득 차다'라는 의미예요. 가득 차지 않았으므로 기준에 도달하지 못했다는 뜻이지요. 그래서 기준이 되는 수를 빼야 해요. '초과(超過)'에 쓰인 한자 '超(초)'는 '넘다'라는 뜻이고, '過(과)'는 '지나다'라는 의미예요. 기준을 넘어서 지났다는 의미로 역시 기준이 되는 수를 포함하지 않는다는 뜻이지요.

어떤 수보다 작은 수는 셀 수 없이 많지만, '이하'라는 말 한마디로 표현하여 수직선 위에 간단히 기호로 나타낼 수 있어요. 이상, 초과, 미만도 마찬가지랍니다. 이는 수의 범위를 나타내는 편리한 수학적 표현이지요.

수직선에 수의 범위를 나타내는 표현을 기호로 표시해 볼게요. 기준을 포함하는 이상과 이하는 ●로, 기준을 포함하지 않는 초과와 미만은 ○로 나타내요.

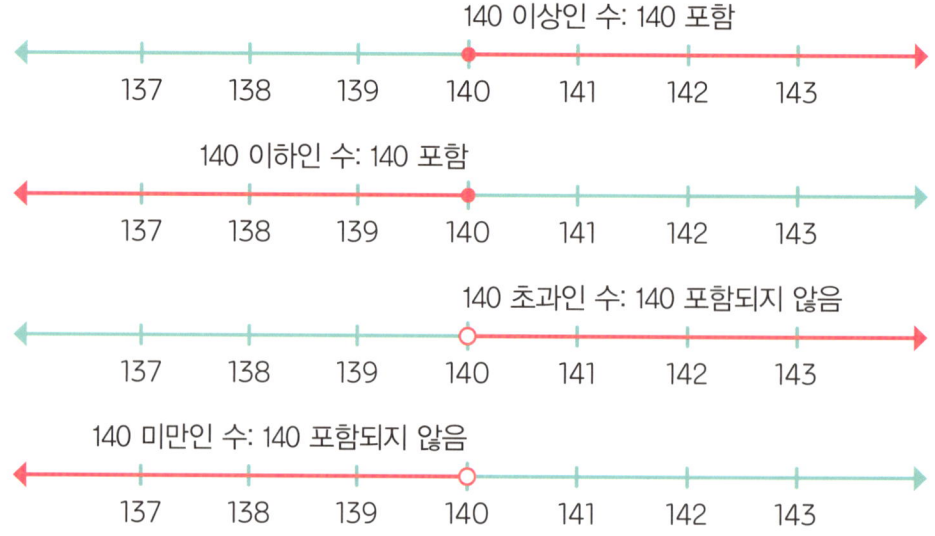

그림으로 살펴보면 이상, 이하, 미만, 초과의 개념을 헷갈리지 않을 거예요.

- 140 cm 이상인 아이들
- 140 cm 이하인 아이들
- 140 cm 초과인 아이들
- 140 cm 미만인 아이들

도전! 서술형 문제

14세 성준이는 7세 혜린이와 15세인 혜원이 누나, 서연이 누나와 함께 놀이동산에 왔습니다. 그런데 한 놀이 기구 앞에 '8세 미만 어린이는 15세 이상 보호자와 함께 타야 합니다' 라는 푯말이 있어요. 이 놀이 기구는 한 번에 2명 이하만 탈 수 있다고 할 때, 4명의 아이들이 놀이 기구를 탈 수 있는 방법을 모두 찾아 보시오. (6점)

 만점 팁!

문제에서 수의 범위와 관련된 말을 찾아볼까요? '8세 미만', '15세 이상', '2명 이하'가 있네요. 8세 미만에는 8세가 포함되지 않아요. 15세 이상에는 15세가 포함되고, 2명 이하에는 2명이 포함되지요. 그럼 문제를 해결해 볼까요?

7세인 혜린이는 8세 미만이기 때문에 반드시 15세 이상인 혜원이와 서연이 중 1명과 타야 합니다. 혜린이가 혜원이와 함께 탈 때, 혜린이가 서연이와 함께 탈 때로 구분한 다음 나머지 사람들이 어떻게 놀이 기구를 타야 할지 생각해 보세요. 성준이와 서연이 또는 성준이와 혜원이는 8세 이상이므로 혼자 탈 수 있어요. 그리고 한 번에 2명까지 놀이기구를 탈 수 있다고 했으니 성준이와 서연이 또는 성준이와 혜원이가 함께 타는 방법도 있지요.

모범 답안	채점 기준	점수
① 혜린이와 혜원이가 같이 타고, 성준이와 서연이는 각각 혼자 타는 방법	4가지를 모두 찾은 경우	6점
② 혜린이와 혜원이가 같이 타고, 성준이와 서연이가 같이 타는 방법	3가지를 찾은 경우	4점
③ 혜린이와 서연이가 같이 타고, 성준이와 혜원이는 각각 혼자 타는 방법	2가지를 찾은 경우	3점
④ 혜린이와 서연이가 같이 타고, 성준이와 혜원이가 같이 타는 방법	1가지를 찾은 경우	1점
	무응답 또는 오답	0점

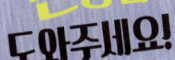

130 초과에 130이 포함되지 않는 것은 알겠는데, 130.1 같은 수는 왜 초과에 포함되나요? 그리고 초과나 미만은 언제 사용하나요?

130보다 큰 수에는 131, 132 같은 자연수도 있지만 130.1 혹은 $130\frac{1}{999}$처럼 소수나 분수도 있어요. 130보다 조금이라도 크면 모두 130 초과에 해당한답니다. 수의 범위를 나타내는 초과, 미만, 이상, 이하라는 표현이 얼마나 많은 수를 쉽고 편리하게 나타낼 수 있는지 알겠지요?

초과와 미만이 쓰이는 예는 생활 속에서 쉽게 찾을 수 있어요. 어린이용 해열제의 설명서에는 '몸무게 16 kg 초과~23 kg 이하는 3알, 23 kg 초과~30 kg 미만은 4알을 먹습니다.'와 같은 문구가 쓰여 있을 거예요. 이 문구에 따르면 몸무게가 23 kg인 사람은 약을 몇 알 먹어야 할까요? 정답은 3알이에요. 약에서 3알과 4알의 차이는 큽니다. 만일 이때 초과와 미만의 의미를 모르거나 잘못 알고 있다면 약을 덜 먹거나 더 먹을 수도 있겠지요.

내 몸무게는 23 kg이니까 3알을 먹으면 되겠군.

이 단원의 핵심은 경계값, 즉 기준이 되는 수를 포함하는가, 포함하지 않는가를 판단하는 것입니다. 이 개념은 추상적이고 어렵지만 의외로 일상생활에서 많이 접할 수 있습니다. 놀이 기구의 탑승 제한 기준은 물론, 약의 용량 표시, 엘리베이터 탑승 인원, 전기 요금, 우편 요금 등 다양한 경우에 쓰이지요. 아이들이 생활 속에서 경험을 통해 이해하도록 지도해 주시고, 이 개념을 사용하면 일일이 수를 나열하지 않고도 수의 범위를 쉽게 표현할 수 있음을 알려 주세요.

우리가 자주 사용하는 표현 중 하나인 '상상 이상이야.'라는 말은 수학적으로 따져 보면 '상상했던 것과 같다.'라는 의미이므로 알맞은 표현이 아닙니다. 또 '수준 이하다.'라는 말도 '같은 수준'이 포함되기 때문에 수학적으로는 적합하지 않은 표현입니다.

2015 개정 교육과정 | 어림하기 ❷
선 이상, 이하, 미만, 초과　후 나머지가 있는 소수의 나눗셈

5학년 측정

올림, 버림, 반올림

이것만은 꼭!

- 올림: 어림수를 구할 때, 구하려는 자리의 바로 아래 자리의 수를 올려서 나타낸다.
- 버림: 어림수를 구할 때, 구하려는 자리의 바로 아래 자리의 수를 버려서 0으로 나타낸다.
- 반올림: 어림수를 구할 때, 구하려는 자리의 바로 아래 자리의 숫자가 0, 1, 2, 3, 4이면 버리고, 5, 6, 7, 8, 9이면 올려서 나타낸다.

올림, 버림, 반올림은 수를 어림하여 나타낼 때 쓰는 표현이에요. 방문객의 수가 1516명일 때, 반올림하여 십의 자리까지 나타내면 일의 자리가 6이므로 1520명이에요. 반올림하여 백의 자리까지 나타내면 십의 자리 수가 1이므로 1500명이지요. 반올림하여 천의 자리까지 나타내면 백의 자리 수가 5이므로 2000명입니다. 따라서 세 사람의 말은 모두 맞아요. 그런데 2000명과 1520명은 차이가 많이 나지요? 대략적인 수치를 알고 싶다면 기준이 되는 자릿값을 크게 하고, 좀 더 구체적인 수치가 궁금하다면 기준이 되는 자릿값을 작게 하여 어림해요.

1516명
- 반올림하여 십의 자리까지 나타내기 1520명
- 반올림하여 백의 자리까지 나타내기 1500명
- 반올림하여 천의 자리까지 나타내기 2000명

그럼 지금부터 올림, 버림, 반올림에 대해 더 자세히 알아볼게요.

올림은 구하려는 자리 미만의 수를 올려서 나타내요. 올림은 구하려는 자리 아래 자리 수가 0이 아닌 경우 앞의 자릿수를 1만큼 올려 줍니다. 12472를 예로 들어 살펴봅시다.

12472

① **십의 자리 미만 올림** 일의 자리 2를 십의 자리로 1만큼 올려 8로 적습니다. 남은 일의 자리는 0으로 씁니다.

12472 —십의 자리 미만 올림→ 12480

② **백의 자리 미만 올림** 십의 자리 7을 백의 자리로 1만큼 올려 5로 적습니다. 남은 십의 자리와 일의 자리는 모두 0으로 씁니다.

12472 —백의 자리 미만 올림→ 12500

소수를 이용하여 올림을 알아볼까요?

2.485

① **소수 첫째 자리 미만 올림** 8을 윗자리로 1만큼 올려서 5로 적습니다. 남은 소수 둘째 자리와 소수 셋째 자리는 0으로 적습니다.

2.485 소수 첫째 자리 미만 올림 2.500 = 2.5

② **소수 둘째 자리 미만 올림** 5를 둘째 자리로 1만큼 올려 9로 적습니다. 남은 소수 셋째 자리는 0으로 적습니다.

2.485 소수 둘째 자리 미만 올림 2.490 = 2.49

버림은 구하려는 자리 미만의 수를 버려서 나타내는 방법입니다. 이때 구하려는 자리 아래의 수가 9인 경우에도 버립니다.

35470

① **백의 자리 미만 버림** 70을 버리고, 남은 십의 자리, 일의 자리는 모두 0으로 씁니다.

35470 백의 자리 미만 버림 35400

② **천의 자리 미만 버림** 470을 버리고, 남은 백의 자리, 십의 자리, 일의 자리는 모두 0으로 씁니다.

35470 천의 자리 미만 버림 35000

소수를 이용하여 버림을 알아봅시다.

5.319

① **소수 첫째 자리 미만 버림** 소수 둘째 자리, 셋째 자리 수를 버립니다.

5.319 <u>소수 첫째 자리 미만 버림</u>→ 5.300=5.3

② **소수 둘째 자리 미만 버림** 소수 셋째 자리 수를 버립니다.

5.319 <u>소수 둘째 자리 미만 버림</u>→ 5.310=5.31

남은 소수점 아래 자리에 채운 0은 생략할 수 있어요.

반올림은 구하려는 자리의 바로 아래 자리의 숫자가 0, 1, 2, 3, 4이면 버려서 0으로 나타내고, 5, 6, 7, 8, 9이면 윗자리 수를 1만큼 올려서 나타냅니다.

364

① **일의 자리에서 반올림** 일의 자리 수 4를 버려서 0으로 나타냅니다.

364 <u>일의 자리에서 반올림</u>→ 360

② **십의 자리에서 반올림** 십의 자리 수 6을 백의 자리로 1만큼 올려서 4를 만들고, 십의 자리와 일의 자리에는 0을 씁니다.

364 <u>십의 자리에서 반올림</u>→ 400

소수를 이용하여 반올림을 알아볼까요?

1.873

① **소수 첫째 자리에서 반올림** 8을 윗자리에 1만큼 올려서 2가 되고, 873 자리는 모두 0이 됩니다.

1.873 <u>소수 첫째 자리에서 반올림</u>→ 2.000=2

② **소수 둘째 자리에서 반올림** 7을 소수 첫째 자리에 1만큼 올려서 9가 되고, 소수 둘째, 셋째 자리는 모두 0이 됩니다.

1.873 <u>소수 둘째 자리에서 반올림</u>→ 1.900=1.9

도전! 서술형 문제

야구공을 생산하는 공장에서 하루에 4763개의 야구공을 생산합니다. 야구공은 한 상자에 100개씩 담아야 합니다. 이와 관련하여 다음의 문제를 풀고 답을 구하시오. (6점)

① 야구공이 든 상자는 몇 개가 되는지 쓰고 이유를 설명하시오.
② 상자의 개수를 구할 때 올림, 버림, 반올림 중에서 어떤 방법으로 나타내야 하는지 쓰고, 이유를 설명하시오.

 만점 팁!

야구공이 100개가 될 때만 상자에 담을 수 있어요. 그런데 이런 문제를 풀 때 4763÷100=47…630이라고 식만 쓰는 경우가 많아요. 이것은 정확한 답이 될 수 없어요. 상자는 100개가 되어야만 채울 수 있으므로 버림을 사용해야 한다고 이유까지 꼭 써야 해요. 이런 문제를 풀 때는 문제 유형을 익혀 두는 것도 도움이 된답니다. 보통 '몇 상자가 필요합니까?'라는 질문은 '올림'으로, '몇 상자가 나옵니까?'라는 질문은 '버림'으로 해결해요.

100개씩 상자에 담으면 47개가 나오네.

모범 답안	채점 기준	점수
① 〈정답〉 47개 〈이유〉 야구공 4763개를 100개씩 상자에 담으면 4700개를 47개의 상자에 담고, 63개가 남는다. 남은 63개로는 상자를 채울 수 없으므로 상자는 47개가 된다. 또는 4763÷100=47…63이므로 상자는 47개가 되고 야구공 63개가 남는다. 63은 100이 되지 못하므로 상자는 47개가 된다. ② 〈정답〉 버림 〈이유〉 상자에 야구공을 100개씩 담아야 하므로 남은 야구공 63개는 상자에 담을 수 없다. 따라서 '버림'을 선택한다.	①, ②를 모두 맞힌 경우	6점
	'버림'을 선택해야 하는 이유를 바르게 서술했으나, 상자의 개수를 잘못 구한 경우	3점
	'버림'을 선택해야 하는 이유를 논리적으로 설명하지 못했으나, 상자의 개수를 바르게 구하고 이유를 알맞게 쓴 경우	3점
	무응답 또는 오답	0점

반올림을 할 때 왜 기준을 5로 하나요?

가령 체중계의 눈금이 38을 가리킬 때, 몸무게를 십의 자리까지 나타내라고 하면 30과 40 중에 선택을 해야 합니다. 그런데 38은 30보다 40에 가깝기 때문에 40을 선택하는 것이 자연스럽지요. 이와 같은 아이디어를 수학에 도입한 것이 반올림이에요. 숫자가 0, 1, 2, 3, 4이면 0으로 생각하고, 5, 6, 7, 8, 9이면 10으로 생각하는 것이지요.

이때 5를 기준으로 하는 이유는 수직선으로 보면 쉽게 이해할 수 있어요.

일의 자리 수는 0부터 10보다 작은 수인 9까지예요. 0부터 9까지를 둘로 똑같이 나누면, 5는 오른쪽에 가까운 수랍니다. 그래서 5부터 반올림을 하지요.

 부모님 톡!

'올림하여 백의 자리까지 나타내어 보시오.'와 '십의 자리에서 올림하여 나타내어 보시오.'는 같은 의미입니다. 그러나 아이들은 십의 자리에서 올림하라는 의미와 백의 자리까지 나타내라는 의미를 다르게 해석하는 경우가 있습니다. 이럴 때는 결과를 어디까지 나타내야 하는지를 생각하고, 나머지 수를 모두 0으로 적게 해 보세요.

예를 들어, '3582를 십의 자리에서 올림하여 나타내어 보시오.'라는 문제의 경우 82 자리에 00을 쓰는 것이지요. 십의 자리에서 올림하면 백의 자리까지만 숫자를 □□로 적고, 십의 자리와 일의 자리는 모두 0이라는 것을 알게 됩니다. '3582를 올림하여 백의 자리까지 나타내어 보시오.'라는 문제 역시 백의 자리까지만 숫자를 □□로 쓰고 십의 자리와 일의 자리는 모두 0으로 표시해야 합니다. 두 문제는 모두 답이 3600이지요. 이렇듯 답이 같더라도 문제를 다르게 표현할 수 있으니 어느 자리까지 나타내는지를 꼭 확인하고 답을 쓰도록 지도해 주세요.

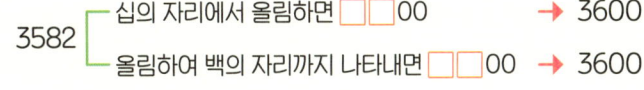

5학년 규칙성

2015 개정 교육과정 | 규칙과 대응   선 수 배열표에서 규칙 찾기   후 정비례와 반비례(중등)

대응 관계

이것만은 꼭!

- 대응 관계: 두 대상이 주어진 관계에 의하여 서로 짝을 이루는 것

대응 관계는 두 수 사이의 규칙을 찾으면 쉽게 알 수 있어요. 자동차 1대에는 바퀴가 4개, 2대에는 8개, 3대에는 12개……10대에는 40개가 필요합니다. 자동차 1대가 늘어날 때마다 바퀴의 수는 4개씩 늘어나지요. 이것을 표로 정리하면 다음과 같아요.

자동차의 수	1	2	3	4	5	6	7	8	9	10
바퀴의 수	4	8	12	16	20	24	28	32	36	40

자동차의 수와 바퀴의 수 사이의 규칙적인 관계를 찾고, 두 수를 짝지어 나타낼 수 있을 때 대응 관계가 성립합니다.

그런데 대응 관계는 왜 필요한 걸까요? 대응 관계를 찾으면 원하는 결과를 쉽게 구할 수 있고, 복잡한 문제도 쉽게 풀 수 있기 때문이에요.

대응 관계에 대해 좀 더 자세히 살펴봐요.

대응 관계는 덧셈, 뺄셈, 곱셈, 나눗셈, 혼합 계산 등 두 수의 다양한 연산 관계에서 찾을 수 있습니다.

① 덧셈과 뺄셈에 관련된 대응 관계

아래 표에서 □와 △ 사이에는 어떤 규칙이 있나요? 규칙을 찾아 어떤 대응 관계가 성립하는지 알아봐요.

□	1	2	3	4	5
△	3	4	5	6	7

□에 2를 더하면 △이고, △에서 2를 빼면 □인 대응 관계가 성립해요.

대응 관계
□+2=△
△−2=□

형과 나의 나이 차이가 2살인 점을 활용하여 다음과 같이 덧셈식 또는 뺄셈식으로 대응 관계를 나타낼 수 있어요.

나	1	2	3	4	5
형	3	4	5	6	7

대응 관계

형의 나이−2=나의 나이
나의 나이+2=형의 나이

② 곱셈과 나눗셈에 관련된 대응 관계

아래 표에서 □와 △ 사이에는 □×3=△인 관계가 있습니다. 반대로 △÷3=□이기도 하지요.

□	1	2	3	4	5
△	3	6	9	12	15

대응 관계

□×3=△
△÷3=□

삼각형의 개수와 변의 개수 사이의 관계, 세발자전거의 개수와 바퀴의 개수 사이의 관계 등은 □÷3=△(또는 △×3=□)의 대응 관계에 해당합니다.

□	3	6	9	12	15
△	1	2	3	4	5

입장객 수와 입장료의 관계, 달걀 판의 수와 달걀의 개수 사이의 관계 등도 곱셈 또는 나눗셈의 대응 관계에 해당하지요.

③ 곱셈(또는 나눗셈)과 덧셈(또는 뺄셈)이 섞여 있는 대응 관계

삼각형 1개를 만들 때 필요한 성냥개비는 3개입니다. 삼각형 2개 만들려면 성냥개비 2개가 더 필요합니다. 따라서 삼각형 2개를 만들 때 필요한 성냥개비 수는 5개입니다.

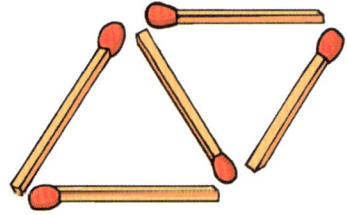

삼각형을 3개 만들려면 성냥개비는 모두 7개가 필요하지요.

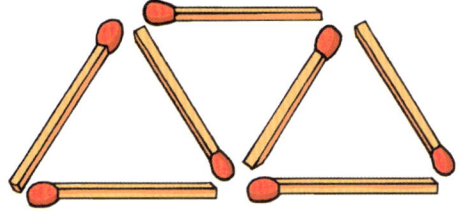

위의 내용을 표로 정리하면 다음과 같습니다.

삼각형의 수(□)	1	2	3	4	5
성냥개비의 수(△)	3	5	7	9	11

이 관계에서 규칙을 찾아 대응 관계식으로 정리하면 □×2+1=△예요.

도전! 서술형 문제

다음 표를 보고 문제를 해결하시오. (8점)

① 두 수 사이의 대응 관계를 2가지로 나타내시오.

□	1	2	3	4	5
△	2	4	6	8	10

② 일상생활에서 위의 대응 관계와 관련 있는 예를 1가지만 찾아 쓰시오.

 만점 팁!

두 수 사이의 규칙을 찾아보면 □가 1씩 커질 때마다 △는 □의 2배씩 커져요. 그럼 곱셈이나 나눗셈을 이용하여 식을 세울 수 있겠지요?

대응 관계를 나타낼 때, 덧셈이나 곱셈을 떠올리는 경우가 많아요. 그러나 두 수의 관계를 나타내는 것이 대응이기 때문에 뺄셈이나 나눗셈으로도 얼마든지 나타낼 수 있어요. 이 문제도 곱셈 또는 나눗셈식으로 생각해 볼 수 있답니다. □×2=△ 또는 △÷2=□ 모두 맞는 식이에요.

일상생활에 활용되는 예는 하나에 2개씩 늘어나는 것을 찾으면 되지요.

모범 답안	채점 기준	점수
① □×2=△, △÷2=□ ② 두발자전거 수와 바퀴의 수, 사람 수와 필요한 장갑의 수, 사람 수와 필요한 양말의 수, 사람 수와 필요한 귀마개의 수, 2인용 식탁의 수와 의자의 수 등	대응 관계식을 2가지 모두 쓰고, 올바른 예를 제시한 경우	8점
	대응 관계식을 1가지만 쓰고, 올바른 예를 제시한 경우	6점
	대응 관계식을 2가지 모두 바르게 썼으나, 예를 잘못 제시한 경우	4점
	대응 관계식을 1가지만 쓰고, 예를 잘못 제시한 경우	2점
	무응답 또는 오답	0점

대응 관계가 되도록 표의 빈칸을 채우라는 문제가 너무 어려워요.

다음 표를 완성하고 와 🐘의 대응 관계를 식으로 나타내어 보시오.

🦁	8	12	16	20	24
🐘	2	3	?	?	6

표에 빈칸이 있다고 지레 겁먹을 필요는 없어요. 숫자가 채워진 곳의 대응 관계부터 차근차근 살펴보면 규칙을 찾을 수 있답니다.

8과 2의 관계는 8−6=2일 수도 있고, 8÷4=2일 수도 있어요. 그렇지만 이것만으로 대응 관계를 판단하기는 아직 일러요. 두 번째 칸을 살펴볼까요? 12와 3이네요. 12−9=3 또는 12÷4=3일 수 있어요. 자, 대응 관계의 규칙이 보이나요? 🦁÷4=🐘라는 대응 관계일 것 같아요. 하지만 여기서 결론을 내리는 것도 섣불러요. 맨 마지막 칸의 관계까지 살펴봐야 해요. 24와 6은 24÷4=6이라는 대응 관계가 성립하지요? 이제 대응 관계를 라고 결정해요.

다음으로 빈칸의 숫자를 찾습니다. 첫 번째 빈칸은 🦁가 16이므로 16÷4=4입니다. 두 번째 빈칸은 🦁가 20이므로 20÷4=5입니다. 따라서 주어진 빈칸에 들어갈 숫자는 4와 5예요.

부모님 톡!

초등학교에서는 함수 개념의 기초로 두 양 사이의 대응 관계를 다룹니다. 한 양이 변할 때 다른 양이 그에 종속하여 따라 변하는 관계를 다루지요. 5학년에서는 대응 관계를 정의하거나 약속을 하지 않고, 주로 □와 △를 이용한 식으로 표현합니다. 이 대응 관계에서 규칙을 찾고, 문제를 만드는 활동을 하는 데 중점을 두지요. □와 △를 사용한 식을 만들 때는 역연산 관계에 있는 덧셈식과 뺄셈식, 곱셈식과 나눗셈식을 꼭 함께 만들어야 합니다. 또 일상생활에서 두 수 사이의 대응 관계가 성립하는 사례를 직접 찾아봄으로써 수학의 유용성을 일깨워 주시기 바랍니다.

6학년 수학

6학년 수학은 주로 입체도형의 성질에 대해 다루기 때문에 5학년 때 배운 입체도형의 개념을 확실히 이해하고 있어야 합니다.

그리고 학생들이 가장 어려워하는 '비'가 처음으로 나옵니다. 분수에 대해 충분히 이해하고, 분수의 곱셈과 나눗셈 등 기본적인 셈법을 정확히 알고 있어야 무리 없이 나아갈 수 있어요.

특히 전체와 부분의 관계, 가능성 등은 생활 속에서 많이 접하는 개념들이므로 실생활과 연결 지어 이해하는 습관을 갖는 것이 매우 중요합니다. 서술형 문제도 생활과 밀접한 유형의 출제 비중이 높아지므로 이러한 습관은 더욱 도움이 될 것입니다.

1학기

- 각기둥과 각기둥의 전개도 |도형| ···468
- 각뿔 |도형| ···474
- 분수로 나누는 분수의 나눗셈 |수와 연산| ···480
- 자릿수가 달라지는 소수의 나눗셈 |수와 연산| ···486
- 나머지가 있는 소수의 나눗셈 |수와 연산| ···492
- 비와 비율, 백분율 |규칙성| ···496
- 비율이 사용되는 경우 |규칙성| ···502
- 원주, 원주율 |측정| ···508
- 원의 넓이 |측정| ···514
- 직육면체의 겉넓이 |측정| ···520
- 직육면체의 부피 |측정| ···526

2학기

- 쌓기나무 |도형| ···532
- 비의 성질 |규칙성| ···538
- 비례식과 비례배분 |규칙성| ···544
- 원기둥 |도형| ···548
- 원뿔, 구 |도형| ···554
- 띠그래프, 원그래프 |자료와 가능성| ···558

안녕하세요! 6학년 수학을 함께 공부할 이쌤이에요! 2015 개정 교육과정에서는 6학년 2학기 5단원 〈정비례와 반비례〉, 2학기 6단원 여러 가지 문제 중 〈소수와 분수의 혼합 계산〉이 중학교 과정으로 올라갔답니다. 6학년 수학은 중학교에서 공부할 원리나 법칙, 공식 등을 쉬운 방법으로 접할 수 있는 좋은 기회예요. 어렵게만 생각하지 말고 차근차근 개념을 쌓아 보세요.

각기둥과 각기둥의 전개도

1학기 1단원 ① | 각기둥과 각뿔
선 직육면체와 정육면체　**후** 각뿔

6학년 / 도형

이것만은 꼭!

- 각기둥: 입체도형 중 위아래에 있는 면이 서로 평행하고 합동인 다각형
- 각기둥의 전개도: 각기둥의 모서리를 잘라서 펼쳐 놓은 그림

모든 도형은 평면과 입체로 나뉜다는 것을 알고 있지요? 생활 속 물건들을 평면도형과 입체도형으로 나누어 봐요.

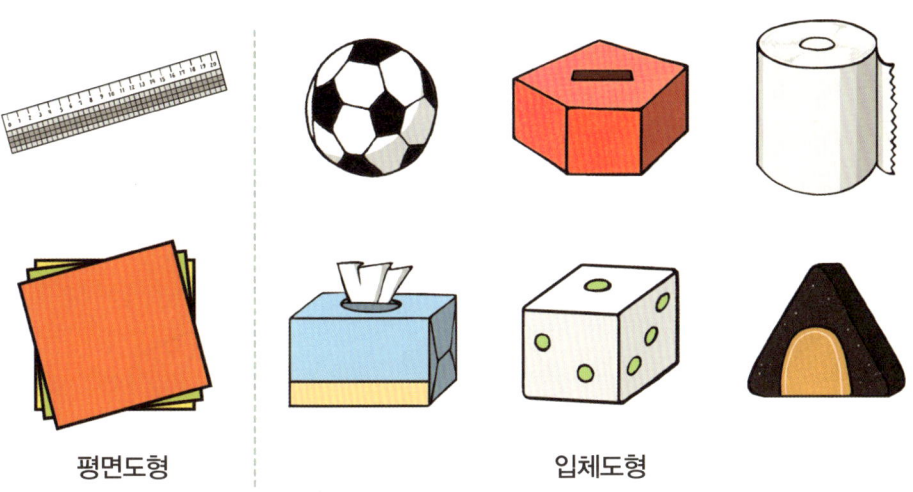

평면도형　　　　　　　입체도형

그런데 입체도형 중에서 위아래에 있는 면이 서로 평행하고 합동인 다각형을 **각기둥**이라고 해요.

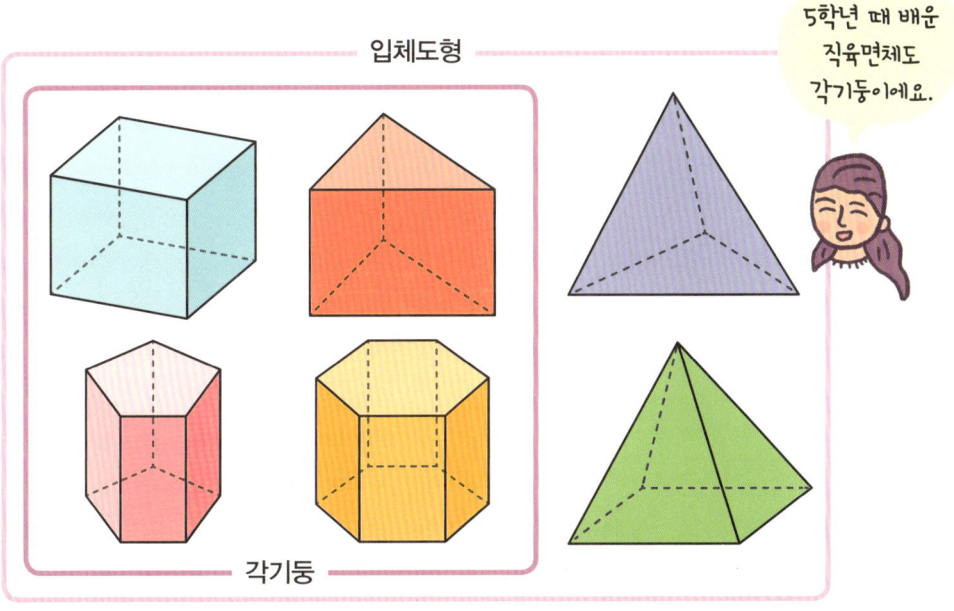

5학년 때 배운 직육면체도 각기둥이에요.

먼저 각기둥의 **밑면**과 **옆면**을 살펴봅시다.

각기둥을 기둥 모양으로 놓았을 때 밑면은 위아래에 하나씩 있어요. 이 두 면은 서로 평행하고 합동이에요. 밑면에 수직인 면은 옆면이라고 불러요.

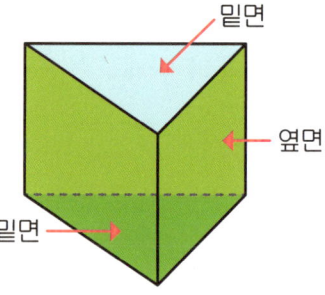

각기둥의 이름은 밑면의 모양에 따라 달라져요. 밑면이 삼각형이면 삼각기둥, 사각형이면 사각기둥, 오각형이면 오각기둥이라고 하지요.

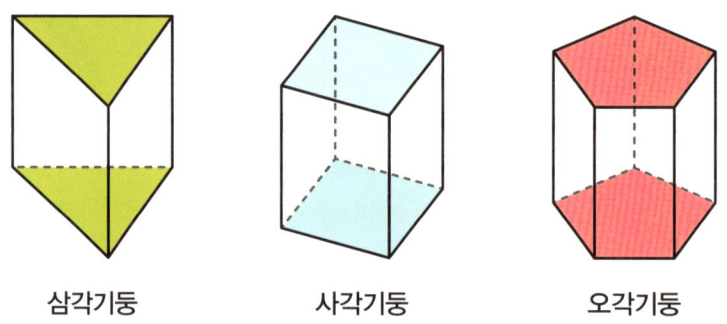

삼각기둥　　　　사각기둥　　　　오각기둥

자, 삼각기둥, 사각기둥, 오각기둥의 공통점이 보이나요? 그래요, 밑면의 모양은 다르지만 옆면은 모두 사각형이지요.

이번에는 각기둥을 구성하고 있는 각 부분의 이름을 살펴볼게요.

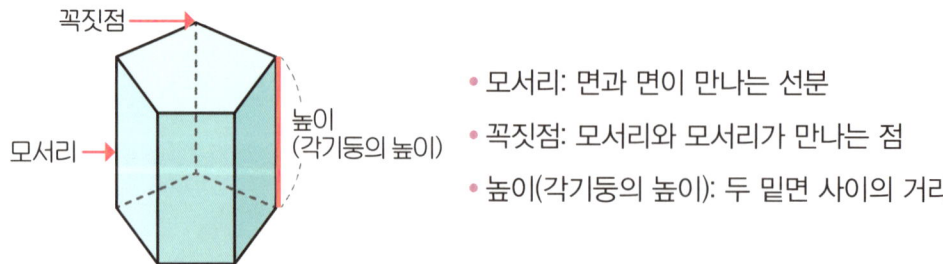

- 모서리: 면과 면이 만나는 선분
- 꼭짓점: 모서리와 모서리가 만나는 점
- 높이(각기둥의 높이): 두 밑면 사이의 거리

삼각기둥, 사각기둥, 오각기둥의 면, 모서리, 꼭짓점의 수와 밑면의 모양에는 규칙이 있어요.

도형	면의 수	모서리의 수	꼭짓점의 수	밑면의 모양
삼각기둥	5	9	6	삼각형
사각기둥	6	12	8	사각형
오각기둥	7	15	10	오각형

모든 각기둥의 밑면은 항상 2개라는 것 기억하죠? 삼각기둥의 면의 개수는 옆면 3개에 밑면 2개를 더해 총 5개예요. 사각기둥은 옆면 4개에 밑면 2개를 더해 6개이고, 오각기둥은 옆면 5개에 밑면 2개를 더해 7개이지요. 즉 각기둥의 면의 수는 **(각기둥의 옆면의 수)+2**예요.

모서리의 수는 밑면과 옆면의 모서리 수가 같아요. 각기둥의 밑면은 2개이므로 삼각기둥의 모서리의 수는 3×3=9(개), 사각기둥은 4×3=12(개), 오각기둥은 5×3=15(개)로 나타낼 수 있어요. 각기둥의 모서리의 수 구하는 방법을 식으로 나타내면 **(밑면의 모서리의 수)×3**이에요.

각기둥의 꼭짓점의 수는 **(밑면의 꼭짓점의 수)×2**로 구할 수 있어요.

그럼 육각기둥의 면, 모서리, 꼭짓점의 수는 어떻게 될까요? 면의 수는 6+2=8(개), 모서리의 수는 6×3=18(개), 꼭짓점의 수는 6×2=12(개)이지요.

아래 그림처럼 각기둥의 모서리를 잘라서 펼쳐 놓은 그림을 **각기둥의 전개도**라고 해요. 전개도를 보고 각기둥의 이름을 쉽게 알기 위해서는 밑면의 모양을 확인하면 된답니다.

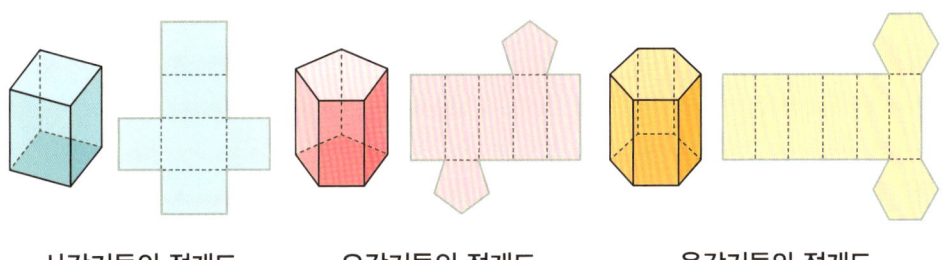

사각기둥의 전개도   오각기둥의 전개도   육각기둥의 전개도

도전! 서술형 문제

 아래의 전개도를 접으면 어떤 입체도형이 만들어지는지 쓰고 이유를 설명하시오. 또 이 입체도형의 모서리가 모두 몇 개인지 풀이 과정을 쓰고, 답을 구하시오. (6점)

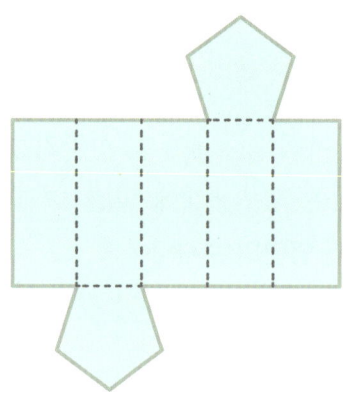

 **만점 팁!**

전개도를 보고 입체도형을 유추할 수 있는지를 묻는 문제예요. 입체도형의 이름은 밑면을 보고 알 수 있다고 했지요? 밑면이 오각형이고, 옆면은 직사각형 5개이므로 오각기둥의 전개도임을 알 수 있어요.
이제 오각기둥의 모서리의 수를 구해 봅시다. 각기둥의 모서리의 수는 2개의 밑면과 옆면의 모서리 수가 같다는 규칙이 있었죠? 따라서 삼각기둥은 3×3, 사각기둥은 4×3, 오각기둥은 5×3으로 나타낼 수 있어요. 이 도형은 오각기둥이니까 5×3=15(개)입니다. 규칙에 따라 계산한 다음 오각기둥을 그려서 직접 세어 보면 혹시 모를 실수도 막을 수 있어요.

모범 답안	채점 기준	점수
〈정답〉 오각기둥	입체도형이 오각기둥임과 그 이유를 맞히고, 모서리의 수도 바르게 구한 경우	6점
〈이유〉 밑면의 모양이 오각형이고, 옆면이 5개인 직사각형 모양이므로 오각기둥의 전개도이다. 따라서 이 입체도형은 오각기둥이다.	입체도형이 오각기둥임과 그 이유를 맞혔으나 모서리의 수를 바르게 구하지 못한 경우	3점
	입체도형이 오각기둥임을 맞히지 못하고 모서리의 수만 바르게 구한 경우	2점
〈모서리의 수〉 (오각기둥의 모서리 수)=5×3=15(개)	입체도형이 오각기둥이라는 것만 맞힌 경우	1점
	무응답 또는 오답	0점

 왜 각기둥의 윗부분에 있는 면을 윗면이라고 하지 않나요?

 5학년에서 직육면체를 배울 때 밑면의 의미를 배웠어요. 밑면은 밑에 있는 면이 아니라 기준이 되는 면이지요. 각기둥에서도 마찬가지예요. 아래의 그림을 보면 각기둥의 밑면이 2개임을 확실히 알 수 있어요.

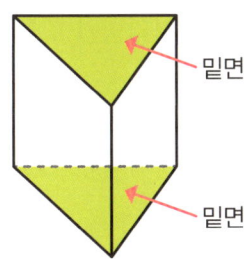

그럼 각기둥을 한번 눕혀 볼까요?

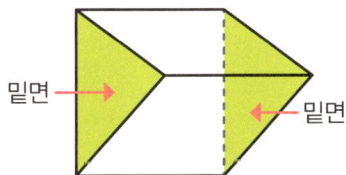

어때요? 밑면이 없는 것 같다고요? 그렇지 않아요. 위치가 달라졌을 뿐 밑면은 그대로 있답니다. 밑면이란 '서로 평행하고 합동이면서 나머지 다른 면에 수직인 2개의 면'이라는 의미이니까요.

입체도형에서 밑면은 아주 중요해요. 밑면의 모양에 따라 각기둥의 이름이 정해지므로 그 의미를 확실히 알아야 해요.

 부모님 톡!

아이들은 이 단원에서 전개도 그리는 것을 특히 어려워합니다. 따라서 각기둥을 직접 접어 보고, 다시 펼쳐 보는 경험을 하는 것이 좋습니다. 이때 모서리를 여러 가지 방법으로 잘라서 어떤 모양이 나오는지 체험하면 다양한 전개도를 학습할 수 있습니다.
자석 블록이나 폴리드론 같은 교구를 활용하여 충분히 연습한 다음에는 모눈종이 한 칸을 1㎠로 보고 정확하게 전개도 그리는 방법을 익히도록 해 주세요.

1학기 1단원 ❷ | 각기둥과 각뿔

선 각기둥과 각기둥의 전개도 후 원기둥

각뿔

이것만은 꼭!

- 각뿔: 끝은 뾰족하고 밑면은 다각형인 도형으로, 삼각뿔, 사각뿔, 오각뿔 등이 있다.

각뿔의 옆면을 보고 삼각뿔이라고 생각했군요. 안타깝지만 틀렸어요. 이 각뿔은 밑면이 사각형이므로 사각뿔이랍니다. 지금부터 각뿔에 대해 좀 더 자세히 알아봅시다.

각뿔에서 뾰족한 뿔과 마주 보고 있는 면은 **밑면**, 밑면을 둘러싸고 있는 나머지 면은 모두 **옆면**이에요.

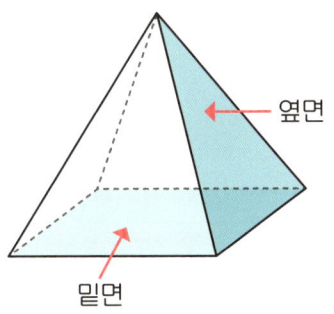

각뿔의 이름은 각기둥과 마찬가지로 기준이 되는 면인 밑면의 모양에 따라 결정돼요. 밑면이 삼각형이면 삼각뿔, 사각형이면 사각뿔, 오각형이면 오각뿔이라고 하지요.

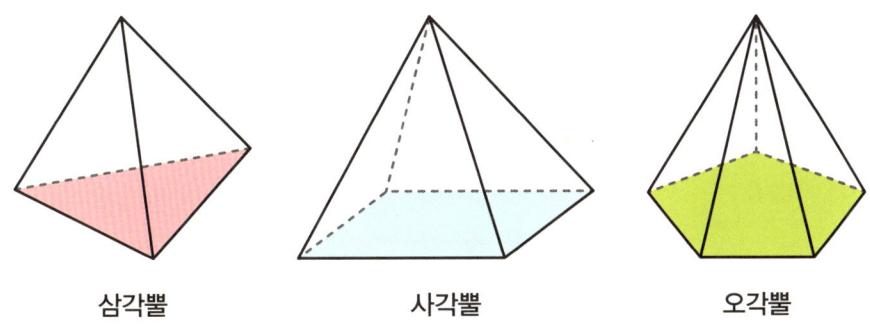

각뿔은 끝이 뾰족하고 밑면은 다각형인 도형을 말해요. 그리고 옆면의 모양이 모두 삼각형이랍니다. 각기둥의 옆면이 모두 사각형인 것과 헷갈리면 안 되겠지요?

각뿔의 옆면은 모두 삼각형! 각기둥의 옆면은 모두 사각형!

각뿔을 이루는 각 부분의 이름을 살펴볼까요? 각뿔은 모서리, 꼭짓점, 각뿔의 꼭짓점, 높이로 이루어져요.

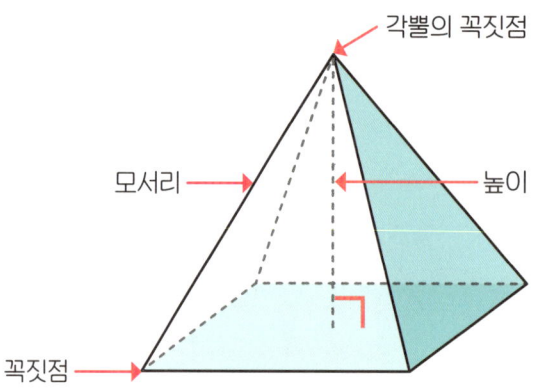

- 모서리: 면과 면이 만나는 선분
- 꼭짓점: 모서리와 모서리가 만나는 점
- 각뿔의 꼭짓점: 꼭짓점 중에서도 옆면이 모두 만나는 점
- 높이: 각뿔의 꼭짓점에서 밑면에 수직인 선분

각기둥에서는 모서리와 높이가 항상 같았지만, 각뿔의 높이는 모서리의 길이가 아니라는 것을 꼭 기억하세요. 각뿔의 꼭짓점에서 밑면에 수직인 선분이 높이랍니다. 이때 높이는 각뿔의 꼭짓점에서 밑면까지 길이가 가장 짧은 선분이에요.

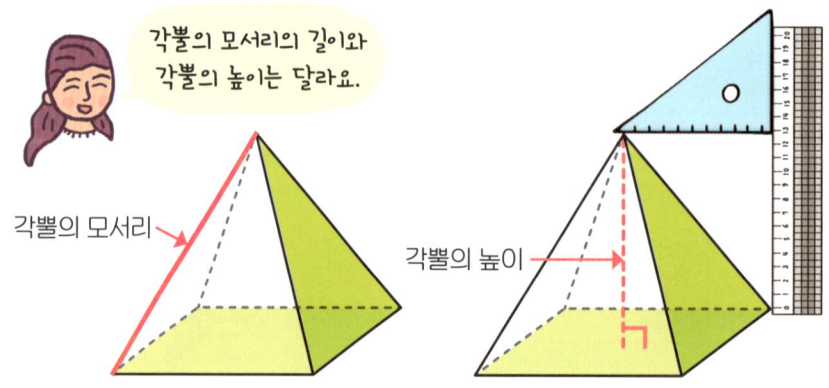

삼각뿔, 사각뿔, 오각뿔의 면, 모서리, 꼭짓점의 수와 밑면의 모양에도 각기둥처럼 규칙이 있어요.

도형	면의 수	모서리의 수	꼭짓점의 수	밑면의 모양
삼각뿔	4	6	4	삼각형
사각뿔	5	8	5	사각형
오각뿔	6	10	6	오각형

위의 표에서 규칙을 찾았나요? 삼각뿔의 면은 4개, 사각뿔은 5개, 오각뿔은 6개예요. 각뿔은 밑면이 하나이기 때문에 옆면의 수에 1을 더하면 돼요. 이것을 식으로 나타내면 **(각뿔의 옆면의 수)+1**이에요.

각뿔은 밑면의 모서리 수와 옆면의 모서리 수가 같아요. 따라서 모서리의 수는 삼각뿔은 3×2=6(개), 사각뿔은 4×2=8(개), 오각뿔은 5×2=10(개)로 나타낼 수 있지요. 이것을 식으로 나타내면 각뿔의 모서리의 수는 **(밑면의 모서리의 수)×2**예요.

꼭짓점의 수는 각뿔의 꼭짓점 하나에 밑면의 꼭짓점의 수를 더하면 되므로 **(밑면의 꼭짓점의 수)+1**이에요. 그러고 보니 각뿔은 꼭짓점의 수와 면의 수가 같네요.

도전! 서술형 문제

 다음의 그림은 이집트의 유명한 건축물인 피라미드 모양입니다. 이 건축물은 어떤 입체도형인지 쓰세요. 또 이 입체도형의 면, 모서리, 꼭짓점의 개수의 합은 얼마인지 풀이 과정을 쓰고, 답을 구하시오. (6점)

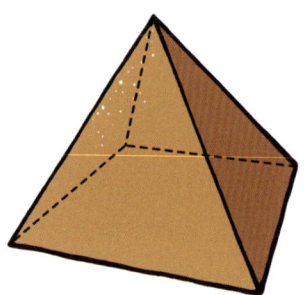

 **만점 팁!**

이 문제는 구해야 할 것이 많아요. 이럴 때는 문제를 푼 뒤에도 놓친 부분이 없는지 꼼꼼히 살펴야 해요.
먼저 피라미드의 밑면과 옆면의 모양을 살펴보면 어떤 도형인지 알 수 있어요. 밑면의 모양이 사각형, 옆면의 모양은 삼각형이므로 사각뿔이지요.
다음으로 피라미드의 면의 수, 모서리의 수, 꼭짓점의 수를 구하되 풀이 과정을 쓰라고 했으니까 꼭 3가지의 풀이 과정과 답을 모두 쓰도록 해요. 그렇지 않으면 감점이 될 수 있답니다. 면의 수나 모서리의 수, 꼭짓점의 수를 구하는 공식을 활용해도 좋고, 잘 떠오르지 않으면 직접 그려서 세어 봐도 돼요. 단, 이때 안 보이는 부분까지 세어야 한다는 것을 잊지 말아야겠지요? 마지막으로 덧셈식까지 바르게 쓰면 끝!

모범 답안	채점 기준	점수
〈정답〉 끝이 뾰족하고 밑면의 모양이 사각형이며 옆면의 모양은 삼각형이므로 피라미드는 사각뿔이다. 〈면, 모서리, 꼭짓점의 개수〉 (피라미드의 면의 수)=4+1=5(개) (피라미드의 모서리의 수)=4×2=8(개) (피라미드의 꼭짓점의 수)=4+1=5(개) 〈면, 모서리, 꼭짓점의 개수의 합〉 5+8+5=18(개)	피라미드가 사각뿔임을 맞히고, 면, 모서리, 꼭짓점의 개수를 바르게 구하여 합을 정확하게 계산한 경우	6점
	피라미드가 사각뿔임을 맞혔으나 면, 모서리, 꼭짓점의 개수 중 1가지를 바르게 구하지 못하고 합도 틀린 경우	3점
	피라미드가 사각뿔임을 맞혔으나 면, 모서리, 꼭짓점의 개수 중 2가지 이상을 바르게 구하지 못하고 합도 틀린 경우	2점
	피라미드가 사각뿔인 것만 맞힌 경우	1점
	무응답 또는 오답	0점

 각뿔에서 높이를 재는 방법이 너무 헷갈려요!

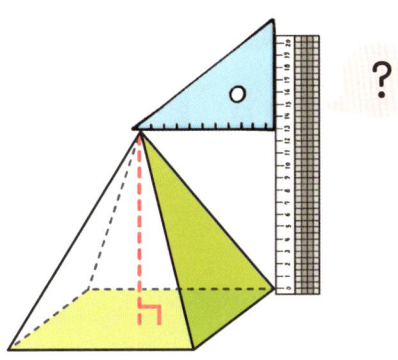

 입체도형이라서 더욱 헷갈릴 수 있으니 평면도형인 삼각형과 연결 지어 생각해 보세요. 평면도형인 삼각형의 높이를 어떻게 쟀나요? 아래의 그림과 같이 꼭짓점에서 직각으로 선을 그어 쟀지요?

평면도형인 삼각형에서도 변과 높이는 다른 개념이었어요. 각뿔의 높이도 이와 같이 생각하면 헷갈리지 않을 거예요.

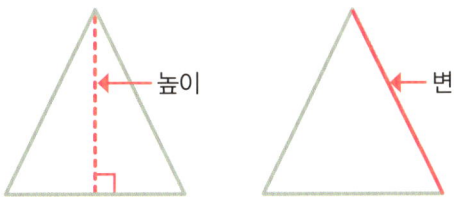

6학년이라고 해서 입체도형을 쉽게 받아들이는 것은 아닙니다. 조작 활동을 많이 해 본 아이들은 입체도형 자체는 익숙하게 받아들이지만, 입체를 평면으로 바꾼 전개도나 겨냥도는 어려워하곤 합니다. 이 단계에서는 입체도형을 비교하면서 차이점과 공통점을 말해 보는 것이 좋습니다. 다만 이때 '다르다', '같다' 등의 모호한 표현은 쓰지 않도록 해 주세요. '사각뿔은 옆면의 모양이 삼각형이고, 밑면의 모양은 사각형이다.'와 같이 구성 요소를 포함하여 정확하게 설명할 줄 알아야 개념을 형성하는 데 도움이 됩니다.

1학기 2단원 | 분수의 나눗셈

선 분수의 나눗셈 후 자릿수가 달라지는 소수의 나눗셈

6학년 수와 연산

분수로 나누는 분수의 나눗셈

이것만은 꼭!

- (자연수)÷(단위분수) = ● ÷ $\frac{1}{▲}$ = ● × ▲
- 분모가 같은 진분수끼리의 나눗셈 = $\frac{▲}{■}$ ÷ $\frac{●}{■}$ = ▲ × ●
- 분모가 다른 진분수끼리의 나눗셈 = $\frac{▲}{■}$ ÷ $\frac{●}{★}$ = $\frac{▲}{■}$ × $\frac{★}{●}$
- (자연수)÷(진분수) = ■ ÷ $\frac{▲}{●}$ = ■ × $\frac{●}{▲}$

$\frac{8}{9} \div \frac{2}{9}$는 $\frac{8}{9}$에서 $\frac{2}{9}$를 몇 번 덜어 낼 수 있는지를 묻는 문제예요. 정답은 4번이지요. 그런데 8÷2도 결과가 같아요. 그렇기 때문에 $\frac{8}{9} \div \frac{2}{9}$는 8÷2가 된답니다. 이렇게 원리를 이해해야지 그냥 외워서는 곤란해요. 분모가 같은 진분수끼리의 나눗셈을 공부하며 개념을 더 확실히 잡아 봐요.

먼저 **(자연수)÷(단위분수)**부터 알아봅시다. $2 \div \frac{1}{3}$을 계산해 볼까요?

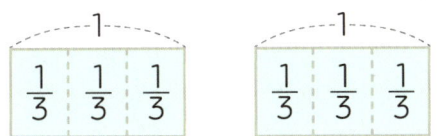

먼저 1에서 $\frac{1}{3}$을 몇 번 덜어 낼 수 있는지 생각해 봐요. 3번이지요. 이것을 식으로 나타내면 $1 \div \frac{1}{3}$이 돼요. 다음으로 2에서 $\frac{1}{3}$을 몇 번 덜어 낼 수 있나요? 6번이에요. 이것을 식으로 쓰면 $2 \div \frac{1}{3}$이지요. 머릿속으로 생각하는 것이 어렵다면 직접 그림을 그리면서 생각해 보세요.

$2 \div \frac{1}{3}$은 $1 \div \frac{1}{3}$이 2개이므로 $2 \times (1 \div \frac{1}{3})$로 바꿀 수 있어요. $1 \div \frac{1}{3}$이 3이므로 $2 \div \frac{1}{3} = 2 \times (1 \div \frac{1}{3}) = 2 \times 3$으로 계산할 수 있어요.

이 과정을 식으로 간단히 정리하면 (자연수)÷(단위분수)=(자연수)×(단위분수의 분모)예요.

●÷$\frac{1}{▲}$ = ● × ▲

다음으로 **분모가 같은 진분수끼리의 나눗셈**을 봅시다. $\frac{5}{8} \div \frac{1}{8}$을 계산해 봐요.

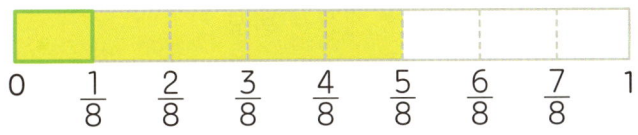

먼저 $\frac{5}{8}$에서 $\frac{1}{8}$을 몇 번 덜어 낼 수 있는지 생각해 보세요. 5번이지요? 이것은 $\frac{5}{8} \div \frac{1}{8} = 5 \div 1$로 나타낼 수 있어요. 즉, 분모가 같은 분수끼리의 나눗셈은 분자끼리 나눗셈하면 돼요.

$$\frac{\triangle}{\square} \div \frac{\bigcirc}{\square} = \triangle \div \bigcirc$$

이번에는 $\frac{5}{8} \div \frac{1}{8}$을 분수의 곱셈으로 바꾸어 계산해 볼까요?

$$\frac{5}{8} \div \frac{1}{8} = 5 \div 1 = \frac{5}{1} = \frac{5 \times 8}{1 \times 8} = \frac{5 \times 8}{8 \times 1} = \left(\frac{5}{8} \times \frac{8}{1}\right) = \frac{5}{8} \times 8 = 5$$

이것을 간단히 표현하면 다음의 식이 됩니다.

$$\frac{\triangle}{\square} \div \frac{\bigcirc}{\square} = \frac{\triangle}{\square} \times \frac{\square}{\bigcirc}$$

분모가 다른 진분수끼리의 나눗셈을 살펴봅시다. $\frac{4}{7} \div \frac{2}{21}$를 계산해 볼까요?

먼저 $\frac{4}{7}$에서 $\frac{1}{21}$을 몇 번 덜어 낼 수 있을까요? 맞아요, 12번입니다. 따라서 $\frac{4}{7}$를 $\frac{12}{21}$로 바꾸어 $\frac{4}{7} \div \frac{2}{21}$를 $\frac{12}{21} \div \frac{2}{21}$로 계산할 수 있어요.

이제 앞서 배웠던 $\frac{\triangle}{\square} \div \frac{\bigcirc}{\square} = \triangle \div \bigcirc$를 활용하여 분자끼리 나눗셈하면 되겠죠? $\frac{12}{21} \div \frac{2}{21}$는 $12 \div 2 = 6$이 된답니다.

이것을 분수의 곱셈으로 바꾸어 계산해 봐요.

$$\frac{4}{7} \div \frac{2}{21} = \frac{4 \times 21}{7 \times 21} \div \frac{2 \times 7}{21 \times 7} = (4 \times 21) \div (2 \times 7) = \frac{4 \times 21}{2 \times 7} = \frac{4 \times 21}{7 \times 2} = \frac{4}{7} \times \frac{21}{2} = 6$$

위의 식은 다음과 같이 간단히 표현할 수 있어요.

(자연수)÷(진분수)를 구하는 방법을 알아봅시다. $4 \div \frac{2}{3}$를 계산해 볼까요?

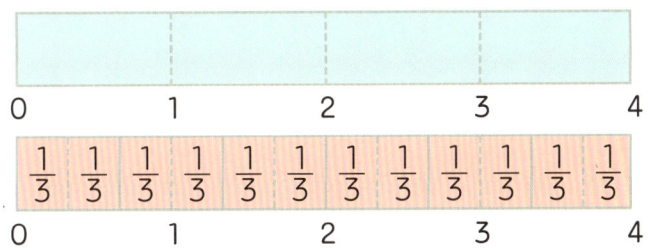

먼저 4에서 $\frac{1}{3}$을 몇 번 덜어 낼 수 있는지 생각해 보세요. 12번입니다.

따라서 4는 $\frac{12}{3}$로 바꾸어 표현할 수 있어요. 이를 활용하여 분모가 같은 진분수끼리의 나눗셈으로 계산하면 다음과 같아요.

$$4 \div \frac{2}{3} = \frac{12}{3} \div \frac{2}{3} = 12 \div 2 = 6$$

$4 \div \frac{2}{3} = \frac{12}{3} \div \frac{2}{3}$를 곱셈으로 바꿔 풀 수도 있어요. ▲/■ ÷ ●/★ = ▲/■ × ★/● 이므로 $4 \div \frac{2}{3} = \frac{12}{3} \div \frac{2}{3} = \frac{12}{3} \times \frac{3}{2} = 4 \times \frac{3}{2}$이에요. 즉 $4 \div \frac{2}{3} = 4 \times \frac{3}{2}$과 같이 나누는 수의 분모와 분자를 바꾼 후 나누어지는 수에 곱하면 돼요. 이것을 정리하면 다음 식과 같지요.

■ ÷ ●/▲ = ■ × ▲/●

마지막으로 **대분수의 나눗셈**을 알아볼까요? $2\frac{1}{3} \div 1\frac{5}{6}$를 계산해 봅시다.

먼저 각각의 대분수를 가분수로 고칩니다. $2\frac{1}{3} \div 1\frac{5}{6} = \frac{7}{3} \div \frac{11}{6}$이 되지요.

분모가 다른 진분수의 나눗셈이므로 ▲/■ ÷ ●/★ = ▲/■ × ★/● 의 식을 활용해 풀어요.

$$2\frac{1}{3} \div 1\frac{5}{6} = \frac{7}{3} \div \frac{11}{6} = \frac{7}{3} \times \frac{6}{11} = \frac{42}{33} = \frac{14}{11} = 1\frac{3}{11}$$

도전! 서술형 문제

과학실에 있는 26 L의 비눗물을 실험을 하기 위해 모둠별로 비커에 $3\frac{1}{4}$ L씩 나누어 담으려고 합니다. 몇 개의 비커가 필요한지 풀이 과정을 쓰고 답을 구하시오. (6점)

만점 팁!

이 문제는 (자연수)÷(대분수)의 계산 방법만 알면 쉽게 구할 수 있어요. 먼저 '나누어 담으려고 한다'는 말에서 나눗셈식을 세워야 한다는 것을 쉽게 떠올릴 수 있지요? 이제 식을 세워 봐요.

(필요한 비커의 수)=(전체 용액의 양)÷(나누어 담을 양)이에요.

이때 나누어 담을 양인 $3\frac{1}{4}$은 대분수이므로 가분수로 고친 다음 계산해야 수월해요. $3\frac{1}{4}$을 가분수로 고치면 $\frac{13}{4}$이지요. 이렇게 가분수로 고치니 26과 13은 자연수로 약분이 가능하네요. 답을 쓸 때 약분하는 것도 잊지 말아야겠죠?

비눗물 26 L에서 $3\frac{1}{4}$ L를 몇 번 덜어 낼 수 있을지를 생각해 봐요.

모범 답안	채점 기준	점수
〈풀이 과정〉 (필요한 비커의 수)=(전체 용액의 양)÷(나누어 담을 양)이므로 (필요한 비커의 수)=$26 \div 3\frac{1}{4} = 26 \div \frac{13}{4} = \overset{2}{\cancel{26}} \times \frac{4}{\cancel{13}} = 8$(개)이다. 〈정답〉 8개	답과 풀이 과정을 모두 바르게 쓴 경우	6점
	풀이 과정은 바르게 썼으나 답을 틀린 경우	3점
	답만 맞힌 경우	2점
	무응답 또는 오답	0점

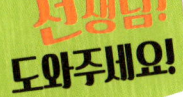

나눗셈을 하면 결과가 나누는 수보다 작아야 하는 것 아니에요?

4÷2=2, 80÷4=20은 나눗셈을 하면 결과가 나누어지는 수보다 작지요? 그런데 나누는 수가 분수일 때는 결과가 나누어지는 수보다 클 수 있답니다. 예를 들어 $1÷5=\frac{1}{5}$로 나누어지는 수가 결과보다 작아지지만 $1÷\frac{1}{5}=5$로 나누어지는 수보다 결과가 커져요.

$1÷5$는 하나를 똑같이 5개로 나눈다는 의미이고, $1÷\frac{1}{5}$은 하나에서 $\frac{1}{5}$씩 덜어 낸다는 의미예요. 즉 1에서 $\frac{1}{5}$을 5번 덜어 낼 수 있다는 뜻이므로, 결과가 나누는 수인 1보다 커지는 것이지요.

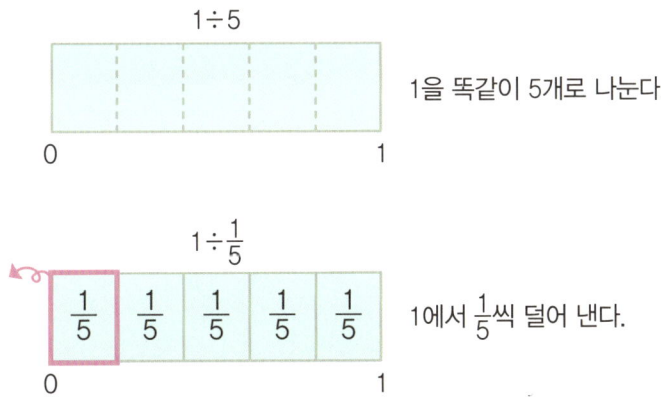

1을 똑같이 5개로 나눈다.

1에서 $\frac{1}{5}$씩 덜어 낸다.

부모님 톡!

$\frac{5}{8}÷\frac{1}{8}$을 계산할 때 바로 분자끼리 나눗셈을 하면 간단한데 왜 굳이 곱셈으로 바꾸어 계산하는지 궁금할 거예요. 분수의 나눗셈을 바로 형식화해 버리면 아이들은 과정을 알려고 하지 않고 암기로 접근하려 할 것입니다. 그러면 암기해 둔 내용을 잊어버리거나 더 복잡한 내용이 나올 경우 사고를 확장시켜 해결할 수 없습니다. 더 높은 수학적 사고를 위해 어렵고 시간이 걸리더라도 원리를 이해하고 넘어갈 수 있도록 지도해 주세요.

자릿수가 달라지는 소수의 나눗셈

1학기 3단원 ❶ | 소수의 나눗셈 전 분수로 나누는 분수의 나눗셈 후 나머지가 있는 소수의 나눗셈

6학년 수와 연산

이것만은 꼭!

- 계산하기 편리하도록 자연수의 나눗셈으로 바꾸어 해결한다.
  - 예) $1.4 \div 0.2 \rightarrow 14 \div 2$
- 나누는 수가 자연수가 되도록 소수점을 오른쪽으로 한 자리씩 옮겨 계산한다.
  - 예) $14 \div 2.8 \rightarrow 140 \div 28$

나누는 수의 소수점만 옮겼으니 해결할 수 없지요. 소수점을 옮길 때에는 나누는 수와 나누어지는 수의 소수점을 모두 옮겨야 한답니다. 357은 357.00과 같으니까 7.14처럼 소수점을 오른쪽으로 두 자리 옮기면 35700이 돼요. 이제 계산할 수 있겠지요?

지금부터 소수의 나눗셈에 대해 좀 더 자세히 알아볼게요.
(소수 한 자리 수)÷(소수 한 자리 수)를 살펴볼까요?

$$1.4 \div 0.2$$

먼저 14÷2를 어떻게 계산했는지 떠올려 봐요. 14에서 0이 나올 때까지 2를 빼면 14−2−2−2−2−2−2−2=0으로 7번을 뺄 수 있어서 몫이 7이었어요.

소수의 나눗셈도 똑같이 계산해 봐요. 길이가 1.4 cm인 색 테이프를 0.2 cm씩 잘라 보세요.

자연수처럼 덜어 내기 방법으로 풀면 1.4−0.2−0.2−0.2−0.2−0.2−0.2−0.2=0이에요. 1.4 cm에서 0.2 cm를 7번 덜어 내니 0이 나왔네요. 어떤가요? 14÷2와 결과가 같지요? 따라서 1.4÷0.2는 자연수인 14÷2로 바꾸어 계산해도 돼요.

소수를 분수로 바꾸어서 계산하면 어떻게 될까요?

$$1.4 \div 0.2 = \frac{14}{10} \div \frac{2}{10}$$

$\frac{14}{10} \div \frac{2}{10}$는 분모가 같은 분수끼리의 나눗셈이에요. 이때는 간단하게 분자끼리 나누면 된다고 했지요. 즉, 14÷2=7이에요.

이것을 세로식으로 나타내 볼게요. 계산을 하려면 나누는 수와 나누어지는 수의 소수점을 오른쪽으로 한 자리씩 옮겨야 해요. 결국 14÷2가 돼요.

$$0.2 \overline{)1.4} \rightarrow 0.2 \overline{)1.4} \rightarrow 2\overline{)14} \quad | \quad 0.2\overline{)1.4}$$

이제 소수의 나눗셈을 계산하는 방법을 알았으니 **(소수 두 자리 수)÷(소수 두 자리 수)**도 해결할 수 있어요. 2.28÷0.38을 계산해 봅시다.

먼저 덜어 내기로 계산해 볼까요? 2.28에서 0.38을 몇 번 덜어 낼 수 있는지 알아 봐요. 2.28−0.38−0.38−0.38−0.38−0.38−0.38=0이니까 6번을 덜어 낼 수 있어요. 따라서 몫은 6이에요.

자연수로 바꾸어 계산해도 228÷38=6으로 몫이 6이고, 분수로 바꾸어 계산해도 $\frac{228}{100} \div \frac{38}{100} = 228 \div 38 = 6$이에요.

세로식으로 계산할 때는 소수점을 오른쪽으로 두 자리씩 옮기면 돼요.

$$0.38\overline{)2.28} \rightarrow 38\overline{)228} \quad | \quad 0.38\overline{)2.28}$$

> 세로식으로 계산할 때도 몫은 6이 나와요.

이번에는 **(소수 두 자리 수)÷(소수 한 자리 수)**를 해결해 볼까요? 24.44÷4.7을 계산해 봅시다.

자연수로 바꾸어 생각하면 2444÷470으로 몫은 5.2예요. 분수로 바꿔 계산할 때는 2가지 방법을 생각해 볼 수 있어요.

먼저 분모가 10인 분수로 바꾸면 다음과 같고, 답은 5.2예요.

$$\frac{244.4}{10} \div \frac{47}{10} = 244.4 \div 47 = 5.2$$

분모가 100인 분수로 바꾸어도 답은 5.2예요.

$$\frac{2444}{100} \div \frac{470}{100} = 2444 \div 470 = 5.2$$

마지막으로 세로식으로 계산할 때는 분모가 10인 분수처럼 나누어지는 수의 소수점 위치에 몫의 소수점을 맞추거나, 분모가 100인 분수처럼 나누는 수가 자연수가 되도록 소수점을 오른쪽으로 한 자리씩 옮겨 계산하면 돼요.

소수점을 한 자리 옮겨 계산한 경우

$$4.7 \overline{)24.44} \rightarrow 4.7 \overline{)24.44} \rightarrow 47 \overline{)244.4} \quad \begin{array}{r} 5.2 \\ \underline{235} \\ 94 \\ \underline{94} \\ 0 \end{array} \quad \bigg| \quad 4.7 \overline{)24.44} \quad \begin{array}{r} 5.2 \\ \underline{235} \\ 94 \\ \underline{94} \\ 0 \end{array}$$

소수점을 두 자리 옮겨 계산한 경우

$$4.7 \overline{)24.44} \rightarrow 4.70 \overline{)24.44} \rightarrow 470 \overline{)2444} \quad \begin{array}{r} 5.2 \\ \underline{2350} \\ 940 \\ \underline{940} \\ 0 \end{array} \quad \bigg| \quad 4.70 \overline{)24.44} \quad \begin{array}{r} 5.2 \\ \underline{2350} \\ 940 \\ \underline{940} \\ 0 \end{array}$$

(자연수)÷(소수 한 자리 수)의 계산도 마찬가지예요.

14에서 2.8씩 덜어 내기로 계산하면 $14-2.8-2.8-2.8-2.8-2.8=0$으로 몫은 5예요. 자연수로 바꾸어 계산하면 $140 \div 28 = 5$가 되지요. 분수의 나눗셈으로 바꾸어 계산하면 어떨까요? 마찬가지로 $\frac{140}{10} \div \frac{28}{10} = 140 \div 28 = 5$예요.

세로식으로 계산할 때는 나누는 수가 자연수가 되도록 소수점을 오른쪽으로 한 자리씩 옮겨 계산해요.

$$2.8 \overline{)14} \rightarrow 2.8 \overline{)14.0} \rightarrow 28 \overline{)140} \quad \begin{array}{r} 5 \\ \underline{140} \\ 0 \end{array} \quad \bigg| \quad 2.8 \overline{)14.0} \quad \begin{array}{r} 5 \\ \underline{140} \\ 0 \end{array}$$

도전! 서술형 문제

아래 그림과 같이 넓이가 54.81 ㎠이고 높이가 3 ㎝인 평행사변형에서 밑변의 길이는 얼마인지 풀이 과정을 쓰고 답을 구하시오. (6점)

[3 cm, 넓이 54.81 ㎠]

 만점 팁!

평행사변형의 넓이를 구하는 공식을 알고, 소수의 나눗셈을 계산할 줄 알면 쉽게 풀 수 있는 문제예요. 평행사변형의 넓이를 구하는 공식이 생각나지 않으면 그림을 그려 직사각형으로 바꾼 후 해결해 보세요.

자, (평행사변형의 넓이)=(밑변)×(높이)예요. 그렇다면 (밑변)=(평행사변형의 넓이)÷(높이)가 되겠지요?
이제 소수의 나눗셈만 계산하면 돼요. 소수의 자릿수 맞추는 것을 잊지 말고, 지금까지 배운 여러 가지 방법 중에서 가장 편한 방법으로 해결해 보세요. 답을 쓸 때 단위를 정확하게 쓰지 않으면 감점을 받을 수도 있답니다.

```
      18.27
  3)54.81
     3
     24
     24
      8
      6
     21
     21
      0
```

모범 답안	채점 기준	점수
〈풀이 과정〉 (평행사변형의 넓이)=(밑변)×(높이)이므로 (밑변)=(평행사변형의 넓이)÷(높이) =54.81÷3=18.27 (cm)이다. 〈정답〉 18.27 cm	답과 풀이 과정을 모두 바르게 쓴 경우	6점
	풀이 과정을 쓰지 않고 답만 바르게 쓴 경우	3점
	풀이 과정은 바르게 썼으나 답을 틀린 경우	2점
	풀이 과정에 오류가 있으나 답은 맞힌 경우	1점
	무응답 또는 오답	0점

 소수의 나눗셈에서 몫을 반올림하는 것은 알겠는데, 올림을 해야 하는 경우도 있어서 헷갈리고 어려워요.

예를 들어 몫이 4.2로 나왔는데 답은 5로 적어야 하는 경우 말이지요? 분명 몫이 4.2라면 답은 4가 되어야 할 것 같은데 왜 5일까요? 다음과 같은 문제의 경우일 거예요.

> 사랑이 할머니는 어려운 아이들을 위해 쿠키를 만들어 기부하려고 합니다. 쿠키를 만들기 위해 필요한 밀가루는 25.2 kg입니다. 한 봉지에 6 kg씩 들어 있는 밀가루를 구입한다면 몇 봉지를 구입해야 할까요?

식을 세우면 25.2÷6=4.2이므로 몫은 4.2예요. 그런데 이때 4.2봉지의 밀가루는 살 수 없어요. 5봉지를 사야 필요한 0.2만큼을 더 활용할 수 있지요.
이렇게 문제에서 요구하는 것이 무엇인지에 따라 반올림, 버림, 올림 중 가장 알맞은 것을 선택하면 돼요. 문제에 밑줄을 그어 가며 꼼꼼히 살피면 실수를 줄일 수 있답니다.

 부모님 톡!

소수의 나눗셈에서 어떨 때 한 자리를 옮겨 계산하고 어떨 때 두 자리를 옮겨 계산해야 하는지 헷갈려 하는 아이들이 많습니다. 이때는 나누는 수가 자연수가 되도록 자신이 편리한 방법으로 계산하면 된다고 이야기해 주세요. 또한 자릿수 옮기는 것을 기계적으로 암기하지 않게 하고, 덜어 내기와 분수의 나눗셈을 활용하여 소수의 나눗셈과 자리값의 개념을 이해하도록 지도하는 것이 중요합니다. 이 부분에서 개념이 명확하게 형성되어야 나머지가 있는 소수의 나눗셈도 헷갈려 하지 않습니다.

$$2.7 \overline{)4.8\,6} \quad \begin{array}{r} 1.8 \\ \hline \end{array}$$

$$\begin{array}{r} 27 \\ \hline 216 \\ 216 \\ \hline 0 \end{array}$$

소수점을 한 자리 옮겨 계산한 경우

$$2.7\,0 \overline{)4.8\,6}$$

$$\begin{array}{r} 1.8 \\ \hline 270 \\ \hline 2160 \\ 2160 \\ \hline 0 \end{array}$$

소수점을 두 자리 옮겨 계산한 경우

나머지가 있는 소수의 나눗셈

이것만은 꼭!

- 반올림하여 소수 몇째 자리까지 나타낸다.
  - 예) 2.5÷6=0.41666…… → 소수 둘째 자리까지 나타내면 0.42
- 소수 몇째 자리에서 반올림한다.
  - 예) 2.5÷6=0.41666…… → 소수 둘째 자리에서 반올림하면 0.4

소수 넷째 자리에서 반올림을 하라는 말은 소수 셋째 자리까지 나타내라는 뜻이에요. 따라서 0.417이 맞아요.

13.4÷3을 계산해 볼까요? 덜어 내기 방법으로 계산하면 13.4−3−3−3−3=1.4로 3을 4번 덜어 냈으므로 몫은 4, 나머지는 1.4예요.

$$3\overline{)13.4} \Rightarrow 3\overline{)13.4} \begin{array}{c} 4 \\ \underline{12} \\ 1.4 \end{array} \quad 13.4 \div 3 = 4 \cdots 1.4$$

계산이 맞는지 검산해 봐요. 3×4+1.4=13.4이니까 정답이네요. 이렇게 나머지로 나타낼 수도 있지만 몫을 반올림하여 나타낼 수도 있어요.

2.5÷6=0.41666……처럼 몫이 소수로 길게 나올 때는 반올림, 올림, 버림으로 어림하여 답을 구해요. 만일 몫을 반올림하여 소수 둘째 자리까지 나타내라고 했다면 소수 셋째 자리에서 반올림해야 돼요. 0.41666……을 소수 셋째 자리에서 반올림하면 0.42지요.

6.8÷9를 몫과 나머지로 나타내면 다음과 같아요.

$$9\overline{)6.8} \Rightarrow 9\overline{)6.8} \begin{array}{c} 0.7 \\ \underline{6.3} \\ 0.5 \end{array} \quad 6.8 \div 9 = 0.7 \cdots 0.5$$

이번에는 6.8÷9=0.755555……의 몫을 반올림하여 자연수로 나타내요.

	~에서 반올림하면	반올림해서 ~까지 나타내면
첫째 자리	1	0.8
둘째 자리	0.8	0.76
셋째 자리	0.76	0.756

'~에서 반올림을 하라'는 것과, '~자리까지 나타내라'는 말을 헷갈리기 쉬우니 꼭 기억하세요.

도전! 서술형 문제

아래 그림은 마이산 등산 코스 안내도 중 일부입니다. 화정이네 가족은 남부 주차장에서, 동천이네 가족은 북부 주차장에서 출발하여 합미성에서 만나기로 하였습니다. 동천이네 가족이 이동할 거리는 화정이네 가족이 이동할 거리의 몇 배인지 풀이 과정을 쓰고 답을 구하시오. 단, 답은 소수 둘째 자리에서 반올림하여 나타내시오. (6점)

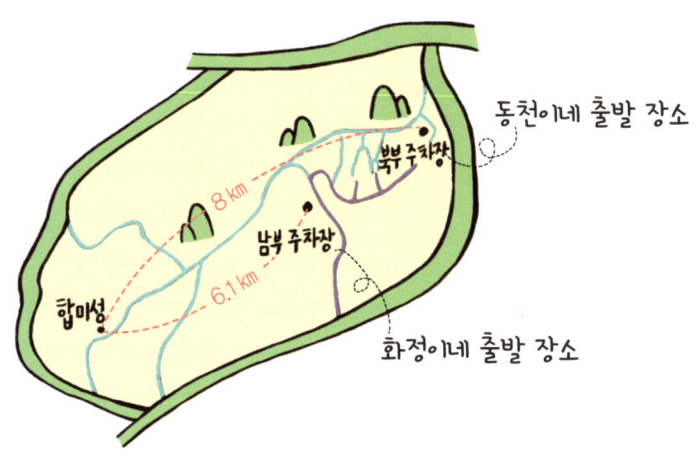

만점 팁!

이 문제는 반올림하는 방법을 정확히 알아야 해결할 수 있어요. 먼저 어떤 가족이 몇 km를 이동해야 하는지를 적어 봐요. (동천이네 가족이 이동할 거리)=8.0 km, (화정이네 가족이 이동할 거리)=6.1 km예요. 동천이네 가족이 이동할 거리가 화정이네 가족이 이동할 거리의 몇 배인지를 구하는 식은 8÷6.1=1.3114……이에요.

자, 그럼 이제 소수 둘째 자리에서 반올림을 하라고 했는지, 소수 둘째 자리까지 나타내라고 했는지를 살펴보세요. 이 문제에서는 소수 둘째 자리에서 반올림하라고 했으니 소수 첫째 자리까지 구하면 돼요. 답을 구한 다음 단위를 빠뜨리지 않도록 주의해요.

모범 답안	채점 기준	점수
〈풀이 과정〉 (동천이네 가족이 이동할 거리)=8 km (화정이네 가족이 이동할 거리)=6.1 km (동천이네 가족이 이동할 거리)÷(화정이네 가족이 이동할 거리)=8÷6.1=1.3114……(배)이다. 이것을 소수 둘째 자리에서 반올림하면 1.3배이다.	답과 풀이 과정을 모두 정확히 쓴 경우	6점
	답은 맞혔으나 풀이 과정에 오류가 있는 경우	3점
	풀이 과정은 바르게 썼으나 답을 틀린 경우	2점
〈정답〉 1.3배	답만 맞힌 경우	1점
	무응답 또는 오답	0점

 문제에서 소수 몇째 자리로 답을 하라는 건지 잘 모르겠어요.

> 1. 몫을 반올림하여 소수 둘째 자리까지 나타내시오.
> 2. 몫을 소수 둘째 자리에서 반올림하여 나타내시오.

 먼저 '소수 둘째 자리까지 나타내라'는 것은 말 그대로 소수 둘째 자리까지 쓰라는 거예요. 그리고 반올림은 다음 자리인 소수 셋째 자리를 보고 소수 셋째 자리 수가 0~4까지의 수이면 버림을, 5~9까지의 수이면 올림을 하라는 뜻이지요. 그럼 답은 소수 둘째 자리가 되겠죠?

그리고 '소수 둘째 자리에서 반올림하라'는 것은 소수 첫째 자리까지 나타내라는 거예요. 소수 둘째 자리 수가 0~4까지의 수이면 버림을, 5~9까지의 수이면 올림을 하면 되지요. 이 2가지 경우만 기억하면 문제를 쉽게 해결할 수 있어요.

 **부모님 톡!**

> 아이들은 나머지가 소수인 나눗셈을 어려워합니다. 가령 2.6÷0.4의 몫과 26÷4의 몫은 6으로 같은데 나머지가 0.2와 2로 다른 이유를 잘 이해하지 못합니다. 이때는 아이들이 이해할 수 있도록 여러 가지 방법으로 설명해 주세요.
> 먼저 덜어 내는 방법으로 알아봅니다. 2.6-0.4-0.4-0.4-0.4-0.4-0.4=0.2처럼 계산하면 나머지가 0.2가 되지요.
> 또는 나눗셈을 검산하여 봅니다. 2.6÷0.4=6…0.2의 검산식은 0.4×6+0.2=2.6입니다. 의도적으로 2.6÷0.4=6…2로 계산식을 틀리게 써 보고, 0.4×6+2≠2.6으로 등식이 성립하지 않는다는 것을 확인해 보는 것도 좋습니다.
> 무조건 나머지는 소수가 나올 수 있다고 외우게 하기보다 시간이 걸리더라도 제대로 이해하도록 충분히 설명해 주어야 문제 해결력을 기를 수 있습니다. 개념을 제대로 이해하면 다양한 방법으로 문제를 푸는 힘이 생기며, 오랫동안 기억할 수 있습니다.

1학기 4단원 ❶ | 비와 비율   선 분수로 나누는 분수의 나눗셈   후 비율이 사용되는 경우

6학년 규칙성

비와 비율, 백분율

이것만은 꼭!

- 비: 어떤 두 수를 서로 비교하여 기준의 몇 배인지를 나타내는 관계
- 비율(비의 값): 비교하는 양을 기준량으로 나눈 값
- 백분율: 비율에 100을 곱한 값. 단위는 '%'로 쓰고 '퍼센트'라고 읽는다.

가격만 비교하면 800 ml짜리 우유가 더 싸지만 양과 가격을 모두 따지면 1000 ml짜리 우유가 더 싸요. (우유의 가격)÷(우유의 양)으로 계산해 보면 100 ml일 때 우유의 가격을 구할 수 있는데 800 ml짜리 우유는 100 ml에 200원이고, 1000 ml짜리 우유는 100 ml에 180원이거든요. 이런 문제는 **비**와 **비율**의 개념을 알면 쉽게 해결할 수 있답니다.

지금부터 문제를 통해 비와 비율에 대해 자세히 알아볼게요.

꿀물을 탈 때, 물의 양이 달라져도 같은 맛을 내고 싶다면 어떻게 해야 할까요? 꿀과 물을 일정한 양으로 넣으면 돼요.

꿀과 물의 양이 일정하게 늘어난 것을 표로 만들면 다음과 같아요.

꿀의 양(스푼)	1	2	3	4	5	6
물의 양(컵)	5	10	15	20	25	30

꿀 1스푼을 넣을 때는 물 5컵, 꿀 2스푼을 넣을 때는 물 10컵, 꿀 3스푼을 넣을 때는 물 15컵…… 어때요? 규칙이 보이나요?

물의 양과 꿀의 양의 규칙을 나눗셈식으로 나타내면 (물의 양)÷(꿀의 양)=5이므로 물의 양이 꿀의 양의 5배라는 것을 알 수 있어요. 꿀을 1스푼씩 더 넣을 때마다 물은 5배씩 더 넣어야 같은 맛이 난다는 뜻이지요.

이렇게 두 수를 나눗셈으로 비교할 때 ':'를 사용하여 5:1로 나타낼 수 있어요. 5:1은 5가 1을 기준으로 몇 배인지를 나타내며 **비**라고 해요.

- 5:1은 5대 1 또는 5와 1의 비라고 읽습니다.
- 기준이 1이므로 1에 대한 5의 비 또는 5의 1에 대한 비라고도 읽습니다.

5:1에서 기준이 되는 수 1은 **기준량**이라고 합니다. 비교하는 수인 5는 **비교하는 양**이라고 하지요.

$$5 : 1$$
비교하는 양　기준량

(비교하는 양)÷(기준량)의 결과는 비교하는 값이에요. 이것을 **비의 값** 또는 **비율**이라고 합니다.

$$(비의\ 값,\ 비율) = (비교하는\ 양) \div (기준량) = \frac{(비교하는\ 양)}{(기준량)}$$

비 5:1을 비율로 나타내면 5÷1=5가 돼요. 만약 기준량과 비교하는 양을 바꾼다면 어떻게 될까요? 1:5가 되므로 비율은 $1 \div 5 = \frac{1}{5} = 0.2$가 되지요.

이때 기준량과 비교하는 양이 일정하게 달라진다면 비율은 같을 수 있어요. 예를 들어 꿀의 양이 4이고 물의 양이 20인 20:4 비율은 20÷4=5예요. 꿀의 양이 1, 물의 양이 5인 5:1의 비율 5÷1=5와 같지요.

비율은 분수나 소수의 형태일 때가 많아요.

기준량과 비교하는 양이 일정하게 달라지면 비율은 같습니다.

그럼 이제 일상생활에서 자주 쓰이는 **백분율**을 알아봅시다. 백분율은 기준량이 100일 때의 비율을 말해요. 다시 말해서 전체 100 중에 얼마를 차지하는지 구하는 것이지요. 백분율은 비율에 100을 곱해 구하고, **퍼센트(%)**라는 기호를 사용해요.

비율은 분수나 소수가 많기 때문에 간단하게 100을 곱한 백분율을 주로 씁답니다.

백분율(%) = 비율 × 100

그럼 물의 양에 대한 꿀의 양이 1:5로, 비율이 0.2일 때 이것을 백분율로 나타내 볼까요?

0.2 × 100 = 20(%)

비율   백분율

이것은 꿀물에서 꿀이 물의 20%를 차지한다는 뜻이에요.

마지막으로 **퍼센트포인트(%p)**를 알려 줄게요. %p는 두 백분율을 뺄셈으로 비교할 때 사용하는 기호예요. 두 백분율에서 증가하거나 감소한 양을 구할 때 사용하지요. 예를 들어 오늘 비 올 확률을 30%, 내일 비 올 확률을 70%라고 하면 '오늘과 내일 비 올 확률은 40%p(퍼센트포인트) 차이가 난다.'라고 말해요.

드라마 시청률의 변화를 나타낼 때도 퍼센트포인트를 써요. 어제 30.4%였던 시청률이 오늘 32.8%를 기록했다면 어제보다 오늘 2.4%p가 상승한 것이죠!

도전! 서술형 문제

진호네 문구점과 지수네 문구점에서는 어린이날을 맞아 할인 판매를 시작했습니다. 두 문구점에서 판매하는 똑같은 드론의 정가와 할인율이 다음 그림과 같이 다를 때 각 문구점의 할인된 최종 금액을 구하는 풀이 과정과 답을 구하고, 어떤 문구점에서 구입하는 것이 더 이득인지 쓰시오. (6점)

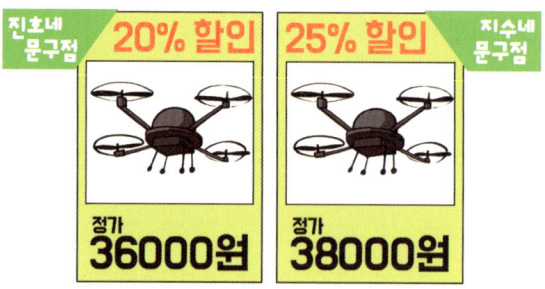

만점 팁!

가격만 보면 진호네 문구점의 드론이 더 쌀 것 같지만 할인율에 따라 가격이 달라지므로 정가에 할인율을 곱해서 얼마나 할인되는지 구해야 해요.

$$(\text{진호네 문구점의 할인 가격}) = 36000 \times \frac{20}{100} = 7200(\text{원})$$
$$(\text{지수네 문구점의 할인 가격}) = 38000 \times \frac{25}{100} = 9500(\text{원})$$

더 싸게 살 수 있는지를 비교해야 하므로 원래의 금액에서 할인된 금액을 빼요.

$$(\text{진호네 문구점의 최종 금액}) = 36000 - \left(36000 \times \frac{20}{100}\right) = 28800(\text{원})$$
$$(\text{지수네 문구점의 최종 금액}) = 38000 - \left(38000 \times \frac{25}{100}\right) = 28500(\text{원})$$

계산은 맞게 했는데 정작 진호와 지수의 이름을 바꿔 써서 틀리는 경우도 종종 있으니 실수하지 않도록 다시 한번 살펴보세요.

모범 답안	채점 기준	점수
〈풀이 과정〉 (진호네 문구점) = $36000 - \left(36000 \times \frac{20}{100}\right) = 28800$(원) (지수네 문구점) = $38000 - \left(38000 \times \frac{25}{100}\right) = 28500$(원) 〈정답〉 최종 할인 금액은 진호네 문구점은 28800원, 지수네 문구점은 28500원이므로 지수네 문구점에서 구입하는 것이 이득이다.	답과 풀이 과정을 모두 바르게 쓴 경우	6점
	답은 맞혔으나 풀이 과정에서 오류가 있는 경우	3점
	풀이 과정은 바르게 썼으나 답을 틀린 경우	2점
	풀이 과정은 쓰지 않고 답만 맞힌 경우	1점
	무응답 또는 오답	0점

 두 수를 비교할 때 쉽게 뺄셈으로 비교하면 안 되나요?

 다음 문제를 보면 비율로 비교해야 하는 이유를 알 수 있어요.

> 우리 초등학교의 남학생 수는 30명이고, 나라 초등학교의 남학생 수는 20명입니다. 두 학교의 전체 학생 수가 각각 120명, 50명이라면 남학생의 비율이 더 높은 곳은 어느 학교인지 알아보시오.

우리 초등학교는 30명, 나라 초등학교는 20명으로 남학생 수는 우리 초등학교가 10명 더 많아요. 이렇게 단순히 두 수를 비교하는 상황에서는 뺄셈을 이용하면 돼요.
그런데 위와 같이 기준량이 다른 경우에는 비율을 이용해야 정확하게 비교할 수 있어요. "너희 학교는 전체 학생 수 중에 남학생이 더 많아, 여학생이 더 많아?"라는 질문도 마찬가지예요. 전체 학생 수라는 기준량이 주어졌으므로 두 수는 비율로 비교해야 해요.
문제에서 단순히 남학생의 수만 비교하면 우리 초등학교가 더 많지만 비율을 구하면 우리 초등학교는 $\frac{30}{120}=0.25$, 나라 초등학교는 $\frac{20}{50}=0.4$예요. 이를 간단히 백분율로 나타내면 우리 초등학교는 25%, 나라 초등학교는 40%이므로 나라 초등학교의 남학생 비율이 15% 더 높은 것을 알 수 있답니다.
나라별 인구수, 도시별 인구수, 학교별 전교생 수 등 기준량이 다른 경우 비율을 이용해야 정확한 수치를 구할 수 있다는 것을 이제 알겠죠?

비, 비율, 비의 값이라는 말이 자주 나옵니다. 그럼 이 3가지 개념은 다른 의미일까요? 비는 1:2처럼 나타내는 식을 말하고, 비의 값과 비율은 1÷2를 계산한 값인 $\frac{1}{2}$을 말합니다. 따라서 수학적으로 나타내는 것은 같다고 볼 수 있습니다.
예전에는 비와 비율, 비의 값을 엄격하게 구분해서 사용했지만 수학적으로 엄밀하게 따지면 모두 같은 개념이라는 것을 알려 주세요. 아이도 더욱 쉽게 이해할 것입니다.

1학기 4단원 ❷ | 비와 비율

선 비와 비율, 백분율　후 비례식과 비례배분

6학년 규칙성

비율이 사용되는 경우

이것만은 꼭!

- (속력)=(이동한 거리)÷(걸린 시간)으로 시속은 'km/시', 분속은 'm/분', 초속은 'm/초'의 단위를 사용한다.
- (인구 밀도)=(인구)÷(넓이 (km²))로 단위는 '명/km²'을 사용한다.
- (용액의 진하기)=(용질의 양)÷(용액의 양)으로 단위는 '%'를 사용한다.

시속이란 1시간 동안에 가는 평균 거리를 말해요. 시속 100 km는 1시간 동안 평균 100 km를 간다는 의미이지요. 여기에는 비율의 개념이 사용되었어요. 비율이 어떻게 쓰였는지 알아봅시다.

먼저 **속력**이란 무엇일까요? 버스를 타고 여행을 해 본 일이 있나요? 서울에서 대전까지의 거리를 160 km라고 할 때 버스를 타고 2시간이 걸렸다면 이 버스는 1시간 동안 평균 몇 km를 갔을까요? 이처럼 단위시간 동안 이동한 평균 거리를 속력이라고 해요. 속력의 개념을 식으로 간단히 표현하면 다음과 같아요.

속력은 일정한 시간 동안 이동한 평균 거리로, 교통 표지판에서 자주 볼 수 있어요.

(속력)=(이동한 거리)÷(걸린 시간)

그럼 위의 문제를 다시 풀어 봅시다. 서울에서 대전까지 160 km를 이동하는데 2시간이 걸렸다고 했으므로 1시간 동안 이동한 평균 거리는 160÷2=80 km예요.

이렇게 1시간 동안 이동한 평균 거리를 **시속**이라고 해요. 1시간 동안 평균 80 km를 이동한 속력은 '80 km/시'라고 쓰고 '시속 80 km'라고 읽습니다.

1분 동안 이동한 평균 거리는 **분속**이라고 해요. 1분 동안 평균 60 m를 움직인다면 '60 m/분'이라고 쓰고 '분속 60 m'라고 읽지요.

1초 동안 이동한 평균 거리는 **초속**이에요. 1초 동안 평균 5 m를 움직인다면 '5 m/초'라 쓰고 '초속 5 m'라고 읽습니다.

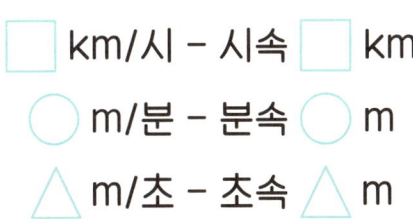

그럼 속력에서 비율이 어떻게 사용되었을까요? 가령 60 m/초에서 기준량은 시간(초)이고, 비교하는 양은 거리(m)가 된답니다.

$$60 \text{ m/초} = \frac{60 \text{ m}}{1 \text{초}} \quad \begin{matrix} \text{◀--- 비교하는 양} \\ \text{◀--- 기준량} \end{matrix}$$

인구 밀도도 비율로 구할 수 있어요. 서울은 인구 밀도가 높아서 복잡하다는 말을 들어 본 적이 있나요? 여기서 인구 밀도란 1㎢에 사는 평균 인구를 말해요. 1㎢의 면적에 사는 사람이 많으면 인구 밀도가 높고, 1㎢의 면적에 사는 사람이 적으면 인구 밀도가 낮다는 의미이지요.

인구 밀도는 도시나 나라의 일정한 면적에 살고 있는 사람의 수를 비교할 때 주로 사용해요.

비율 공식에 대입하면 일정한 넓이인 1㎢가 기준량, 인구는 비교하는 양이 되므로 아래와 같은 식으로 인구 밀도를 나타낼 수 있어요.

$$(\text{인구 밀도}) = (\text{인구}) \div (\text{넓이}(km^2))$$

인구 밀도의 단위는 '명/㎢'를 써요. 만약 1㎢에 400명이 살고 있다면 인구 밀도는 '400/㎢'이라고 쓰고 '㎢당 400명'이라고 읽어요.

$$\boxed{} \text{명}/km^2 - km^2\text{당} \boxed{} \text{명}$$

생활 속에서 비율이 사용되는 경우인 **용액의 진하기**를 알아봅시다. 용액의 진하기란 용액의 양에 대하여 용액에 녹아 있는 용질의 양의 비율을 말해요. 용액의 진하기를 구하려면 용질의 양을 용액의 양으로 나누면 돼요.

(용액의 진하기)=(용질의 양)÷(용액의 양)

용액과 용질이라는 말이 어렵다고요? 꿀물을 예로 들면 꿀물은 용액, 꿀이 용질, 꿀물의 진한 정도가 용액의 진하기라고 생각하면 되지요.

용액의 진하기를 비율을 활용하여 계산해 볼까요? 예를 들어 꿀물 200 g에 꿀 50 g을 녹인 꿀물이 있다면 기준량은 용액인 꿀물이고, 비교하는 양은 용질인 꿀이에요.

즉 용액의 진하기는 50÷200=0.25가 되지요.

그런데 용액의 진하기는 주로 백분율(%)로 나타내요. 따라서 용액의 진하기는 0.25×100=25(%)로 25%랍니다.

어때요? 생활 속에서 비와 비율을 사용하는 경우가 생각보다 많지요?

도전! 서술형 문제

희망 마을은 넓이 6 ㎢에 인구 1344명이고, 기쁨 마을은 넓이 8 ㎢에 인구 3024명입니다. 두 마을 중 인구 밀도가 더 높은 마을은 어디일까요? 풀이 과정을 쓰고 답을 구하시오. (6점)

 **만점 팁!**

이 문제는 (인구 밀도)=(인구)÷(넓이(㎢))임을 알면 쉽게 구할 수 있어요.

(희망 마을의 인구 밀도)=1344÷6=224(명/㎢)

(기쁨 마을의 인구 밀도)=3024÷8=378(명/㎢)

나눗셈을 할 때는 실수를 하지 않도록 꼭 검산을 하세요. 검산식으로 나타내서 224×6=1344, 378×8=3024가 되는지 확인해요. 마지막으로 인구 밀도의 단위인 명/㎢을 꼭 쓰고, 인구 밀도가 더 높은 마을의 이름까지 정확히 써야 만점을 받을 수 있답니다.

모범 답안	채점 기준	점수
	두 마을의 인구 밀도를 모두 바르게 구하고 답도 맞힌 경우	6점
〈풀이 과정〉 (희망 마을의 인구 밀도)=1344÷6=224(명/㎢) (기쁨 마을의 인구 밀도)=3024÷8=378(명/㎢) 〈정답〉 인구 밀도가 더 높은 마을은 기쁨 마을이다.	두 마을의 인구 밀도 중 한 곳만 바르게 구하고 답을 맞힌 경우	3점
	두 마을의 인구 밀도를 모두 맞게 구했으나 답을 틀린 경우	2점
	답만 맞힌 경우	1점
	무응답 또는 오답	0점

 어떤 것을 비교하는 양에 놓고, 어떤 것을 기준량에 놓는지 헷갈려요.

 실생활에서 자주 사용하는 비율을 문제로 풀려니 어렵지요? 특히 문장으로 된 문제에서는 무엇을 무엇으로 나누어야 하는지 헷갈릴 때가 많을 거예요.
자, 수학에서는 항상 기본 개념이 중요하답니다.

속력, 인구 밀도, 용액의 진하기에서 활용했던 비율의 개념, 즉 (비율)=(비교하는 양)÷(기준량)이라는 사실을 기억하면 쉬워요. 그리고 문제에서 주어진 기준이 되는 것과 비교하는 양만 잘 파악하면 어렵지 않아요. **기준이 되는 것은 같은 조건, 비교하는 양은 서로 다른 값**이랍니다. 속력은 '일정한 시간에 이동한 거리'이지요. 따라서 시간은 일정하고 이동한 거리는 서로 달라요. 예를 들어 어떤 사람은 차로 1시간에 80 km를 가고 어떤 사람은 차로 1시간에 50 km를 가요. 두 사람에게 시간은 똑같이 주어졌지만 속력은 달라서 비교할 수 있어요. 즉 시간이 기준량이고, 각기 다른 속력은 비교하는 양이 되지요.

이번에는 인구 밀도로 생각해 볼까요? 인구 밀도의 경우 1 ㎢라는 면적은 같지만 그곳에 사는 사람의 수는 달라요. 즉 면적이 기준량이 되고, 인구는 비교하는 양이 돼요.

용액의 진하기도 마찬가지예요. 용액 1 g은 일정해도 용질의 양이 달라서 진하기가 달라져요. 1 g의 물에 꿀을 5스푼 넣은 것과 10스푼 넣은 것의 진하기는 당연히 다르겠지요? 즉 용액의 양이 기준량이고, 용질의 양은 비교하는 양이 돼요.

$$(비율)=(비교하는 양)÷(기준량)$$

 무조건 외우기보다 개념을 이해하면 훨씬 쉬워요.

 **부모님 톡!**

비율은 다양한 곳에서 사용됩니다. 야구 경기의 타율, 장타율, 출루율, 전자 제품의 에너지 효율, 경제 성장률, 주식 거래율, 화폐 가치, 환율, 마트나 백화점의 할인율, 용돈 인상률, 주스의 진하기 등 생활 속에서 너무나 쉽게 찾아볼 수 있습니다. 이렇게 다양한 사례를 활용하면 수학 개념을 형성하는 데 큰 도움이 됩니다.
그런데 실생활에서 쓰이는 비율은 인위적으로 만든 문제와 달리 잘 나누어떨어지지 않고 수치도 큰 경우가 많습니다. 이때는 계산기를 활용하여 계산하도록 지도해 주세요. 실생활에서 사용하는 비율을 문제로 푸는 것은 정확한 연산 능력을 기르기보다 비율의 개념을 이해하기 위한 목적이 더욱 크기 때문입니다.

1학기 5단원 ❶ | 원의 넓이

선 직사각형의 둘레와 넓이 **후** 원의 넓이

6학년 측정

원주, 원주율

이것만은 꼭!

- 원주(원둘레): 원의 둘레로 원주의 길이를 말한다.
- 원주율: 원의 지름에 대한 원주의 비. (원주)÷(지름)으로 계산하면 3.1415926535……로 끝없이 이어진다. 일반적으로 소수 셋째 자리에서 반올림하여 3.14로 쓴다.

원주율의 의미를 알면 크기가 다른 두 원의 원주율이 왜 같은지 알 수 있어요. 그럼 하나하나 살펴볼까요?

먼저 3학년 때 배웠던 원의 구성 요소를 다시 한번 떠올려 봐요. 원은 원의 중심과 지름, 반지름으로 이루어져 있어요.

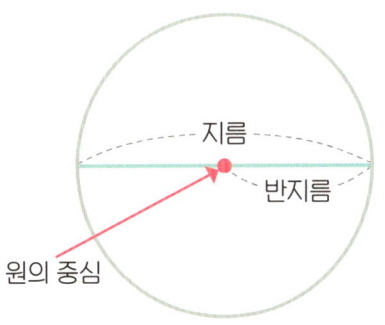

6학년에서는 3학년 때 배우지 않은 **원주**에 대해 알아볼 텐데요. 원주란 곧 **원의 둘레**를 말한답니다. 원의 둘레를 원둘레 또는 간단하게 원주라고 불러요. 원주의 길이를 말할 때도 줄여서 원주라고 해요.

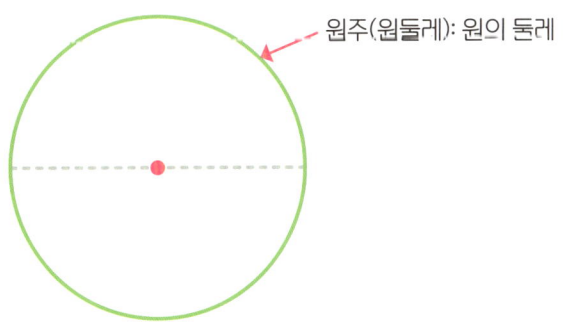

그럼 아래의 그림처럼 원의 지름이 길어지면 원주도 당연히 늘어나겠지요? 그렇다면 원주율도 커질까요? 아니에요, 원주율은 그대로예요.

원의 지름이 커지면 원주는 늘어나지만 원주율은 변하지 않아요.

원주율은 원의 지름에 대한 원주(원둘레)의 비 즉, 비율이기 때문에 원의 크기와 관계없이 항상 일정하답니다. 원주율은 (원주)÷(지름)으로 구해요.

(원주율) = (원주) ÷ (지름)

원주율이 정말 원의 크기와 상관없이 일정한지 직접 계산해 볼까요?

우선 두꺼운 도화지, 컴퍼스, 자, 줄자, 가위, 계산기를 준비해요. 컴퍼스로 반지름의 길이가 각각 5, 10, 15, 20 ㎝인 원을 그려서 자릅니다. 그리고 각 원의 둘레를 줄자로 잰 다음 원주율을 구해 보세요. 4개의 원 모두 3.1 정도의 값이 나올 거예요. 측정 도구가 정밀하지 않기 때문에 값이 완전히 같을 수는 없지만 2.9~3.3 정도의 값이면 일정하다고 볼 수 있어요.

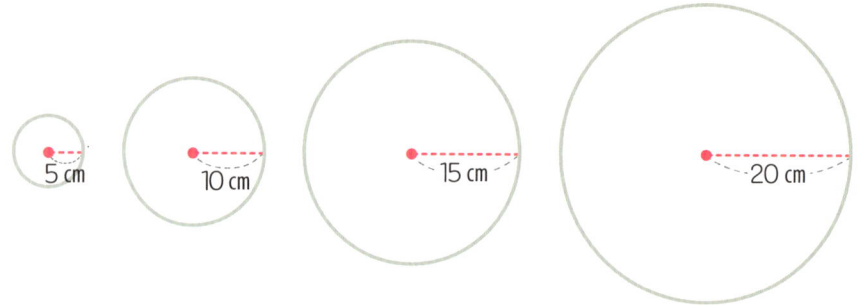

많은 수학자들이 원주율을 계산했더니 3.1415926535897932……로 소수가 끝없이 나왔어요. 슈퍼컴퓨터로 계산해도 반복되지 않고 계속 다른 수가 나온다고 해요. 그래서 계산하기 쉽게 소수 셋째 자리에서 반올림하여 3.14로 쓰는 거예요. 원주율은 상황에 따라 3.14, 3, 3.11, $3\frac{1}{7}$ 등 다양하게 사용해요.

원주율은 일정하므로 원주를 알면 원의 지름을 구할 수 있어요.

(원주율) = (원주) ÷ (지름)이므로 (지름) = (원주) ÷ (원주율)입니다.

> 원주율은 '원주:지름'이라고 할 수 있어요. 지름이 1일 때 원주가 약 3.14라는 의미이지요.

(지름) = (원주) ÷ (원주율)

예를 들어 원주율을 간단히 3으로 가정하면, 원주가 12 ㎝인 원의 지름은 12 ÷ 3 = 4 (㎝)이지요.

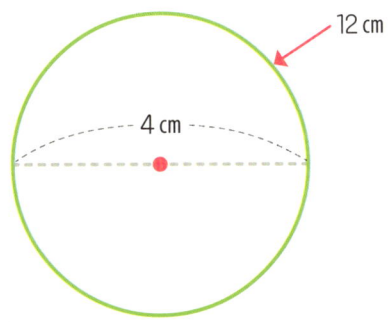

이번에는 원주율과 원의 지름이 주어졌을 때 원주를 구해 봅시다.
(원주율) = (원주) ÷ (지름)이므로 (원주) = (지름) × (원주율)이에요.

(원주) = (지름) × (원주율)

원주율을 3.14라고 가정하면 지름이 10 ㎝인 원의 원주는 10 × 3.14 = 31.4 (㎝)이지요.

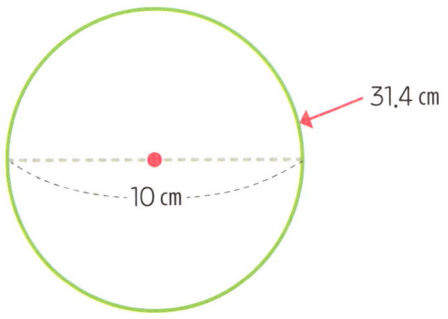

도전! 서술형 문제

창수네 학교에서 전통 놀이 행사를 엽니다. 6학년 학생들은 반지름이 35 ㎝인 굴렁쇠를 굴리는 활동을 하기로 했습니다. 창수가 굴렁쇠를 7바퀴 굴렸다면 굴렁쇠가 굴러간 길이는 얼마인지 풀이 과정을 쓰고 답을 구하시오. (6점)
(원주율: 3.1)

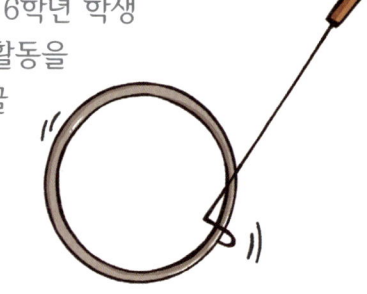

만점 팁!

굴렁쇠가 굴러간 길이를 구하려면 원주를 구하고, 원주에 굴렁쇠가 굴러간 횟수를 곱하면 돼요.

문제에서 반지름의 길이가 주어졌으니 지름으로 고쳐 생각해야겠지요? 지름은 반지름의 2배이므로 70 ㎝예요. 그런데 이때 지름이 아닌 반지름에 원주율을 곱해 틀리는 경우가 종종 있으니 주의하세요.

(원주)=(지름)×3.1=(반지름)×2×3.1=35×2×3.1=217 (㎝)

원주는 217 ㎝인데, 모두 7바퀴를 굴렸으니까 7배를 해야 굴렁쇠가 굴러간 길이를 알 수 있어요.

(굴렁쇠가 굴러간 길이)=(원주)×7=217×7=1519 (㎝)

마지막으로 단위를 적어야 해요. 이때 곱셈으로 계산했다고 무조건 ㎠로 적는 친구들이 있어요. 하지만 원주는 원의 둘레의 길이이므로 ㎝로 적어야 한답니다.

모범 답안	채점 기준	점수
〈풀이 과정〉 (원주)=(지름)×3.1=(반지름)×2×3.1 　　　=35×2×3.1=217 (㎝) (굴렁쇠가 굴러간 길이)=(원주)×7=217×7=1519 (㎝) 〈정답〉 1519 ㎝	답과 풀이 과정을 모두 정확히 쓴 경우	6점
	답은 맞혔으나 풀이 과정에 오류가 있는 경우	3점
	풀이 과정은 정확히 썼으나 답을 틀린 경우	2점
	답만 맞힌 경우	1점
	무응답 또는 오답	0점

원주율을 그냥 3으로 정하면 안 되나요? 소수 둘째 자리까지 나타내니까 계산하기가 어려워요.

앞에서 보았듯이 원주율의 값은 3.141592……로 끝없이 나온답니다. 한마디로 말해서 정확한 값을 모르지요. 안타깝게도 원주율의 값을 완벽하게 구할 수 있는 슈퍼컴퓨터는 아직 나오지 않았어요. 그래서 원주율을 계산하기 편하도록 소수 둘째 자리에서 반올림하여 '3.14'로 정했어요. 이것은 오차를 조금이라도 더 줄이기 위한 오랜 관습이에요. 원주율을 3이나 3.1로 계산하는 것보다는 정밀한 결과를 얻을 수 있지요.

중학교에 가면 3.14 대신 π(파이)라는 기호로 원주율을 나타내요. 더욱더 정밀하게 계산하기 위해서지요. 어렵더라도 오차를 줄이기 위한 방법이니까 문제를 풀 때 주어진 원주율의 값을 잘 확인하고 침착하게 계산해 보세요.

원주율의 값은 그리스의 수학자 아르키메데스가 처음으로 구했어요. 현재는 컴퓨터를 이용하여 소수 1조 자리가 넘게 계산했답니다.

많은 부모님들이 6학년을 구체적 조작기에서 형식적 조작기로 넘어간 시기로 여깁니다. 그래서 아이들이 조작 도구나 교구 없이도 논리적으로 이해하길 바랍니다. 그러나 6학년도 아직은 구체적 조작 도구를 활용한 이해가 필요한 시기입니다. 일부러 교구를 구입할 필요는 없지만, 집에 있는 원 모양 장난감이나 바퀴 등을 활용하여 조작 활동을 하면 원주와 원주율 등 여러 개념을 이해하는 데 도움이 됩니다. 원 모양의 장난감에 물감을 묻혀 굴려 보며 원주를 짐작해 보는 활동도 추천합니다.

1학기 5단원 ❷ | 원의 넓이

선 원주, 원주율 **후** 직육면체의 겉넓이

원의 넓이

이것만은 꼭!

- (원의 넓이) = (원주의 $\frac{1}{2}$) × (반지름)
  = (지름) × (원주율) × $\frac{1}{2}$ × (반지름)
  = (반지름) × (반지름) × (원주율)

가로, 세로, 높이도 없는 **원의 넓이**는 어떻게 구해야 할까요? 일단 우리가 이미 배운 정사각형의 넓이와 마름모의 넓이로 어림해 봅시다.

지름이 10 m인 원의 넓이를 구해 볼게요. 먼저 원의 바깥쪽에 원과 맞닿도록 정사각형을 그려요. 한 변의 길이가 10 m인 정사각형의 넓이는 10×10=100 (㎡)이고, 원의 넓이는 이보다 작으므로 100 ㎡보다 작음을 짐작할 수 있어요.

이번에는 원의 안쪽에 원과 맞닿도록 마름모를 그려요. 마름모의 대각선 길이가 10 m이므로 넓이는 10×10÷2=50 (㎡)이고, 원의 넓이는 마름모의 넓이인 50 ㎡보다 크다는 것을 짐작할 수 있어요. 따라서 원의 넓이는 마름모의 넓이인 50 ㎡보다는 크고 정사각형의 넓이인 100 ㎡보다는 작다고 어림할 수 있지요.

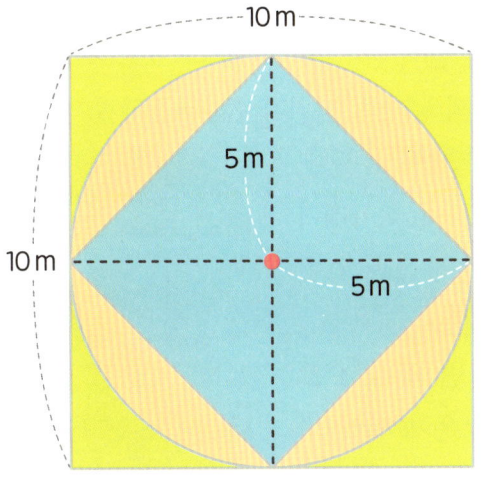

그런데 원의 넓이가 50 ㎡보다 크고 100 ㎡보다 작다고 하면 범위가 너무 넓어서 정확하지 않아요.

좀 더 정확한 넓이를 구하기 위해 한 칸의 넓이가 1 ㎡인 투명한 모눈종이를 사용하여 어림해 봐요. 모눈종이를 원 위에 겹쳐 보거나 모눈종이에 원을 그려 넓이를 세어 보면 원의 넓이를 정확하게 구할 수 있어요.

이미 알고 있는 도형의 넓이를 떠올리면 원의 넓이를 구하기가 좀 더 쉬워요.

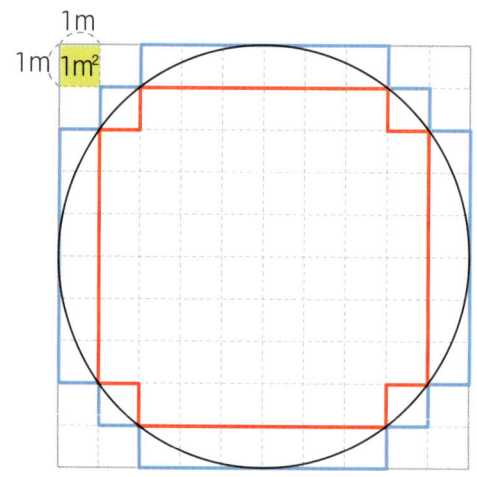

빨간 선 안의 모눈의 수는 60개이므로 한 칸이 1 m^2인 모눈 60개의 넓이는 60 m^2입니다.

파란 선 안의 모눈의 수는 88개이므로 한 칸이 1 m^2인 모눈 88개의 넓이는 88 m^2이지요. 따라서 원의 넓이는 60 m^2보다 크고 88 m^2보다 작다고 어림할 수 있어요. 어때요? 원의 넓이의 범위가 좀 더 좁혀졌지요?

이제 원을 잘게 쪼개어 봅시다. 먼저 8조각으로 나누어 위아래가 엇갈리게 붙이면 오른쪽과 같은 모양이 만들어질 거예요.

각 조각들을 한 번 더 반으로 쪼개면 오른쪽과 같은 모양이 나오겠지요?

한 번 더 반으로 쪼개면 직사각형과 비슷해집니다.

이렇게 원을 한없이 잘게 쪼개어 붙이면 직사각형이 됩니다. 따라서 원의 넓이는 직사각형의 넓이를 구하는 공식으로 어림해 볼 수 있어요.

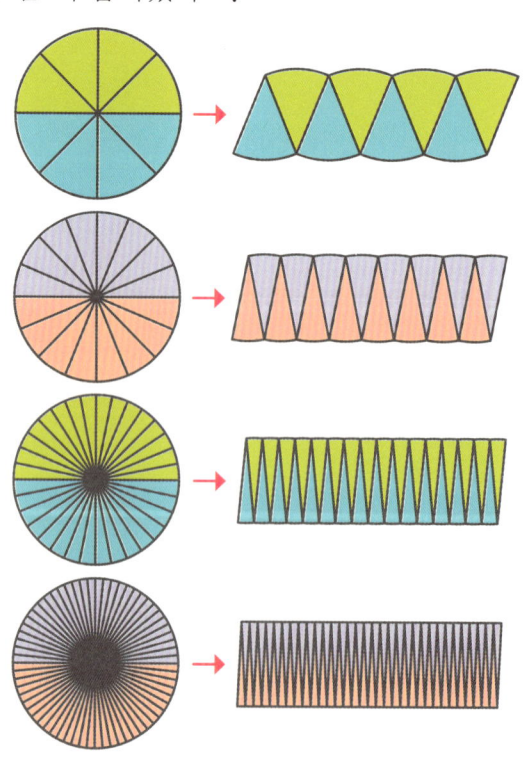

자, 그럼 원을 잘게 쪼개어 붙인 직사각형을 떠올리면서 원의 넓이를 구해 봅시다.

직사각형의 세로는 반지름이 돼요. 원을 반으로 나눠 위아래로 엇갈리게 붙여 가면 원주의 절반이 위, 나머지 절반이 아래를 차지해요. 즉, 직사각형의 가로는 원주의 반이 되지요.

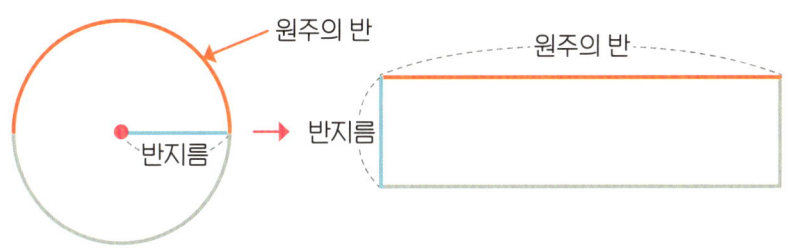

직사각형의 넓이는 (가로)×(세로)이므로 (원의 넓이)=(원주의 반)×(반지름)으로 나타낼 수 있어요. 즉, (원의 넓이)=(원주의 $\frac{1}{2}$)×(반지름)이지요. 그런데 앞에서 (원주)=(지름)×(원주율)이라고 했어요. 그러므로 (원의 넓이)=(지름)×(원주율)×$\frac{1}{2}$×(반지름)이 돼요. 여기서 (지름)×$\frac{1}{2}$은 (반지름)이니까 (원의 넓이)=(반지름)×(반지름)×(원주율)로도 나타낼 수 있어요.

(원의 넓이) = (원주의 $\frac{1}{2}$)×(반지름)
　　　　 = (지름)×(원주율)×$\frac{1}{2}$×(반지름)
　　　　 = (반지름)×(반지름)×(원주율)

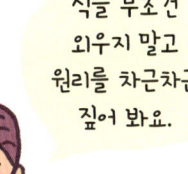

식을 무조건 외우지 말고 원리를 차근차근 짚어 봐요.

도전! 서술형 문제

 가로 10 cm, 세로 14 cm인 직사각형이 있습니다. 이 직사각형 안에 들어갈 수 있는 원 중에서 가장 큰 원의 넓이는 얼마인지 풀이 과정을 쓰고 답을 구하시오. (6점)
(원주율: 3.1)

 **만점 팁!**

이 문제는 가장 큰 원의 반지름의 길이와 원의 넓이를 구하는 공식만 알면 쉽게 풀 수 있어요. 먼저 가장 큰 원의 지름을 구하기 어렵다면 시험지의 빈 공간에 실제로 그려 보세요. 원은 중심에서 원의 한 점에 그은 선분인 반지름의 길이가 모두 같으므로 원을 최대한 크게 그려도 지름은 10 cm를 넘길 수 없답니다.

따라서 가장 큰 원의 지름은 직사각형의 가로인 10 cm와 같아요. 반지름의 길이는 지름의 반인 5 cm이지요.

(원의 넓이)=(반지름)×(반지름)×(원주율)이므로 (가장 큰 원의 넓이)=5×5×3.1=77.5 (cm²)예요. 이때, 넓이 단위인 cm²를 꼭 붙여야 해요.

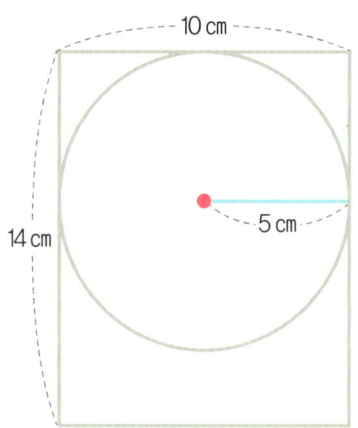

모범 답안	채점 기준	점수
	가장 큰 원의 반지름을 구하고 원의 넓이를 구하는 풀이 과정과 답을 바르게 쓴 경우	6점
〈풀이 과정〉 (가장 큰 원의 반지름)=10÷2=5 (cm) (가장 큰 원의 넓이)=5×5×3.1=77.5 (cm²)	가장 큰 원의 반지름은 바르게 구했으나 원의 넓이를 구하는 과정에 오류가 있어 답을 바르게 구하지 못한 경우	3점
	가장 큰 원의 반지름만 바르게 구한 경우	2점
〈정답〉 77.5 cm²	답만 맞힌 경우	1점
	무응답 또는 오답	0점

 아래 그림과 같이 모양이 복잡한 원에서 색칠한 부분의 넓이를 구하라는 문제가 나왔어요. 어떻게 풀어야 할까요?

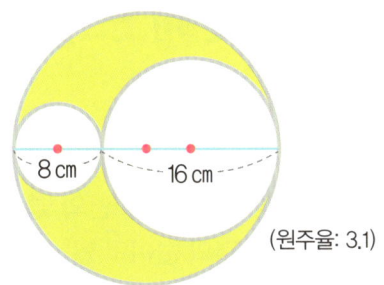

(원주율: 3.1)

보기에는 복잡해 보이지만 생각보다 간단하게 해결할 수 있어요. 가장 큰 원에서 작은 원 2개를 빼면 되지요.
이 문제는 먼저 주어지지 않은 (가장 큰 원의 반지름)을 알아야 해요.
가장 큰 원의 지름은 8+16=24로 24 (cm)예요. 따라서 반지름은 12 cm이겠죠?
이제 (반지름이 12 cm인 원의 넓이)−(반지름이 8 cm인 원의 넓이)−(반지름이 4 cm인 원의 넓이)를 구하면 돼요. 계산하면 (12×12×3.1)−(8×8×3.1)−(4×4×3.1)=446.4−198.4−49.6=198.4이지요.
어떤 문제든 이렇게 나누어 생각하면 쉽게 해결할 수 있답니다.

 부모님 톡!

원의 넓이를 공부할 때는 교과서에 제시된 것처럼 직사각형으로 만드는 방법을 포함하여 직각삼각형으로 만들기, 삼각형 모양으로 만들기 등 다양한 방법을 제시하여 아이가 다각도로 원의 넓이를 탐구할 수 있도록 도와주세요. 색종이, 휴지, 양파 등 동그란 구체물을 직접 잘라 보면 더욱 쉽게 이해할 수 있습니다.

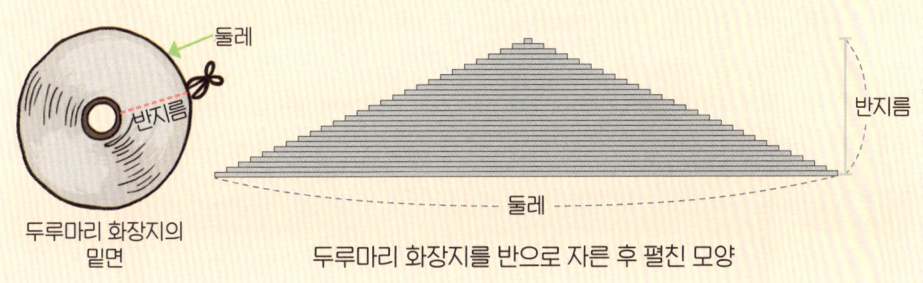

두루마리 화장지의 밑면 / 두루마리 화장지를 반으로 자른 후 펼친 모양

1학기 6단원 ❶ | 직육면체의 겉넓이와 부피   선 원의 넓이   후 직육면체의 부피

6학년
측정

직육면체의 겉넓이

이것만은 꼭!

- 직육면체의 겉넓이: 직육면체의 모든 겉면의 넓이를 합한 것
- (직육면체의 겉넓이)=(여섯 면의 넓이의 합)
  =(합동인 세 면의 넓이의 합)×2
  =(한 밑면의 넓이)×2+(옆면의 넓이)
- (정육면체의 겉넓이)=(한 면의 넓이)×6

직육면체의 겉넓이란 직육면체의 모든 겉면의 넓이를 합한 거예요. 직육면체의 겉넓이를 구하는 방법을 3가지로 생각해 볼까요?

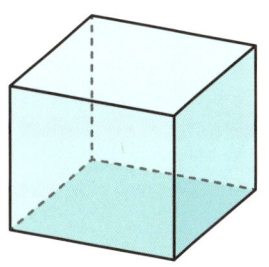

방법1 (직육면체의 겉넓이)=(여섯 면의 넓이의 합)

직육면체의 겉넓이는 직육면체의 모든 겉면의 넓이를 합한 것이므로 직육면체의 각 면의 넓이를 더해요. 즉, 직육면체를 이루는 직사각형 6개의 넓이를 더하면 되지요.

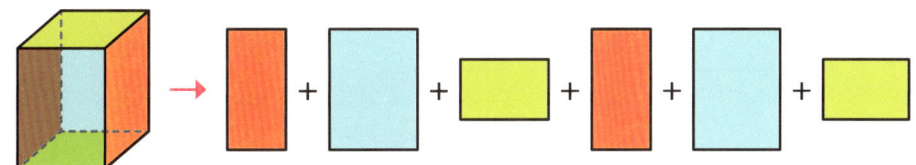

(직육면체의 겉넓이)=(여섯 면의 넓이의 합)

방법2 (직육면체의 겉넓이)=(합동인 세 면의 넓이의 합)×2

직사각형 6개의 넓이를 모두 구해 더하는 게 너무 번거롭다고요? 그럼 좀 더 간단한 방법을 살펴봐요. 직육면체는 마주 보는 면이 서로 합동이므로 넓이가 같다는 것을 이용하는 거예요. 같은 크기는 굳이 2번씩 더하지 않고 곱하면 되지요.

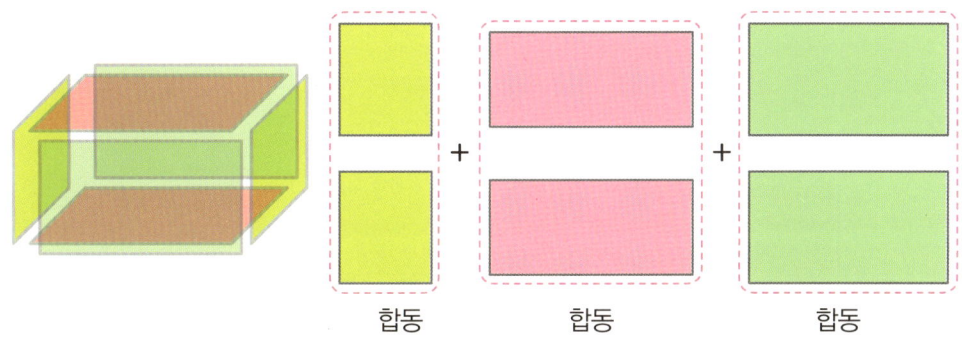

(직육면체의 겉넓이)=(합동인 세 면의 넓이의 합)×2

방법3 (직육면체의 겉넓이)=(한 밑면의 넓이)×2+(옆면의 넓이)

이번에는 전개도를 이용하여 직육면체의 넓이를 구해 봅시다. 직육면체는 밑면 2개와 옆면으로 이루어져 있으므로 (밑면의 넓이)×2에 (옆면의 넓이)를 더하면 돼요. 어때요? 더 간단하지요?

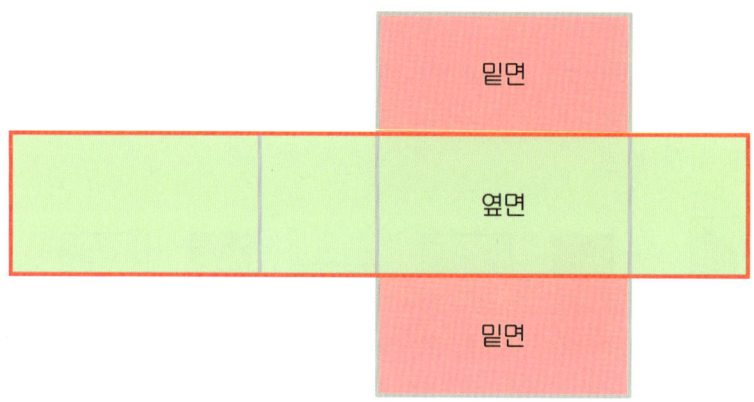

(직육면체의 겉넓이)=(한 밑면의 넓이)×2+(옆면의 넓이)

그런데 밑면의 넓이와 옆면의 넓이를 어떻게 구하냐고요? 밑면의 넓이는 (밑면의 가로)×(밑면의 세로)이고, 옆면의 넓이는 (밑면의 둘레)×(높이)이지요.

옆면의 넓이를 구할 때 왜 밑면의 둘레를 이용하냐고요? 상자의 모서리에 그림처럼 색깔 있는 매직으로 각각 색을 칠해 봐요. 잘랐을 때에도 색칠된 부분이 잘 보이도록 진하게 표시하고 전개도로 펼쳐 보세요.

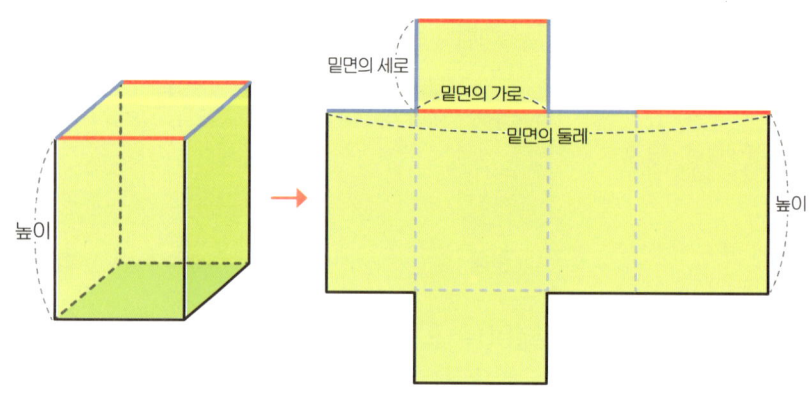

옆면의 가로 부분을 잘 살펴보면 파랑+빨강+파랑+빨강 선이지요? 이것은 곧 밑면의 둘레이기도 해요. 따라서 옆면의 가로는 밑면의 둘레로 구하면 된답니다.

이 사실을 알면 옆면의 가로 길이가 주어지지 않고 밑면의 가로, 세로 길이와 옆면의 세로 길이만 주어져도 직육면체의 겉넓이를 구할 수 있어요.

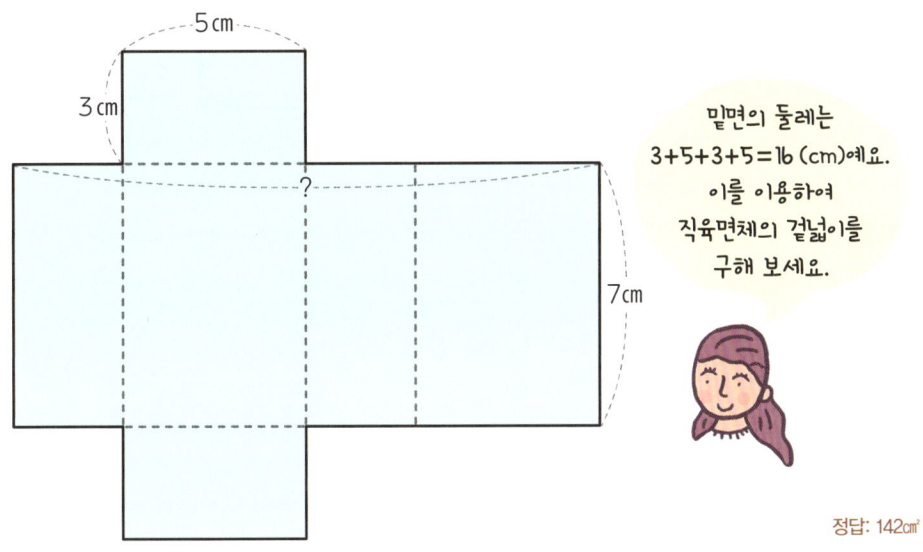

밑면의 둘레는 3+5+3+5=16(cm)예요. 이를 이용하여 직육면체의 겉넓이를 구해 보세요.

정답: 142㎠

그런데 정육면체의 겉넓이는 어떻게 구할까요? 모든 면의 넓이가 같으므로 (한 면의 넓이)×6만 하면 돼요.

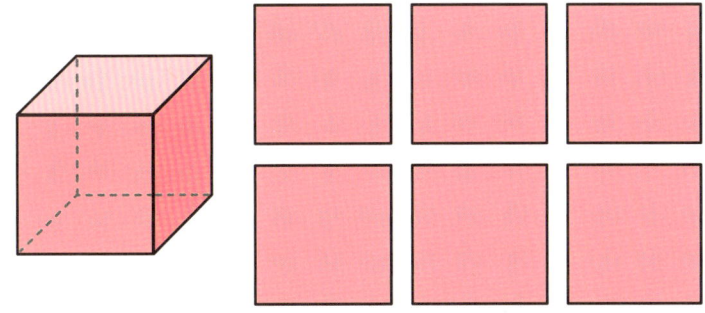

(정육면체의 겉넓이)=(한 면의 넓이)×6

도전! 서술형 문제

아래 그림은 겉넓이가 308 cm²인 직육면체의 전개도입니다. 이 전개도에서 색칠한 부분이 밑면이라면, 직육면체의 높이는 얼마인지 풀이 과정을 쓰고 답을 구하시오. (6점)

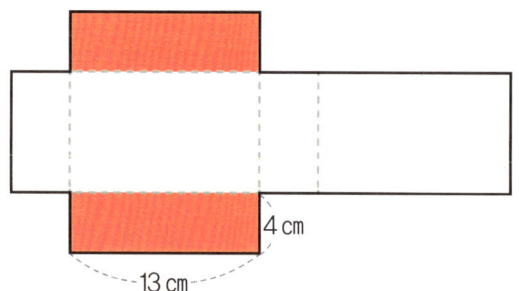

 **만점 팁!**

높이를 알려면 옆면의 넓이를 알아야 해요. 먼저 밑면의 가로, 세로 길이와 겉넓이가 나와 있으므로 옆면의 넓이를 구할 수 있어요.

(옆면의 넓이)=(직육면체의 겉넓이)−(한 밑면의 넓이)×2니까 308−(4×13)×2=204 (cm²)예요.

(옆면의 가로의 길이)는 '밑면의 둘레'와 같으므로 (4+13)×2=34 (cm)이지요.

이제 옆면의 세로의 길이 즉, 높이를 구하면 (옆면의 세로의 길이)=(옆면의 넓이)÷(옆면의 가로의 길이)이므로 204÷34=6 (cm)입니다.

그런데 혹시 풀이 과정에서 308−(4×13)×2=204=(4+13)×2=34=204÷34=6처럼 모든 식을 등호로 연결하지는 않았는지 꼭 확인하세요. 각기 다른 식이므로 등호는 성립이 되지 않아요. 그리고 옆면의 세로의 길이가 높이라는 것이 잘 떠오르지 않으면 전개도를 접어서 완성했을 때 직육면체의 모양을 생각해 보세요.

모범 답안	채점 기준	점수
〈풀이 과정〉 (옆면의 넓이)=(직육면체의 겉넓이)−(한 밑면의 넓이)×2이므로 (옆면의 넓이)=308−(52×2)=204 (cm²)이다.	답과 풀이 과정을 모두 정확하게 쓴 경우	6점
	답은 맞았으나 풀이 과정에서 옆면의 넓이를 구하지 않고 바로 답을 구한 경우	3점
옆면의 가로의 길이를 구하면 (옆면의 가로의 길이)=(4+13)×2=34 (cm)이다.	풀이 과정은 정확하나 답을 틀린 경우	2점
(옆면의 세로의 길이)=(옆면의 넓이)÷(옆면의 가로의 길이)이므로 (옆면의 세로의 길이)=204÷34=6 (cm)이다.	답만 맞힌 경우	1점
〈정답〉 6 cm	무응답 또는 오답	0점

 직육면체의 겉넓이를 구하는 방법이 너무 많아서 헷갈려요.

 직육면체의 겉넓이를 구하는 방법은 크게 2가지예요.
첫 번째는 (직육면체의 겉넓이)=(여섯 면의 넓이의 합)이고, 두 번째는 (직육면체의 겉넓이)=(한 밑면의 넓이)×2+(옆면의 넓이)이지요.
옆면의 넓이를 구할 때 밑면의 둘레를 이용하는 것은 쉽게 풀기 위한 하나의 방법일 뿐이랍니다. 생각보다 간단한 식이지만 일상생활에서 직육면체의 겉넓이를 구해야 하는 상황이 많지 않아서 어렵게 느껴질 거예요.
직육면체의 겉넓이를 구하는 것이 어렵다면 직육면체 상자 하나를 구해 각 면을 잘라 보세요. 6개의 면이 나오지요? 그 면들의 넓이를 구해 더하기만 하면 끝!
그런데 겉넓이 구하는 방법을 여러 가지로 배우는 이유는 겉넓이의 개념을 더욱 잘 이해하고, 좀 더 간단한 식으로 해결하기 위해서예요. 따라서 문제를 풀 때는 각자 쉬운 방법을 이용하면 된답니다.

부피와 겉넓이의 개념을 헷갈려 하는 친구들이 많습니다. 부피가 같으면 겉넓이도 같다고 생각하는 것이지요. 아이가 부피와 겉넓이의 개념을 혼동할 때는 함께 조작 활동을 해 보세요. 직육면체 모양의 두부를 준비하고, 자르지 않은 두부의 부피와 겉넓이를 구합니다. 그런 다음 두부를 똑같이 8등분으로 나눈 후 모양을 변화시켜 보세요. 이렇게 하면 두부의 부피는 달라지지 않는데 겉넓이는 달라지는 것을 알 수 있습니다. 두부를 쪼개면 쪼갤수록 겉넓이는 점점 커지지요.
이처럼 고학년 아이들도 조작 활동을 통해 개념을 익히면 응용력이 자라고 오래 기억할 수 있습니다.

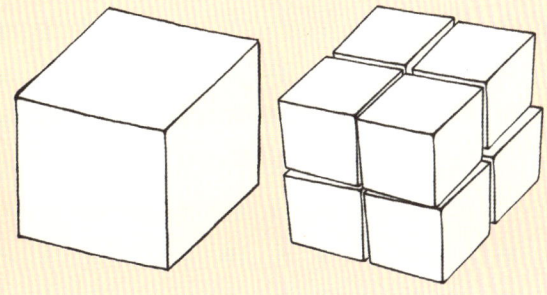

직육면체의 부피

1학기 | 6단원 ❷ | 직육면체의 겉넓이와 부피   선 직육면체의 겉넓이   후 원기둥

6학년 측정

이것만은 꼭!

- 한 모서리가 1 cm인 정육면체의 부피: 1 cm³(1 세제곱센티미터)
- (직육면체의 부피)=(가로)×(세로)×(높이)
- (정육면체의 부피)=(한 모서리)×(한 모서리)×(한 모서리)
- 한 모서리가 1 m인 정육면체의 부피: 1 m³(1 세제곱미터)

상자의 모양이 다른데, **부피**가 같다는 건 무슨 말일까요? 이 말을 이해하려면 우선 부피의 의미부터 알아야 해요.

부피는 어떤 물건이 차지하는 공간의 크기를 말해요. 부피를 비교하는 가장 쉽고 간단한 방법은 직접 비교하는 거예요. 눈으로 보고 비교하기, 가로의 길이, 높이, 밑에 놓인 면의 넓이 등을 맞대어 크기 비교하기 등이지요.

그런데 아래 그림처럼 바닥에 닿은 면의 넓이와 높이가 각각 다를 때는 눈으로 크기를 비교하기가 힘들고, 그 차이도 정확히 알 수 없어요.

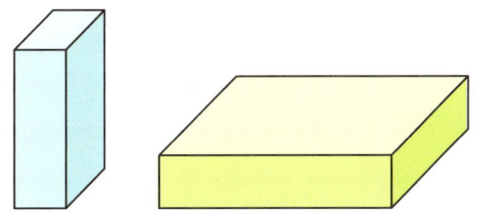

좀 더 정확하게 비교하려면 평면도형의 크기를 비교할 때처럼 단위 물건을 이용해요. 쌓기나무, 한과, 블록 등을 상자에 담아 들어가는 단위 물건의 개수로 부피를 비교하는 거예요.

그런데 이 방법도 단위 물건의 크기가 다르면 상자의 크기나 부피를 정확히 비교할 수 없다는 단점이 있어요. 예를 들어, 1㎤인 쌓기나무를 단위 물건으로 쟀을 때와 8㎤ 쌓기나무를 단위 물건으로 쟀을 때는 같은 쌓기나무라도 결과가 많이 달라지겠지요? 그래서 누가 재어도 같은 부피가 나올 수 있도록 1㎤로 단위부피를 정했어요.

단위부피는 한 모서리의 길이가 1㎝인 정육면체의 부피이며 **1 cm³** 라고 쓰고, 1 세제곱센티미터 라고 읽습니다.

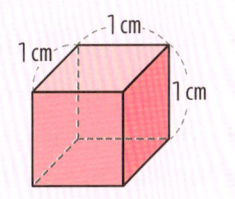

각각의 직육면체의 부피만큼 단위 부피를 쌓은 후에 단위부피 1㎤가 몇 개 있는지 세어서 부피를 구하면 돼요.

예를 들어, 단위부피가 4개 있다면 4 cm³, 단위부피가 8개 있다면 8 cm³예요. 밑면의 가로가 2배, 3배로 늘어나면 직육면체의 부피도 2배, 3배로 늘어나요.

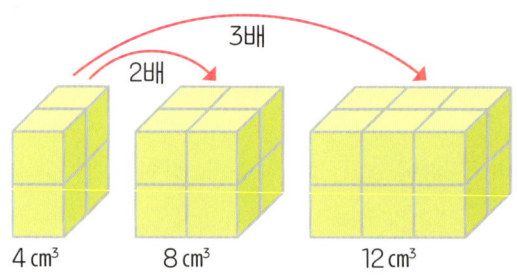

마찬가지로 세로가 2배, 3배로 늘어나면 직육면체의 부피도 2배, 3배로 늘어나지요.

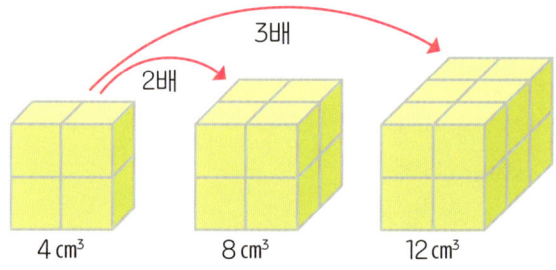

또 높이가 2배, 3배로 늘어나면 직육면체의 부피도 2배, 3배로 늘어나요.

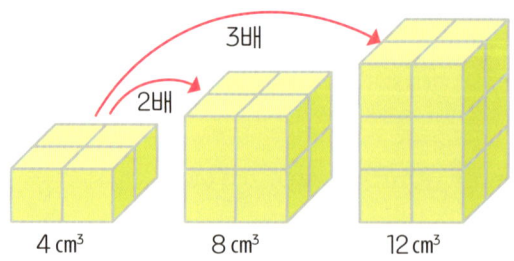

이렇게 보니 직육면체의 부피는 밑면의 가로, 세로, 높이의 영향을 받는다는 걸 알 수 있겠죠?

그럼 밑면의 가로와 세로가 각각 2배로 늘어나면 부피는 2×2=4(배)가 늘어날 거예요.

밑면의 가로, 세로, 높이가 각각 2배로 늘어나면 부피는 2×2×2=8(배)가 늘어나요.

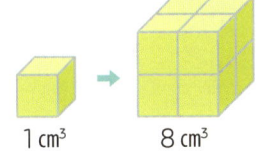

이 활동을 바탕으로 직육면체의 부피를 쉽게 구할 수 있어요.
직육면체의 부피는 가로, 세로, 높이에 따라 일정하게 달라져요.

(직육면체의 부피)=(가로)×(세로)×(높이)

그렇다면 가로, 세로, 높이가 모두 같은 정육면체의 부피는 어떻게 구할까요? 모든 길이가 같으므로 한 모서리의 길이를 3번 곱하면 되지요.

(정육면체의 부피)=(한 모서리)×(한 모서리)×(한 모서리)

그런데 아주 큰 입체도형의 부피를 단위부피 1㎤로 계산하기는 너무 복잡해요. 그래서 이때는 더 큰 단위인 m를 사용해요.

한 모서리의 길이가 1m인 정육면체의 부피를 $1m^3$ 라 쓰고, 1 세제곱미터 라고 읽습니다.

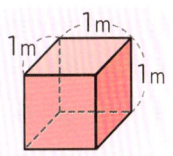

그럼 작은 단위부피인 1㎤와 큰 단위부피인 1㎥의 관계를 알아볼까요? 한 모서리가 1m인 정육면체의 부피는 한 모서리가 100㎝인 정육면체의 부피와 같아요. 100×100×100=1000000 (㎤)로 나타낼 수 있지요. 이것이 바로 1㎥예요.

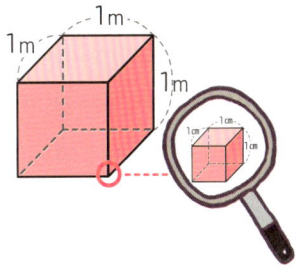

1000000 ㎤ = 1㎥

 다음 두 상자의 부피가 같을 때 □에 들어갈 수를 구하고, 풀이 과정을 쓰시오. (6점)

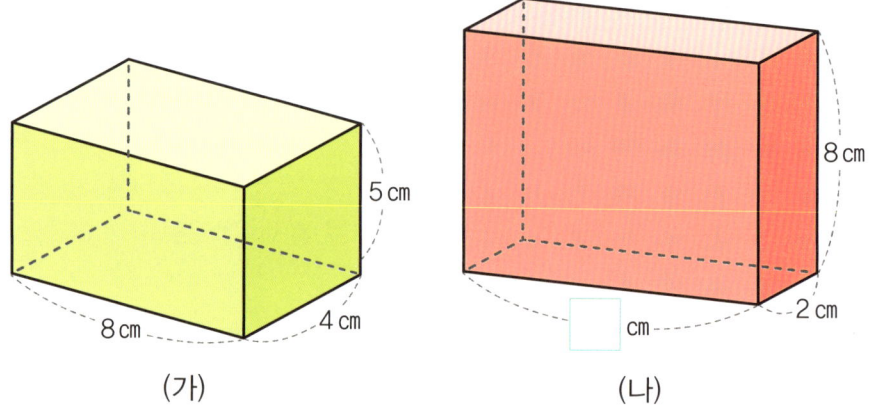

(가)   (나)

 **만점 팁!**

이 문제를 풀려면 부피 구하는 방법을 알아야 해요.
먼저 (가) 상자의 부피를 구하면 ((가) 상자의 부피)=8×4×5=160 (㎤)예요.
(가) 상자와 (나) 상자의 부피가 같다고 했으므로 (나) 상자의 부피도 160 ㎤이지요.
□×2×8=160 (㎤)이므로 가로의 길이인 □는 160÷(2×8)=10 (㎝)예요.
이때 □=160÷(8÷2)로 괄호 안의 식을 잘못 세우지 않도록 주의해요.
답을 구했다면 검산해 보는 것이 좋아요. (나) 도형의 세 변의 길이는 8 ㎝, 2 ㎝, 10 ㎝이므로 ((나) 도형의 부피)=10×2×8=160 (㎤)가 돼요. 구하고자 하는 것이 한 모서리의 길이이므로 답은 길이의 단위인 ㎝를 써야 한답니다. 단위를 틀릴 경우 감점이 되거나 답으로 인정받지 못할 수 있어요.

모범 답안	채점 기준	점수
〈풀이 과정〉 ((가) 상자의 부피)=8×4×5=160 (㎤) (가) 상자의 부피와 (나) 상자의 부피가 같으므로 □×2×8=160 (㎤) □=160÷(2×8)=10 (㎝) 〈정답〉 10 ㎝	답과 풀이 과정을 모두 바르게 쓴 경우	6점
	답은 맞혔으나 풀이 과정에 오류가 있는 경우	3점
	풀이 과정은 바르게 썼으나 답을 틀린 경우	2점
	답만 맞힌 경우	1점
	무응답 또는 오답	0점

 직육면체의 부피가 같으면 겉넓이도 당연히 같지요?

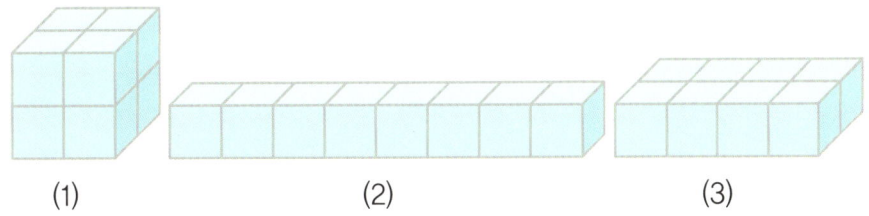

(1)　　　　　　　(2)　　　　　　　　　　　(3)

 위의 그림은 쌓기나무 8개로 만들 수 있는 여러 가지 모양이에요. 쌓기나무 1개의 부피를 1㎤라고 하면 세 직육면체의 부피는 모두 8㎤예요. 그러나 쌓기나무 한 면의 넓이는 모두 1㎠이므로

1번 쌓기나무의 겉넓이는 4×6=24 (㎠)

2번 쌓기나무의 겉넓이는 (8×4)+(1×2)=34 (㎠)

3번 쌓기나무의 겉넓이는 (8×2)+(4×2)+(2×2)=28 (㎠)로 모두 다르다는 것을 알 수 있어요.

만약 쌓기나무가 위의 그림처럼 각각 떨어져 있다면 겉넓이는 6×8=48 (㎠)나 되겠죠? 이처럼 직육면체의 부피가 같다고 해서 겉넓이까지 같은 것은 아니랍니다.

 **부모님 톡!**

> 그리스 시대에는 주어진 정육면체의 2배 부피의 정육면체를 작도하는 문제가 3대 난제 중 하나였다고 합니다. 이렇듯 부피를 제대로 이해하고 구하는 것은 쉬운 일이 아닙니다.
> 아이들에게 직육면체의 각 모서리의 길이가 2배가 되면 부피는 몇 배가 되는지 물어보세요. 대부분 2배가 된다고 답할 것입니다. 그러나 직육면체의 부피는 가로, 세로, 높이에 따라 변화하기 때문에 (2×2×2)배가 되어서 8배가 됩니다. 따라서 무엇보다도 직육면체의 부피에 영향을 주는 요소인 가로, 세로, 높이를 정확하게 인지하고 부피의 개념을 익힐 수 있도록 지도해 주시기 바랍니다.

2학기 1단원 | 쌓기나무

6학년 도형

선 직육면체의 부피 후 원기둥

쌓기나무

이것만은 꼭!

- 쌓기나무의 수를 정확하게 파악하는 방법
  ① 밑그림에 번호를 표시하여 각 번호에 필요한 쌓기나무의 수를 구한다.
  ② 각 층별로 나누어 각 층에 필요한 쌓기나무의 수를 구한다.
  ③ 쌓기나무를 묶거나 옮겨서 쌓기나무의 수를 구한다.

쌓기나무를 쌓고 앞이나 위, 옆에서 보면 보이지 않는 부분이 있게 마련입니다. 그러나 이 보이지 않는 부분의 개수까지 세야 쌓기나무가 몇 개인지 정확히 알 수 있어요.

지금부터 쌓기나무의 개수를 파악하는 방법을 자세히 알아봅시다.

방법 1 모양을 보고 쌓기나무의 개수를 추측해요.

오른쪽과 같은 모양을 만들기 위해서는 쌓기나무가 몇 개 필요할까요? 10개라고요? 맞아요. 눈에는 6개의 쌓기나무가 보이지만, 보이지 않는 부분을 추측하면 맨 아래 줄에 3개, 두 번째 줄에 1개가 더 있다는 것을 알 수 있지요. 그래서 쌓기나무는 총 10개예요.

그런데 쌓기나무의 수를 추측해서 맞히는 것은 정확하지 않을 수도 있어요. 왜냐하면 안쪽에는 쌓기나무를 다 채우지 않았을 수도 있거든요. 그래서 정확한 쌓기나무의 개수를 구하기 위해서는 여러 각도에서 본 그림이나 위에서 본 그림이 필요하답니다.

방법 2 쌓기나무의 개수를 정확하게 파악해요.

① 밑그림을 이용하여 쌓기나무의 개수 구하기

밑그림에 번호를 표시하여 각 번호 위에 쌓여 있는 쌓기나무의 개수를 구한 후 더합니다.

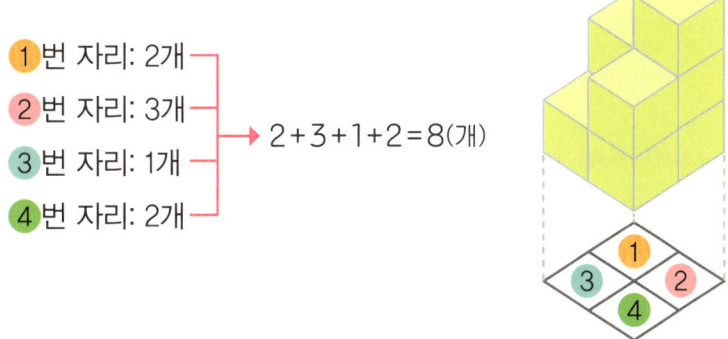

② 각 층별로 나누어 쌓기나무의 개수 구하기
층별로 쌓여 있는 쌓기나무의 개수를 구한 후 더해요.

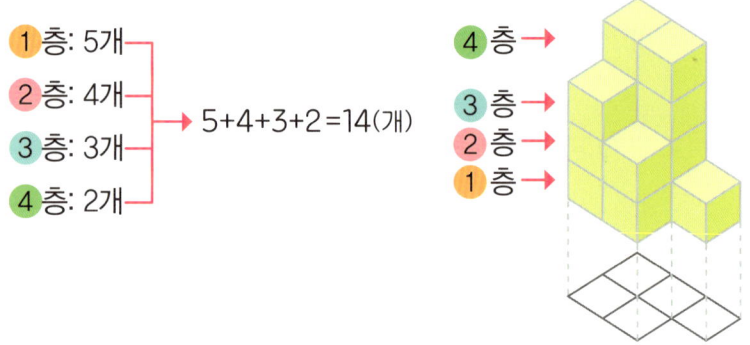

③ 쌓기나무를 묶거나 옮겨서 쌓기나무의 개수 구하기
쌓기나무를 묶어서 세거나, 세기 쉬운 쪽으로 옮겨서 구해요.

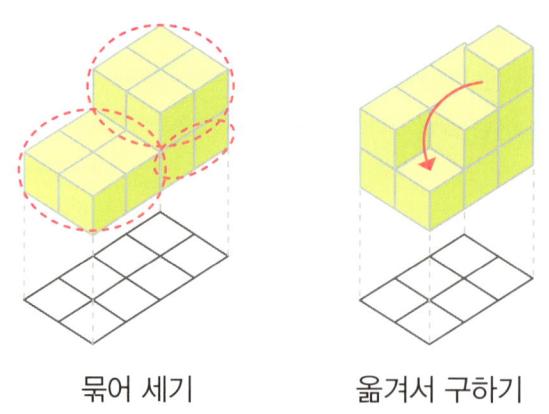

묶어 세기   옮겨서 구하기

쌓기나무의 개수를 구하는 방법을 알았다면 쌓기나무가 쌓여 있는 모습을 보고 위, 앞, 옆에서 본 모습을 그리거나, 반대로 위, 앞, 옆에서 본 모습을 보고 쌓기나무가 쌓여 있는 모습을 그릴 수 있어요.

① 쌓기나무를 보고 위, 앞, 옆에서 본 모습 그리기
각 줄의 가장 높은 층을 떠올리며 그려요.

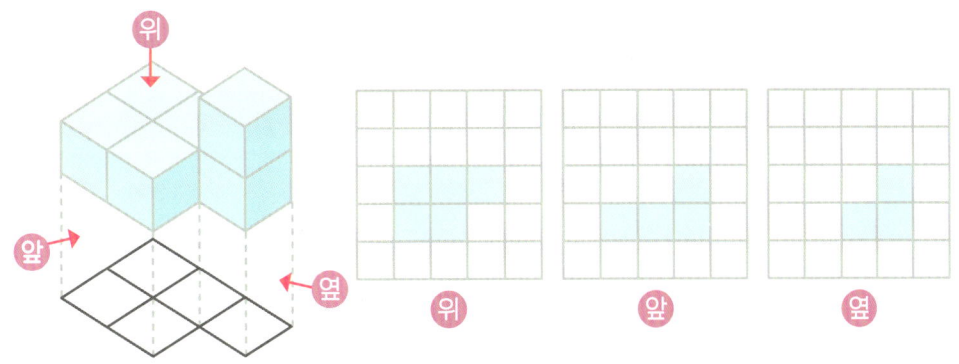

② 밑그림에 쓰인 쌓기나무의 개수를 보고 앞, 옆에서 본 모습 그리기

밑그림에 쓰인 쌓기나무의 개수를 보고 앞, 옆에서 본 모양을 그려요. 각 방향에서 가장 높은 숫자의 층만큼 그린다고 생각하면 쉽게 표현할 수 있어요.

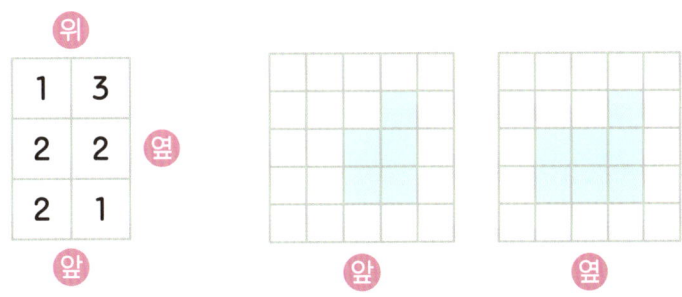

③ 전체 모양 알아보기

위, 앞, 옆에서 본 모양이 주어졌다면 쌓기나무가 어떻게 쌓여 있는지 모양을 알 수 있어요. 그림만으로 추측하기 어렵다면 직접 쌓기나무를 놓으며 생각해 봐요.

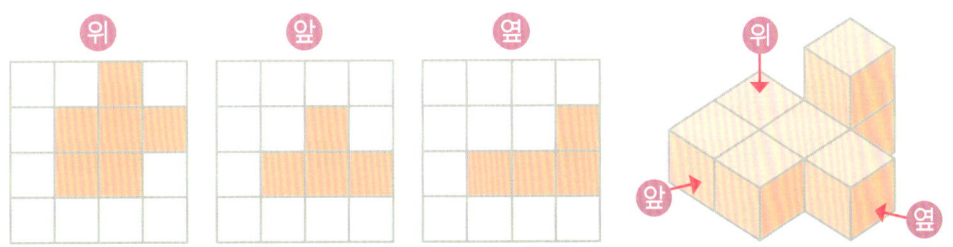

도전! 서술형 문제

아래 그림과 같이 쌓기나무가 쌓여 있습니다. 여기에서 빨간색 쌓기나무를 빼면 남은 쌓기나무의 개수는 몇 개인지 풀이 과정을 쓰고 답을 구하시오. (4점)

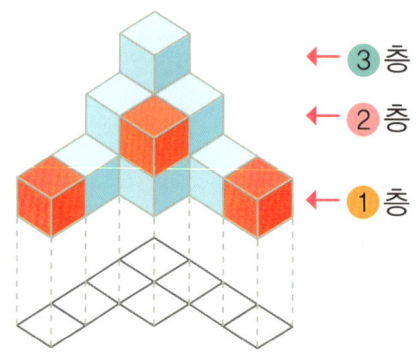

← 3층
← 2층
← 1층

 만점 팁!

먼저 어떤 방법으로 문제를 해결할지 생각해 볼까요? 빨간색 쌓기나무를 빼고 그림을 그린 후 각 층의 개수를 세어 보는 방법이 있고, 빨간색 쌓기나무를 빼기 전에 쌓기나무 각 층의 개수를 살펴본 다음 빨간색 쌓기나무 3개를 빼는 방법도 있어요.

1층: 8-2=6
2층: 4-1=3
3층: 1
따라서 6+3+1=10(개)예요.
답을 모두 구했다면 각 층의 쌓기나무 개수를 다시 한번 세어서 검산해 보세요.

모범 답안	채점 기준	점수
〈풀이 과정〉 ① 1층의 쌓기나무의 개수는 8개인데, 2개의 쌓기나무를 빼면 8-2=6(개)로 남은 쌓기나무는 6개	답과 풀이 과정을 모두 바르게 쓴 경우	4점
② 2층의 쌓기나무의 개수는 4개인데, 그중 1개의 쌓기나무를 빼면 4-1=3(개)로 남은 쌓기나무는 3개	답은 맞혔으나 풀이 과정에 오류가 있는 경우	2점
③ 3층의 쌓기나무의 개수는 1개인데 뺄 것이 없으므로 쌓기나무는 1개	답만 맞힌 경우	1점
④ 남은 쌓기나무의 개수는 6+3+1=10(개) 〈정답〉 10개	무응답 또는 오답	0점

과 은 같은 모양인 것 같은데, 다른 모양이래요. 왜 그런가요?

쌓기나무 4개를 사용하여 만들 수 있는 모양은 다음과 같이 모두 8가지입니다.

나 를 뒤집거나 돌렸을 때 나오는 모양이에요. 어때요? 모양이 같지요?

도 같은 모양처럼 보인다고요?

이 두 모양을 직접 만들어서 뒤집거나 돌려 보면 어떻게 해도 같은 모양이 나오지 않아요. 같은 모양인지 아닌지 헷갈릴 때는 이처럼 직접 뒤집거나 돌려서 확인해 보세요.

부모님 톡!

쌓기나무를 통해 공간 감각을 기르는 것은 매우 중요합니다. 이 부분을 명확하게 이해하지 않은 채 중·고등학교에 올라가 도형 문제를 접하면 단순하게 공식을 암기하여 문제를 풀 뿐 응용하는 데 어려움을 겪습니다.

그런데 어릴 때부터 충분히 조작 활동을 했음에도 불구하고 아이가 쌓기나무를 어려워해서 당혹스럽다고 말하는 부모님들이 있습니다. 6학년이어도 쌓기나무와 관련된 문제를 어려워하는 것은 당연합니다. 3차원 입체가 2차원 평면으로 바뀌어 그려져 있기 때문입니다. 이때는 카메라를 가지고 다양한 각도에서 찍은 후 그 사진을 보면 쉽게 이해할 수 있습니다. 물론 이것은 개념을 이해하는 단계에서만 활용할 수 있는 방법입니다. 개념을 이해했다면 다양한 각도에서 살펴보고 1층부터 차근차근 관찰하여 평면의 종이에 쌓기나무를 나타내는 연습을 해 보는 것이 좋습니다.

비의 성질

이것만은 꼭!

- 전항: 2개의 항 가운데 앞의 항
  후항: 2개의 항 가운데 뒤의 항

  $3 : 4$ (전항 후항, 항)

- 비의 성질
  ① 비의 전항과 후항에 0이 아닌 같은 수를 곱하여도 비율은 같다.
  ② 비의 전항과 후항을 0이 아닌 같은 수로 나누어도 비율은 같다.

0.3과 0.4에 각각 10을 곱하면 3과 4가 돼요. 3과 4에 각각 10을 곱하면 30과 40이 되고, 3과 4에 각각 $\frac{1}{10}$을 곱하면 $\frac{3}{10}$과 $\frac{4}{10}$가 되지요. 마지막으로 3과 4에 각각 41을 곱하면 123과 164가 나와요.

자, 규칙이 보이나요? 그래요, **전항**과 **후항**에 모두 같은 수를 곱했지요. 이것이 **비의 성질**이랍니다.

블록으로 실제 건물을 본떠 만들어 본 적이 있나요? 이때 실제 건물과 같은 크기로 만들 수 없으므로 일정한 비율로 크기를 줄여 만들어요. 예를 들어 블록의 길이가 1㎝이고 실제 길이는 5㎝라면 1:5의 비로 나타낼 수 있어요. 같은 비율로 블록의 길이가 2㎝라면 실제의 길이는 10㎝이지요.

여기서 잠깐, 1학기 때 배운 비의 개념을 떠올려 볼까요? 1:5에서 5는 기준량, 1은 비교하는 양이에요. 비율=$\frac{비교하는 양}{기준량}$으로, 1:5의 비율은 $\frac{1}{5}$이에요. 2:10도 비율이 $\frac{2}{10}=\frac{1}{5}$이지요. 이처럼 1:5와 2:10은 비율이 모두 $\frac{1}{5}$로 같아요.

1:5 또는 2:10에서 1과 5 또는 2와 10을 비의 **항**이라 하고 기호 ':' 앞에 있는 1과 2를 전항, 뒤에 있는 5와 10을 후항이라고 해요.

그럼 지금부터 비의 성질에 대해 조금 더 자세히 알아볼게요. 비의 성질은 2가지로 정리할 수 있어요.

비의 성질 1 비의 전항과 후항에 0이 아닌 같은 수를 곱하여도 비율은 같아요.

비 1:5의 전항과 후항에 각각 같은 수 3을 곱해 볼게요. 3:15가 되지요.

1:5는 비율이 $\frac{1}{5}$, 3:15는 비율이 $\frac{3}{15}=\frac{1}{5}$이므로 두 비의 비율이 같아요. 1:5의 전항과 후항에 각각 2, 3, 4, 5를 곱해도 2:10, 3:15, 4:20, 5:25로 비율은 $\frac{2}{10}=\frac{3}{15}=\frac{4}{20}=\frac{5}{25}$가 되어 모두 약분하면 $\frac{1}{5}$로 일정하답니다.

즉, 비의 전항과 후항에 같은 수를 곱하여도 비율은 변하지 않아요.

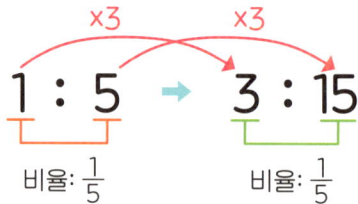

그런데 왜 전항과 후항에 0이 아닌 수를 곱해야 할까요? 0을 곱하면 0:0이 되기 때문이에요.

비의 성질 2 비의 전항과 후항을 0이 아닌 같은 수로 나누어도 비율은 같아요.

4:20과 5:25의 비율을 살펴봅시다. 4:20은 $\frac{4}{20}=\frac{1}{5}$, 5:25는 $\frac{5}{25}=\frac{1}{5}$로 두 비의 비율이 같아요. 4:20은 전항과 후항을 각각 4로 나누면 1:5, 5:25는 전항과 후항을 각각 5로 나누면 1:5이지요. 이것으로 비의 전항과 후항을 같은 수로 나누어도 비율이 같다는 것을 알 수 있어요.

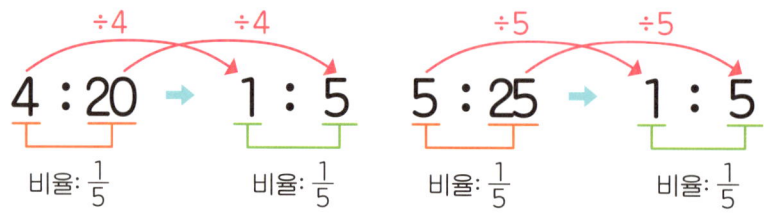

하지만 전항과 후항을 각각 0으로 나누면 0을 분모로 하는 분수가 되기 때문에 0으로 나누어서는 안 돼요.

이러한 비의 성질을 이용하면 소수의 비인 0.2:0.3도 각 항에 10을 곱해

2:3이라는 간단한 자연수의 비로 나타낼 수 있어요.

분수도 마찬가지예요. 분수 $\frac{1}{3}:\frac{1}{4}$의 각 항에 최소공배수인 12를 곱해도 비율은 같으므로 자연수의 비인 4:3으로 간단하게 나타낼 수 있지요.

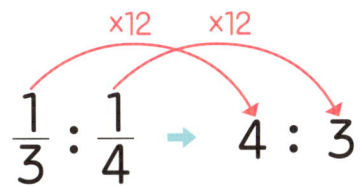

분수의 비에 분모의 최소공배수를 곱하면 가장 간단한 자연수의 비를 만들 수 있어요.

 민준이와 동철이는 아이스크림 한 통을 선물받았습니다. 민준이는 아이스크림의 $\frac{1}{4}$을, 동철이는 아이스크림의 $\frac{5}{8}$를 먹었습니다. 두 사람이 먹은 아이스크림의 양의 비를 가장 간단한 자연수의 비로 나타내되 풀이 과정과 답을 모두 쓰시오. (4점)

 **만점 팁!**

(민준이가 먹은 아이스크림의 양) : (동철이가 먹은 아이스크림의 양) $= \frac{1}{4} : \frac{5}{8}$ 예요. 그런데 이것을 간단한 자연수의 비로 나타내려면 비의 성질을 활용하여 분모를 없애야 해요. 비의 전항과 후항에 0이 아닌 같은 수를 곱해도 비율은 같다고 했어요. 그럼 분모인 4와 8을 약분하여 자연수로 만들 수 있는 공배수를 곱하면 돼요. 4와 8의 공배수에는 8, 16, 24 등이 있어요. 이 중에서 가장 작은 자연수를 곱해야 가장 간단한 자연수의 비로 나타낼 수 있겠죠? 그래서 4와 8의 최소공배수인 8을 비의 전항과 후항에 곱해 줘요.

$$\frac{1}{4} : \frac{5}{8} \rightarrow (\frac{1}{4} \times 8) : (\frac{5}{8} \times 8) \rightarrow 2 : 5$$

 답을 구한 다음 더 이상 나누어지지 않는지도 꼭 확인해 보세요.

모범 답안	채점 기준	점수
〈풀이 과정〉 (민준이가 먹은 아이스크림의 양) : (동철이가 먹은 아이스크림의 양) $= \frac{1}{4} : \frac{5}{8}$	답과 풀이 과정을 모두 바르게 쓴 경우	4점
비의 전항과 후항에 0이 아닌 같은 수를 곱해도 비율은 같으므로 최소공배수인 8을 곱하면 가장 간단한 자연수의 비로 나타낼 수 있다. $\frac{1}{4} : \frac{5}{8} \rightarrow (\frac{1}{4} \times 8) : (\frac{5}{8} \times 8) \rightarrow 2 : 5$	풀이 과정은 정확히 썼으나 답을 틀린 경우	2점
	답만 맞힌 경우	1점
〈정답〉 (민준이가 먹은 아이스크림의 양) : (동철이가 먹은 아이스크림의 양) $= 2 : 5$이다.	무응답 또는 오답	0점

 주어진 비를 가장 간단한 자연수의 비로 만들 때, 어떤 경우에 최대공약수와 최소공배수를 활용해야 하는지 헷갈려요.

 자연수의 비 12:18에서 12와 18의 공약수는 2, 3, 6이 있어요. 12와 18을 공약수 중 하나인 2로 나누면 6:9가 되는데 6과 9는 다시 3으로 나누어지므로 2:3이 될 수 있어요.

그런데 이때 공약수 중에 가장 큰 수인 6으로 나누면 한번에 간단한 자연수의 비로 만들 수 있어요. (12÷6):(18÷6)=2:3이므로 한 번에 가장 간단한 비가 되지요. 이처럼 자연수의 비를 간단히 나타낼 때는 최대공약수로 나누어야 해요.

이번에는 분모가 서로 다른 분수를 간단히 나타내 봅시다. $\frac{1}{12}:\frac{1}{3}$을 가장 간단한 자연수의 비로 바꾸려면 분모를 없애야 해요. 그럼 얼마를 곱하면 될까요? 그래요, 공배수인 12, 24, 36 등을 곱해야 하지요. 먼저 24를 전항과 후항에 각각 곱해 보세요. 2:8이 돼요. 그런데 2와 8은 다시 2로 나누어져요.

이럴 때는 공배수 중에 가장 작은 12를 곱하면 $(\frac{1}{12}×12):(\frac{1}{3}×12)=1:4$로 가장 간단하게 나타낼 수 있어요. 즉 분모가 서로 다른 분수의 비를 간단한 자연수의 비로 나타낼 때는 최소공배수를 곱해요.

그렇다면 소수의 비는 어떻게 할까요? 0.2:0.06에 100을 곱하면 자연수의 비인 20:6이 돼요. 자연수의 비를 간단히 나타낼 때는 최대공약수로 나누라고 했지요? 20과 6의 최대공약수인 2로 나누면 (20÷2):(6÷2)=10:3으로 나타낼 수 있어요.

간단한 자연수의 비 만들기

- 자연수의 비: 전항과 후항의 **최대공약수**로 나눈다.
- 분모가 다른 분수의 비: 전항과 후항의 **최소공배수**를 곱한다.
- 소수의 비: 전항과 후항에 10, 100, 1000 등을 곱해 **자연수로 나타낸 후 최대공약수**로 나눈다.

아이들은 간단한 자연수의 비를 만드는 문제에서 주어진 비가 $\frac{4}{7}:0.3$과 같이 소수와 분수의 혼합 형태일 경우 많이 어려워합니다. 이때는 분수나 소수 중 쉬운 쪽을 선택해서 일단 동일한 조건으로 만들도록 지도해 주세요. 이 과정을 이해하지 못하면 $\frac{4}{7}×7:0.3×10$처럼 분수와 소수를 각각 자연수로 바꾸는 것에만 치중하기 쉽습니다. 전항과 후항에 '0이 아닌 같은 수'를 곱해야 함을 강조해 주세요. 이 문제는 0.3을 $\frac{3}{10}$으로 바꾸어 분수로 통일한 후 최소공배수를 곱하여 간단한 자연수의 비로 만들 수 있습니다.

비례식과 비례배분

2학기 2단원 ❷ | 비례식과 비례배분
선 비의 성질　**후** 정비례와 반비례(중등)

6학년 규칙성

이것만은 꼭!

- 비례식: 비율이 같은 두 비를 등호를 사용하여 나타낸 식　예 3:4=6:8 (외항/내항)
- 비례식의 성질: 외항의 곱=내항의 곱
- 비례배분: 전체를 주어진 비로 배분하는 것

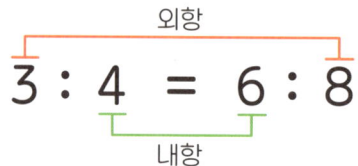

　비례식의 성질을 이용하여 계산했군요. 비례식은 비율이 같은 두 비를 등호로 나타낸 식이에요. 3:4=6:8처럼요. 이때 비례식 3:4=6:8의 바깥쪽에 있는 두 항 3과 8은 **외항**, 안쪽에 있는 두 항 4와 6은 **내항**이라고 해요. 외항과 내항의 곱을 이용하여 비례식의 성질을 알아봅시다.

$$3 : 4 = 6 : 8$$

(외항 / 내항)

예를 들어 3:4=6:8에서 외항인 3과 8의 곱은 24로 내항인 4와 6의 곱과 같아요.

비례식의 성질
외항의 곱 = 내항의 곱

그럼 도입 삽화의 문제를 비례식으로 만들어 볼까요? 2:10=25:☐예요. 내항의 곱과 외항의 곱이 같다고 했으므로 2×☐=10×25이고, 2×☐=250, ☐=125예요. 1시간은 60분이므로 125분은 2시간 5분이지요.

이번에는 **비례배분**에 대해 알아봅시다. 14개의 도넛을 2명에게 똑같이 배분하면 몇 개씩 돌아갈까요? 14÷2로 계산하면 7개씩 돌아가요. 그런데 일상생활에서는 이렇게 똑같이 나누는 상황보다 비의 값에 맞게 나누는 것이 합리적일 때가 훨씬 많답니다. 이때 비례배분을 사용해요.

비례배분: 전체를 주어진 비로 배분하는 것

예를 들어 효선이는 2시간, 정원이는 3시간 동안 일을 하고 합쳐서 10000원의 임금을 받았다면, 일한 시간의 비율로 돈을 나누어 가져야 해요. 효선이의 비의 값은 전체 2+3 중 2의 비이므로 $\frac{2}{2+3} = \frac{2}{5}$예요. 정원이의 비의 값은 전체 2+3 중 3의 비이므로 $\frac{3}{2+3} = \frac{3}{5}$이지요. 이제 전체 금액 10000원을 비율에 따라 나누어요.

효선이가 받을 돈: $\frac{2}{5} \times 10000 = 4000$(원)

정원이가 받을 돈: $\frac{3}{5} \times 10000 = 6000$(원)

> 비례배분을 할 때는 주어진 비의 전항과 후항의 합을 분모로 하고 각 항을 분자로 하는 분수의 비로 고쳐 계산하면 편리해요.

도전! 서술형 문제

보람이네 봉사 동아리에서는 불우 이웃을 돕기로 하고 바자회를 개최하여 56만 원의 성금을 모았습니다. 이 성금을 기쁨 단체와 소망 단체에 각각 3:5의 비율로 기부하고자 한다면 각각 얼마씩 기부할 수 있는지 풀이 과정을 쓰고 답을 구하시오. (4점)

 **만점 팁!**

비례배분은 전체를 주어진 비로 배분하는 것이라고 했어요. 비례배분을 할 때는 주어진 비의 전항과 후항의 합을 분모로 하고 각 항을 분자로 하는 분수의 비로 고쳐 계산하면 편리해요.

각각 얼마씩 기부할 수 있는지를 묻는 문제이니까 기쁨 단체와 소망 단체에 기부할 수 있는 금액을 각각 나누어서 구하고 풀이 과정에도 구분하여 쓰도록 해요.

$$\text{기쁨 단체: } 56 \times \frac{3}{3+5} = 21(\text{만 원})$$
$$\text{소망 단체: } 56 \times \frac{5}{3+5} = 35(\text{만 원})$$

분수의 나눗셈을 정확히 계산했는지 검산하는 과정도 놓쳐서는 안 돼요. 21:35를 최대공약수를 이용하여 간단한 자연수의 비로 만들어서 3:5가 되는지 확인해 보세요.
또한 비례배분한 결과의 합이 전체와 같은지 확인하는 과정도 잊지 마세요. 이 문제에서는 21+35=56(만 원)으로 확인할 수 있어요.

모범 답안	채점 기준	점수
〈풀이 과정〉 기쁨 단체: $56 \times \frac{3}{3+5} = 21$(만 원) 소망 단체: $56 \times \frac{5}{3+5} = 35$(만 원) 〈정답〉 기쁨 단체에는 21만 원, 소망 단체에는 35만 원을 기부할 수 있다.	답과 풀이 과정을 모두 정확하게 쓴 경우	4점
	비례배분을 사용하여 식을 바르게 세웠으나 답을 틀린 경우	2점
	답만 맞힌 경우	1점
	무응답 또는 오답	0점

 문장으로 된 문제를 비례식으로 만들 때 어떤 것을 전항으로 하고 어떤 것을 후항으로 해야 하나요?

 문제가 문장으로 나오면 무조건 겁부터 내는 친구들이 있는데, 그럴 필요 없어요. 문장으로 된 문제들을 예를 들어 살펴볼까요?

1. 20벌의 옷을 만드는 데 3시간이 걸린다고 합니다. 똑같은 속도로 옷을 만들 때 9시간 동안 몇 벌의 옷을 만들 수 있을까요?
2. 4B 연필을 3자루에 500원에 팝니다. 이 연필 60자루를 사려면 얼마를 내야 할까요?
3. 라면 3개를 끓이는 데 5컵의 물이 필요합니다. 똑같은 라면 12개를 끓이려면 몇 컵의 물이 필요할까요?

비례식은 이처럼 생활 속에서 무척 많이 쓰이기 때문에 다양한 문제로 활용돼요. 이때 전항과 후항을 어떤 것으로 할지는 꼭 정해져 있지 않아요. 구해야 할 것을 전항에 두어도 되고, 후항에 두어도 돼요. 단, 전항은 전항끼리, 후항은 후항끼리 단위를 꼭 같게 하는 것이 중요하답니다. 1번 문제의 경우 만든 옷을 전항, 걸린 시간을 후항에 두었다면 두 비 모두 이에 맞게 식을 세워야 해요.

2번 문제는 '3자루:500원=60자루:☐원', 3번 문제는 '3개:5컵=12개:☐컵'으로 식을 세우면 쉬워요.

 **부모님 톡!**

아이와 실생활에서 비례배분이 쓰이는 예를 찾아보세요. 심부름한 시간이 다를 때 용돈 나누어 갖기, 가족 수에 따라 여행 경비 나누기 등 일상에서 쉽게 접할 수 있는 상황에서부터 국회의원의 비례 대표 의석 배분, 주식 배당 등 사회·경제 분야에 이르기까지 비례배분이 활용되는 다양한 예를 찾으며 비례배분의 개념을 익힐 수 있습니다.
또한 선수 개념을 명확하게 세우는 것도 필요합니다. 이 단원을 확실하게 이해하려면 6학년 1학기 때 배운 비와 비율의 개념을 정확하게 알고 있어야 합니다. 특히 비율을 구할 때 기준량이 분모, 비교하는 양이 분자에 위치한다는 것과 비의 성질 등 혼동하기 쉬운 개념들을 다시 한번 짚어 주시기 바랍니다.

원기둥

2학기 3단원 ❶ | 원기둥, 원뿔, 구

선 원의 넓이 후 원뿔, 구

6학년 도형

이것만은 꼭!

- 원기둥: 둥근기둥 모양의 도형
- 원기둥의 전개도: 원기둥을 펼쳐 놓은 그림
- (원기둥의 겉넓이)=(한 밑면의 넓이)×2+(옆면의 넓이)
- (원기둥의 부피)=(원의 넓이)×(높이)
  =(반지름)×(반지름)×(원주율)×(높이)

둥근 통에도 다양한 형태가 있어요. 길고 좁은 통이 있는가 하면 짧고 넓은 통도 있지요. 이런 둥근 통 모양이 **원기둥**이에요.

원기둥은 실생활에서도 흔히 찾아볼 수 있답니다. 두루마리 화장지, 캔, 딱풀 등이 모두 원기둥 모양이지요.

원기둥은 위에서 보면 원 모양, 옆에서 보면 직사각형 모양이에요.

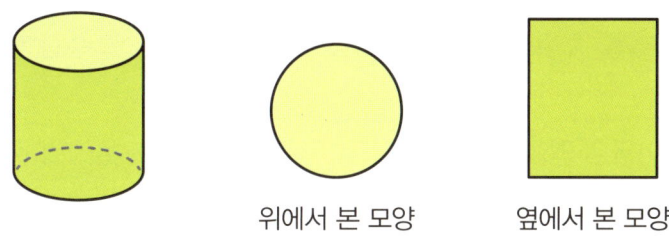

위에서 본 모양　　옆에서 본 모양

이번에는 원기둥의 구성 요소를 살펴봅시다. 원기둥에서 옆을 둘러싼 굽은 면을 **옆면**이라고 해요. 서로 평행하고 합동인 두 면은 **밑면**이라고 합니다. 밑면은 각기둥처럼 아래에 있는 면이 아니라 기준이 되는 면이에요. 원기둥에서 밑면의 모양은 항상 원이지요.

평행한 두 밑면 사이의 거리는 원기둥의 **높이**예요. 높이는 두 밑면에 수직인 선분의 길이를 말해요.

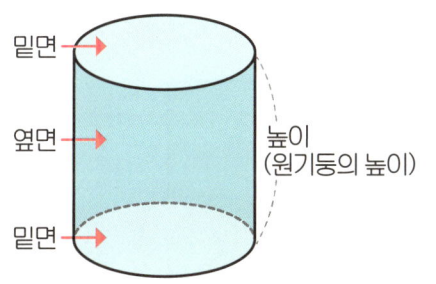

- 밑면: 서로 평행하고 합동인 두 면
- 옆면: 원기둥에서 옆을 둘러싼 굽은 면
- 높이(원기둥의 높이): 두 밑면에 수직인 선분의 길이

앞에서 각기둥의 전개도를 살펴보았어요. 각기둥의 전개도처럼 원기둥을 펼쳐서 나타낸 모양을 **원기둥의 전개도**라고 해요.

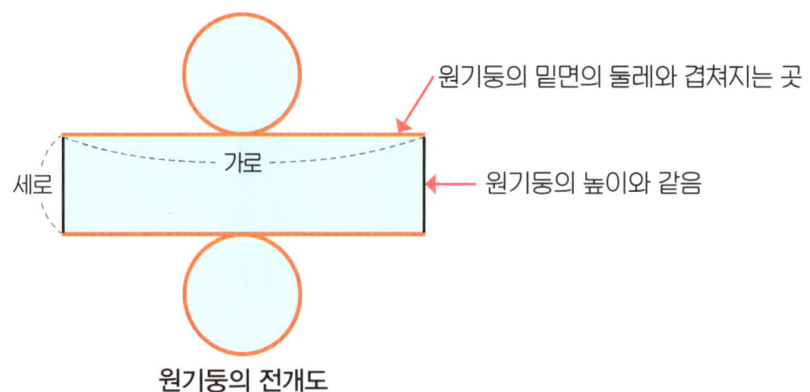

원기둥의 전개도

밑면의 둘레를 쭉 두르고 있던 옆면은 직사각형의 가로 부분이 되겠죠?

(원기둥의 옆면의 가로 길이)=(원기둥의 밑면의 둘레의 길이)

직사각형의 세로 부분은 원기둥의 높이에 해당해요.

(원기둥의 옆면의 세로 길이)=(원기둥의 높이)

이번에는 수치가 제시된 원기둥을 보고 원기둥의 전개도를 그려 봅시다. 밑면의 반지름과 높이를 알면 옆면의 가로 길이와 세로 길이도 알 수 있어요.

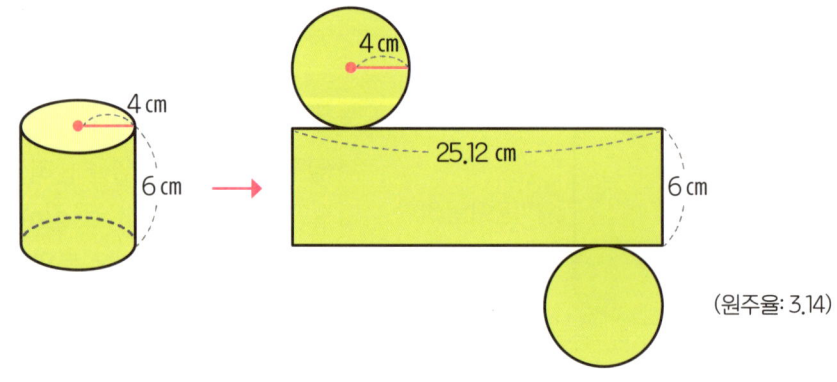

(원주율: 3.14)

밑면은 그대로이니까 반지름이 4 cm, 옆면의 세로 길이는 원기둥의 높이와 같으므로 6 cm예요. 옆면의 가로 길이는 밑면의 둘레이므로, 원주율을 3.14라고 가정하면 $4 \times 2 \times 3.14 = 25.12$ (cm)가 돼요.

원기둥의 겉넓이는 어떻게 구할까요? 원기둥의 전개도를 살펴보면 합동인 밑면 두 개의 넓이와 옆면의 넓이를 더한 값임을 알 수 있어요.

(원기둥의 겉넓이)=(한 밑면의 넓이)×2+(옆면의 넓이)

밑면의 넓이는 반지름이 4 cm인 원의 넓이이므로 원주율을 3.14라고 하면 (밑면의 넓이)=$4 \times 4 \times 3.14 = 50.24$ (cm²), 옆면의 넓이는 직사각형의 (가로 길이)×(세로 길이)이므로 (옆면의 넓이)=$25.12 \times 6 = 150.72$ (cm²)예요.

(원기둥의 겉넓이)=$50.24 \times 2 + 150.72 = 100.48 + 150.72 = 251.2$ (cm²)

원기둥의 부피는 직육면체처럼 (밑면의 넓이)×(높이)로 구해요. 그런데 직육면체와 달리 밑면이 원이니까 밑면의 넓이는 원의 넓이를 구하면 되지요.

(원기둥의 부피)=(원의 넓이)×(높이)
=(반지름)×(반지름)×(원주율)×(높이)

원주율을 3.14라고 가정하면 (원의 넓이)=$4 \times 4 \times 3.14 = 50.24$ (cm²)예요. 이제 원의 넓이에 높이를 곱해요. (원기둥의 부피)=(원의 넓이)×(높이)=$50.24 \times 6 = 301.44$ (cm³)이지요.

원기둥의 부피는 직육면체의 부피 구하는 공식을 떠올리면 쉽게 해결할 수 있어요.

도전! 서술형 문제

원기둥 ①과 원기둥 ②의 부피가 같다면 원기둥 ②의 밑면의 반지름의 길이는 몇 cm인지 풀이 과정을 쓰고 답을 구하시오. (6점)
(원주율: 3.14)

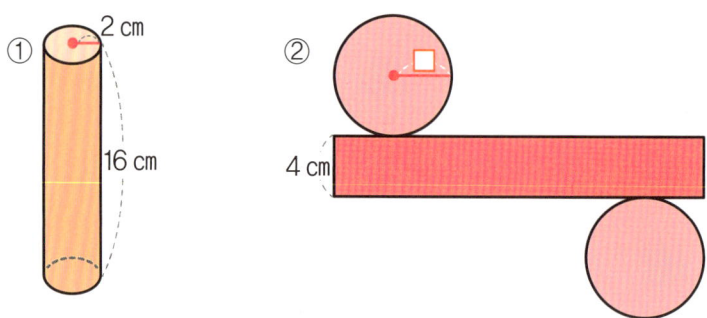

 만점 팁!

(원기둥의 부피)=(반지름)×(반지름)×(원주율)×(높이)의 공식을 활용하면 좋겠죠?
먼저 (원기둥 ①의 부피)=2×2×3.14×16=200.96 (cm³)예요. 원기둥 ②는 전개도로 나타나 있지만 원기둥의 반지름의 길이와 높이만 알면 되니까 긴장할 필요 없어요.
구하고자 하는 반지름의 길이는 풀이 과정에서 □ 또는 △ 등의 기호로 표현하세요.
풀이 과정을 쓸 때 '이때 원기둥 ②의 반지름의 길이를 □라고 하면'처럼 기호의 의미를 적어 주면 더욱 좋아요.
원기둥 ①의 부피와 원기둥 ②의 부피가 같다는 사실을 이용하여 □×□×3.14×4=200.96 (cm³)로 식을 세워요.
이제 □의 값을 구하면 돼요. 마지막으로 부피를 구하는 식에 답인 4 cm를 대입해서 부피가 같은지 확인하면 더욱 좋답니다.

모범 답안	채점 기준	점수
〈풀이 과정〉 원기둥 ①의 부피=2×2×3.14×16=200.96 (cm³) 원기둥 ②의 반지름의 길이를 □라고 하면 　□×□×3.14×4=200.96 (cm³)이므로 　□×□×12.56=200.96 (cm³) 　□×□=16 따라서 □=4 (cm) 〈정답〉 4 cm	답과 풀이 과정을 모두 바르게 쓴 경우	6점
	답은 맞혔으나 풀이 과정에서 원기둥 ①의 부피를 쓰지 않고 답만 바르게 쓴 경우	3점
	풀이 과정은 바르게 썼으나 답을 틀린 경우	2점
	답만 맞힌 경우	1점
	무응답 또는 오답	0점

 원기둥의 겉넓이 구하는 게 어려워요.

 직육면체의 겉넓이 구하는 방법을 기억하나요? 직육면체의 전개도가 의미하는 것을 정확히 알면 원기둥의 전개도도 쉽게 이해할 수 있어요.

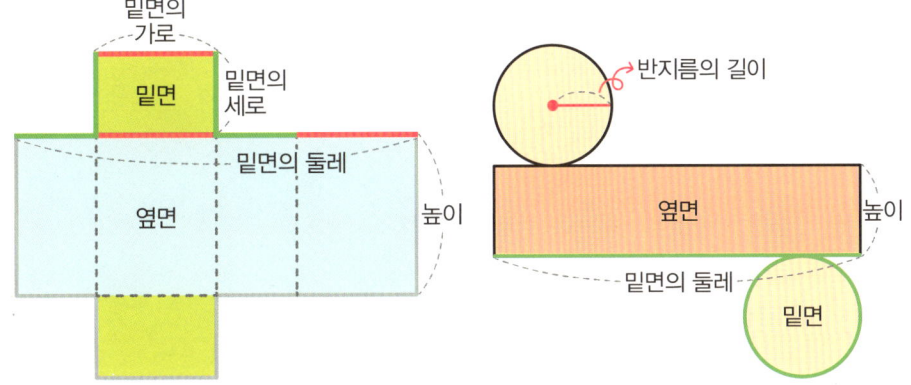

밑면이 원으로 바뀌었으니 반지름을 이용하여 원의 넓이를 구하고, 직육면체에서 옆면의 가로의 길이가 밑면의 둘레였으니까 원기둥에서도 옆면의 가로의 길이는 밑면인 원의 둘레예요. 공식을 외우기보다 연관된 도형을 떠올리며 이해하는 것이 중요하답니다.

원기둥의 옆면은 굽은 면이 펴지면서 직선이 되기 때문에 아이들이 어려워합니다. 따라서 각각의 입체도형의 개념을 다양한 조작 활동을 통해 다시 한번 점검해 주세요. 원기둥의 개념을 정확히 이해하기 위해서는 직육면체의 겉넓이와 부피 등 선수 학습의 개념이 정확히 잡혀 있어야 합니다. 충분한 조작 활동을 통해 입체도형의 개념을 익혔다면 이제 각기둥과 원기둥의 차이점과 공통점을 인지하도록 지도해 주세요. 옆면, 밑면, 각, 꼭짓점 등 정확한 구성 요소를 포함하여 이야기하다 보면 개념을 형성하는 데 큰 도움이 됩니다. 또한 다양한 각기둥과 원기둥을 그림으로 비교해 보는 것도 학습 효과를 높이는 방법입니다.

〈각기둥과 원기둥의 공통점과 차이점〉

공통점	• 기둥모양이다. • 밑면이 합동이며 서로 평행하다. 등
차이점	• 각기둥의 옆면은 직사각형, 원기둥의 옆면은 굽은 면이다. • 각기둥의 밑면은 다각형, 원기둥의 밑면은 원이다. 등

원뿔, 구

2학기 3단원 ❷ | 원기둥, 원뿔, 구

선 원기둥 후 다면체와 회전체(중등)

6학년 도형

이것만은 꼭!
- 원뿔: 둥근 뿔 모양의 도형
- 구: 공 모양의 도형

이 도형의 이름은 뭘까요?
옆면의 모양이 삼각형이니까 삼각뿔이에요!
밑면이 원이니까 원뿔이에요.

입체도형은 밑면의 모양으로 이름을 정한다고 했지요? 옆면은 삼각형 모양이지만 밑면이 원이므로 **원뿔**이 맞습니다. 원뿔은 둥근 뿔 모양의 도형이에요. 위에서 보면 원 모양, 옆에서 보면 삼각형 모양이지요.

원뿔은 **꼭짓점, 옆면, 모선, 밑면**으로 이루어져 있어요.

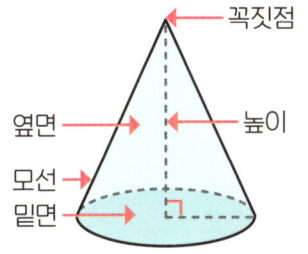

- 꼭짓점: 맨 윗부분의 뾰족한 점
- 옆면: 옆을 둘러싼 굽은 면
- 모선: 원뿔의 꼭짓점과 밑면인 원 둘레의 한 점을 잇는 선분
- 높이: 원뿔의 꼭짓점에서 밑면에 수직인 선분의 길이
- 밑면: 원뿔의 평평한 면

그러면 서로 길이가 다른 원뿔의 높이와 모선은 어떻게 잴까요?

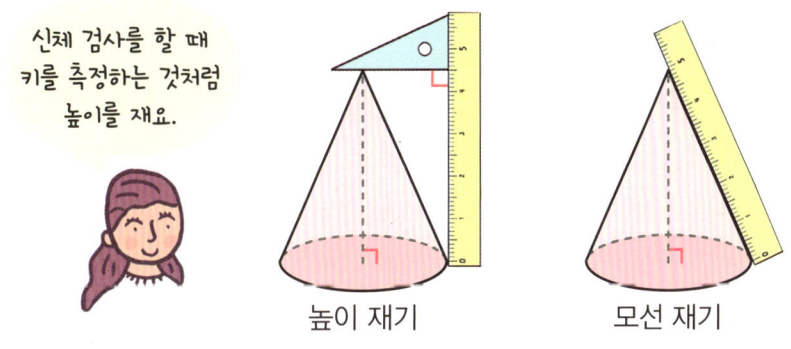

높이 재기 　　　　　 모선 재기

원뿔의 높이는 밑면에 직각인 부분을 재어야 하는데 도형의 안쪽 길이를 잴 수 없으므로 그림과 같이 삼각자를 이용해서 높이를 재요. 모선의 길이는 막대자를 이용해 꼭짓점부터 밑면까지의 길이를 재면 됩니다.

구는 어디에서 보아도 원인 도형이에요. 야구공, 축구공, 지구본, 수박 등이 구와 같은 모양이지요. 구는 **구의 중심**과 **구의 반지름**으로 이루어져 있어요.
구는 어디에서 보나 똑같은 모양이기 때문에 구의 반지름은 모두 같답니다.

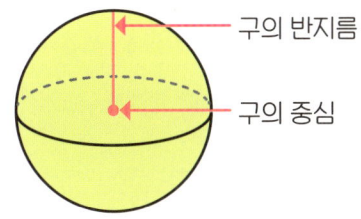

- 구의 반지름: 중심에서 구의 표면의 한 점을 잇는 선분
- 구의 중심: 구의 가장 안쪽에 있는 점

도전! 서술형 문제

아래 그림은 각각 원뿔과 구 모양입니다. 그림을 참고하여 원뿔과 구의 공통점과 차이점을 4개 이상 써 보시오. (6점)

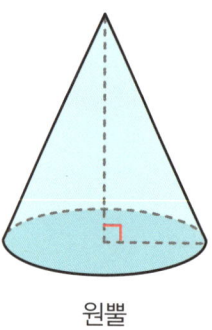
원뿔

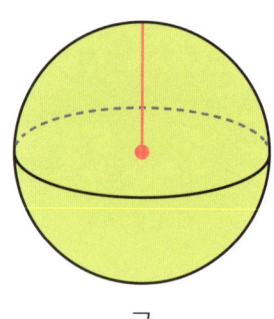
구

 만점 팁!

이 문제는 원뿔과 구의 구성 요소를 알면 쉽게 풀 수 있어요.

먼저 공통점을 찾아보면 둘 다 굽은 면(곡면)으로 이루어져 있어요. 이때 '면이 둥글둥글하다.' '동그랗다.'처럼 모호한 표현은 쓰지 않도록 해요.

차이점도 다양한 성질을 찾아내는 것이 중요해요. 같은 성질을 표현만 바꾸어 많이 쓴다고 해서 점수가 더 주어지지는 않는답니다. 예를 들어 '원뿔은 뿔 모양, 구는 공 모양이다.'와 '원뿔은 뿔처럼 보이고 구는 공처럼 보인다.'를 모두 써도 같은 의미이므로 1개만 정답으로 인정해요. 원뿔과 구는 입체도형이니까 문제에서 주어진 평면도형의 형태만 보지 말고 머릿속에서 이리저리 돌려 보면 도움이 될 거예요.

문장을 너무 길게 쓰기보다는 '원뿔은~', '구는~'으로 정확히 구분하여 간단명료하게 쓰는 것이 좋아요. 문장을 길게 쓰면 오류가 생길 수 있고 그 때문에 감점이 되거나 정답으로 인정받지 못할 수도 있답니다.

모범 답안	채점 기준	점수
〈공통점 예시〉 굽은 면(곡면)이 있다.	공통점과 차이점을 합쳐서 4개 이상 바르게 쓴 경우	6점
〈차이점 예시〉 ① 원뿔은 뿔 모양, 구는 공 모양이다. ② 원뿔은 뾰족한 부분이 있지만 구는 없다. ③ 원뿔은 보는 방향에 따라 모양이 다르지만 구는 어떤 방향에서 보아도 모양이 같다. ④ 원뿔은 높이가 있지만 구는 없다. ⑤ 원뿔은 평평한 부분이 있지만 구는 모두 둥근 부분이다.	공통점과 차이점을 합쳐서 3개 이상 바르게 쓴 경우	4점
	공통점과 차이점을 합쳐서 2개 이상 바르게 쓴 경우	2점
	공통점과 차이점을 합쳐서 1가지만 쓴 경우	1점
	무응답 또는 오답	0점

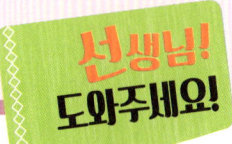

 왜 구는 원기둥과 다르게 구의 중심, 구의 반지름이라는 말을 사용하나요?

 원기둥과 원뿔은 옆면, 밑면, 높이라는 용어를 쓰는데 왜 구만 중심, 반지름이라는 말을 사용하느냐고요? 구는 중심에서 일정한 거리에 있는 원들이 모여 생긴 도형이랍니다. 그래서 어떤 방향으로 잘라도 원 모양이 나오지요.

다각형에서 높이, 밑변이라는 용어를 사용하듯이 다각형의 성질을 지닌 각기둥과 원기둥에서도 높이, 밑면이라는 용어를 사용해요. 마찬가지로 원에서 원의 중심, 반지름이라는 용어를 쓰는 것처럼 구도 원 모양의 도형이므로 구의 중심, 구의 반지름이라는 용어를 쓰지요.

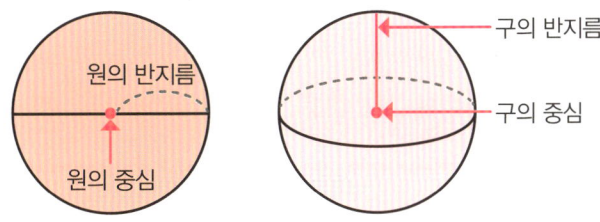

 부모님 톡!

아이들이 입체도형을 어려워하는 이유는 입체도형이 평면으로 표현되기 때문입니다. 특히 구는 중심에서 거리가 일정하다는 개념을 익혀야 하는데 공 모양만으로는 쉽게 이해가 되지 않습니다. 이럴 때는 아이와 함께 평면도형에서 입체도형으로 범위를 확장하는 활동을 해 보세요. 우선 나무젓가락과 색종이를 준비합니다. 직각삼각형 모양과 반원 모양을 아래 그림과 같이 나무젓가락에 붙이고 돌려 봅니다. 이때 나오는 도형이 각각 원뿔과 구임을 알 수 있지요. 이 활동은 입체도형을 이해하는 데 많은 도움이 됩니다.

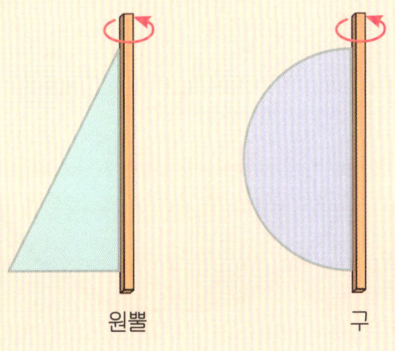

2학기 4단원 | 비율 그래프   선 꺾은선그래프   후 히스토그램(중등)

6학년 자료와 가능성

띠그래프, 원그래프

이것만은 꼭!

- 띠그래프: 전체에 대한 각 부분의 비율을 띠 모양으로 나타낸 그래프
- 원그래프: 전체에 대한 각 부분의 비율을 원 모양으로 나타낸 그래프

우리 학교 6학년 친구들의 장래 희망 직종

장래 희망 직종	교직	서비스업	의료업	기타	합계
학생 수(명)	70	35	21	14	140

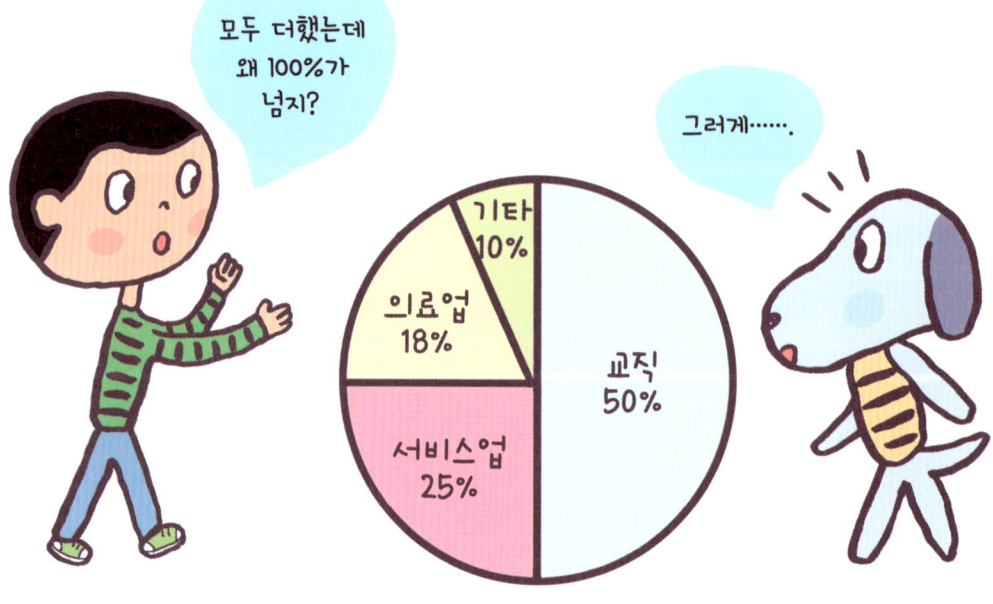

모두 더했는데 왜 100%가 넘지?

그러게…….

주어진 표를 보고 각 부분의 비율을 구한 것까지는 좋았는데, 의료업의 비율이 틀렸네요. 의료업의 비율은 $\frac{21}{140} \times 100 = 15(\%)$이지요.

이렇게 각 항목이 전체에서 차지하는 비율을 효율적으로 나타내는 그래프가 **띠그래프**와 **원그래프**예요.

먼저 띠그래프를 알아봅시다. **띠그래프**는 전체에 대한 각 부분의 비율을 띠 모양으로 나타낸 그래프예요. 띠그래프를 만들 때는 조사한 자료를 먼저 표로 정리하여 항목별 수를 알아봐요. 이때 응답한 수가 적은 항목은 기타 항목으로 분류해요. 여기까지는 전에 배웠던 그래프 그리기 방법과 같으니 쉽게 할 수 있겠지요?

장소	놀이공원	바닷가	역사 유적지	미술관	기타	합계
학생 수(명)	12	10	8	6	4	40

우리 반 아이들이 좋아하는 체험 학습 장소

그런데 띠그래프는 비율로 나눈 그래프니까 주어진 자료의 전체 크기에 대해 각 항목이 차지하는 백분율을 구하는 과정이 필요해요. 각 항목의 비율을 구하는 식은 다음과 같아요. 이때 단위는 **퍼센트(%)**를 써요.

$$백분율(\%) = \frac{각\ 항목의\ 수}{전체\ 자료의\ 수} \times 100$$

각 항목의 백분율을 구해 표로 정리했어요.

장소	놀이공원	바닷가	역사 유적지	미술관	기타	합계
백분율(%)	30	25	20	15	10	100

이때 각 항목의 백분율의 합계가 100(%)가 되는지 꼭 확인해 보세요.

마지막으로 띠 모양의 그래프를 비율대로 나누어요. 전체를 100(%)으로 하고, 보통 1칸은 10(%)으로 정해요. 그보다 세분화하려면 5칸 즉, 5(%)씩 나누어도 좋아요. 이제 나는 띠 위에 각 항목의 명칭과 백분율의 크기를 쓰면 띠그래프가 완성돼요. 마지막으로 제목을 쓰는 것도 잊지 말아야겠죠?

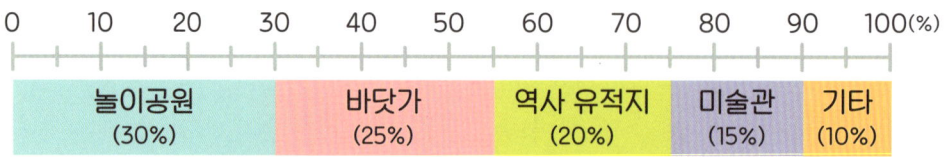

우리 반 아이들이 좋아하는 체험 학습 장소

띠그래프는 항목별 수치는 알기 어렵지만 전체에 대해 각 항목이 차지하는 비율은 아주 쉽게 알아볼 수 있어요.

여기서 잠깐! 띠그래프는 비율이 높은 항목부터 순서대로 나타내는 것이 일반적이지만, 계절, 월 등 순서가 있는 항목은 항목의 순서대로 나타내도 돼요.

여러 개의 띠그래프를 나란히 그리면 각 대상의 변화를 비교할 수 있어요.

이번에는 **원그래프**에 대해 알아보아요. 원그래프는 전체에 대한 각 부분의 비율을 원 모양으로 나타낸 그래프예요.

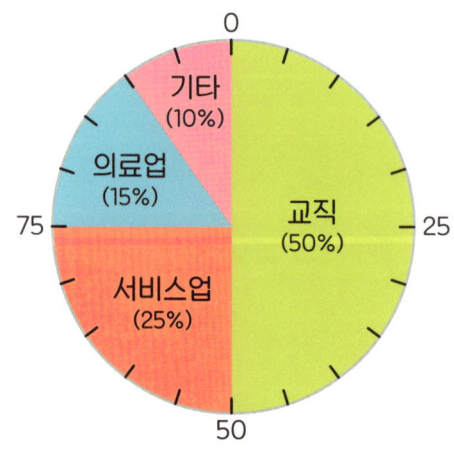

우리 반 친구들의 장래 희망 직종

원그래프도 비율 그래프이므로 전체를 원 모양으로 그리는 것 말고는 띠그래프와 그리는 방법이 같아요.

원그래프는 표에 비해 각 항목이 차지하는 비율을 쉽게 알 수 있고 부분과 전체, 부분과 부분의 비율을 한눈에 알아볼 수 있어요. 또한 낮은 비율도 비교적 쉽게 표현할 수 있답니다.

원그래프와 띠그래프는 둘 다 전체에 대한 각 부분의 비율을 나타내는 비율 그래프이지만, 차이가 있으니 상황에 알맞게 사용하도록 해요!

원그래프와 띠그래프의 공통점과 차이점

공통점 전체를 100%로 하여 전체에 대한 부분의 비율을 알아보기 편리하다.

차이점

1. 띠그래프는 가로의 길이를 100등분하여 띠 모양의 그래프로 그린 것이고, 원그래프는 원의 중심을 따라 각을 100등분하여 원 모양의 그래프로 그린 것이다.

2. 띠그래프는 여러 개를 세로로 나란히 그리면 원그래프에 비해 각 대상의 비율의 변화와 상황을 효과적으로 표현할 수 있다.

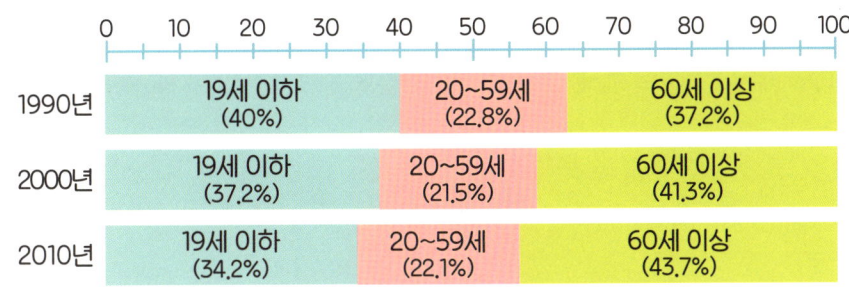

준식이네 마을의 연도별 인구 구성비 변화

 다음은 민형이네 학교 친구들이 좋아하는 TV 프로그램을 조사하여 나타낸 표입니다. 다음 표를 보고 백분율을 구하는 풀이 과정을 쓰고 띠그래프를 완성하시오. (6점)

TV 프로그램	영화	만화	드라마	오디션	기타	합계
학생 수(명)	42	36	24	12	6	120

제목: _____

 **만점 팁!**

먼저 각 항목별 백분율을 구합니다.

영화: $\frac{42}{120} \times 100 = 35(\%)$, 만화: $\frac{36}{120} \times 100 = 30(\%)$, 드라마: $\frac{24}{120} \times 100 = 20(\%)$

오디션: $\frac{12}{120} \times 100 = 10(\%)$, 기타: $\frac{6}{120} \times 100 = 5(\%)$

이때 모든 항목의 백분율을 모두 합하면 100이 되는지 꼭 확인해 보아야 해요. 띠그래프로 나타낼 때는 그래프의 제목, 항목별 명칭, 백분율의 크기를 썼는지도 꼭 확인하세요.

모범 답안	채점 기준	점수
〈풀이 과정〉 영화: $\frac{42}{120} \times 100 = 35(\%)$ 만화: $\frac{36}{120} \times 100 = 30(\%)$ 드라마: $\frac{24}{120} \times 100 = 20(\%)$ 오디션: $\frac{12}{120} \times 100 = 10(\%)$ 기타: $\frac{6}{120} \times 100 = 5(\%)$ 〈띠그래프〉 영화(35%) 만화(30%) 드라마(20%) 오디션(10%) 기타(5%) 민형이네 학교 친구들이 좋아하는 TV 프로그램	각 항목의 백분율을 모두 바르게 구하고 띠그래프를 정확하게 완성한 경우	6점
	각 항목의 백분율을 모두 바르게 구했으나 띠그래프의 제목을 쓰지 않은 경우	5점
	각 항목의 백분율을 바르게 구하고 띠그래프의 구성 요소 중 4가지 이상을 바르게 표시한 경우	4점
	각 항목의 백분율을 바르게 구하고 띠그래프의 구성 요소 중 3가지 이상을 바르게 표시한 경우	3점
	각 항목의 백분율을 바르게 구하고 띠그래프의 구성 요소 중 2가지 이상을 바르게 표시한 경우	2점
	각 항목의 백분율을 바르게 구하고 띠그래프의 구성 요소 중 1가지만 바르게 표시한 경우	1점
	무응답 또는 오답	0점

 어떤 때 무슨 그래프를 사용해야 할지 모르겠어요.

 막대그래프, 꺾은선그래프, 비율 그래프를 언제 사용해야 할지 잘 모르겠다고요? 한번 정리해 볼까요? 자, 먼저 **변화를 나타낼 때**는 꺾은선그래프를 주로 사용해요. 예를 들어 날씨의 변화, 온도의 변화 등이지요.

각 항목의 값을 비교할 때는 막대그래프를 주로 사용해요. 예를 들어 우리 반과 옆 반의 과목별 평균 점수, 마을의 인구수 등을 비교할 때 사용하면 좋지요.

비율 그래프는 **전체에서 각 항목이 차지하는 비율**을 알고 싶을 때 사용해요. 선호하는 장래 희망, 좋아하는 스포츠 등을 표현할 때 사용하면 좋아요.

그런데 우리 반 학생들이 좋아하는 TV 프로그램을 나타낼 땐 어떤 그래프가 알맞을까요? '좋아하는~'을 나타내는 그래프니까 비율 그래프가 맞지 않냐고요? 꼭 그런 것은 아니랍니다. 조사의 목적, 그래프를 통해 알고 싶은 것에 따라 꺾은선그래프, 막대그래프, 비율 그래프 3가지로 모두 나타낼 수 있어요.

우리 반 아이들이 좋아하는 TV 프로그램의 월별 시청 인원이 변화한 모습을 비교하고 싶으면 **꺾은선그래프**, 우리 반 아이들이 좋아하는 TV 프로그램 종류를 비교하고 싶다면 **막대그래프**, 우리 반 아이들이 좋아하는 TV 프로그램의 비율을 알고 싶다면 **비율 그래프**를 사용하지요.

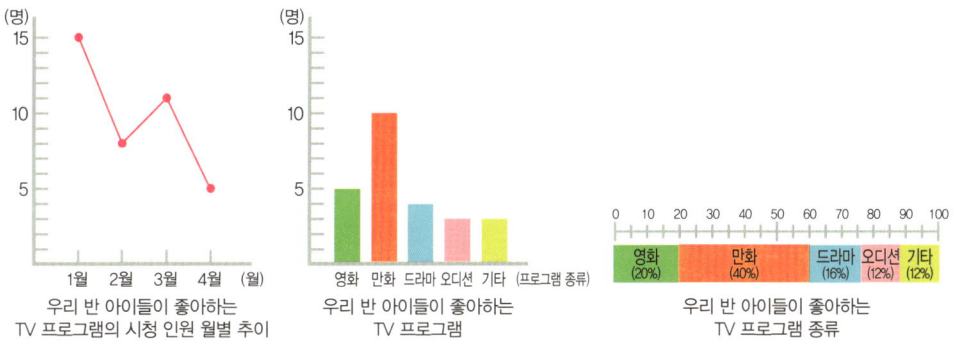

 부모님 톡!

비율 그래프는 다른 그래프에 비해 생활 속에서 많이 볼 수 있습니다. 선거에서 후보자별 득표율, 쓰레기 발생량, 이산화탄소량, 오염의 발생 원인을 비롯한 환경 관련 자료, 국민 의식 조사 등에 두루 쓰입니다. 따라서 다양한 시사 문제에서 관련 자료를 찾아 수학의 유용성을 경험하도록 지도해 주세요. 또한 비율 그래프를 이루는 구성 요소 즉 백분율, 퍼센트 등을 정확하게 인지하고 각 항목의 비율 구하는 방법도 충분히 연습하도록 해야 합니다.

찾아보기

A~Z

⬛🟨🟢	22, 24, 25
▲🟩🟠	62~64
0	16, 19
− (빼기)	28, 32
% (퍼센트)	496, 499
%p (퍼센트포인트)	499
( ) (소괄호)	409
[ ] (대괄호)	409
{ } (중괄호)	409
+ (더하기)	28, 31
= (은 또는 는)	31
1 cm (1 센티미터)	111, 206, 207, 253, 335
1 cm² (1 제곱센티미터)	386
1 cm³ (1 세제곱센티미터)	526, 527
1 g (1 그램)	254, 255, 335
1 kg (1 킬로그램)	253~255, 335
1 km (1 킬로미터)	206, 208, 253, 335
1 L (1 리터)	250, 251, 253, 335
1 m (1 미터)	136, 137, 253, 335
1 m² (1 제곱미터)	386
1 m³ (1 세제곱미터)	526, 529
1 mL (1 밀리리터)	250, 251, 335
1 mm (1 밀리미터)	206, 207, 335
1 t (1 톤)	254, 255
1° (1도)	288, 290
1직각	290
× (곱하기)	120

ㄱ

가르기	28
가분수	244, 249
가수	71
각	170, 171, 289
각기둥	468, 469, 553
각기둥의 전개도	468, 471
각도	288, 289
각도기의 밑금	291
각도기의 중심	291
각뿔	474, 475
각뿔의 꼭짓점	476
거리	39
검산	230, 233, 282, 284
겨냥도	368
고쳐 묶기	46
곱셈구구	130~133
공배수	358, 361
공약수	358, 360

공통분모	375
구	554, 555, 557
구의 반지름	555, 557
구의 중심	555, 557
굵기	39
규칙	84, 85
그래프	148, 149
그림그래프	260, 261
기수	18, 53
기약분수	372, 375
기준	36, 115, 119
기준 수	444
기준량	498
길이	34, 35, 110, 335
깊이	39
꺾은선그래프	352, 355
꼭짓점	99, 171, 367, 470, 476, 555

ㄴ

나누어떨어진다	233, 283
나누는 수	189, 283, 431
나누어지는 수	189, 283, 431
나눗셈	188, 189
나머지	233, 283, 284, 493

낱개	41, 42
내각	309
내항	544
넓이	34, 37
네 자리 수	124, 125
높이	34, 36, 391, 392, 470, 476, 479, 549, 555

ㄷ

다각형	348
단위부피	527
단위길이	110, 111
단위넓이	386
대각선	348, 349
대분수	246, 249
대응 관계	460, 461
대응각	419
대응변	419
대응점	419
대칭	425
대칭의 중심	427
대칭축	425
돌리기	180, 183, 184
둔각	294, 295
둔각삼각형	310, 311

수학 개념 찾아보기

뒤집기	180~183
들이	34, 38, 250, 335
뛰어 세기	88, 94, 121, 126
띠그래프	558, 559, 560, 563

ㅁ

마름모	342, 344, 345
마름모의 넓이	390, 395~397
막대그래프	326, 355
만	266, 267
면	367
명수법	271
몇 시	76, 78~80
몇 시 30분	76, 81, 82
몇십	40, 42
몇십 몇	40, 43
모서리	367, 470, 476
모선	555
모으기	28
몫	189, 233, 283, 284, 493
무게	34, 37, 255, 335
묶어 세기	42, 121
묶음	41, 42
물결선	353

미만	448, 449
밀기	180, 181
밑면	367, 470, 473, 475, 549, 555
밑변	391, 392

ㅂ

반올림	454, 457
반지름	236, 238
반직선	166, 167, 169
받아내림	106, 163
받아올림	105, 163
배수	358, 359
백분율	496, 499, 559
버림	454, 456
변	99, 171, 175
보수	67, 68
볼록 사각형	347
부등호	52
부피	38, 527
분	143, 201
분류	114, 119
분모	214
분속	502, 503
분수	212, 213

분자	214
비	496~498, 501
비교	35
비교하는 양	498
비례배분	544, 545
비례식	544
비율 (비의 값)	496, 498, 501, 507
비율그래프	563

ㅅ

사각기둥	470, 471
사각뿔	475, 477
사각형	100, 101, 345
사다리꼴	342, 343, 345
사다리꼴의 넓이	390, 394, 395
삼각기둥	470, 471
삼각뿔	475, 477
삼각형	99, 100
삼각형의 넓이	390, 392~394
서수	18, 53
선대칭	425
선대칭도형	424, 425
선분	166, 167, 169
세 자리 수	51, 92, 93

소수	218, 219, 223
소수점	219
속력	502, 503, 507
수	41, 268
수선	336, 337
수직	336, 337
순서수	18
숫자	41, 268
시각	76, 78, 142, 143
시간	76, 78, 142, 143
시속	502, 503
십	40, 41
십 몇	40, 42
십진법	18, 41, 43, 49, 129
쌓기나무	532~535, 537

ㅇ

아랫변	394
약	113
약분	372, 374
약수	358, 359
양	35
양감	259
억	272, 273

찾아보기

연산	29
옆면	367, 470, 475, 549, 555
예각	294, 295
예각삼각형	310, 311
오각기둥	470, 471
오각뿔	475, 477
오각형	101
오목 사각형	347
오전	81, 145
오후	81, 145
올림	454, 455
외각	309
외항	544
용액의 진하기	502, 505
원	99, 236, 237
원그래프	558, 560
원기둥	548, 549
원기둥의 겉넓이	548, 551, 553
원기둥의 부피	548, 551
원기둥의 전개도	548, 550
원뿔	554, 555
원의 넓이	514~517
원의 중심	238
원주(원둘레)	508, 509, 511
원주율	508, 510, 513
윗변	394
육각형	101
이등변삼각형	314, 315
이상	118, 448, 449
이하	448, 449
인구 밀도	502, 504
일주일	145
입체도형	367

ㅈ

자료	443
자릿값	41, 93
자릿수	93, 125, 331
전개도	369
전항	538, 539
점대칭	425
점대칭도형	424, 427
정다각형	348
정사각형	176, 177, 179, 342, 345
정사각형의 넓이	384, 387
정사각형의 둘레	385
정삼각형	314, 315
정육면체	366, 368

정육면체의 겉넓이	520, 523
정육면체의 부피	526, 529
조	272, 274
지름	236, 238, 510, 511
직각	170, 173, 294, 295
직각삼각형	176, 310, 311
직사각형	176, 177, 179, 342, 344, 345
직사각형의 넓이	384, 386, 387
직사각형의 둘레	384, 385
직선	166, 167, 169
직육면체	366, 367
직육면체의 겉넓이	520~523, 525
직육면체의 부피	526, 528, 529
진분수	244, 249
집합 수	18
짝수	45

ㅊ~ㅋ

초	200, 201
초과	448, 449
초속	502, 503
최대공약수	358, 360
최소공배수	358, 361
키	34, 36

ㅌ~ㅎ

타원	99
통분	372, 375
평각	295
평균	442, 443
평행	336
평행사변형	342, 343, 345
평행사변형의 넓이	390~392
평행선	336, 338
평행선 사이의 거리	339
평행하다	338
표	148, 149, 261
피가수	71
합동	418, 419
항	538, 539
혼합 계산	406, 407
홀수	45
후항	538, 539

서지원
한양대학교를 졸업하고, 1989년 〈문학과 비평〉에 소설로 등단한 후, 편집자와 기자를 거쳐 작가와 교육 연구가로 활동하고 있습니다. 초등 수학 교과서(1~6학년) 집필에 참여했으며, 쓴 책 중에서 〈피부색이 달라도 우리는 친구〉는 초등 국어 교과서에, 《욕심과 유혹을 이기는 힘 절제》는 초등 도덕 교과서에 수록되었습니다.

쓴 책으로 《어느 날 우리 반에 공룡이 전학왔다》, 《한 권으로 끝내는 초등 수학사전》, 《별별 이야기 속에 숨은 수학을 찾아라》, 〈신통방통 수학〉 시리즈 등이 있으며, 영국 옥스퍼드 대학 출판사에서 〈Oxford Path Maths Adventure〉 시리즈를 영문으로 출간했습니다.

이경희
서울교육대학교와 동 대학원에서 초등교육을 전공하였으며, 현재 여흥 초등학교에 재직 중입니다. 2009 개정 교육과정 초등 수학 교과서 집필에 참여하였으며, 〈위즈키즈〉, 〈과학소년〉, 〈초등독서평설〉, 〈수학동아〉 등에 수학과 관련한 칼럼을 연재하였습니다. ICME12(세계 수학교육자 대회)에서 한국 스토리텔링 수학 교과서를 발표하였고, 2012년에는 경기도 연구년 교사로 덴마크에서 덴마크 수학을 공부했습니다.

쓴 책으로 《한 권으로 끝내는 초등 수학사전》, 《스토리텔링 창의 수학 똑똑》, 《틈날 때마다 수학 퀴즈》 등이 있습니다. 또한 웰던매쓰 프로젝트에 참여하여 남아프리카공화국과 기니에 수학책과 수학 교육법을 공유하는 재능 기부 활동을 하고 있습니다.

남인혜
광주교육대학교와 동 대학원에서 초등수학교육을 전공하였으며, 현재 무학초등학교에 재직 중입니다. 2009 개정 교육과정 초등 수학 교과서(5·6학년군) 집필과 광주광역시교육청 영재교육원 교재 집필에 참여하였고, 광주교육대학교 부설 영재교육원 수학과 강사로 활동했습니다.

어떻게 하면 학생들이 수학을 포기하지 않고 즐겁게 공부할 수 있을지에 대해 늘 고민하고 있습니다. 또한 웰던매쓰 프로젝트에 참여하여 남아프리카공화국과 기니에 수학책과 수학 교육법을 공유하는 재능 기부 활동을 하고 있습니다.

한지민
광주교육대학교와 동 대학원에서 초등수학교육을 전공하였으며, 현재 재외한국학교(칭다오청운한국학교)에서 수학을 가르치고 있습니다.
2009 개정 교육과정 수학 교과서 집필에 참여하였고, 광주교육대학교 부설 영재교육원 수학과 강사, 교육과학연구원 수학 체험 교실 강사로 활동했습니다.

쓴 책으로 《한 권으로 끝내는 초등 수학 사전》, 《아이들은 수학 문제를 이렇게도 풀어요》, 《틈날 때마다 수학 퀴즈》 등이 있습니다. 또한 웰던매쓰 프로젝트에 참여하여 남아프리카공화국과 기니에 수학책과 수학 교육법을 공유하는 재능 기부 활동을 하고 있습니다.

서민

광주교육대학교와 동 대학원에서 초등수학교육을 전공하였으며, 현재 진월 초등학교에 재직 중입니다. 2009 개정 교육과정 수학 교과서 집필, 수학 익힘책 풀이 동영상 및 3·4학년군 수학과 교과용 도서 홍보 동영상 제작에 참여하였습니다. 광주광역시교육청과 광주교육대학교 영재교육원의 교재를 집필하고 광주교육대학교 부설 영재교육원 수학과 강사로 활동하였습니다.

쓴 책으로 《한 권으로 끝내는 초등 수학사전》, 《틈날 때마다 수학 퀴즈》 등이 있습니다. 또한 웰던매쓰 프로젝트에 참여하여 남아프리카공화국과 기니에 수학책과 수학 교육법을 공유하는 재능 기부 활동을 하고 있습니다.

이정혜

광주교육대학교와 동 대학원에서 초등수학교육을 전공하였으며 현재 광주중앙 초등학교에 재직 중입니다. 2009 개정 교육과정 수학 교과서 집필에 참여하였으며, 광주교육대학교 부설 영재교육원에서 6학년 학생들을 대상으로 수학 공부를 가르치고 있습니다. 다양한 수학 교구를 활용하여 자기 주도적으로 학습하는 방법에 대해 끊임없이 연구하고 실천합니다.

또한 웰던매쓰 프로젝트에 참여하여 남아프리카공화국과 기니에 수학책과 수학 교육법을 공유하는 재능 기부 활동을 하고 있습니다.

그림

우지현

북한산 아래 작은 마을에서 태어났습니다. 산과 도서관을 좋아하고 매일 그림을 그립니다.

그린 책으로 《이미지로 생각해요》, 《수학 도깨비》, 《세종대왕도 수학공부를 했을까》, 《동화로 읽는 마법의 수학 공식》, 《엄마의 역사편지》, 《세상이 깜짝 놀란 세계 역사 진기록》, 《대한민국 어린이들이 가장 궁금해하는 역사 질문 77》, 《태교 동화》, 《아름다운 감동 동화》 등이 있습니다.

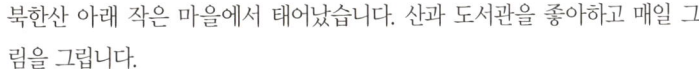

백철호

캐나다 OCAD에서 서양화를 공부했으며 현재 홍익대학교 디자인 계열 교수로 일하고 있습니다. 트리하우스 창작연구소에서 학생들과 삽화, 애니메이션, 게임 등의 작업을 하고 있습니다.

그린 책으로 《꼬동이 명작동화 전집》, 〈공부가 되는 따라 쓰기〉 시리즈, 〈신나는 교과연계 체험학습〉 시리즈 등이 있고, 〈아하! 나비구조대〉, 〈에그콜라, 사막의 기적〉, 〈아쿠아키즈〉 등의 애니메이션에 참여하였습니다.

	미취학	1학년	2학년	3학년	4학년	5학년	6학년		중등	고등
수와 연산	숫자세기	9까지의 수	세 자리 수	세 자리 수의 덧셈과 뺄셈	만	자연수의 혼합 계산	분수로 나누는 분수의 나눗셈	수와 연산	소인수분해	복소수
		50까지의 수	네 자리 수	(두 자리 수)×(한 자리 수)	억, 조	약수와 배수	자릿수가 달라지는 소수의 나눗셈		정수와 유리수	집합명제
		100까지의 수	받아올림과 받아내림이 있는 두 자리 수의 덧셈과 뺄셈	(세 자리 수)×(한 자리 수) (두 자리 수)×(두 자리 수)		크기가 같은 분수 만들기	나머지가 있는 소수의 나눗셈		유리수와 순환소수	
		가르기와 모으기, 덧셈과 뺄셈의 의미	곱셈	나눗셈의 의미	(세 자리 수)×(두 자리 수)	분모가 다른 두 분수의 덧셈과 뺄셈			제곱근과 실수	
		받아올림과 받아내림이 없는 덧셈과 뺄셈, 한 자리 수인 세 수의 덧셈과 뺄셈	곱셈구구	(두 자리 수)÷(한 자리 수)	(세 자리 수)÷(두 자리 수)	분수의 곱셈		문자와 식	문자의 사용과 식의 계산	다항식의 연산
				분수의 개념과 크기 비교	분모가 같은 두 분수의 덧셈과 뺄셈	분수의 나눗셈			식의 계산	나머지 정리
				분수의 종류		소수의 곱셈			다항식의 곱셈과 인수분해	인수분해
		10 가르기와 모으기를 이용한 덧셈과 뺄셈		소수의 개념과 크기 비교	소수 두 자리 수, 소수 세 자리 수, 소수의 덧셈과 뺄셈	소수의 나눗셈			일차방정식	복소수와 이차방정식
									일차부등식과 연립일차방정식	이차방정식과 이차함수
									이차방정식	여러가지 방정식과 부등식
규칙성	생활 속 반복되는 규칙 찾기	규칙 찾기	수 배열표에서 규칙 찾기			대응 관계	비와 비율, 백분율	규칙성과 함수	좌표평면과 그래프	함수
							비율이 사용되는 경우		일차함수와 그래프	유리함수와 무리함수
							비의 성질		일차함수와 일차방정식의 관계	
							비례식과 비례배분		이차함수와 그래프	
도형	물체의 모양	모양	여러 가지 도형	선분, 반직선, 직선	여러 가지 사각형	직육면체와 정육면체	각기둥과 각기둥의 전개도	기하	기본 도형	평면좌표
	기본 도형	여러 가지 모양		각, 직각	다각형, 정다각형, 대각선	도형의 합동	각뿔		작도와 합동	직선의 방정식
				직각삼각형, 직사각형, 정사각형	수직, 수선, 평행, 평행선		쌓기나무		평면도형의 성질	원의 방정식
				원 만들기 원의 중심과 반지름, 지름	직각, 예각, 둔각	선대칭도형, 점대칭도형	원기둥		삼각형과 사각형의 성질	도형의 이동
				밀기, 뒤집기, 돌리기, 뒤집고 돌리기	직각삼각형, 예각삼각형, 둔각삼각형		원뿔, 구		도형의 닮음	
					이등변삼각형, 정삼각형				피타고라스 정리	
									삼각비	
									원의 성질	
									입체도형의 성질	
자료와 가능성	같은 것끼리 짝 짓기		분류하기	그림그래프	막대그래프	평균	띠그래프, 원그래프	확률과 통계	확률과 그 기본 성질	경우의 수
	분류하기		표와 그래프		꺾은선그래프				자료의 정리와 해석	순열과 조합
									대푯값과 산포도	
									상관관계	
측정	앞, 뒤, 옆, 위, 아래	길이, 높이, 키, 무게, 넓이, 들이	cm, 단위길이	mm, km, 길이의 합과 차	각도, 1°	직사각형의 둘레와 넓이	직육면체의 겉넓이			
	두 물체의 크기, 길이 비교	몇 시, 몇 시 30분	m, 길이의 합과 차	mL, L, 들이의 합과 차	각 그리기, 각도의 합과 차	다각형의 넓이	직육면체의 부피			
	길이, 크기, 무게, 들이		시각과 시간	g, kg, t, 무게의 합과 차	다각형의 내각의 합	이상, 이하, 미만, 초과	원주, 원주율			
				초, 시간의 합과 차		올림, 버림, 반올림	원의 넓이